Lisa McIntosh Sundstrom,
Valerie Sperling, Melike Sayoglu

Courting Gender Justice

Russia, Turkey, and the European Court of Human Rights

Oxford University Press

New York, 2019

Лиза Макинтош Сандстром,
Валери Сперлинг, Мелике Сайоглу

Дела о гендерной дискриминации

Россия и Турция в ЕСПЧ

Academic Studies Press

Бостон

2022

УДК 341.231.14+342.722
ББК 67.410.9+67.400.3
С181

Перевод с английского Оксаны Якименко

Серийное оформление и оформление обложки Ивана Граве

Сандстром Л., Сперлинг В., Сайоглу М.

С181   Дела о гендерной дискриминации: Россия и Турция в ЕСПЧ / Лиза Макинтош Сандстром, Валери Сперлинг, Мелике Сайоглу; [пер. с англ. О. Якименко]. — Бостон : Academic Studies Press, 2022. — 415 с. — (Серия «Современная западная русистика» = «Contemporary Western Rusistika»).

ISBN 978-1-6446981-9-8 (Academic Studies Press)

Коллектив авторов пристально рассматривает историю обращения российских и турецких женщин в Европейский суд по правам человека и выясняет, что, несмотря на десятки тысяч поданных за два десятилетия исков, победить в ЕСПЧ по делу о гендерной дискриминации оказывается очень сложно. Сравнительный анализ исков из Турции и России помогает выяснить, в каких случаях в таких делах оказывается все же возможно доказать факт нарушения своих прав. Накопленный массив информации позволяет также дать практические рекомендации тем, кто желает обратиться в международные инстанции в поисках справедливости.

УДК 341.231.14+342.722
ББК 67.410.9+67.400.3

ISBN 978-1-6446981-9-8

Благодарности

Работа в полноценном соавторстве — наряду с вкусной едой и дарящим отдых сном — одно из величайших, но часто недооцениваемых удовольствий, доступных в жизни. Нам втроем довелось разделить радость продуктивного и равноправного партнерства в ходе совместного исследования и написания этой книги, и, как это бывает со сном и хорошей едой, по-настоящему мы оценим, насколько это было здорово, только когда лишимся этого удовольствия. Лиза и Валери положили начало нашему партнерству в 2013 году, когда подали заявку на исследовательский грант от Канадского совета по социальным и гуманитарным исследованиям, чтобы утолить наше любопытство по поводу очевидной нехватки обращений по гендерным делам, направляемых из России в Европейский суд по правам человека. Это любопытство вспыхнуло во время разговора, за обедом на научной конференции годом ранее — тогда-то проект и начался по-настоящему. Обе мы неисповедимым образом начали свою академическую карьеру параллельно — с диссертаций, посвященных активизму российских женщин в ранний постсоветский период, а затем заинтересовались потенциальной способностью Европейского суда по правам человека привлечь правительство России к ответственности за его действия в области прав человека. В своих обеденных размышлениях мы постепенно поняли, что две сферы наших исследовательских интересов странным образом не пересекаются. У нас возник вопрос: почему активисты феминистского движения в России не подают жалобы в ЕСПЧ, когда в стране такое количество явных нарушений прав человека с гендерным компонентом? С этого момента нас объединил общий интерес, и на каждом этапе работы над проектом нам удавалось максимально продуктивно договариваться о том, как нам лучше действовать.

Такой же удачей стала встреча с Мелике Сайоглу, нашим третьим соавтором. Мы хотели включить Турцию в качестве примера для сравнения с Россией, но знали только, как многого не знаем. Летом 2013 года, как раз в тот момент, когда мы надеялись найти научного сотрудника, свободно владеющего турецким языком, Валери услышала от коллеги, что иностранная студентка, которая работает над диссертацией в Кларке — и интересуется турецким женским движением, не меньше, — ищет исследовательскую должность в кампусе. Серьезные исследования гендерной дискриминации и феминистской, ЛГБТ- и правозащитной деятельности в Турции, ставшие настоящим открытием для всех нас, быстро превратили Мелике из ассистентки в соавтора, так и образовалась наша тройка. Постепенно удовлетворение от слаженной совместной работы переросло в радость общей дружбы. Одним словом, мы все трое ужасно благодарны друг другу.

И все же появлению этой книги на свет на каждом этапе работы над ней способствовало куда больше людей и организаций, чем просто трое исследовательниц. Мы получили помощь от исследовательских учреждений, где работали сами. Начальное финансирование нам предоставил факультет искусств в Университете Британской Колумбии, а университетские фонды профессионального развития помогали нам ездить на конференции. Помимо этого, Институт глобальных проблем Лю и конкретно Милинд Кандликар любезно предоставили нам прекрасный офис, достаточно большой, чтобы летом 2016 года собраться там втроем для написания книги. Фонд общественных исследований Фрэнсиса Э. Хэррингтона в Университете Кларка оплатил заключительный этап проведения исследовательских работ в период завершения работы над рукописью, а также составление указателя.

Помимо внутреннего финансирования со стороны наших родных исследовательских учреждений, основным обеспечителем проекта стал Исследовательский совет в области социальных и гуманитарных наук Канады, предоставивший нам грант *Insight* на 2013–2016 годы. Этот грант финансировал все полевые исследования, связанные с проектом, а также бóльшую часть работы, проделанной многочисленными ассистентами-исследователями.

Наши ассистенты-исследователи сыграли важнейшую роль в создании книги. И мы бесконечно благодарны им за выполнение самых разных задач — от первичных обзоров литературы до сбора материалов по всем судебным делам в национальных и международных судах, которые хотя бы мало-мальски были связаны с гендерной дискриминацией, и организации полевых интервью и зашифровывания транскриптов этих интервью. В этой связи мы говорим спасибо Яне Гороховской, Линн Хэнкок, Стефани Мейц, Фабио Ресмини и Насте Сальниковой за выдающуюся работу. Мы также благодарны двум экспертам-консультантам, нанятым для участия в проекте. Мы благодарим российского переводчика записей наших интервью Катю Седельникову за тщательную работу по расшифровке интервью, при том что условия записи порой бывали совершенно непригодными — приходилось, например, записывать их в шумных кафе; мы также благодарим доктора Антона Буркова, настоящего энтузиаста, юриста по правам человека и ведущего специалиста по делам о правах человека в российских судах и в ЕСПЧ, за помощь в наших первичных поисках решений российских судов по делам, связанным с дискриминацией по признаку пола.

Множество коллег-специалистов в области российской политики и практики международных судебных разбирательств по правам человека помогали нам на всех этапах работы, выслушивая наши идеи, вычитывая черновики частей книги, а также предлагая чрезвычайно конструктивную обратную связь. Мы благодарим Рейчел Чичовски, Альфреда Эванса-младшего, Джанет Джонсон, Пэм Джордан, Дилека Курбана, Микаэль Мэдсен, Лорен Маккарти, Эллу Панеях, Фрика ван дер Вета и двух анонимных рецензентов нашей заявки на публикацию в Издательство Оксфордского университета. Особая благодарность Лоре Генри, которая сопровождала нас во время параллельного исследовательского проекта летом 2014 года и делала вид, что наслаждается нашими рассказами о проекте, выступая в качестве нашего вечно бесстрашного экскурсовода в Москве!

Мы также благодарны Центру Дэвиса при Гарвардском университете, Александровскому институту при Хельсинкском университете, Институту Гарримана в Колумбийском университете и Европейскому университету в Санкт-Петербурге (ЕУСПб), особенно тем, кто участвовал в организации наших визитов, и слушателям, предложившим не один полезный комметарий. Выражаем особую благодарность Анне Темкиной, Елене Здравомысловой и Олегу Хархордину из ЕУСПб за помощь в оформлении наших туристических виз и посещений ЕУСПб в 2014 году.

В Издательстве Оксфордского университета мы хотели бы поблагодарить нашего рецензента Блейка Ратклиффа за его веру в проект и энтузиазм в его отношении с самого начала, помощника редактора Миру Сет за запуск проекта в печать, помощника редактора Дэвида Липпу за помощь в оформлении обложки, Баламуругана Раджендрана за слаженную координацию выпуска книги и Джона Лута, редактора отдела академического права за отзывчивость в ситуациях, когда нам требовалась дополнительная помощь в процессе.

На семейном фронте Лиза и Валери никогда бы не запустили проект без сильной поддержки наших партнеров, которые в течение определенных периодов задвигали собственные потребности на последнее место, чтобы полностью взять на себя обязанности по уходу за детьми и ведению домашнего хозяйства, в то время как мы провели почти месяц в России, проводя полевые исследования в 2014 году, и постоянно уезжали на другой конец страны в бесконечные командировки и на конференции. Лиза благодарит Грега за то, что он, как всегда, бросился в бой и принял огонь на себя, и это в момент, когда у него самого началась новая карьера, а Валери благодарит Сэма за выполнение родительских и партнерских обязанностей и готовность участвовать в постоянных разговорах о книге. Мы также благодарим наших детей за их терпение, когда им в течение длительного времени приходилось жить без мам. Лиза благодарит Николая, а Валери и Лиза обе благодарят своих Саш. Дети, мы клянемся:

однажды вы прочтете эту книгу и поймете: это того стоило! Мы также благодарны обеим нашим семьям за гостеприимство по отношению к нашим соавторам: Лиза благодарит семью Валери за возможность остановиться в доме в Арлингтоне, штат Массачусетс; и Валери благодарит семью Лизы за то, что та приняла ее в своем доме в Ванкувере, Британская Колумбия. Мелике благодарит свою семью, особенно своих родителей, Тулая и Сукру, за их поддержку и любовь. Больше всего, конечно, мы благодарны людям, у которых мы брали интервью для этого проекта. Они делают тяжелую работу по борьбе с дискриминацией, в то время как мы просто пишем об этом. Мы надеемся, что, написав эту книгу и сообщив большему числу людей об усилиях правозащитников, активистов борьбы за права ЛГБТ и женщин, мы в какой-то мере ускорим их победу в продолжающейся борьбе за справедливость.

1. Дела, связанные с дискриминацией по половому признаку, в Европейском суде по правам человека: почему их так мало?

Ситуация у нас очень интересная. Мы не можем установить факт дискриминации в суде. Судья может сказать: «Да, они вас уволили, потому что вы женщина, но это не дискриминация». То есть судьи категорически отказываются признавать существование дискриминации по половому признаку.

Мари Давтян, юрист, Москва

Европейский суд по правам человека (ЕСПЧ) стал средоточием чаяний граждан всех государств — членов Совета Европы (СЕ), пытающихся получить средства правовой защиты в связи с жалобами на нарушения прав человека в своих государствах. Российские граждане, как и все граждане государств — членов СЕ, получили право подавать индивидуальные заявления в ЕСПЧ в 1998 году. До 2014 г. Россия была крупнейшей страной — источником обращений в ЕСПЧ; к 2016 г. она занимала четвертое место, незначительно отставая от Украины, Турции и Венгрии. Несмотря на новые процессуальные правила, которые резко сократили количество находящихся на рассмотрении российских дел (максимальное их количество — более 40 тысяч — было зафиксировано в 2011 г.), по состоянию на ноябрь 2016 г. жалобы из России по-прежнему составляли значительную долю дел, находящихся на рассмотрении: их было 7750 (10,3 % от всех дел) [European Court of Human Rights 2016c][1].

Тем не менее с жалобами на дискриминацию по половому признаку была связана лишь небольшая часть этих дел. Для сравнения: утверждения о религиозной или этнической дискриминации, а также дискриминация по признаку сексуальной ориентации встречается чаще, хотя и относительно редко по сравнению с доминирующими заявлениями о неисполнении судебных решений, вынесенных национальными органами юстиции, нарушении права на справедливое судебное разбирательство, бесчеловечном обращении со стороны государства и неспособности государства защитить жизнь своих граждан. На момент публикации оригинала этой книги в 2019 году было вынесено только три решения ЕСПЧ по искам российских заявителей о дискриминации по признаку пола, и все они касались нарушения прав мужчины, а не женщины: дело [*Константин Маркин против России*] создало важный прецедент для всех государств — членов СЕ относительно предоставления равного с женщинами отпуска по уходу за ребенком мужчинам-военнослужащим; в деле [*Хамтоху и Аксенчик против России*] были рассмотрены принципы вынесения приговоров, допускающие назначение пожизненного заключения для мужчин, но не для женщин; дело [*Леонов против России*] включало в себя требование мужчины об опеке над детьми в ситуации, которая, по его мнению, была связана с дискриминирующим предпочтением судьи при назначении опеки в пользу матери.

Почему так происходит? Столь малое число связанных с Россией дел о дискриминации по признаку пола уже с самого начала кажется странным, ведь подобная дискриминация в стране су-

---

[1] Сокращение числа рассматриваемых дел во многом обусловлено изменениями в правилах ЕСПЧ относительно допуска дел к рассмотрению. По новым правилам к целым классам похожих жалоб на регулярные нарушения определенных прав применяются так называемые пилотные решения, а для дел, подразумевающих однозначную трактовку, упрощается порядок принятия решения о допуске к рассмотрению.

ществует и распространена довольно широко. Как читатель увидит из этой книги, дискриминация по признаку пола приобретает в России самые разные формы: от сексизма на рынке труда и сексуальных домогательств на рабочем месте до частой неспособности государства реагировать на насилие в отношении женщин, причем доля этого насилия непропорционально велика: это и насилие в семье, и изнасилования, и бытовые убийства. Из-за отсутствия должной реакции со стороны правоохранительных органов то, как государство справляется с этими насильственными преступлениями, с позиций Европейской конвенции по правам человека (ЕКПЧ), документа, на котором основываются решения ЕСПЧ, может быть квалифицировано как дискриминация. Что, в свою очередь, дает основания российским гражданам направлять в ЕСПЧ дела о такой дискриминации против государства.

Согласно нашему анализу данных Всемирной организации здравоохранения (ВТО), смерть примерно 1500 женщин в России за год, вероятно, является результатом домашнего насилия (см. примечание 3 к главе 3). Однако, по имеющимся сообщениям, полиция часто реагирует на жалобы на насилие в семье и изнасилования, обвиняя жертву в провоцировании таких нападений или обвиняя ее в фабрикации обвинений [ANNA 2010: 29]. Подобные действия квалифицируются как дискриминационное обращение, поскольку заявление о нападении незнакомца на улице полиция не проигнорирует[2]. Точно так же и дела об изнасиловании редко заканчиваются обвинительным приговором. Данные, собранные в рамках мониторинга Санкт-Петербургским кризисным центром помощи женщинам в 2012 г., показали, что из 100 жертв изнасилования и домашнего насилия (с нанесением тяжких телесных повреждений), обратившихся в Центр, заявления в суд написали

---

[2] Аналогичная ситуация наблюдается в России в отношении дискриминации подвергающихся нападениям на мероприятиях, проводимых в поддержку ЛГБТ-сообщества. В тех случаях, когда полиция готова проводить расследование, она, как правило, не готова рассматривать такие случаи, как преступления на почве ненависти или содержащие в себе в качестве компонента дискриминацию по признаку сексуальной ориентации [интервью с Козловской].

лишь незначительная часть женщин; а в делах, дошедших до суда, приговор лицу, совершившему насильственное действие, был вынесен только в одном случае, ни по одному из дел об изнасилованиях приговоры вынесены не были [Shagrit 2013].

По словам информированной сотрудницы женского кризисного центра в Санкт-Петербурге, примерно треть жертв изнасилований и домашнего насилия, обращающихся в Центр, идут в полицию, но обвинительного приговора в отношении преступника добиваются лишь 3 %; в 90 % случаев следователи полиции и суды возвращают дела, поскольку считают, что раскрыть их вряд ли удастся [интервью с анонимной активисткой, выступающей против гендерного насилия]. Московский Независимый благотворительный центр помощи пережившим сексуальное насилие «Сестры» также сообщает, что лишь 5 % жертв, которые звонят на горячую линию Центра, в конечном итоге обращаются в суд [Kolotilov 2015].

Сексистские практики в российской правоохранительной и судебной системе следует квалифицировать как нарушение статьи 14 «Запрещение дискриминации». Такое толкование подтверждается наличием международного прецедента. В решении 2010 г. по делу *Vertido v. Philippines* Комитет по ликвидации дискриминации в отношении женщин (КЛДЖ) ООН (данный комитет выносит решения на базе Конвенции о ликвидации всех форм дискриминации в отношении женщин) возложил на правительство Филиппин юридическую ответственность «за навязывание судом стереотипных представлений в ходе судебного разбирательства по делу об изнасиловании вместо рассмотрения самого факта изнасилования», установив, что право на справедливое судебное разбирательство может быть нарушено гендерными стереотипами в делах о сексуальном насилии [Cusack and Timmer 2011: 329]. Точно так же, как мы продемонстрируем далее, ЕСПЧ опирался на Конвенцию о ликвидации всех форм дискриминации в отношении женщин в своем первом решении о наличии дискриминации в важнейшем деле о бытовом насилии в Турции [*Opuz v. Turkey*: 15–17], а также в последующих аналогичных решениях.

Очевидно, что в России широко распространены случаи дискриминации в отношении женщин и что эти нарушения прав человека должны квалифицироваться как дискриминация по признаку пола в соответствии со статьей 14 Европейской конвенции о правах человека (ЕКПЧ). Особенно это касается недобросовестного отношения государства к случаям насилия на гендерной почве. В связи с тем, что такие жалобы потенциально вполне могут быть рассмотрены в ЕСПЧ, а также ввиду странного отсутствия подобных дел из России на рассмотрении ЕСПЧ сегодня, в данной книге мы уделим особое внимание нарушениям прав человека в сфере домашнего и сексуального насилия. Мы, безусловно, не утверждаем, что судебное разбирательство всегда служит лучшей или наиболее естественной стратегией для активистов в стремлении достижения гендерного равенства в России, но фактическое отсутствие судебной практики в этой области удивляет.

При том что поводом для осуществления нашего проекта стала явно странная ситуация в России, обратившись к поданным в ЕСПЧ жалобам в связи с дискриминацией по признаку пола, мы обнаружили, что их незначительное количество нельзя назвать исключительно российским феноменом. По состоянию на конец декабря 2017 г. ЕСПЧ выявил лишь 34 случая нарушения статьи 14 в связи с дискриминацией по признаку пола. Первым из них было решение 1985 года по делу [*Abdulaziz, Cabales and Balkandali v. UK*], касающемуся дискриминации по признаку пола в процессе получения гражданства супругами. В период с 1985 по 1990-е гг. суд выявил всего пять нарушений статьи 14 в отношении дискриминации по признаку пола, а затем, в период с 2000 по 2008 г., — семь таких случаев. Как мы подробно рассмотрим в главе 5, за последние несколько лет ЕСПЧ стал более охотно признавать наличие дискриминации по признаку пола, особенно в случаях насилия в отношении женщин. В период между прецедентным решением по делу о домашнем насилии 2009 г. [*Opuz v. Turkey*] и концом 2017 г. суд вынес 21 решение, признав наличие нарушений статьи 14 в связи с дискриминацией по признаку пола (более половины от общего числа когда-либо выявленных). В своих более ранних решениях, устанавливающих дискриминацию по признаку пола, ЕСПЧ в основном выносил решения по вопросам дискриминации применительно к государственным выплатам, таким как пенсии или пособия вдовцам/вдовам, или требованиям государства к гражданам об уплате налогов или выполнении гражданских обязанностей типа участия в суде присяжных. Однако по-настоящему ситуация изменилась после решения по делу [*Opuz v. Turkey*]: так, в пяти дополнительных решениях после этого дела (и по 2017 г.) суд постановил, что государства проявляли дискриминацию в отношении женщин именно в плане подхода к бытовому насилию. Выявленные ЕСПЧ нарушения в связи с дискриминацией по признаку пола наиболее часто имели место в Великобритании, Швейцарии и Турции, но в целом их число очень невелико [HUDOC database] — см. табл. 1.1[3].

Наша аргументация: коротко

Проведенный анализ привел нас к выводу, что столь незначительное число дел о дискриминации по признаку пола, находящихся на рассмотрении в ЕСПЧ, — результат действия множества причин. Комплексное исследование препятствий, мешающих рассмотрению дел о дискриминации по признаку пола в национальных судах России и Турции, а также причин, снижающих количество жалоб на дискриминацию по признаку пола, поступающих в международные суды из этих стран, выявляет наличие в значительной степени (но не полностью) схожих препятствий, не дающих успешно рассматривать подобные дела. Многие из этих ограничивающих факторов знакомы тем, кто наблюдает за динамикой гендерной дискриминации в других странах мира.

---

[3] В книге мы ссылаемся на базу данных HUDOC Европейского суда по правам человека как на источник количественной информации по категориям дел. Система HUDOC (http://hudoc.echr.coe.int) представляет собой онлайн-базу данных ЕСПЧ с возможностью поиска по всем судебным решениям — обращения, принятие к производству и решения.

Таблица 1.1.Дела о нарушениях статьи 14 ЕКПЧ,
выявленых в связи с дискриминацией по признаку пола
(по состоянию на 31 декабря 2017 г.)

Страна	Количество решений
Турция	8
Великобритания	5
Швейцария	4
Молдова	3
Австрия	2
Германия	2
Нидерланды	2
Румыния	2
Кипр	1
Италия	1
Мальта	1
Португалия	1
Испания	1
Россия	1
Итого:	34

Речь идет о распространенных ситуациях, когда женщинам не дают подавать жалобы, получать в ходе судебных разбирательств юридическую помощь, а также обращаться в национальные и, далее, в международные суды, — все это в общем и целом объясняет, почему ЕСПЧ так редко выносит решения по таким делам в отношении всех стран Совета Европы.

Таким образом, первоначальная загадка превратилась в свою противоположность. Если предполагается, что дел о дискриминации по признаку пола в ЕСПЧ будет немного, чем тогда объяснить те редкие случаи, когда женщины *подают-таки* в суд жалобы на дискриминацию по признаку пола и фактически выигрывают дела, будь то дома или за рубежом? Мы утверждаем, что ключевыми факторами в таких случаях являются наличие юристов-феминисток, которые признают дискриминацию нарушением и прошли подготовку в судебных разбирательствах по вопросам дискриминации, а также доступ к данным, которые доказывают системный характер дискриминации в обращении государства с женщинами и могут быть представлены в качестве доказательств в суде.

Мы дифференцируем наш анализ с учетом различных факторов, которые в совокупности приводят к столь малому количеству решений ЕСПЧ о дискриминации по признаку пола. Во-первых, существуют внутренние препятствия для возникновения таких дел. Вполне возможно, что в государствах — членах СЕ существуют аналогичные (или отличные от них) барьеры, которые препятствуют подаче заявлений из национальных судебных систем для направления в ЕСПЧ. Одним из критериев подачи заявления для направления дела в ЕСПЧ является то, что все внутренние средства правовой защиты должны быть «исчерпаны», то есть до подачи заявления в ЕСПЧ [European Court of Human Rights 2014b] должны быть предприняты все разумные усилия для получения окончательного судебного решения в национальной судебной системе. Следовательно, если жертвы дискриминации не идут со своими делами в национальные суды или если они подают в суд, проигрывают и не могут подать апелляцию, эти дела никогда не дойдут до международного уровня, то есть до уровня ЕСПЧ. Более того, если граждане или их адвокаты не знают, что ЕСПЧ является еще одним возможным вариантом судебного разбирательства, они не будут направлять заявление в ЕСПЧ.

Существуют также *международные* барьеры для дел, которые были рассмотрены в соответствии с внутренним законодательством, а затем направлены в ЕСПЧ. Критерии приемлемости дел, пороговый уровень или тип доказательств, которые требуют судьи ЕСПЧ, и в целом готовность этих судей выявлять нарушения статьи 14 — все это создает препятствия для вынесения положительных решений ЕСПЧ по делам, связанным с дискриминацией по признаку пола. В следующих двух подразделах мы кратко обобщим типы барьеров, которые рассмотрим в последующих главах.

ВНУТРЕННИЕ БАРЬЕРЫ

Взятые интервью и анализ научных работ, посвященных российской судебной системе и системе полицейского надзора, а также тому, как женщины пользуются правовыми механизмами, показали, что существует длинный список препятствий, мешающих российским женщинам обращаться в суд. Многие из этих препятствий являются общими для женщин в странах по всему миру.

Малое число дел о дискриминации по признаку пола, которые доходят до суда, как в России, так и на международном уровне, — не просто отражение присущих россиянам правовой неграмотности или недоверия к правовым вариантам решения проблем. Правовая система — и национальная, и международная — отчетливо понимается российскими гражданами как механизм возмещения ущерба, когда нарушены их права. Исследования показывают, что обращение к отечественной правовой системе становится в России все более популярным [Hendley 2006: 347–392; Программа «Я вправе» 2011], несмотря на опасения, связанные с коррупцией и вмешательством государства в непростые с политической точки зрения дела [Hendley 2010: 631–678]. На самом деле, как выяснил Хендли [Hendley 2018], когда дело касалось стандартных юридических споров, российские граждане, участвовавшие в исследовании фокус-групп, *не указывали* политическое вмешательство или коррупцию среди причин, по которым они не желают использовать суды в качестве средства разрешения споров. Более того, те россияне, которые пользовались судебной системой, больше уверены в справедливости российских судов, чем те, кто не имеет непосредственного опыта обращения в суды [Hendley 2015].

Однако существуют факторы, препятствующие рассмотрению в судах именно дел о дискриминации по признаку пола. Большинство из них уходит корнями в распространенные в обществе сексистские представления. В России к ним относится правовая и правоохранительная культура, не готовая рассматривать жестокое или унижающее достоинство поведение в отношении женщин как часть модели гендерной дискриминации. К тому же «перекладывание вины на жертву» остается в ней широко распространенной практикой [UN CEDAW 2010; ANNA 2010; интервью с Феткуловой]. Это приводит к появлению еще одного препятствия: нежелания женщин обращаться в правовую систему с жалобами на дискриминацию по признаку пола, поскольку им может казаться, что эта система относится к подобным жалобам негативно, кроме того, они могут бояться социальных и финансовых потерь в результате судебного разбирательства. Еще одним препятствием к подаче женщинами исков и возбуждению дел в российских правоохранительных структурах служат конкретные барьеры внутри национальной правовой системы в отношении судебного преследования за домашнее насилие — так, до недавнего времени действовало требование о том, чтобы жертвы сами подавали иск («частное обвинение») во всех случаях, за исключением особо тяжких преступлений [ANNA 2010]. В результате многие женщины попросту чувствуют, что время и энергия, необходимые для того, чтобы выдержать длительный судебный процесс, вряд ли окупятся. Как мы обсуждаем в главе 3, ссылаясь на исследование Викки Тербайн [Turbine 2012], женщины, находящиеся в более привилегированных условиях, могут с *меньшей* вероятностью, чем женщины из низших социально-экономических слоев, обращаться в суды для разрешения своих жалоб, поскольку представительницы высшего класса имеют в своем распоряжении альтернативные денежные и/или социальные сетевые ресурсы для решения проблем. Некоторые юристы, которых мы проинтервьюировали в рамках данного проекта, отмечали, что периодически пытались убедить своих клиентов в целесообразности судебного иска, но не всегда могли уговорить их не бросать дело.

Более того, отсутствие гендерного сознания сказывается и на самих российских женщинах. Многие из наших респондентов и респонденток подчеркивали, что, несмотря на собственное представление об этой теме, дискриминация по признаку пола в российском обществе в целом не воспринимается как серьезная или актуальная проблема. Отсутствие гендерного сознания может привести к тому, что дискриминацию (будь она в сфере занятости, в отношении насилия со стороны партнера или в любом другом контексте) признаю́т незаконной немногие женщины[4]. С этой точки зрения насилие в семье, изнасилования и сексуальные домогательства не рассматриваются как несоразмерно влияющие на определенный класс людей (женщин) и, следовательно, как дискриминационные. Вместо этого они считаются нормой или рассматриваются как «личное дело». Аналогичным образом, мало кто из адвокатов сталкивался с делами о дискриминации по признаку пола или был готов такими делами заниматься, что снижает вероятность того, что жертвы дискриминации найдут адвоката, обладающего навыками или желанием довести подобное до суда (как на национальном, так и на международном уровне).

Хотя эти препятствия объясняют, почему дел о дискриминации по признаку пола, инициируемых женщинами из широких слоев населения, так мало, остается загадкой, почему мы не видим, чтобы в больших количествах судебные дела в ЕСПЧ продвигали российские *активистки* по защите прав женщин. Если остальная часть общества относительно слепа к дискриминации по признаку пола, то активистки-феминистки — нет. Почему же они, как правило, не задействуют механизм ЕСПЧ? Конечно, российские активистки-феминистки, помимо подачи иска, могут использовать и используют ряд различных стратегий защиты, которые мы кратко обсудим в главе 3. Сюда относятся: лоббирование изменений законодательства и политики, работа с полицией, в частности, с целью изменить подход правоохранительных органов к насилию в семье, повышение осведомленности общественности о насилии в отношении женщин путем предоставления интервью прессе или размещения комментариев в социальных сетях, а также предложения находящимся в кризисной ситуации жен-

---

[4] Юлдашев [Юлдашев 2014: 208], к примеру, отмечает, что, хотя сексуальные домогательства распространены в России довольно широко, люди не привыкли жаловаться на них и не рассматривают их как системную проблему, которая заслуживала бы реагирования со стороны государства.

щинам конкретной помощи в виде горячих линий и кризисных центров. Нет особых оснований полагать, что судебный процесс — единственное и оптимальное средство, с помощью которого российские фем-активистки могли бы добиться перемен. Тем не менее остается вопрос: почему судебное разбирательство является для них такой редкой стратегией, когда для других российских правозащитников это обычное дело?

В ходе нашего исследования мы обнаружили, что разобщенность, а то и враждебность между российскими правозащитными и феминистскими движениями привели к поразительному отсутствию у российских активисток-феминисток доступа к ЕСПЧ в качестве приемлемого варианта правовой защиты. Очень немногие юристы-феминисты/феминистки знакомы с процессом подачи заявлений в ЕСПЧ или законодательством в области дискриминации, а женщины, сталкивающиеся с дискриминацией, как правило, не обращаются в традиционные правозащитные организации, которые прошли подготовку по судебным разбирательствам в ЕСПЧ.

МЕЖДУНАРОДНЫЕ БАРЬЕРЫ

Точно так же, как российские граждане обычно обращаются в национальные суды, чтобы добиться возмещения ущерба, они активно используют ЕСПЧ как возможность добиться правосудия. По сути, россияне известны как одни из самых активных заявителей, о чем свидетельствуют цифры по находящимся на рассмотрении заявлениям, приведенные в начале этой главы. Согласно анализу Рэйчел Чичовски, российские правозащитные организации составляют 80 % наиболее часто встречающихся НКО, выступающих в качестве законных представителей при рассмотрении дел по всем делам ЕСПЧ с 1960 по 2014 г., хотя российские граждане получили право направлять дела в Суд только в 1998 году [Cichowski, Chrun 2017; Cichowski 2016a: 31]. Правительственные и государственные учреждения в России еще больше осведомлены о доступности ЕСПЧ для граждан страны. По наблюдениям Буркова [Burkov 2010], осведомленность российских судей о Европейской конвенции довольно высока, и Трочев соглашается с этим утверждением, отмечая, что, при часто враждебном настрое со стороны должностных лиц исполнительной власти, «российская судебная система может быть наиболее дружественной Страсбургу ветвью <российского> правительства» [Trochev 2009: 146]. Более того, в докладе России КЛДЖ Организации Объединенных Наций в 2010 г. говорится: «Для защиты своих прав женщины довольно часто обращаются в Европейский суд по правам человека» [UN CEDAW 2009: 7].

ЕСПЧ является подходящим адресатом для заявлений о дискриминации по признаку пола, поэтому отсутствие таких дел не может быть объяснено его неправомочностью. Европейская конвенция о правах человека рассматривает защиту от дискриминации по признаку пола в качестве основного права и включает ее в статью 14 Конвенции о запрещении дискриминации:

> Пользование правами и свободами, признанными в настоящей Конвенции, должно быть обеспечено без какой бы то ни было дискриминации по признаку пола, расы, цвета кожи, языка, религии, политических или иных убеждений, национального или социального происхождения, принадлежности к национальным меньшинствам, имущественного положения, рождения или по любым иным признакам [Европейская конвенция о правах человека][5].

ЕСПЧ также «последовательно утверждал, что "равенство полов является одной из главных целей в государствах — членах Совета Европы", и уже давно провозгласил гендерное равенство одним из ключевых основополагающих принципов Конвенции» [Radacic 2008: 841–842].

Однако в отношении обстоятельств, при которых можно ссылаться на статью 14 при подаче заявлений, существуют ограничения, поскольку необходимо установить, что дискриминация

---

[5] Здесь и далее используется перевод Конвенции, приведенный в «Бюллетене Европейского суда по правам человека. Российское издание № 3 за 2005 г. в редакции протокола № 14 к Конвенции (01.06.2010)». — *Примеч. пер.*

имеет место, на основании другого права, включенного в ЕКПЧ. Права, предусмотренные Конвенцией, ограничены; примечательно, что они не включают в себя трудовые права и касаются только нарушений прав человека со стороны государства, а не отдельных граждан или негосударственных организаций[6]. Однако, если можно доказать, что государство проявило халатность, не сумев в достаточной степени защитить граждан от предсказуемых нарушений прав, совершенных частными лицами, или не предоставив средства правовой защиты после таких нарушений, оно может стать объектом жалоб в ЕСПЧ со стороны жертв. Если эти нарушения демонстрируют явные закономерности в плане игнорирования прав идентифицируемой группы граждан с общими характеристиками, то жертвы могут обоснованно утверждать, что имела место дискриминация (нарушение статьи 14) из-за их принадлежности к этой группе. Как мы обсудим далее в главе 5, учитывая виды прав, закрепленных в Конвенции, и типы жалоб, уже принятых Судом к производству в прошлом, заявления о дискриминации в государственных практиках, связанных с защитой женщин от насилия в семье, сексуального насилия и сексуальных домогательств, а также дискриминация в государственных следственных и судебных процессах, связанных с этими нарушениями, будут, по нашему предположению, основными областями, где могут возникнуть случаи дискриминации по признаку пола. Кроме того, подходящими поводами для сообщений о нарушениях статьи 14 будут заявления о дискриминации в плане доступа к образованию, получении государственных пособий или при найме в государственные учреждения.

Редкое признание Европейским судом по правам человека фактов нарушений статьи 14 в связи с дискриминацией по признаку пола частично является результатом очень высоких стан-

---

[6] В поворотном решении 2014 г., речь о котором пойдет в главе 6 ([*Emel Boyraz v. Turkey*]), ЕСПЧ признала наличие дискриминации по признаку пола при приеме на работу в отношении турецкой заявительницы на основе расширенного толкования статьи 8 (право на уважение частной и семейной жизни), открыв возможность для рассмотрения в Суде аналогичных дел в отношении госслужащих из государств — членов ЕСПЧ в будущем.

дартов Суда в отношении доказательной базы для выявления нарушений статьи 14. Заявители, подающие жалобу по статье 14, должны показать, что люди подвергаются ненадлежащему обращению на основании принадлежности к определенной идентифицируемой в обществе группе и что относительно других групп в обществе эта группа страдает в результате дискриминации. Чтобы убедить Суд, необходимо предоставить систематизированные данные, которые бы свидетельствовали о регулярных случаях предвзятого отношения, или же в наличии должны быть четкие доказательства того, что нарушение произошло из-за чьего-то предвзятого отношения к этой группе. Несколько ограниченные области нарушений прав, в рамках которых могут быть поданы заявления в ЕСПЧ, и высокие требования к доказательной базе для демонстрации дискриминации являются существенными препятствиями для заявителей, подающих жалобы о нарушениях статьи 14. Явная формальная дискриминация в существующем законодательстве или политике государства позволяет заявителям куда убедительнее доказать наличие дискриминации, нежели неформальные модели поведения госчиновников при применении этой политики.

Примеры для сравнения: разные страны и разные проблемы

Чтобы лучше понимать, что препятствует подаче россиянами исков о дискриминации по признаку пола в национальные и международные суды и проверить, насколько широко применимы наши аргументы к факторам, ведущим к положительным результатам разбирательств, связанных с гендерно-дискриминационными делами, мы проводим всестороннее сравнение дел о дискриминации по признаку пола с делами из другой страны, входящей в Совет Европы, Турции, а также с результатами разбирательств по делам в отношении еще одного типа дискриминации, во многом тесно связанного с гендером, а именно — дискриминации представителей ЛГБТ по признаку сексуальной ориентации[7]. Несмотря на множество аналогичных социальных, психологических, материальных и правовых барьеров для рассмотрения дел о дискриминации во втором случае (то есть в отношении дел о дискриминации по признаку сексуальной ориентации), ЕСПЧ куда чаще выносил решения, подтверждавшие факты нарушения статьи 14 ЕКПЧ.

Мы анализируем гендерную дискриминацию в Турции в главе 6 и выбрали для сравнения именно эту страну, поскольку Турция в последнее время стала чем-то вроде «горячей точки» в плане решений ЕСПЧ относительно дискриминации по признаку пола, также в отношении Турции было вынесено новаторское решение ЕСПЧ о государственной дискриминации в отношении женщин в связи с неспособностью государства предотвратить насилие в семье или наказать за него [*Opuz v. Turkey*]. Иными словами, это относительная история «успеха» в делах о дискриминации по признаку пола в ЕСПЧ. Турция является подходящей страной для сравнения с Россией, потому что, как и Россия, является государством — членом Совета Европы, подпадающим под юрисдикцию ЕСПЧ, и в то же время (как не член Европейского союза) не подпадает под действие законодательства ЕС или юрисдикции Европейского суда, связанной с гендерным равенством.

Аналогичным образом, в разделах глав 4–6 мы проводим сравнения с заявлениями о дискриминации по признаку сексуальной ориентации, поскольку они были относительно более успешными, нежели заявления в ЕСПЧ о дискриминации по признаку пола, по крайней мере, это относится к заявлениям из России. В главе 4 мы исследуем внутренние препятствия и возможности для подачи исков о дискриминации по признаку сексуальной ориентации в российские суды, а также рассматриваем жалобы в ЕСПЧ о дискриминации по признаку сексуальной ориентации из России и Турции — в главах 5 и 6 соответственно.

---

[7] Нам известно о существовании более инклюзивных вариантов аббревиатуры ЛГБТ, но мы решили использовать именно эту аббревиатуру, так как для обеих групп активистов, о которых идет речь в книге, она выглядит узнаваемо; мы используем аббревиатуру ЛГБТИ (лесбиянки, геи, бисексуалы, транссексуалы и интерсексуалы) в главе 6 с целью отразить практики турецких активистов.

Методология исследования

Использованные нами методы анализа для выявления обстоятельств, препятствующих появлению в ЕСПЧ дел о дискриминации по признаку пола, а также факторов, способствующих успешному рассмотрению этих дел, носили в основном качественный характер и основывались на структурированных сравнениях проблемных областей, стран и профилей организаций. Данные, на которые мы опирались при проведении этих сравнений, в основном взяты из полевых интервью в России и Турции. В июне 2014 года авторы этой книги Лиза Сандстром и Валери Сперлинг провели полевые исследования в Санкт-Петербурге и Москве, где базируется наибольшее число женских и правозащитных организаций, подающих дела в ЕСПЧ [Sperling 1999, 2006: 161–177; Sundstrom 2010: 229–54]. Мелике Сайоглу провела полевые интервью в августе 2015 года в Анкаре и Стамбуле, двух крупнейших городах Турции, где сосредоточено большинство правозащитных НКО, а также НКО, защищающих права женщин и ЛГБТ.

Полевое исследование состояло из полуструктурированных интервью с активистами правозащитных организаций, групп по защите прав ЛГБТ, групп по защите прав женщин в сфере занятости, женских кризисных центров и других феминистских групп, с юристами, занимающимися российскими и турецкими делами, касающимися прав человека и гендерной дискриминации, а также с рядом аналитиков и ученых, интересующихся проблемами гендерной дискриминации и правовыми системами России и Турции. Были также опрошены несколько сотрудников турецких правоохранительных органов. Мы также поговорили с клиенткой одной женской организации по защите прав трудящихся в Санкт-Петербурге, которая годами вела дело о дискриминации в суде (ее работодатель отказался выплачивать ей пособия по беременности и родам / уходу за ребенком). Хотя (по соображениям конфиденциальности) оказалось невозможным напрямую поговорить с обратившимися за помощью в кризисные центры женщинами — жертвами насилия, мы предприняли попытку исследовать эмпирические причины, по которым в связи с дискриминацией по признаку пола граждане обращались за средствами правовой защиты в суд, а также обстоятельства, препятствующие этому, опросив активисток в тех центрах, которые имели прямой контакт с пострадавшими женщинами. Мы также следили за тем, чтобы в исследовании были отражены разные взгляды на дискриминацию по признаку пола в России (а не только позиция борцов за права женщин), и проинтервьюировали директоров двух российских организаций, которые занимаются изучением прав трудящихся и трудового права: одна респондентка (Шарифуллина) — юрист, вторая (Герасимова) — преподает на кафедре трудового права и права социального обеспечения факультета права престижного российского вуза — Высшей школы экономики; мы также взяли интервью у программного директора московского офиса Американской ассоциации юристов (ABA) (Воскобитова) и юриста и профессора права (Мишина), которые обладают значительным опытом наблюдения за судьями и правовой системой и достаточно осведомлены, чтобы прокомментировать отношение к гендерной дискриминации в рамках этой системы.

В России мы провели в общей сложности 27 личных интервью, в двух из которых приняли участие несколько респонденток. Кроме того, одна активистка женской организации (Марианна Вронская, руководитель Службы помощи несовершеннолетним женщинам «Голуба») предпочла дать ответы в письменной, а не в устной форме. В июле 2014 года мы также получили письменные ответы на ряд вопросов от собеседницы из Американской ассоциации юристов в Москве (Юлии Антоновой), которая не смогла встретиться с нами. Таким образом, всего было взято 29 интервью. Почти все организации и частные лица, с которыми мы связались, согласились на интервью. Мы использовали выборку по методу снежного кома, пытаясь найти для интервью юристов и юристок, которые ведут дела о дискриминации по признаку пола, но на определенном этапе работы обнаружили, что нас направляют к тем, кто уже наличествует у нас в списке контактов.

Интервью в России проходили либо в кафе, куда респондентам было удобно прийти, либо в офисах организаций, где работают респонденты. Примерно четверть интервью была проведена на английском языке, остальные — на русском. Каждое интервью длилось около часа и записывалось с согласия респондента. Одно интервью не было записано. Иногда мы брали интервью сразу у нескольких человек, хотя обычно это происходило незапланированно (в разговор включались присутствовавшие активистки; они отвечали только на часть вопросов). Таким образом, общее число людей, присутствовавших на наших личных интервью в России, составило 36 человек, хотя мы планировали взять интервью только у 29 из них. Все, кто участвовал в интервью, согласились с протоколом собеседования. Только одна респондентка (в Санкт-Петербургском женском кризисном центре) попросила, чтобы ее имя не упоминалось в книге; в тексте она фигурирует как «анонимная активистка по борьбе с гендерным насилием». В отличие от ситуации с нашими турецкими респондентками (см. далее), в период между временем проведения интервью и написанием книги значительного повышения уровня политических репрессий в России не наблюдалось; использование имен наших российских респонденток на данный момент, как нам кажется, не представляет для них большей опасности, чем во время самих интервью. Наши респондентки в России так же публично и открыто защищают права человека и/или участвуют в судебных разбирательствах, связанных с этими правами, к тому же они делают свои взгляды достоянием общественности в других местах (на интернет-сайтах, в соцсетях и в СМИ), поэтому раскрытие их личностей в нашей книге не должно подвергнуть их впоследствии риску.

В Турции Сайоглу провела в общей сложности 13 личных интервью, в четырех из них участвовало несколько респондентов. Кроме того, в то время как Сайоглу проводила исследования в Турции в 2013 и 2014 годах, активистка социального приюта для женщин «Мор чаты» («Фиолетовая крыша») и юрист, связанный с организацией SPoD (организация, защищающая права ЛГБТИ) в Стамбуле, представили свои ответы на ряд вопросов интервью по электронной почте, как и юрист из города Мерсин в сентябре 2015 года. В 2017 году. Сайоглу отправила по электронной почте трем участникам проведенных личных интервью письмо с вопросом, какие дополнительные сложности появились в их работе в условиях чрезвычайного положения, введенного после попытки государственного переворота против правительства Турции в июле 2016 года.

За исключением двух интервью, проведенных в выбранных респондентами кафе, остальные турецкие личные интервью проходили в офисах организаций или учреждений. Интервью длились около часа, за исключением тех, в которых участвовало несколько респондентов — последние длились около полутора часов, — и проводились на турецком языке. Позже Сайоглу расшифровала их, передала для перевода турецкой компании, а затем отредактировала. Четыре интервью с турецкими государственными чиновниками не были записаны по просьбе респондентов. Все респонденты согласились с протоколом интервью, за исключением одного прокурора, который пожелал остаться анонимным. Однако после введения чрезвычайного положения мы решили обезличить всех наших турецких собеседников в целях их безопасности; вместо того чтобы использовать полные имена, мы называем их по роду занятий и организационной принадлежности.

В дополнение к полевым исследованиям мы просматривали источники новостей и сайты, на которых ведутся дискуссии на юридические темы, чтобы вычленить те немногочисленные дела о дискриминации по признаку пола, которые дошли до Конституционного суда и Верховного суда Российской Федерации (а также дела в судах низшей инстанции, о которых нас проинформировали юристы, правозащитники и активистки-феминистки). Сайоглу действовала аналогичным образом в Турции, просматривая, чтобы узнать о таких делах, национальные новости и сайты НКО. В обеих странах мы попросили наших респондентов рассказать нам о делах, которые мы обнаружили, а также о любых других конкретных делах, о которых они знали, и спросили о препятствиях на пути передачи дел о дискриминации по признаку пола во внутренние суды и в ЕСПЧ. Мы изучили взгляды наших респондентов на гендерную дискриминацию в России и Турции и их знакомство с процессом обращения в ЕСПЧ. Мы спросили активисток-феминисток, проходили ли они подготовку по обращениям в ЕСПЧ и были ли они осведомлены о процессе подачи заявлений, а также опросили правозащитные группы и юристов, которые проходили и сами проводили такие тренинги в России и Турции, занимаются ли они делами о дискриминации по признаку пола, делали ли они это в сотрудничестве с какими-либо женскими группами и почему или почему не привлекали женские организации. Вопросы интервью мы готовы предоставить по запросу.

С целью получить более подробное представление о фигурировавших в российских судах в последние годы делах, связанных с дискриминацей по признаку пола, мы обратились за помощью к русскому юристу, прошедшему подготовку в области международного права, чтоб он помог нам найти в российских юридических базах данных знаковые решения национальных судов по делам, которые могут быть истолкованы как дела о дискриминации по признаку пола, и наняли русскоязычного аспиранта для поиска в обширной базе данных «РосПравосудия» дел, в описании которых встречаются поисковые слова «женщина» и «дискриминация»[8]. Хотя мы уверены, что наше качественное исследование позволило выявить *ключевые* дела о дискриминации по признаку пола (или гендерной дискриминации), которые были поданы в российские суды (и в некоторых случаях оттуда в международные суды), мы также надеялись получить исчерпывающие данные о количестве дел, в которых люди в течение продолжительного времени использовали дискриминацию по признаку пола как основание для исков, подаваемых ими в российские суды. Данные

---

[8] Мы искренне благодарим за помощь Антона Буркова, ученого-юриста, консультанта общественного объединения «Сутяжник» (Екатеринбург) и Фабио Ресмини, аспиранта Университета Британской Колумбии, за выполнение этой работы. «РосПравосудие» — бесплатная справочно-правовая система по судебным решениям, некоммерческий проект, дающий общественности доступ к изучению состояния российской юриспруденции (см. https:// rospravosudie.com/ society/ help). (В 2018 г. сайт был заблокирован Роскомнадзором за незаконное распространение персональных данных. — *Примеч. пер.*)

«РосПравосудия» в определенном смысле сбили нас с толку и оказались в этом отношении не самым подходящим инструментом. Поиск по словам «женщина» и «дискриминация» в доступном диапазоне дат базы данных (с 1 января 2006 года по 25 апреля 2018 года на момент нашего анализа) выдал 39 900 совпадений, поэтому в качестве совокупной выборки мы решили изучить 500 дел, выпавших первыми (выданных поисковой системой в порядке «релевантности»). Тем не менее делать обобщения, исходя из этой выборки, мы можем лишь с некоторой осторожностью. Прежде всего, дела фигурируют в базе данных по нескольку раз; из 500 наиболее релевантных «совпадений» уникальными было лишь немногим более половины, в то время как остальные были повторными вхождениями (некоторые случаи были внесены в список до десяти раз). Более того, нет никакой гарантии, что в базу данных попали все дела. И, хотя сортировка по релевантности помогает сделать так, чтобы дела, наиболее тесно связанные с дискриминацией по признаку пола, оказались в верхней части списка, это делает выборку нерепрезентативной для всего набора обращений, что ограничивает возможности делать выводы о приблизительном количестве случаев дискриминации по признаку пола в базе данных.

Как бы то ни было, анализ выборки дел все же выявил ряд закономерностей. После исключения «повторяющихся» дел, дел, на вид совершенно не связанных с гендерной дискриминацией, и случаев дискриминации в сфере трудовых отношений, где дискриминация по признаку пола прямо не упоминалась (эта последняя группа из 102 дел включала 30 исков о невыплате детских пособий и 8 исков о невыплате пособий по беременности и родам), осталось 30 дел. Из них 23 были связаны с трудовыми отношениями — это были иски, поданные физическими лицами, прямо заявлявшими о дискриминации по признаку пола в той или иной форме (например, «гендерная дискриминация», дискриминация в отношении «одинокой женщины с маленькими детьми», дискриминация «по половому признаку»). В это число вошли жалобы на несправедливое увольнение, отказ в приеме на конкретную работу, понижение в должности, принудительный перевод на другую работу и невыплаченные пособия на детей[9]. Одно из этих дел было урегулировано, но из остальных 22 один иск был удовлетворен, два были удовлетворены частично, а 19 (86 %) были отклонены. Короче говоря, лишь немногие попытки воспользоваться судебными механизмами увенчались успехом.

Остальные семь дел, в которых речь шла о дискриминации по признаку пола, касались вопросов, не связанных с трудовыми отношениями: пять исков были поданы мужчинами, возражающими против призыва мужчин на военную службу, и два иска были поданы женщинами. В одном из двух последних дел, которые мы обсуждаем в главе 2, женщина заявила в апелляции, что ее ударил по лицу мужчина (ее сосед) и что отказ государства признать его виновным приравнивается к дискриминации по признаку пола [дело № 10–7/2011]. В другой, также апелляционной жалобе, женщина, попавшая в автомобильную аварию, возлагала вину на мужчину-водителя за его поведение и оспаривала исход разбирательства — в ходе которого водитель не был признан виновным — о дискриминации по половому признаку [дело № 33–4528/2011]. Все семь из этих дел, связанных с презюмированной дискриминацией по признаку пола, были в суде проиграны.

Иски о дискриминации по признаку пола, поданные мужчинами, встречались чаще, чем можно было ожидать (57 % из 30 дел о дискриминации по признаку пола в нашей выборке были ини-

---

[9]   Еще три дела касались дискриминации по признаку пола и других видов дискриминации при приеме на работу. Два из них были возбуждены государственными административными органами и привели к денежным штрафам для разместивших объявления о найме компаний. Только в одном из этих случаев была выявлена дискриминация по признаку пола из-за объявления о вакансии женщины-администратора [дело № 5–138/2016]. В другом случае суд пришел к выводу, что мужчин на должность водителя самосвала и оператора фронтального погрузчика разыскивали на законных основаниях [дело № 5–91/2015]. Третье дело было возбуждено местной прокуратурой, обвинившей электрическую компанию в размещении объявлений, содержащих дискриминационные ограничения по признаку возраста и пола. Компания была признана виновной в нарушении по обоим пунктам обвинения [дело № 5–386/2014]. Мы не включили эти дела в наши расчеты, так как нас интересовали иски физических лиц.

цированы женщинами, а 43 % — мужчинами), но, хотя некоторые из претензий женщин были полностью или частично удовлетворены, все иски, поданные мужчинами, удовлетворены не были. Пол председательствующего судьи, по-видимому, мало влиял на успех или неудачу иска; из 28 разбирательств, где пол судьи был известен, судьи-мужчины заслушали 11 дел о дискриминации по признаку пола и отклонили все претензии (100 %), в то время как судьи-женщины заслушали 17 и отклонили 15 (88 %)[10].

Мы не можем установить точное число дел в российских судах, где заявители утверждали, что стали жертвами дискриминации по половому или генерному признаку, но мы знаем, что дела, касающиеся дискриминации на рабочем месте — даже в сочетании с дискриминацией по признаку пола, — не будут подлежать рассмотрению в ЕСПЧ[11]. Как отмечалось, было несколько (семь) исков, не связанных с трудовыми отношениями, только два из них были поданы женщинами. Апелляции в обоих случаях удовлетворены не были, что делает эти иски потенциально приемлемыми для рассмотрения в ЕСПЧ в соответствии со статьей 14, но

---

[10] Исследования Софии Уилсон, проведенные в постсоветских государствах (Украина, Таджикистан и Азербайджан), еще сильнее подтверждают эту закономерность. Уилсон показала, что в этих странах пол судьи не позволяет предсказать, какое решение будет вынесено в деле о гендерном насилии [Wilson 2011]. Действительно, в середине 2000-х гг. женщины-судьи в Таджикистане (они составляют подавляющее большинство среди судей, рассматривающих дела о разводе и насилии в семье), как правило, выносили решения *против* развода или защиты женщин, подвергшихся избиениям со стороны своих мужей, и вместо этого «пускались в долгие рассуждения, призванные отговорить женщин от развода даже в случаях насилия в семье». [Wilson 2017: 302–303]. Исследование Уилсон показывает, что женщины-судьи не более благожелательно, чем мужчины-судьи, относятся к женщинам в делах о насилии в семье в государствах — бывших республиках СССР, которые она изучала; нет оснований полагать, будто в России будет преобладать иная модель.

[11] Правительство России подписало, но не ратифицировало Протокол 12 Европейской конвенции о правах человека, в котором была предусмотрена отдельная антидискриминационная оговорка, которая позволила бы гражданам направлять дела о дискриминации на рабочем месте для рассмотрения в ЕСПЧ (см. главу 5).

только в том случае, если можно будет доказать, что дискриминация по признаку пола, на которую жаловались в этих случаях, произошла в ходе нарушения другого права, охватываемого Европейской конвенцией (например, права на справедливое судебное разбирательство). Если бы наша выборка из 500 «попаданий» была репрезентативной для всех 39 900 совпадений, то за 12 лет можно было бы насчитать до 160 подобных исков, поданных в российские суды женщинами на основании дискриминации по признаку пола — примерно по 13 дел в год. Однако, учитывая, что наиболее релевантные случаи должны появляться в начале списка, мы полагаем, что их число значительно меньше. Чтобы проверить способность поисковой системы сортировать по «релевантности», мы рассмотрели еще 100 обращений на 500 пунктов далее по списку (результаты поиска № 1001–1100). Здесь мы обнаружили только два случая дискриминации по признаку пола. Оба были связаны с трудовыми отношениями; в одном случае женщина утверждала, что ей несправедливо отказали в должности, потому что предпочтение отдавалось кандидатам-мужчинам; в другом мужчина утверждал обратное. Женщины-судьи отклонили оба иска [дело № 2–6431/16; дело № 2–949/2012]. Это дает нам дополнительную уверенность в том, что общее число дел о дискриминации по признаку пола, возбужденных в российских правоохранительных структурах по искам, поданным женщинами, было довольно небольшим и что количество таких дел, которые могли бы быть рассмотрены в ЕСПЧ, до сих пор оставалось незначительным. Кроме того, в статье-расследовании, основанной на интервью с юристами по правам человека, рассматриваются дела о дискриминации в российских судах по всем направлениям (включая дискриминацию по признаку возраста, пола, сексуальной ориентации, этнической принадлежности и политических взглядов), аналогичным образом сделан вывод о том, что по состоянию на середину 2018 года «относительно немного дел по этим основаниям когда-либо рассматривалось, и еще меньше когда-либо выигрывалось» [Meduza 2018].

Выявить все жалобы, когда-либо поданные в ЕСПЧ в какой-либо конкретной области, невозможно, поскольку очень многие из них в судебном порядке отклоняются Судом, и документация по этим сотням тысяч отклоненных заявлений недоступна. Хотя существует вероятность того, что, помимо обнаруженных нами дел, российские и турецкие заявители подавали в ЕСПЧ еще какие-то заявления в связи с дискриминацией по признаку пола и эти заявления были отклонены на начальном этапе, наши интервью с юристами и экспертами, которые, скорее всего, знают о таких заявлениях, показали, что это не так. Кроме того, в подтверждение того, что мы узнали из интервью, юрист ЕСПЧ [Диков 2009], исследуя выборку не принятых к рассмотрению дел из России, не выявил ни одного заявления о дискриминации по признаку пола[12].

Помимо интервью и изучения материалов дел, мы собрали большое количество литературы — научной и публицистической, а также сведения из социальных сетей и с интернет-сайтов организаций активистов на английском, русском и турецком языках, чтобы лучше понять, какие усилия прилагают активисты и какие препятствия и возможности существуют для дел, связанных с дискриминацей. Как было отмечено ранее, распространив наше сравнение судебных разбирательств по делам о дискриминации по признаку пола из России на еще одну страну Совета Европы (Турцию) и еще одну область дискриминации (в отношении ЛГБТ-граждан), где исход рассмотрения дел был более успешным, мы смогли получить аналитические средства, позволяющие определить, можно ли обобщить выявленные нами объяснения вне контекста гендерной дискриминации в России.

---

[12] Из 250 рассмотренных Диковым заявителей 99 были пенсионерами по возрасту или инвалидности; 53 — заключенными; 19 — безработными, включая жен/мужей-домохозяев. Немногие заявители были моложе 25 лет — всего 4 из 250 (что говорит о том, что молодые женщины, подвергающиеся дискриминации на рынке труда или ставшие жертвами изнасилования и побоев, — статистически маловероятные заявители). Типичным заявителем был пенсионер старше 50 лет или заключенный среднего возраста. У этих потенциальных заявителей зачастую не было адвоката, который бы помог им подготовить заявление. Почти половина дел была признана неприемлемыми из-за истечения шестимесячного срока для обращения в суд; другая половина была отклонена из-за отсутствия четких оснований для приемлемости [Диков 2009].

Как работает ЕСПЧ

Европейский суд по правам человека, расположенный в Страсбурге (Франция), был основан в 1959 году как институт Совета Европы и действует на основе Европейской конвенции о правах человека 1950 года и протоколов к ней, привлекая подписавшие ее государства к ответственности за нарушение прав своих граждан. Судьи избираются Парламентской Ассамблеей Совета Европы на девятилетний срок и выступают в качестве физических лиц, а не «представляют» страну своего происхождения (в любой момент времени в суде может заседать более одного судьи из одной и той же страны Совета Европы) [European Court of Human Rights 2017a]. Конвенция и 13 принятых Протоколов к ней защищают разнообразные права и свободы, в том числе «право на жизнь, право на справедливое судебное разбирательство, право на уважение частной и семейной жизни, свободу выражения мнений, свободу мысли, совести и религии и защиту собственности». Конвенция запрещает «пытки и бесчеловечное или унижающее достоинство обращение или наказание, рабство и принудительный труд, смертную казнь, произвольное и незаконное задержание и дискриминацию в осуществлении прав и свобод, изложенных в Конвенции» [European Court of Human Rights 2017c]. Цель Суда — обеспечить соблюдение Конвенции государствами, ратифицировавшими ее. ЕСПЧ может рассматривать дела, открытые государствами-членами против других государств, предположительно нарушивших Европейскую конвенцию, но в основном дела инициируются гражданами государств-членов, которые жалуются на то, что их права, предусмотренные Европейской конвенцией, были нарушены их собственными правительствами.

Термины, описывающие ход рассмотрения дела в ЕСПЧ, могут вводить в заблуждение. Граждане, добивающиеся возмещения в Суде, подают «заявления», которые затем регистрируются и рассматриваются, чтобы определить, являются ли они «явно необоснованными» (например, если заявитель не исчерпал свои национальные средства правовой защиты, или если заявление было подано более чем через шесть месяцев после окончательного решения национального суда, или если права по Конвенции явно не применимы к делу) [Leach 2011: 29]. На начальном этапе многие дела отклоняются сотрудниками Суда в упрощенном порядке, правда, в последние годы число таких дел сократилось как процент от всех заявлений в ЕСПЧ, и в 2016 году на этом этапе было отклонено 20 950 заявлений, что на 35 % меньше, чем в предыдущем [European Court of Human Rights 2017b: 4]. Основная причина сокращения числа административных отказов заключается в том, что в 2009 году Суд принял, а затем доработал на основе Брайтонской декларации Комитета министров 2012 году новую «политику приоритетов» для сортировки заявлений. Это позволяет рассматривать наиболее срочные или важные дела первыми, тогда как явно неприемлемые рассматриваются в последнюю очередь [European Court of Human Rights 2009; Open Society Foundation 2013]. Кроме того, по указанию Комитета министров в Декларации конференции в Интерлакене 2010 года [European Court of Human Rights 2011b], в 2011 году Суд официально утвердил «пилотную процедуру вынесения решений» для сокращения числа решений по большим группам повторяющихся дел или «дел-клонов». Дела-клоны составили значительное число российских и турецких заявлений, направленных в Суд. В соответствии с новой процедурой рассмотрение таких дел «откладывается», и вынесение решения по этому вопросу задерживается до тех пор, пока Суд не сможет сформулировать «пилотное решение», предназначенное для работы со всеми аналогичными делами [European Court of Human Rights 2011a]. Хотя эти стратегии, безусловно, позволили несколько смягчить тревожную ситуацию с валом поступающих заявлений, число которых значительно превышает количество дел, ежегодно рассматриваемых Судом, многочисленные наблюдатели предупреждали об опасностях политики «пилотного решения» для заявителей, пострадавших от аналогичных нарушений прав человека. Такие люди могут быть вынуждены слишком долго ждать средства правовой защиты, учитывающего их обстоятельства, и, возможно, окажутся в ситуации, когда «задержка в осуществлении правосудия равнозначна отказу в правосудии», — эта проблема особенно остро стоит для тех, кто пострадал от грубого нарушения прав человека, например, для жертв курдского конфликта в Турции [Buyse 2009; Kurban 2016].

Подавляющее большинство дел, по которым в Суде принимается какое-либо решение, признается неприемлемым или исключается из списка дел по другим причинам решением одного судьи, Комитета или Палаты. Эти дела могут быть, а могут и не быть «доведены» до сведения правительства соответствующего государства (т. е. правительство уведомляется о заявлении и его содержании) до принятия решения о приемлемости, в зависимости от особенностей дела. Решения о неприемлемости сопровождаются письмом заявителю, в котором содержится обоснование Судом своего решения, хотя такие обоснования варьируются от лаконичных, без каких-либо подробностей (для дел, рассматриваемых Комитетом) до более подробных объяснений по делу (когда решение выносит один судья или Палата) (полезное объяснение см. [Leach 2011: 41–43]. В 2016 году почти 95 % (36 579 из 38 505) заявлений, рассмотренных Судом, были признаны неприемлемыми [European Court of Human Rights 2017b: 6]. Большинство из них было отклонено на самом первом этапе — примерно 86 % от общего числа заявлений, поступивших в Суд, постигла та же участь в 2008 году [Диков 2009].

Претензии, которые в соответствии с Европейской конвенцией вызывают реальные вопросы и не считаются неприемлемыми на начальном этапе, затем доводятся до сведения правительства-ответчика, которому предлагается изложить свою точку зрения в письменной форме [European Court of Human Rights 2015]. Заявитель затем может ответить на официальное объяснение правительства.

Те немногие дела, которые признаны приемлемыми, доходят до рассмотрения в ЕСПЧ. Заявления, находящиеся на любом этапе процедуры, помечаются как «ожидающие рассмотрения». В конечном итоге Суд рассматривает лишь небольшую часть представленных дел и выносит решение по существу жалобы. Из-за огромного числа дел и тщательной проверки, которой они подвергаются, может потребоваться несколько лет, чтобы дело прошло весь путь от подачи заявления до этапа вынесения окончательного решения, причем более неотложные дела — например, связанные с пытками, похищениями или затрагивающие важные вопросы права, решаются быстрее, чем менее важные или повторяющиеся [Leach 2011; European Court of Human Rights 2009].

Предполагается, что государства — члены Совета Европы, признанные нарушителями Европейской конвенции, изменят свои законы и практику, чтобы привести их в соответствие с Конвенцией, они также обязаны выполнять решения, принятые ЕСПЧ [Jordan 2003: 283]. В 1998 году ЕСПЧ бросил еще более серьезный вызов государственному суверенитету, когда Протокол № 11 к Конвенции инициировал важные реформы в работе страсбургских институтов. В дополнение к структурной реформе, предполагавшей упразднение Европейской комиссии по правам человека (которая ранее отфильтровывала все жалобы, поступающие в Суд), гражданам всех государств — членов Совета Европы было разрешено подавать заявления непосредственно в ЕСПЧ, а все государства Совета Европы должны были признать Суд в качестве окончательного арбитра [Cichowski 2006: 58–59, 67]. ЕСПЧ без колебаний выносит решения против государств-членов, находя нарушения Конвенции в «подавляющем большинстве» дел [Cichowski 2006: 62–63].

Решения, принимаемые Европейским судом по правам человека, контролируются — или, в терминологии Совета Европы, «исполняются» — через Комитет министров Совета Европы. Этот орган, состоящий из министров иностранных дел каждого из государств — членов Совета Европы, отвечает за то, чтобы государство-член, проигравшее дело в ЕСПЧ, выплатило заявителю материальную компенсацию (так называемые «индивидуальные меры», требуемые в решении) и/или приняло дальнейшие «общие» меры, направленные на предотвращение подобных нарушений в стране в будущем, в частности — изменило внутреннее законодательство, чтобы то не противоречило Конвенции. Решения Суда «подразумевают обязательство со стороны соответствующих государств избегать любых подобных нарушений в будущем», и Комитет министров следит за этими государствами с целью проконтролировать, насколько те преуспели в устранении условий, давших повод к появлению конкретного дела вообще (особенно если аналогичные дела из этого государства продолжают поступать в Суд [Council of Europe, без указания даты]). Комитет сохраняет дела в своей повестке до тех пор, пока его члены не убедятся в том, что решение суда было полностью выполнено. Комитет министров Совета Европы уполномочен исключать государства из Совета Европы, если те окажутся не в состоянии «исправить доказанные нарушения», но пока еще ни разу этого не делал [Weston et al. 1992: 246].

В 1996 году Россия была принята в Совет Европы и в мае 1998 года ратифицировала Европейскую конвенцию, придав ей статус российского внутреннего закона [Jordan 2003: 283]. Специфика Конституции Российской Федерации состоит в том, что любой международный закон, ратифицированный правительством, автоматически считается применимым в качестве внутреннего, не требуя какого-либо дополнительного внутреннего законодательства (статья 15(4) Конституции Российской Федерации). Таким образом, ЕСПЧ как международная конвенция имеет более высокий статус, чем внутренние законодательные акты [Burkov 2007: 25; Danilenko 1999: 52].

Однако с тех пор, как Российское государство стало участником ЕСПЧ, восторгов в отношении этого европейского института заметно поубавилось, и, хотя при вынесении решений против Российского государства Российская Федерация продолжает выплачивать компенсации заявителям, идея о том, что все решения ЕСПЧ против России должны обязательно исполняться, была отвергнута. В 2015 году российская Дума (нижняя палата национального законодательного органа) приняла закон, наделяющий Конституционный суд полномочиями пересматривать решения международных судов по правам человека и объявлять их «неисполнимыми», если Суд со ссылкой на Конституцию как высший закон России над всеми другими, внутренними или международными [Constitutional Court Rules Russian Law above European HR Court Decisions 2015; Human Rights Watch 2016] сочтет, что они противоречат Конституции России. Позже, в апреле 2016 года, Конституционный суд вынес свое первое постановление, объявив «неисполнимым» решение ЕСПЧ по делу [*Анчугов и Гладков против России*], в котором утверждалось, что заключенные имеют право голоса на российских выборах, в то время как Конституция РФ прямо запрещает заключенным голосовать [Human Rights Watch 2016]. В 2017 году Конституционный суд аналогичным образом оспорил конституционность решения ЕСПЧ по громкому делу компании «Юкос» против Российской Федерации, которое включало в себя крупнейшее в истории ЕСПЧ требование о компенсации (1,9 млрд евро) [Benedek 2017: 385].

Некоторые наблюдатели опасаются, что этот новый подход к ЕСПЧ[13] может дать Конституционному суду слишком широкие возможности для толкования в отношении того, что противоречит и что не противоречит российским конституционным принципам, в зависимости от того, насколько решения ЕСПЧ удобны для российского правительства [Chaeva 2016; Leach, Donald 2015]. Это может означать серьезное ослабление «страсбургского эффекта» — способности ЕСПЧ укрепить соблюдение Россией принципов прав человека, закрепленных в Европейской конвенции [Mälksoo, Benedek 2017].

Растущее нежелание российского государства признавать полную силу решений ЕСПЧ может ослабить усилия юристов и активистов по привлечению государства к ответственности за нарушения прав человека, но на сегодняшний день импульс к проведению «стратегических судебных разбирательств» в защиту прав граждан остается устойчивым, как свидетельствуют наши собственные данные интервью и исследования других ученых [Брауэр, Бурков 2017]. Хотя отсутствие реакции нынешнего российского правительства на решения ЕСПЧ может дестимулировать активистов, само по себе исковое производство по-прежнему ценно с точки зрения его потенциальных будущих последствий. Конечно, не следует забывать, что ЕСПЧ, как правило, предоставляет отдельным жертвам некоторые финансовые средства правовой защиты, даже если не удается получить же-

---

[13] В 2020 году в Конституцию РФ была внесена поправка, позволяющая не выполнять решения межгосударственных органов «в их истолковании, противоречащем Конституции Российской Федерации».

лаемый (более широкий) политический эффект. Но даже независимо от того, получится ли активно внедрить в практику решение Суда по конкретному делу в настоящий момент, такое решение можно использовать как отправную точку для воздействия на нышнее правительство или его преемников, чтобы в будущем они действовали более справедливо.

Как считает Ванхала [Vanhala 2012], стратегические судебные кампании — даже если им не удается привести к существенным изменениям в политике — могут заканчиваться процессуальными победами, а суды и правительства в будущем проявят бо́льшую готовность рассматривать жалобы заявителей. Кроме того, положительное решение в иностранном суде может впоследствии повлиять на национальный суд — способствовать отмене предыдущего решения или вынесению положительного решения в аналогичных делах с первой попытки. В целом международные суды все еще могут оказывать влияние, даже если во внутреннем законодательстве или правоприменительной практике это влияние проявляется не сразу.

Краткое изложение выводов

ДЛЯ АКТИВИЗМА НУЖНЫ АКТИВИСТЫ

Наличие психологических, социальных, материальных и правовых барьеров, которые мешают женщинам обращаться в национальные суды по делам о дискриминации, и необходимость проявить терпение и настойчивость, чтобы довести дело до ЕСПЧ, где на вынесение решения по нему могут уйти годы, — по этим причинам наши респонденты не раз говорили о том, что только «активисты», в силу подготовки, профессии или личных качеств, обычно готовы заниматься подачей иска о дискриминации по признаку пола или сексуальной ориентации и доводить такие дела до успешного — в юридическом отношении — финала. Нам довелось услышать о массе ситуаций, где явно присутствовал повод для претензий, удовлетворить которые можно было бы в ходе судебного разбирательства, но даже несмотря на уговоры адвокатов жертвы или члены их семей не ощущали в себе сил для подачи заявления в прокуратуру или суд.

Активисты редко появляются там, где общественно-политическая среда не признает право женщин на равное обращение в соответствии с законом (несмотря на то что его гарантирует Конституция Российской Федерации), и большинство граждан — будь то жертвы дискриминирующего обращения, сотрудники правоохранительных органов или су́дьи — не рассматривают гендерную дискриминацию как проблему. Нынешняя общая атмосфера репрессий в отношении НКО в России с законом об «иностранных агентах», который ставит на организациях, получающих финансирование из-за рубежа и занимающихся «политической» деятельностью (определение которой крайне туманно), порочащее клеймо из времен холодной войны, также препятствует развитию сильных правозащитных организаций, которые могли бы поддерживать обращения в национальные или международные суды [The Moscow Times 2016; Nechepurenko 2015; Russia Beyond the Headlines 2015]. Ряд российских правозащитных и женских организаций, чьих сотрудников мы опросили для настоящего проекта, были официально признаны «иностранными агентами» [SJI 2016c; Front Line Defenders 2016; Grekov 2015]. Однако если эти организации продолжают свою работу, то другим группам, получающим финансирование из-за рубежа, страх получить статус «иноагента» может помешать заниматься защитой прав заявителей в суде, ведь государство, скорее всего, расценит такие судебные разбирательства как «политические». Все эти факторы в совокупности приводят к тому, что число российских юристов, активно продвигающих дела о дискриминации по признаку пола в ЕСПЧ, относительно невелико.

ЧТОБЫ ВЫИГРАТЬ ДЕЛО, НУЖНА ПРОФЕССИОНАЛЬНАЯ ПОДГОТОВКА

Доказать факт дискриминации особенно сложно, ведь заявители должны представить убедительные доказательства не только причиненного им вреда, но и доказать, что этот вред был направлен не против конкретного заявителя как отдельного лица, а против члена идентифицируемой группы людей. Для этого нужно уметь собирать доказательства и приводить аргументы — помимо энтузиазма, ведение дел такого рода требует профессиональной юридической подготовки. Согласно классическому аргументу Марка Галантера, «регулярные пользователи» в рамках американской правовой системы вырабатывают ноу-хау и приобретают иные ресурсы, способствующие их дальнейшим победам. Аналогичные правила действуют и в отношении российских правозащитников [Galanter 1974][14]. Особенно актуально это в российской ситуации, учитывая бесконечное «отфутболивание», которым занимаются оперативники, следователи и прокуроры, решая, следует ли объявить дело открытым или закрыть его (как описано в главе 3); неопытным юристам сложно понять, прежде чем обратиться в ЕСПЧ в рамках допустимого срока в шесть месяцев после окончательного решения национального суда, когда можно считать, что внутренние средства правовой защиты «исчерпаны».

К сожалению, как мы показываем в главе 4, разобщенность между группами по защите прав женщин и борцов за права человека в России привела к тому, что разделяющие идеи феминизма юристы и НКО не обладают достаточной квалификацией, чтобы доводить дела до Европейского суда по правам человека. Подготовка юристов для подачи заявлений в ЕСПЧ, развернутая международными организациями, а в последнее время проводи-

---

[14] Хотя Хендли, Муррелл и Райтерман [Hendley et al. 2003] пришли к выводу, что галантеровская концепция «регулярного пользователя» в целом в России неприменима, их анализ был основан исключительно на судебных разбирательствах, связанных с хозяйствующими субъектами. Мы же, наоборот, считаем, что в правозащитной сфере, особенно применительно к делам, которые потенциально планируется заявлять в ЕСПЧ, роль опытных юристов-правозащитников — «регулярных пользователей» является существенным фактором успеха конкретного выигранного дела. Это подтверждается результатами анализа Сундстром, согласно которому более 30 % дел ЕСПЧ из России, признанных приемлемыми в период с 2001 по 2010 г., были представлены юристами НКО, и, как правило, это были НКО, которые часто представляли дела в Суде [Sundstrom 2014: 849].

мая и российскими правозащитными организациями (часто получающими финансирование от иностранных доноров), была ориентирована на подготовку активистов в традиционных правозащитных организациях — и определенная логика в этом была. Такие организации, за некоторыми исключениями, не занимались делами о дискриминации по признаку пола. Адвокатов и активисток женских организаций на такие тренинги обычно не приглашали, и, таким образом, разделяющие идеи феминизма юристы, которым дела о дискриминации по признаку пола были бы интересны, как правило, не обучались тому, как успешно подавать заявления в ЕСПЧ. В России наберется, пожалуй, меньше десятка юристов, которые работают с делам по дискриминации по признаку пола, и тех, кто прошел специальную подготовку в этой области, пройдя учебу за рубежом.

Из проведенных сравнений с Турцией и делами о дискриминации ЛГБТ в ЕСПЧ удалось выявить ряд фактов, явно подкрепляющих результаты анализа российских нарушений, связанных с гендерной дискриминацией. Во-первых, сравнения и с Турцией, и с делами о дискриминации ЛГБТ показывают, насколько важную роль играют юристы и активисты НКО, прошедшие специальную подготовку по привлечению, выявлению и представлению жертв дискриминации. В Турции куда больше, чем в России, разделяющих идеи феминизма юристов, прошедших подготовку в ЕСПЧ и КЛДЖ. Кроме того, у нескольких основных ЛГБТ-групп в России есть юристы, прошедшие подготовку по рассмотрению жалоб в ЕСПЧ, и эти юристы активно и успешно подают заявления в Суд.

Вместе с тем, проведенные сравнения подчеркивают важность сетевого подхода к судебной практике, связанной с правами человека. В Турции профеминистские юристы прошли подготовку по обращениям в суд, и произошло это отчасти потому, что традиционные правозащитные организации не обладают монополией на международное обучение в сфере прав человека, и в этой стране правозащитные структуры и сети организаций, защищающих права женщин, разобщены куда меньше российских. Турецкие правозащитники, как правило, рассматривают права женщин как часть своих обязаностей. Более того, российские ЛГБТ-организации получили гораздо бо́льшую поддержку со стороны основных правозащитных групп — и, следовательно, бо́льшую помощь в подготовке и подаче заявлений в ЕСПЧ, — нежели российские женские правозащитные группы.

Право, связанное с проблемами дискриминации, является для юристов какой-то специфически сложной областью — как показано в главе 3. Сама по себе дискриминация определена в российском законодательстве недостаточно четко, а такие элементы, как положение Конституции РФ о равенстве, слишком расплывчаты, чтобы быть полезными в суде. Кроме того, в Европейском суде по правам человека, как мы описываем далее и в главе 5, требования к доказательствам, когда речь идет о дискриминации, достаточно высоки и подразумевают владение техниками особо тщательного сбора доказательств, интуитивно постичь которые без специальной подготовки в этой области юристам удается редко.

ЧТОБЫ ВЫИГРАТЬ ДЕЛО, НУЖНЫ СИСТЕМАТИЗИРОВАННЫЕ ДАННЫЕ

Поскольку речь в делах о дискриминации идет об обращении с группой или классом граждан, адвокаты обычно должны предоставлять данные, подтверждающие систематическое дискриминационное обращение государства по отношению к определенной группе людей, и в этом особенность требований к доказательной базе по таким делам. В противном случае суды, скорее всего, сочтут неубедительными доводы заявителей в попытке доказать, что имела место именно дискриминация, а не жестокое обращение с отдельно взятым гражданином. Использование таких систематизированных данных в значительной степени является причиной того, что турецкие иски, в которых заявляется о дискриминации в отношении женщин со стороны государства в силу неспособности последнего защитить их от домашнего насилия, были относительно успешными. Турецкие женские организации на собственном опыте убедились в том, насколько важно подробно документировать практику обращения государства с женщинами и аналогичного рода нарушения — часто путем написания в КЛДЖ независимых отчетов для создания сводного отчета о подобных практиках на международном уровне. Со временем это помогло убедить ЕСПЧ признать дискриминацию со стороны турецкого государства. Сначала турецкие активисты писали отчеты, на которые КЛДЖ опирался в своих отчетах о стране, а затем адвокаты, подающие дела в ЕСПЧ, цитировали эти отчеты, чтобы продемонстрировать наличие устоявшейся модели поведения государства. Иными словами, активисты НКО Турции поняли, что необходимо собрать данные о неспособности государства защитить женщин и показать, что это явление наблюдается по всей стране. Как только они, как правило, с помощью теневых отчетов КЛДЖ, сделали это, ЕСПЧ начал признавать факты дискриминации. В России такие данные не собирались и не передавались в виде отчетов с такой же систематичностью.

ВЫИГРАННЫЕ ДЕЛА ЗАРАЗИТЕЛЬНЫ: СОПУТСТВУЮЩИЕ ЭФФЕКТЫ ПОЛОЖИТЕЛЬНЫХ РЕШЕНИЙ

Потребовалось значительное время, чтобы ЕСПЧ начал выявлять нарушения статьи 14 в отношении дискриминации по признаку пола. Однако в 2009 году дело [*Opuz v. Turkey*] открыло возможность для рассмотрения в Суде аналогичных заявлений, поданных как гражданами Турции, так и гражданами других государств — членов Совета Европы и касающихся насилия в отношении женщин. Произошло это, судя по всему, во многом благодаря тому, что адвокаты по правам женщин на примере первых таких дел начали понимать, без чего невозможно убедить Суд в факте дискриминации со стороны государства в отношении женщин — жертв насилия. Они усвоили уроки, о которых говорилось ранее, — в том, что касается сбора данных и документации через другие международные правозащитные институты. Они также получили возможность ссылаться на предыдущие аналогичные дела при заявлении о фактах дискриминации в рамках своих новых дел.

Наши собеседники в России и Турции также выразили убеждение, что судьи ЕСПЧ постепенно перенимают стандарты других международных трибуналов и конвенций по правам женщин. В частности, логика, разработанная в решениях, принятых КЛДЖ ООН, и принципы, включенные в новую Конвенцию Совета Европы о предотвращении и борьбе с насилием в отношении женщин и домашним насилием (известной также как Стамбульская конвенция), начали влиять на логику, используемую судьями ЕСПЧ в их собственных решениях. Государства, напрямую связанные обязательствами вследствии ратификации Факультативного протокола к Конвенции о ликвидации всех форм дискриминации в отношении женщин (который позволяет отдельным гражданам направлять жалобы в КЛДЖ) и Стамбульской конвенции, особенно уязвимы, когда в постановлениях ЕСПЧ о нарушениях на их территории содержатся ссылки на эти конвенции. Но и помимо этого некоторые юристы отмечали: как только ЕСПЧ начинает использовать указанную логику в одном или нескольких решениях, подтверждающих факт нарушений статьи 14, юристам легко ссылаться на эти решения ЕСПЧ даже в заявлениях из тех государств, которые не ратифицировали указанные международные конвенции. Аналогичным образом, в том, что касается дискриминации в сфере занятости, которая, как правило, не подпадает под юрисдикцию ЕСПЧ, можно надеяться, что недавнее решение по делу [*Emel Boyraz v. Turkey*] о дискриминации по половому признаку при принятии на государственную службу будет использовано юристами как прецедент в других странах Совета Европы и тем самым расширит прецедентное право Суда в этой области.

Краткое описание глав

Для того чтобы заявители могли обратиться в ЕСПЧ, они должны сначала исчерпать внутригосударственные средства правовой защиты в российских судах. В главах 2 и 3 книги мы исследуем барьеры, которые часто мешают женщинам сделать даже первый шаг к возбуждению дела о дискриминации. Многие из этих барьеров известны разделяющим идеи феминизма наблюдателям, изучающим право, связанное с дискриминацией в других государствах. В главе 2 мы исследуем психологические и культурные аспекты, препятствующие рассмотрению исков о гендерной дискриминации в российских судах (такие, как популярная тенденция рассматривать дискриминацию по признаку пола в публичной сфере как естественное и оправданное отражение стереотипов о половых ролях и предложение решать «личные» проблемы, например, насилие в семье, в частном порядке, а не у всех на виду). В главе 3 основное внимание уделяется барьерам, которые укоренились в национальной правовой системе и мешают женщинам подавать заявления о дискриминации по признаку пола в российские полицейские структуры и суды. Здесь мы рассматриваем как юридические, так и практические препятствия для возбуждения таких дел.

В главе 4 исследуется динамика взаимодействия между российскими правозащитными стуктурами и группами по защите прав женщин и то, как непростые отношения между этими секторами гражданского общества не дают жалобам российских женщин на дискриминацию по признаку пола доходить до ЕСПЧ. Мы опираемся на наши интервью с активистами-феминистами и правозащитниками в России, чтобы пролить свет на их опыт в рамках деятельности правозащитных структур и международных судебных сообществ в России. Мы считаем, что отсутствие координации между структурами традиционных правозащитников и группами, борющимися за права женщин, до недавнего времени не позволяло разделяющим идеи феминизма юристам учиться тому, как успешно подавать заявления в ЕСПЧ. Мы сравниваем опыт фем-активистов/активисток и то, как российские правозащитные группы относятся к заявлениям о нарушении прав человека в связи с полом, с радикально иным опытом борцов за права ЛГБТ, нашедших точки соприкосновения с правозащитными организациями в России.

В главе 5 предметом обсуждения становятся факторы, препятствующие успешному рассмотрению исков о дискриминации по признаку пола на международном уровне — в ЕСПЧ: как из стран Совета Европы, так и конкретно из России. Нежелание Суда до недавнего времени выявлять нарушения статьи 14 наряду с нарушениями других статей Конвенции, ограниченный набор обстоятельств, при которых дискриминация подпадает под юрисдикцию Конвенции, и очень высокие требования к доказательствам, необходимым для установления факта дискриминации, — все это в значительной степени объясняет столь малое количество дел о дискриминации, рассмотренных Судом. При этом мы также приводим документальные свидетельства того, что Суд за последние несколько лет стал более открытым в плане выявления дискриминации по признаку пола — отчасти благодаря распространению успешной логики аргументации среди адвокатов по правам женщин, а также появлению стандартов в других международных конвенциях о правах женщин, которые ЕСПЧ начал признавать.

Глава 6 посвящена сравнительному исследованию структуры возможностей внутри страны и на международном уровне: можно ли распространить обобщения, сделанные для барьеров и возможностей при подаче в ЕСПЧ заявлений граждан России по делам, связанным с дискриминацией по половому признаку, на заявления из других стран — членов Совета Европы? Мы проводим углубленный анализ случаев дискриминации в Турции как в отношении женщин, так и в отношении ЛГБТ-граждан и обнаруживаем, что, за некоторыми показательными исключениями, барьеры в Турции аналогичны барьерам в России.

Наконец, глава 7 завершает книгу, концентрируясь на выводах, сделанных нами на основе проведенного анализа. Эти выводы могут помочь активистам НКО, юристам, чиновникам ЕСПЧ и представителям более широкого круга институтов Совета Европы лучше понять, как обеспечить правосудие для жертв гендерной дискриминации в России и других государствах Совета Европы. В эпоху, когда во многих странах Европы и государствах — бывших республиках СССР, по-видимому, уже сложилась или складывается система авторитарного правления, возможность для граждан добиваться защиты своих прав в наднациональных институтах становится все более важной. Мы считаем, что, несмотря на угрозу со стороны популистских, националистских, ксенофобных и социально консервативных сил во многих странах, признание прав женщин как неотъемлемой составляющей прав человека должно оставаться центральным для нашего понимания осмысленного гражданства и что соблюдение международных договоров, которые предлагают такую защиту, имеет решающее значение для расширения и укрепления демократии и прав человека.

2. Какая такая гендерная дискриминация? Психологические и социокультурные барьеры

> Знаете такое русское выражение: «Бьет — значит любит»? И как вам?
>
> *Екатерина Мишина, юрист, Москва*

Основной составляющей в любом деле, переданном в Европейский суд по правам человека, является заявитель. И для того, чтобы обратиться в ЕСПЧ, заявители должны сначала исчерпать внутренние средства правовой защиты: для граждан России — в российских судах. В то время как десятки тысяч россиян уже подали заявления в ЕСПЧ и более тысячи (1604) из этих заявлений были признаны приемлемыми и дошли до стадии вынесения решения [European Court of Human Rights 2016], из дел о дискриминации по признаку пола из России всю процедуру ЕСПЧ прошли только три [*Константин Маркин против России; Хамтоху и Аксенчик против России; Леонов против России*]; по имеющимся данным о неприемлемых делах, было предпринято еще несколько попыток передать российские дела о дискриминации по признаку пола в Суд [Диков 2009]. Действительно, дела о дискриминации по половому признаку редко рассматривались во внутренних судах России в принципе. На каком участке национальной судебной системы потенциальные заявители оказываются в тупике и почему?

Это первая из трех глав, где мы рассматриваем внутренние препятствия для признания и передачи дел о дискриминации по признаку пола в российские суды. В данной главе исследуются социально и культурно обусловленные установки, мешающие людям признавать дискриминацию по признаку пола, и различные социальные, межличностные и материальные факторы давления на отдельных лиц, которые препятствуют потенциальным заявителям доводить дела о дискриминации по половому признаку до сведения правоохранительных органов и судов в России.

Мы начнем с подробного описания относительного отсутствия гендерного сознания и враждебного отношения к феминизму в современном российском обществе, что, в свою очередь, мешает отдельным людям и государственным институтам признавать факты гендерной дискриминации, когда она имеет место. Широко распространенные представления о дискриминации по признаку пола на рабочем месте как естественном и оправданном отражении стереотипов о половых ролях, а также отношение к обвинению жертв в случаях насилия в отношении женщин помогают объяснить, почему в результате нарушений в этих областях редко возбуждаются дела о дискриминации по признаку пола. Затем мы переходим к обсуждению социального, эмоционального и материального давления на отдельных лиц с целью не доводить такие случаи до сведения правоохранительных органов и правовой системы России. Мы иллюстрируем элементы, способствующие подавлению дел, путем изучения преступлений, связанных с насилием в отношении женщин (изнасилование и насилие в семье), а также случаев дискриминации по признаку пола, связанной с трудовыми отношениями (например, дискриминация при трудоустройстве, нарушения, связанные с пособиями по беременности и родам, сексуальные домогательства) и равным доступом к образованию. Глава завершается попыткой объяснить, почему некоторым людям все же удается преодолевать препятствия и трудности и доводить дела о дискриминации по признаку пола до российских судов.

Гендерная дискриминация: какие социально-культурные факторы мешают ее признать

Прежде чем достаточно многочисленная подгруппа общества сможет осудить какой-либо тип нарушения прав, этот тип должен быть для начала воспринят как устранимая несправедливость. Публичное «оформление» нарушения, таким образом, как правило, является задачей общественных движений [Benford, Snow 2000]. Однако до создания фрейма происходит «трансформация сознания» на индивидуальном уровне (когда незаслуженно претерпевший человек начинает воспринимать это как несправедливость) и на групповом уровне (когда люди — жертвы несправедливости того же типа признают ее проблемой, затрагивающей не только их самих, и приходят к убеждению, что, возможно, несправедливость может быть устранена). Это похоже на аргумент, выдвинутый Фелстинером [Felstiner et al. 1980], о том, что споры в американском правовом контексте трансформируются, проходя этапы «назвать, обвинить, предъявить <претензию>»; социальные движения могут побудить людей «назвать» свое недовольство происходящим проблемой и даже «обвинить» предположительно виновную сторону[1]. Общественные движения пытаются сформулировать проблему таким образом, чтобы она стала заметной в обществе на более широком уровне и воспринималась как проблема не только теми, кто и так уже о ней знает; в идеале ее существование должны признать даже те, кого эта конкретная несправедливость никогда не коснется (например, мужчины, которые узнают о женском обрезании, а затем выступают против этого). Эти уровни взаимодействуют и могут взаимно усиливать друг друга. По мере того как социальные движения успешно, «резонансно» формулируют несправедливость [Benford, Snow 2000], люди могут постепенно признать, что

---

[1] Последовательность, предложенная Фельстинером, была опробована применительно к постсоветским контекстам — сельскохозяйственным спорам в Киргизии, например, [Cormier 2007] или обычным юридическим спорам российских граждан [Hendley 2018].

проблема, которую они прежде считали личной или индивидуальной, носит системный и, следовательно, политический характер, потенциально затрагивая все население.

Точно так же, когда лицо подвергается дискриминации, прежде
чем предпринимать юридические действия, чтобы остановить ее
или попытаться наказать виновного, это лицо должно сначала
признать само действие дискриминационным и незаконным.
Дискриминация по определению означает действия, непропорционально направленные против какой-либо группы (например,
дискриминация по признаку пола, сексуальной ориентации, этнического или национального происхождения или религии).
Осознание себя частью группы обычно возникает до того, как
любое негативное действие, предпринятое против субъекта,
будет квалифицировано как «дискриминация», — в отличие от
личного оскорбления. Не менее важным фактором при принятии
решения о предъявлении судебного иска (стадия «предъявления
претензий» по [Felstiner at al. 1980]) становится убежденность
в том, что успех возможен, даже если он не гарантирован, — и это
определяет, насколько активисты будут готовы участвовать
в организации общественных движений.

Для граждан России первая остановка на пути к заявлению
о дискриминации в ЕСПЧ, к жалобе, ссылающейся на нарушение
статьи 14 Европейской конвенции, — это внутренняя система
правоохранительных органов Российской Федерации. Лишь
немногие дела по статье 14 из РФ завершились вынесением решения ЕСПЧ; в период с 1998 года (когда правительство России
приняло Европейскую конвенцию и граждане страны получили
право подавать дела в Суд) по 2015 год. Суд признал нарушения
статьи 14 только в 10 делах из России [European Court of Human
Rights 2016]. В это число вошли два заявления о гендерной дискриминации: одно касалось дискриминации по признаку пола,
а второе — дискриминации по признаку сексуальной ориентации
(требование капитана российской армии Константина Маркина
об отпуске по уходу за ребенком и возражение Николая Алексеева против отказа Правительства Москвы разрешить проведение
гей-парадов); остальные жалобы касались ВИЧ-статуса (Кютин),

членства в профсоюзах (Даниленков и другие) и этнической дискриминации в отношении чеченцев. Одна из причин столь малого числа дел о дискриминации по признаку пола из России в ЕСПЧ заключается в том, что человек должен иметь некоторое представление о дискриминации по признаку пола, прежде чем подавать иск по делу, определяемому как дело о такой дискриминации.

Многие из наших респондентов отмечали, что общее отсутствие гендерного сознания в российском обществе мешает женщинам распознавать дискриминацию по признаку пола, даже когда они с ней сталкиваются (см. [интервью с Касаткиной; Мишиной; Фейгиным]). Игнорирование инцидентов, при которых нарушаются права по признаку пола, также снижает частоту выявления и обозначения гендерной дискриминации как таковой. В результате женщины, сталкивающиеся с дискриминацией — на работе или в форме насилия, непропорционально направленного против женщин, такого как изнасилование или насилие в семье, — редко идентифицируют свой опыт как незаконную дискриминацию.

Среди российских судебных дел о дискриминации по признаку пола в нашей выборке (см. раздел «Методология исследования» главы 1) мы обнаружили только одно, где женщина пыталась заявить, что случай насилия в отношении нее представляет собой дискриминацию по признаку пола. В 2011 году заявительница, обозначенная инициалами Д. Н. Т., утверждала, что ее сосед В. Ф. Теслюк ударил ее по лицу. Мужчина был оправдан по обвинению (нанесение побоев); он утверждал, что заявительница пыталась отобрать у него видеокамеру и при этом непреднамеренно ударила себя камерой по лицу. В ходе апелляции Д. Н. Т. утверждала, опираясь на Конвенцию о ликвидации всех форм дискриминации в отношении женщин, что правоохранительные органы, как правило, не воспринимают насилие в отношении женщин всерьез, но что такое насилие является нарушением прав человека и равносильно дискриминации в отношении женщин. Она также утверждала, что российское правительство обязано изменить законы, обычаи и практики, которые представляют собой дискриминацию в отношении женщин, и, следовательно, признать Теслюка виновным. Ее апелляция не была удовлетворена, так как судья отказался отменить первоначальное решение, гласящее, что Теслюк преступления не совершал [дело № 10–7/2011].

Общее нежелание рассматривать насилие в отношении женщин как форму дискриминации характерно не только для России. Как выяснила Мерри [Merry 2003] в ходе исследования небольшой выборки женщин на Гавайях в 1990-е годы, женщины в том контексте стали рассматривать домашнее насилие как нарушение их прав в результате взаимодействия с правоохранительными органами и судами, которые поддерживали такое толкование. Подобное взаимодействие позволяет женщине — жертве насилия осознать себя как гражданку, права которой заслуживают защиты со стороны государства [Merry 2003: 345]. В российском контексте, где судебные разбирательства менее распространены, чем в Соединенных Штатах, и где (как обсудим далее) при контакте с правоохранительными органами в связи с бытовым насилием полиция, прокуроры или судьи практически никогда не должны при этом подтверждать, что злоупотребление является нарушением прав, этот вектор развития «правосознания» кажется маловероятным.

Аналогичным образом в трудовых отношениях российское «защитное» законодательство, запрещающее женщинам работать на сотнях видов работ, рассматривается в широких кругах как «позитивная дискриминация», которая приносит женщинам пользу, а не нарушает их права. Как мы подробно описываем в главе 4, российские правозащитники или обычные граждане, как правило, плохо понимают, что права женщин являются правами человека; люди также не склонны рассматривать неспособность государства обеспечить определенную защиту как нарушение прав человека — в отличие от ситуации, когда государство намеренно причиняет человеку вред.

Дискриминация по признаку пола остается концепцией, чуждой для России — как на уровне общества, так и для полицейских и судебных органов. Отвечая на наш вопрос об относительной малочисленности дел о дискриминации по признаку пола в российских судах и в ЕСПЧ, Элла Панеях, социолог из Европейского университета в Санкт-Петербурге (ЕУСПб), объяснила, что такие дела обычно прекращаются до поступления в судебную систему, поскольку женщины — и те, кто работает в правоохранительных органах, и просто гражданки — имеют смутное представление о гендерной дискриминации.

> Понимание, что дискриминация может быть правонарушением, не распространено среди правоохранителей, при том что у нас много женщин в правоохранительных органах и в полиции... судьи у нас большинство женщин, потому что это не очень статусная работа в России. Представление о дискриминации на рабочем месте отсутствует в правовой культуре, среди правоохранительных органов и самих женщин, которые ей подвергаются [интервью с Панеях].

Предполагая, что эта точка зрения доминирует и на вершине российской судебной системы, Рима Шарифуллина, глава организации по защите прав трудящихся в Санкт-Петербурге, оказавшей помощь в возбуждении дела, связанного с попыткой женщины наняться на работу в качестве машиниста поезда метро (профессия, недоступная для женщин), сообщила, что во время конференции юристов по трудовым правам женщина-судья Конституционного суда России выразила возмущение по поводу того, что «мужчины хотят брать декретный отпуск, а женщины машинистами метро хотят» [интервью с Шарифуллиной]. Организация Шарифуллиной, «Петербургская Эгида», недавно подписала петицию об исключении из российского списка профессий, запрещенных для женщин, но, как с сожалением заметила респондентка, «у нас основная проблема, что нет большого количества женщин, которые бы понимали, что это дискриминация, и хотели бы бороться» [интервью с Шарифуллиной].

Даже явные случаи дискриминации на рабочем месте можно рассматривать через призму традиционных семейных ролей, оправдывающих разделение профессий по половому признаку и более высокую оплату труда для мужчин. Исследование, про-

веденное «Петербургской Эгидой» в петербургской судострои-
тельной отрасли, показало, к примеру, что женщины находят
профессиональную сегрегацию нормальной и справедливой,
ввиду того что женщины, как считается обычно, лучше мужчин
справляются с работой, которая подразумевает однообразные,
повторяющиеся операции, требующие терпения и точности
[Center for Independent Sociological Research 2008]. В исследовании
был задокументирован разрыв в оплате труда в 20–30 %, что
свидетельствовало о большем разнообразии задач, выполняемых
мужчинами; также, поскольку женщины якобы менее технически
подкованы, мужчины выполняют более высокооплачиваемые
и более сложные действия, связанные с оборудованием и инструментами. Это отражает гендерный разрыв в оплате труда в мас-
штабах всей экономики; средний заработок женщин во всех
секторах занятости в России по состоянию на 2011 год составлял
70,6 % от среднего заработка мужчин [Козырева 2013]. Однако
почти все женщины, опрошенные для исследования «Петербургской Эгиды», считали разницу в оплате труда и разделение труда
справедливыми, утверждая от имени своих коллег-мужчин, что
мужчины должны зарабатывать больше, потому что они кормят
семью и работают с бо́льшим энтузиазмом (тогда как женщины
во главу угла ставят семью) [Center for Independent Sociological
Research 2008: 26–27]. На исследованных предприятиях на опасных работах были заняты и женщины, и мужчины, при том что
труд женщин (на «формовке») оценивался как более опасный
из-за использования токсичной смолы [Center for Independent
Sociological Research 2008: 39–40]. Исследователи обнаружили,
что ни женщины, работающие в отрасли, ни их начальство не
считали очевидное гендерное неравенство на рабочем месте
дискриминирующим, поскольку как мужчины, так и женщины
усвоили аналогичный набор гендерных стереотипов, которые
удобно оправдывали разделение труда и неравную его оплату
[Center for Independent Sociological Research 2008: 45–46; интервью
с Шарифуллиной].

Схожим образом Елена Герасимова, директор Центра социально-трудовых прав в Москве, отметила, что, хотя российская

женщина может видеть, что сотрудник-мужчина, занимающий ту же должность, продвигается по карьерной лестнице, для себя она, учитывая семейные обязанности, с большей вероятностью этот вариант отвергнет, нежели станет рассматривать дискриминацию по половому признаку как структурное препятствие, мешающее женщине делать карьеру [интервью с Герасимовой]. Мария Воскобитова, заместитель директора «Инициативы верховенства права» Американской ассоциации юристов в Москве, согласилась с тем, что понятие «стеклянный потолок» многим женщинам кажется надуманным. Имея возможность сослаться на исключения — женщин, занимающих высокие корпоративные или политические посты, — люди начинают считать, что «если женщины не <получают повышение>, это их собственный выбор. Никто не расценивает это как проблему <рабочей> среды» [интервью с Воскобитовой].

Одно из объяснений относительного отсутствия гендерного сознания — недостаточная ориентированность российского феминизма на защиту прав женщин. Если бы женщины поняли, что их права «требуют особой защиты», утверждает адвокат Марк Фейгин (который некоторое время защищал женщин из *Pussy Riot* после их ареста в 2012 году), они бы проголосовали за женщин на выборах. «Но здесь этого не происходит», — объяснил Фейгин, поскольку «феминистское движение существует в зачаточном состоянии, оно искривлено здесь предельно», и в результате в России «под феминизмом понимают часто не идеологию, а некие социальные права — право женщин на уход за ребенком, трудовой день и т. д., а не политические права, специфические гендерные права», вроде пропорционального гендерного представительства в парламенте, «как в скандинавских странах». Фейгин приписывает это отличие национальной культуре: «Психология людей здесь иная, она исключает осознание необходимости прямой защиты своих гендерных прав» [интервью с Фейгиным]. Во время президентского срока Дмитрия Медведева (2008–2012) организация «Петербургская Эгида» выступала в поддержку закона, который реализовал бы статью 19 Конституции России, гарантирующую равные права и равные возможности для мужчин и женщин, и агитировала за введение гендерных квот в парламенте.

> К сожалению, — констатирует Шарифуллина, — этот закон о равных правах и возможностях до сих пор не принят, потому что большинство субъектов Федерации высказалось против него, так как очень много людей с православными взглядами сказали, что... слово «гендер» им не нравится, и вообще это все западное влияние, западный подход, что ты можешь родиться и выбрать себе пол [интервью с Шарифуллиной].

Любопытным образом, неприятие идеи «гендера» Русской Православной Церковью, по-видимому, отражает признание того факта, что половые роли на самом деле являются социальными конструктами, и в то же время принятие идеи о том, что половые роли должны распределяться на биологической основе. В конце концов, если бы распределение оплачиваемой работы и семейных функций было биологической функцией, принятие закона, реализующего статью 19, не представляло бы угрозы существующему положению вещей.

По словам Анастасии Усачевой, московской активистки-феминистки, даже те, кто сами себя идентифицируют как феминисток, иногда не замечают гендерную дискриминацию в отношении себя. Так, незамужняя женщина двадцати с небольшим лет, без детей, которая подает заявление на вакансию и получает отказ, вполне могла быть не принята на работу потому, что ее будущий работодатель ожидает, что она скоро уйдет в декрет. «Ей не могут отказать на этом основании, если она подходит по другим параметрам, — поясняет Усачева. — Но очень часто ей отказывают, но она воспринимает это не как дискриминацию, а волю работодателя, что работодатель имеет право» [интервью с Усачевой]. Точно так же «мысль о том, что на начальника надо в суд подавать, когда он тебя не продвигает по службе, особенно если это частный собственник в своей фирме, она чужда и выглядит смешно в российской правовой среде» [интервью с Панеях].

Одна из активисток, проинтервьюированная в рамках проекта, отвергает мнение, будто женщины не осознают собственных прав. Признавая, что женщины в России, как и в других странах, столкнулись с разрывом в заработной плате и «горизонтальной» сегрегацией на рабочем месте (т. е. преобладанием женщин в таких профессиях, как дошкольное образование, которые в среднем оплачиваются ниже, чем в тех секторах, где мужчины составляют подавляющее большинство работников, таких как строительство или добыча полезных ископаемых); адвокат по правам трансгендеров Мария Баст считает, что если женщина не знает своих прав, это потому, что она «не хочет знать». «Если сидеть, сложа руки, "я ничего не могу, у меня нет никаких прав", — как выражается Баст, — тогда возникают проблемы и дискриминация. Если ты позволяешь, чтобы тебя дискриминировали, значит, тебя будут дискриминировать» [интервью с Баст]. Следует также отметить, что социолог Таня Рэндс Лайон в ходе подробных интервью с российскими родителями — как мужчинами, так и женщинами — выявила, что, хотя они и могут «фантазировать» о традиционных гендерных ролях и отвечать в соответствии с этим на вопросы, в реальной жизни «мало женщин заинтересованы в том, чтобы вообще бросить работу, а русские мужчины редко проявляют в семье ту патриархальную власть, о которой заявляют, отвечая на вопросы» [Lyon 2007: 26].

Конечно, активисты и активистки-феминистки, в частности, как правило, знакомы с концепцией гендерной дискриминации. Юристы и адвокаты, работающие в таких областях, как права человека, насилие в семье и дискриминация в сфере труда, с большей вероятностью, нежели обычные граждане, будут использовать формулировки, связанные с нарушением прав по признаку пола, и в интервью они говорят о широком спектре доказательств гендерной дискриминации, которые легко найти в современной России. Наиболее часто в этой связи в комментариях фигурировали вопросы дискриминации в сфере занятости с уделением особого внимания отпуску по беременности и уходу за ребенком; прав опеки, равного доступа к образованию и насилия в отношении женщин.

ДИСКРИМИНАЦИЯ В ОБЛАСТИ ЗАНЯТОСТИ
И ОТПУСК ПО БЕРЕМЕННОСТИ И УХОДУ ЗА РЕБЕНКОМ

Наши респонденты отмечали неоднократные случаи, когда женщинам не выплачивались пособия по уходу за ребенком или по беременности и родам, что свидетельствует о нарушениях прав. Однако даже в тех случаях, когда такие дела доходят до суда, «это не рассматривается нашей судебной системой как гендерная дискриминация, потому что пособие могут не заплатить и мужчине, это все идет под соусом просто нарушения прав, не специфических гендерных» [интервью с Кальницкой]. Российское трудовое законодательство однозначно запрещает дискриминацию в отношении женщин детородного возраста, беременных или матерей маленьких детей [Гвоздицких, Крылова 2013]. Тем не менее наши респонденты описали существующие нормы, регулирующие отпуск по беременности и уходу за ребенком (хотя технически он может даваться не только женщинам, но пользуются им практически исключительно женщины) и следствия из них (такие как российский закон, запрещающий работодателям увольнять женщин с детьми в возрасте до трех лет) как провоцирующие развитие дискриминирующих практик при найме и способ «лишения <женщин> возможности профессионального развития» [интервью с Кальницкой]. Полина Кальницкая, юрист и консультант по корпоративному управлению и деловой этике, утверждает, что подобные законы стимулируют работодателей увольнять замужних женщин с детьми, ссылаясь на то, что «мужчина — кормилец, а женщину муж кормит» [интервью с Кальницкой]. Они также подталкивают работодателей к тому, чтобы в принципе не нанимать женщин из опасений, что последние воспользуются правом на трехлетний декретный отпуск в ущерб работодателю [интервью с Мишиной]. Хотя закон запрещает работодателям отказывать в приеме на работу беременным женщинам, «они знают, как этого избежать: говорят, что [женщина] недостаточно или слишком квалифицирована» [интервью с Мишиной]. Работодатели, которые все-таки предлагают работу женщинам детородного возраста, иногда обещают уволить сотрудниц, если те забеременеют, хотя и это незаконно [интервью с Мишиной].

На рабочем месте у женщин тоже нет равенства с мужчинами. На руководящих должностях в профсоюзах женщин почти нет [интервью с Шарифуллиной]. В подтверждение результатов целого ряда научных исследований [Kozina, Zhidkova 2006; Айвазова 2000; Ощепков 2006; Герасимова 2010] респондентки жаловались на гендерный разрыв в заработной плате для мужчин и женщин на одних и тех же должностях [интервью с Кальницкой; Давтян; Мишиной], оценку исключительно по внешним данным (так называемый «лукизм») в процессе найма [интервью с Кальницкой] и «стеклянный потолок», ограничивающий возможности женщин при продвижении по службе [интервью с Давтян]. И хотя женщины служат в российской армии, их роли носят «подчиненный, ориентированный на обслуживание характер» [интервью с Фейгиным]. На Северном Кавказе активисты задокументировали ситуации, когда женщин увольняли первыми, и обнаружили, что государственные власти в этом регионе проявляли дискриминацию в отношении женщин по всем направлениям: «Женщину на Северном Кавказе особенно пытаются нейтрализовать, убрать полностью из активной социально-экономической сферы, засунуть ее в дом» [интервью с Аветисяном].

Восприятие женщин прежде всего как матерей и акцент режима на повышении рождаемости [Clover 2013; Rivkin-Fish 2010] также усугубляют дискриминирующее отношение к женщинам. Как утверждает Таня Локшина, на момент интервью программный директор по России международной правозащитной организации *Human Rights Watch*, в России в последние годы все более заметен «дискурс традиционных ценностей», и это касается не только репрессий в отношении ЛГБТ, но и поддержки традиционных гендерных ролей:

> Речь идет о том, что женщины должны знать свое место… В традиционном дискурсе женщина — это мать, ее забота — дети, а дети — наше будущее. И ее место там [в семье]. И нам [России] нужен еще один демографический бум, и нашим

женщинам нужно рожать больше детей, и поэтому надо ограничить аборты, и так далее… В «традиционных» семьях кормильцем является мужчина, а женщина занимается семьей, ее задача — заботиться о семье, заботиться о детях [интервью с Локшиной].

Подчеркивание ключевой роли женщин в семье помогает не привлекать внимания к правам женщин в сфере оплачиваемого труда.

ДИСКРИМИНАЦИЯ ПО ПРИЗНАКУ ПОЛА В ДЕЛАХ ОБ ОПЕКЕ

Однако активисты выявляют наличие гендерной дискриминации даже в «женской сфере» — дома и в семье. В некоторых семьях, отмечает Мария Баст, женщины, вышедшие замуж за олигархов или государственных чиновников, могут столкнуться с дискриминацией, когда «<у него> финансово-административный ресурс, или он чиновник. Он может использовать это против своей же супруги, родственников», особенно в делах о разводе, когда влиятельные мужчины добиваются опеки над своими детьми [интервью с Баст]. Активистка-феминистка и журналистка Наталья Биттен также упоминает об этой тенденции: «У нас много женщин, которые потеряли своих детей при разводе с олигархами или просто известными личностями и не могут получить своих детей, они либо суды проигрывают, либо приставы действуют так, что они этих детей не видят годами» [интервью с Биттен]. Юристы международной правозащитной организации *Stichting Justice Initiative* (ранее *Stichting Russian Justice Initiative*, или SRJI) также отмечают эту тенденцию в Чечне. Ванесса Коган, исполнительный директор SJI, объясняет, что в соответствии с традиционной практикой «адатов» (которые она описывает как более строгие, чем законы шариата), в Ингушетии, Чечне и в некоторой степени в Дагестане развод или раздельное проживание приводят к тому, что отец получает полную опеку над детьми, которых впоследствии в семье называют «дети чужой женщины» [интервью с Коган]. Судья может иногда пойти против чеченской традиции и в случае развода присудить опеку над детьми матери.

Однако если дети в это время временно находятся у отца, последний может отказаться их возвращать, и судебные приставы ничего не могут сделать, особенно если отец или его родственники имеют «достаточное влияние на систему» (или могут подкупить пристава), — что создает дискриминирующую ситуацию для таких матерей [интервью с Пономаревым].

Марк Фейгин также отмечает, что женщины обычно оказываются «в проигрыше при бракоразводных процессах» с точки зрения раздела имущества и компенсации, «это говорит о том, что равноправие не реализовано в полном смысле» [интервью с Фейгиным]. Директор «Петербургской Эгиды» соглашается, отмечая, что, хотя в России права женщин на бумаге защищены надежно, ими сложно воспользоваться, в том числе при разводе, где мужчины редко несут ответственность за свои обязательства: «Если ты уходишь — алименты и все такое. Я смотрю на западных женщин, попробуй от семьи уйти, <муж> без штанов останется. Это мое представление такое. У нас женщины мирятся, что мужчины не платят алименты» [интервью с Шарифуллиной]. С мнением Шарифуллиной перекликаются данные, полученные Российским консорциумом женских неправительственных организаций (НПО) о том, что в России алименты платят всего 14 процентов разведенных мужчин [Новоселов 2008].

ДИСКРИМИНАЦИЯ ПО ПРИЗНАКУ ПОЛА В СФЕРЕ ОБРАЗОВАНИЯ

Опрошенные также приводили примеры дискриминации в образовательных учреждениях. Одним из примеров служит вопиющая дискриминация в отношении учащихся женского пола в процессе приема в школу-интернат для одаренных детей с использованием новых информационных технологий (ИТ) в Казани, столице Татарстана. Летом 2012 года 15 000 человек прошли тщательный отбор, чтобы поступить в только что открытую школу в первый год приема, но все 144 ученика, принятых администрацией школы, оказались мальчиками; среди них не было ни одной девочки, несмотря на то что более половины учащихся, допущенных к третьему, заключительному раунду тестирования, были девочками (158 из 302) [Антонов 2012]. Поскольку школа является государственным образовательным учреждением и функционирует под эгидой Казанского федерального университета (КФУ), семьи девочек подали жалобу в Генеральную прокуратуру Российской Федерации, и в октябре 2012 года прокурор Татарстана сообщил ректору университета, что нарушение прав заявительниц должно быть устранено в течение месяца. В ноябре 2012 года университет, выполняя распоряжение, объявил, что 30 девочек, успешно прошедших конкурсный отбор в начале года, будут приняты в школу следующей осенью без дальнейшего тестирования [Иванова 2012]. Однако школа так и не выполнила распоряжение и не приняла ни одной ученицы. По словам юриста Мари Давтян, университет объявил, что позволит студенткам учиться в другом учебном заведении, связанном с КФУ, предназначенном и для мальчиков, и для девочек, хотя речь шла не о школе-интернате. Работая с родителями девочек, Давтян около года пыталась оспорить это решение, ведь прокурор изначально поддержал позицию родителей. «Но ровно через год, — по словам юриста, — прокуратура перестала быть на нашей стороне и написала, что у нас есть другой колледж, какая разница... Это была прямая дискриминация» [интервью с Давтян].

Аналогичным образом, по свидетельству Усачевой, Московский государственный лингвистический университет (ранее известный как Московский государственный педагогический институт иностранных языков имени Мориса Тореза) регулярно объявлял конкурс для поступающих на кафедру перевода и принимал 75 юношей и только 25 девушек, хотя абитуриентов мужского пола принимали с более низкими баллами, чем у девушек. По сути, это была система «квот», основанная на идее, что в вузе «в некоторой степени гарантируют трудоустройство, потому что мальчиков им трудоустроить легче, чем девочек, и поэтому они делают такую квоту» [интервью с Усачевой]. Усачева, которая сама сдавала вступительные экзамены в 2000 году, отмечает: «Я тогда была молодой и не знала, что это дискриминация, а мои родители даже не думали об этом». Родители девочек, лишенных возможности учиться в специализированной школе-интернате в Казани, также не считали ситуацию такой уж «запредельной» и не проявляли особого желания объединиться и продолжить дело после того, как первоначальный оптимизм прошел [интервью с Усачевой; Давтян].

НАСИЛИЕ В ОТНОШЕНИИ ЖЕНЩИН КАК ДИСКРИМИНАЦИЯ

Активисты также расценивают насилие в отношении женщин как явную дискриминацию. «Ну конечно, это дискриминация, потому что изнасилования на 90 % касаются женщин», — комментирует активистка одного из кризисных центров [интервью с анонимной активисткой по борьбе с гендерным насилием]. Алексей Паршин, московский юрист, тесно сотрудничающий с Национальным центром для женщин, пострадавших от домашнего насилия, «АННА», неправительственной организацией, специализирующейся на насилии в семье, объяснил, что когда женщина приходит в полицию, чтобы сообщить об инциденте с насилием в семье, и ей говорят, что «она ничего не добьется, потому что она женщина», — это дискриминация, но такие доказательства обычно не фиксируют и их сложно собрать (ведь женщины вряд ли понесут с собой в полицейский участок записывающее устройство). При этом Паршин добавляет: «Но сотрудники полиции, когда приходят на допрос, говорят, что она женщина и что она провоцирует» [интервью с Паршиным], — о жертве ограбления полицейский так вряд ли скажет. Оборотной стороной растущего в стране упора на «традиционную семейную политику» становится, как отмечает юрист, работающий в Американской ассоциации юристов в Москве, «недостаточное внимание к насилию в семье» и «отсутствие расследования подобных случаев» [интервью с Воскобитовой]. Юристы SJI, работающие с проблемой насилия в отношении женщин в Чечне и на Северном Кавказе, также подчеркивают масштабы и частоту случаев сексуального насилия и избиений, отметив, что число подобных преступлений выросло, поскольку в постсоветский период такие формы насилия в отношении женщин оставались почти полностью без наказания [интервью с Аветисяном]. Также особое значение для Чечни имело навязывание женщинам платка при правлении Рамзана Кадырова и нападения с применением снаряжения для пейнтбола на женщин, которые выходили из своих домов, одетые ненадлежащим образом [интервью с Тишаевым; интервью с Локшиной; Ferris-Rotman 2010].

Для опрошенных нами юристов и активисток, работающих в области прав в широком смысле, доказательства гендерной дискриминации были ощутимы и неоспоримы. Но за пределами этих кругов даже политические активисты не обязательно воспринимают гендерную дискриминацию как актуальную российскую проблему [Sperling 2015: 170–179]. Двумя причинами этого разрыва между сообществом тех, кто защищает права женщин, и общественностью в целом являются относительно ограниченное распространение феминистских идей в российских средствах массовой информации и укоренившаяся неприязнь к феминизму, частично основанная на представлении, будто феминизм — это чуждая России западная идеология. В ситуации, когда властный режим культивирует русский национализм и антизападные настроения, на феминизм падает тень подозрения, а среднестатистические граждане будут скорее дистанцироваться от этой концепции, нежели приближаться к ней. Относительное отсутствие феминизма мешает увидеть дискриминацию.

Феминизм в России

У феминизма в России долгая история. «Женский вопрос», как называли его русские радикалы, начали активно обсуждать еще в 1860-е годы. Первое поколение российских феминисток и их последователи и последовательницы объединялись различными способами, стремясь добиться равноправия в образовании, труде и политической деятельности [Ruthchild 2010]. Как пишет историк Рошель Рутчайлд, к началу XX в. «гендерное сознание уже было хорошо развито у многих из тех, кто стал активистами движения за равные права» [Ruthchild 2010: 39]. Однако, несмотря на глубокие местные корни, феминизм в России заработал негативную коннотацию — частично в результате действий Коммунистической партии, пришедшей к власти в результате Октябрьской революции 1917 года[2].

Революционный 1917 год принес значительные изменения в положение женщин в России, не последним из которых стало введение постановлением Временного правительства, сформированного в марте 1917 года после отречения царя от престола, избирательного права для женщин. Это резкое изменение политического положения женщин было достигнуто благодаря усилиям делегации женщин-феминисток, которая встретилась с председателем Временного правительства Львовым, после чего тот согласился предоставить женщинам право голоса [Ruthchild 2010]. Приход к власти коммунистов осенью того же года внес более глубокие идеологические изменения. Обсуждая с нами вопрос гендерной дискриминации, юрист Мария Баст придерживалась позиции, согласно которой большевистская революция сыграла важную роль в предоставлении женщинам равноправия. Она считает, что феминизм пришел в 1920–1930-е годы и сознание женщин изменилось с появлением «женщины, <которая> голосует, женщины-политика, женщины-военного, женщины-партизана и т. д.» [интервью с Баст].

Какие бы права ни предоставлялись женщинам — особенно на бумаге, — советская эпоха не способствовала росту в обществе энтузиазма в отношении феминистской идеологии. На протяжении семи десятилетий пребывания у власти советская Коммунистическая партия демонизировала феминизм. Его изображали как «буржуазное» движение, обвиняли в раскалывании рабочего класса путем выдвижения на первый план интересов женщин и объявляли вне закона [Sperling 1999: 64–66]. Феминисток считали диссидентками. Небольшая группа женщин, осмелившаяся в конце брежневского периода издавать два подпольных журнала по «женскому вопросу», привлекла к себе повышенное внимание

---

[2] Подобные взгляды распространены и за пределами России. Краткий обзор литературы об отрицательном отношении к феминизму в США, например, см. [Anderson et al. 2009].

советских спецслужб, что привело к высылке нескольких участниц из Советского Союза [Holt 1985]. Десятилетия негативной репрезентации значительно усложнили распространение идеи о том, что феминизм полезен и необходим в постсоветской России.

В период с конца 1980-х годов, когда Генеральный секретарь ЦК КПСС Михаил Горбачев объявил политику гласности и перестройки, и до середины 1990-х годов наряду с другими новыми законными гражданскими организациями женские объединения процветали. К концу десятилетия волна активизма спала, а с приходом путинского режима давление на гражданское общество усилилось. Западное финансирование женских объединений также сократилось, в результате чего многие из них оказались в затруднительном положении [Sundstrom 2010; Johnson 2009]. Небольшое, но бурно развивавшееся движение за права женщин в новом независимом Российском государстве сошло на нет [Sperling 2015: 207–215].

К тому времени, когда Путин уже десять лет находился у власти, движение возродилось. Начали возникать небольшие феминистские группы, многие из которых возглавили молодые женщины. Они действовали в интернете и устраивали эпизодические уличные протесты на самые разные темы — от проблемы изнасилований до дискриминации на рабочем месте. Они также поддерживали права ЛГБТ и свободу гендерного самовыражения [Sperling 2015: 244–267]. Хотя этим группам иногда отказывали в разрешениях на проведение публичных демонстраций, власти в основном игнорировали их. Однако перформанс феминистской панк-группы *Pussy Riot* в московском храме Христа Спасителя в феврале 2012 года, арест ее членов и последующий цирк в СМИ вызвали в России то, что Наталья Биттен назвала «антифеминистской истерией». Это ощущение разделяет Марк Фейгин, один из адвокатов группы юристов — первых защитников *Pussy Riot* [Sperling 2015: 54; интервью с Фейгиным].

На суде юных участниц *Pussy Riot* обвиняли в том, что они приняли феминизм как «особое выражение антирелигиозной идеологии, как будто феминизм является неким специальным учением, которое отрицает существование Бога» [интервью с Фейгиным]. Суд, где рассматривалось это дело, таким образом, перестал быть судом светского государства, превратившись в клерикальный суд. Обвинение ссылалось на Квинисекстский Собор VII в., а в качестве аргумента против действий молодых женщин, решивших постоять в запретной для женщин части церкви [Sperling 2015: 279], судья использовал в своем приговоре материалы Лаодикийского Собора IV в.

При Путине, утверждает Фейгин, феминизм в России стал воплощать

> некий синтез всего того негативного, что нынешняя авторитарная государственная власть, суд воспринимает в этой западной по существу своему идеологии, всего ей ненавистного, всего ею неприемлемого, потому что феминизм — это, прежде всего, идеология права, неотъемлемая часть прав человека, его важная составляющая [интервью с Фейгиным].

Социолог Элла Панеях считает, что, несмотря на то что примерно в 2010 году в России, особенно в студенческих сообществах и в социальных сетях, вспыхнула новая волна феминизма, к 2014 году эта тема была «задавлена государственной реакцией против всех ненормативных видов гендерного поведения» [интервью с Панеях].

Фейгин относился к феминистскому движению в России в целом критически, утверждая, что долгое время оно было поверхностным. Он работал в первом созыве российского парламента с 1993 по 1995 год — в этот период появился поспешно созданный депутатский блок «Женщины России». Утверждая, что этот «<блок> ничего общего с феминистской идеологией не имел» и, по сути, являлся «постсоветским проектом, такой партией 8 Марта», Фейгин заключает, что более действенный феминизм не возникнет в России из-за сохранившихся «патриархальных черт»[3]. Только «вестернизация русского общества» приведет

---

[3] 8 Марта отмечается Международный женский день, который возник благодаря мобилизации феминисток-социалисток в начале XX века и деятельности Клары Цеткин [Kaplan 1985], но со временем превратился в советский праздник, отмеченный больше традиционной гендерной символикой и напоминающий сочетание Дня святого Валентина и Дня матери [Chatterjee 2002].

к росту феминизма, российские последователи которого «<на сегодня> это в основном субкультурные группы, которые не пользуются влиянием» [интервью с Фейгиным]. Как эффектно выразился Фейгин, в России существует множество социологов, политологов и прочих, для которых исследование феминизма — «как изучение объекта, они как энтомологи, которые изучают насекомых», в то время как настоящих «феминисток-активисток» просто нет, нет тех, кто был бы способен «убедить, что эта идеология нужна». До тех пор, пока не появятся такие лидеры, считает Фейгин, феминизм в России будет оставаться «вторичным и декоративным» [интервью с Фейгиным]. По его мнению, этос прав женщин, принятый Советским государством с самых ранних лет своего существования, никогда не отражал истинную феминистскую идеологию, настаивающую на правах женщин, а оказался скорее способом протеста против царского режима. Затем эта идея была быстро подавлена, приняв чисто «утилитарный политический характер внутри пришедшей к власти большевистской партии», и от этой идеологии Россия так и не освободилась [интервью с Фейгиным].

Хотя мы можем спорить о том, насколько современные российские феминистские группы искренни и маргинальны, очевидно, что десятилетия советского осуждения и широкое распространение (не только в России) неверных представлений о феминизме в совокупности создали устойчивое и неблагоприятное впечатление об этом явлении. В первое постсоветское десятилетие десятки активисток, чья деятельность вызвала новую волну феминистских настроений, избегали называть свои организации «феминистскими». В то время как многие из этих активисток в интервью середины 1990-х годов лично называли себя феминистками, многие (особенно за пределами Москвы и Санкт-Петербурга) отвергали этот термин или были с ним незнакомы. Свою позицию они определяли как желание быть «независимыми» от мужчин, и понятие «феминистка» стало у них синонимом «сепаратистки» и «лесбиянки», а эти социальные роли на тот момент были не особенно популярны [Sperling 2015: 59–73].

Из-за советского представления о том, что феминизм буржуазен и потому должен активно пресекаться, а также гомофобных обвинений феминизма в мужененавистничестве и лесбиянстве и роста неоконсервативных настроений при путинском режиме, подстегиваемых усилением авторитета Русской Православной Церкви, феминизм в постсоветской России практически лишен какой-либо поддержки. «Феминизм в России вообще ругательное слово», — комментирует Мари Давтян [интервью с Давтян].

Действительно, по данным всероссийских опросов, при советской власти репутация феминизма пострадала и восстановилась потом лишь отчасти. В 2001 году только 19 % россиян утверждали, что знают значение слова «феминизм», хотя 28 % слышали его, а для 41 % опрос стал первым знакомством с этим понятием. К 2012 году слово стало более привычным: теперь его знали 31 %, 23 % слышали его и 38 % услышали впервые. Однако из тех, кто знал или слышал этот термин во время опроса в 2001 году, только 13 % относились к нему положительно, а в 2012 году этот показатель снизился до 8 %. Остальные респонденты в 2012 году воспринимали «феминизм» негативно (12 %) или были равнодушны к нему (29 %) [ФОМ 2012].

Неудивительно, что российские активистки, защищающие права женщин, считают, что идентификация себя как «феминистки» вызывает у собеседников отвращение. Полина Кальницкая рассказывает о посещении конференции, где она решила пообщаться с автором доклада 2010 года о «стеклянном потолке», подготовленного Российской ассоциацией деловых женщин. Когда Кальницкая представилась феминисткой, докладчица «отшатнулась» от нее. «Они ничего общего не хотят иметь с феминистским движением, они называют себя как угодно, только не феминистки», — объясняет Кальницкая [интервью с Кальницкой]. По ее наблюдениям, даже группы, которые явно работают в сфере прав женщин, не называют себя «феминистками», потому что «феминистки — это ужасно» [интервью с Кальницкой]. Рима Шарифуллина, опытная активистка по борьбе за трудовые права женщин, отмечает, что хотя особый вид феминизма (скорее, поверхностные идеи равенства, продвигаемые советским правительством) и был «принудительным» в советскую эпоху — «феминизм для наших женщин <по-прежнему> далек и непонятен» [интервью с Шарифуллиной][4].

Согласно опросам населения, феминизм не просто вызывает неодобрение — в самом обществе наблюдается тенденция отхода от позиции гендерного равенства. Например, в феврале 2017 года «Левада-Центр» (авторитетная российская социологическая организация, занимающаяся опросами общественного мнения) опубликовал данные о том, как с течением времени менялось отношение к участию женщин в политике. На вопрос «Одобряете ли вы участие женщин в политической жизни?» в 2006 году 40 % опрошенных россиян ответили «определенно, да», 35 % — «скорее, да», то есть 75 % более или менее одобряли участие женщин в политической жизни. В 2017 году на тот же вопрос «определенно, да» ответили вдвое меньше респондентов (21 %), а 45 % сказали «скорее, да», что в сумме составляет всего 66 % — значительно меньше, чем в 2006 году [Левада-Центр 2017]. И если в январе 2008 года 77 % опрошенных граждан России считали, что для женщин «очень важно» или «в определенной степени важно» иметь «точно такие же права, как у мужчин», то к февралю 2016 года это число снизилось до 64 %, а доля ответивших «очень важно» упала с 36 до 21 % [Левада-Центр 2016]. Обзор сексизма в 57 странах, проведенный в 2011 году, показал, что Россия занимает довольно высокие позиции на шкале, измеряющей сексизм через отношение к присутствию женщин в «стереотипно мужских сферах» [Brandt 2011: 1414]. Средний уровень сексизма в России составил 2,7 по четырехбалльной шкале, где 1 означает сильное несогласие с утверждениями: «В целом из мужчин получаются лучшие политические лидеры, чем из женщин» и «В целом из мужчин получаются лучшие бизнесмены, чем из женщин», а 4 означает в значительной степени согласие с этими утверждениями. Средний показатель по выборке из нескольких государств составил 2,42 (средний пока-

---

[4] О негативных коннотациях феминизма в современной России см. также [Sperling 2015: 50–54].

затель между «наименее сексистским» и «наиболее сексистским» — 2,5) [Brandt 2011: 1414–1415][5].

«Фоновый» уровень сексизма и недостаток феминистского самосознания означает, что многие проявления гендерной дискриминации обычно не рассматриваются в российском обществе как таковые. Сюда входят дискриминация в сфере образования и на рынке труда, дискриминация, связанная с трудовыми отношениями (например, отказ в материнских пособиях), а также то, что касается аспектов насильственных преступлений, которые направлены преимущественно против женщин. Хотя большинство наших респондентов, как отмечалось ранее, легко идентифицируют эти виды дискриминации, их точка зрения расходится с мнением российских властей и населения в целом.

НЕВИДИМОСТЬ ГЕНДЕРНОЙ ДИСКРИМИНАЦИИ В СФЕРЕ ЗАНЯТОСТИ И В ОБРАЗОВАНИИ

Самый яркий пример трудовой дискриминации в рамках государственной политики — это, пожалуй, Перечень из 456 профессий, в которых не могут быть задействованы женщины. В основном это виды работы, требующие тяжелого физического труда и/или выполняемые в опасных условиях, а также работа, выполняемая под землей (не включающая в себя уборку помещений или оказание потребительских услуг) [Гвоздицких, Крылова 2013: 5]. Несмотря на то что Перечень запрещает женщинам водить поезда метро, никто не запрещает им пользоваться метро или работать уборщицами на станциях. Перечень возник еще в советское время и вновь был утвержден в 2000 году во время первого президентского срока Путина [Ferris-Rotman 2009].

---

[5] Как и в целом по стране, уровень сексизма у мужчин (2,95) был выше, чем у женщин (2,49). Россия заняла 46-е место из 57 государств, сравнявшись с Марокко; Иран, занявший 52-е место, получил 2,96 балла, а Ирак занял последнее (или худшее) место — 3,57 балла. Для сравнения, Соединенные Штаты набрали 2,03 балла и заняли 18-е место, а Норвегия, Швеция и Франция заняли три первых места в рейтинге «наименее сексистских» стран, набрав 1,59, 1,65 и 1,7 балла соответственно [Brandt 2011: 1414–1415].

С феминистской точки зрения введенные в отношении женщин ограничения в сфере занятости можно было бы считать дискриминацией. Однако закон, предусматривающий запрет на женский труд в определенных областях, чаще всего рассматривается как свидетельство «позитивной дискриминации» — усилий государства по защите здоровья женщин, в особенности репродуктивного [интервью с Шарифуллиной; Воскобитовой].

Попытки оспорить эти ограничения в суде не увенчались особыми успехами. В ноябре 2008 года в самом известном на сегодняшний день деле о дискриминации в сфере труда по признаку пола Анна Клевец, получающая юридическое образование 22-летняя женщина, подала заявку на должность помощника машиниста поезда Петербургского метрополитена, и ей сказали, что не станут нанимать ее из-за того, что она женщина. Попытка подать иск о дискриминации по признаку пола потерпела неудачу в районном суде, и прошение, поданное Клевец в Верховный суд России об исключении машиниста метро из списка запрещенных профессий, аргументированное тем, что ограничение основано на дискриминации по признаку пола, также было отклонено в 2009 году [Russian Law 2009]. Конституционный суд России в 2012 году согласился с тем, что пересмотр иска был необоснованным, и заявил, что ни статья 19 Конституции России (гарантия равных прав и возможностей для мужчин и женщин), ни международное право (в форме Конвенции о ликвидации всех форм дискриминации в отношении женщин) не могут применяться без учета «общепризнанной социальной роли женщины в продолжении рода, что обязывает государство устанавливать дополнительные гарантии для женщин, в том числе в сфере трудовых отношений, направленные на охрану материнства» [Конституционный Суд Российской Федерации 2012: 4][6].

---

[6] В 2015 г. молодая женщина в Москве попыталась поступить на работу помощником машиниста на поездах «Аэроэкспресс», которые доставляют пассажиров из центра Москвы в аэропорты города; она попала в железнодорожный институт в Москве, пообещав пройти две программы обучения — и на машиниста, и на механика; таким образом, она провела там два года и десять месяцев вместо обычного 10-месячного курса обучения [Назарова 2015].

Решение Клевец подать иск о дискриминации не было случайностью. В то время девушка работала в Санкт-Петербурге в качестве неоплачиваемого стажера в организации «Петерубургская Эгида» и, по словам Римы Шарифуллиной, директора «Петербургской Эгиды», искала способ заработать немного денег.

> Мы <в «Петербургской Эгиде»> много говорили о женщинах, о дискриминации. У нее все совпало. Она обратила внимание, что есть хорошая работа, и возмутилась, почему запрещено. Плюс она юрист-стажер. Если бы не мы, она бы не стала это дело возбуждать, а без нее и мы бы не подали... Все сложилось [интервью с Шарифуллиной].

Клевец выявила — и показала в своих судебных делах — что равные возможности не распространяются на работу.

В глазах общества Перечень профессий свидетельствует отнюдь не о том, что государство препятствует обеспечению «равных возможностей», гарантированных статьей 19 Конституции Российской Федерации, а наоборот — служит доказательством уважения государства к женщинам и их репродуктивному здоровью. Как поясняет Елена Герасимова из московского Центра социально-трудовых прав, позиция российского правительства заключается в том, что государство намерено «заботиться о женщинах» и их будущих потомках. Она отметила, что отказ от этой протекционистской идеи в пользу более прямой идеологии гендерного равенства требует более широкого понимания гендерного равенства, чем россияне «готовы принять». Это понятие было «странным» даже для нее и ее коллег, «но если вы расскажете об этом людям — о таком понимании гендерного равенства — они скажут, что вы чокнутый» [интервью с Герасимовой].

В том же духе некоторые из опрошенных нами правозащитников сочли целесообразным разделение труда по половому признаку. Татьяна Касаткина, давний исполнительный директор правозащитной организации «Мемориал», разошлась во мнениях с женскими организациями, которые боролись за право женщин работать в профессиях, подразумевающих тяжелые физические нагрузки в тяжелых условиях: «...Женские организации за равные права, а я говорю, что женщина не должна таскать рельсы. По физиологии она должна рожать» [интервью с Касаткиной]. Лев Пономарев, видный деятель российского правозащитного движения и основатель «Движения за права человека», непреклонен в своем мнении, что мужчины и женщины отличаются друг от друга и что нет «ничего страшного, что кому-то есть приоритет, учитывая гендерные особенности мужчин и женщин». Сказав это, Пономарев улыбнулся и высказал подозрение, что мы в нашей книге назовем его «антифеминистом» [интервью с Пономаревым].

Если опрошенные феминистки, говоря о Перечне профессий, считают его дискриминирующим [интервью с Давтян; Шарифуллиной], Касаткина из «Мемориала» сетует на недостаточную защищенность женщин на рынке труда, особо поясняя, что работающие женщины в целом не подвергаются дискриминации на рабочем месте (т. е. что женщин, как и мужчин, нанимают за их навыки и знания), но широко подвергаются дискриминации как матери. «Это пробел в законодательстве, и в этом плане практически ничего не делается», — заявляет Касаткина. В советское время

> женщина-мать была защищена больше, чем сейчас. Вот в этом я вижу дискриминацию... Она уходит в декрет, рожает, а потом у нее начинает болеть ребенок, и она выпадает как сотрудник, государство не заботится, не компенсирует женщине, чтобы она могла нанять няню. Зарплата у многих женщин в семье не позволяет няню, чтобы женщина могла полноценно работать [интервью с Касаткиной].

При том что Советское государство тоже не предоставляло матерям достаточно денег, чтобы те могли нанять постоянных работников для ухода за детьми, Касаткина, возможно, испытывает ностальгию по скромным денежным пособиям, которыми советское правительство снабжало матерей, и по сети советских государственных учреждений — яслей и детских садов, хотя мест в них всегда было недостаточно[7].

Российское государство, возможно, и стремилось защитить репродуктивное здоровье женщин, запрещая женщинам заниматься работами, указанными в Перечне, но когда работодатели отказывали им в пособиях по беременности и родам или увольняли их во время беременности, оно не рассматривало эти нарушения прав женщин как гендерную дискриминацию. В 2010 году среди молодых матерей Санкт-Петербурга поднялась волна протеста: уйдя в декретный отпуск, они обнаружили, что работодатели отказываются выплачивать им пособия по беременности, родам и по уходу за ребенком. Обратившись в суд с помощью юристов правозащитной организации «Петербургская Эгида» и подтвердив свое право на пособие, матери пришли к выводу, что решение судьи невозможно исполнить, поскольку их работодатели полностью «исчезли», изменив название компаний и закрыв банковские счета своих предприятий, или просто опустошили счета, чтобы денег на выплату пособий не осталось [интервью с Румянцевой].

Женщины создали организацию, которую назвали «Молодые мамы — за справедливый закон», и агитировали за то, чтобы пособия по беременности и родам поступали женщинам напрямую из Фонда социального страхования РФ, а не от работодателей (которые, согласно существующей системе, должны были получать от Фонда компенсацию) [Центр социально-трудовых прав, Фонд Генриха Бёлля и Женский мост 2013; Центр социально-трудовых прав 2011]. Подобные акции протеста прошли и в Москве. В целом кампания оказалась успешной, и в соответствующий закон были внесены изменения, согласно которым пособия могут быть получены непосредственно из Фонда социального страхования в случае «исчезновения» рабо-

---

[7] Начиная с 1981 г. Советское государство предоставляло ребенку ежемесячное денежное пособие в течение первых 12 месяцев жизни в размере примерно 27 % от средней месячной заработной платы женщины плюс единовременную выплату в размере примерно 38 % от ежемесячной заработной платы по стране при рождении первого ребенка [Малкова 2014].

тодателя или отсутствия у него средств [Центр социально-трудовых прав, Фонд Генриха Бёлля и Женский мост 2013; Центр социально-трудовых прав 2012].

Обращаясь по этим делам в суд и пытаясь доказать факт дискриминации, директор «Петербургской Эгиды» столкнулась с неожиданной реакцией: оказывается, это не были случаи гендерной дискриминации, поскольку, как ей сообщили судьи, «мужчина не может беременеть». По словам Шарифуллиной, «говорят, что если бы мужчина мог забеременеть, тогда можно было бы сравнивать. Вот такие у нас судьи, сами женщины» [интервью с Шарифуллиной].

Юрист-феминистка Мари Давтян рассказала похожую историю. Женщинам, уволенным во время беременности — что запрещено российским законодательством, — в суде заявили, что они столкнулись с нарушением их индивидуальных трудовых прав, а не с нарушением их прав как женщин. В качестве объяснения судьи отметили, что, поскольку мужчины не могут забеременеть, проблема не в дискриминации (в конце концов, к беременным женщинам не относились иначе, чем к «беременным мужчинам») [интервью с Давтян].

Сексуальные домогательства представляют собой другой тип дискриминации на рабочем месте по признаку пола, которая в большинстве случаев не признается таковой. В России нет закона о сексуальных домогательствах на рабочем месте (см. главу 3). Однако в 2014 году в нижней палате российского парламента — Государственной Думе — обсуждалось создание закона о сексуальных домогательствах, который планировалось применять к рабочим местам, образовательным учреждениям и социальным сетям; закон этот рассматривался как норма гражданского, а не уголовного права. Тон дискуссии временами был довольно фривольным. Действительно, как зафиксировано в стенограмме заседаний Думы, в самом начале обсуждения в зале было так много шума, что парламентария, вносящего законопроект, не было слышно. Пытаясь успокоить заседающих, депутат от прокремлевской фракции «Справедливая Россия» Олег Нилов, инициатор закона, попросил своих коллег-женщин «оказать определенное давление на мужчин, которые, возможно, не считают эту тему интересной». «Но не сексуальное давление», — пошутил Сергей Нарышкин, спикер Думы [Государственная Дума Российской Федерации 2014; Иванова, Захаркин 2017]. Один депутат поинтересовался, не стоит ли включить в закон мужчин в качестве потенциальных жертв сексуальных домогательств, учитывая, что «у нас есть женщины, которые сжигают дома с лошадьми внутри и которые также могут приставать к депутатам <Думы>», что вызвало смех в зале[8]. Другой заметил, что «женщина может говорить "нет-нет-нет", в то время как ее глаза говорят "да"», что делает применение закона несколько непрактичным. В том же духе депутат отметил, что найти настоящую любовь сложно и что «лишать мужчину права приближаться к женщине» было бы неправильно. В итоге только 80 депутатов проголосовали; 50 поддержали закон, 20 выступили против и 1 воздержался, в то время как 370 присутствующих депутатов вообще не зарегистрировали свои голоса, из чего следует что 82,2 % не голосовали, и, таким образом, законопроект был отклонен [Государственная Дума Российской Федерации 2014]. В системе Думы неучастие в голосовании является признаком того, что депутат считает рассматриваемый вопрос тривиальным и решает проигнорировать его, что на практике работает против законопроекта, поскольку для прохождения требуется, чтобы по крайней мере от 226 из 450 депутатов Думы проголосовали за[9].

Несколько лет спустя Дума оказалась в центре скандала с сексуальными домогательствами, когда в феврале 2018 года депутат Думы Леонид Слуцкий был публично обвинен в сексуальных домогательствах тремя российскими журналистками, у одной из которых — сотрудницы русской службы BBC — сохранилась аудиозапись инцидента в кабинете Слуцкого, на которой депутат

---

8   Депутат сослался на стихотворение Николая Некрасова «Мороз, Красный нос» (1864 г.), в котором русская женщина «коня на скаку остановит, в горящую избу войдет».

9   Благодарим за это объяснение Владимира Гельмана.

размышляет вслух о том, что она «убегает от него» и «не хочет целоваться». Услышав, что у нее есть парень, Слуцкий отвечает: «Отлично, ты можешь быть его женой и моей любовницей». В конце беседы, сообщает журналистка, Слуцкий подошел к ней и провел ладонью по ее лобковой области, после чего она застыла, заикаясь пробормотала «вы распускаете руки» и сбежала из офиса, чувствуя позже стыд за то, что не смогла отреагировать более резко [Русская служба Би-би-си 2018; Назарова 2018]. Другие журналистки описали аналогичные попытки Слуцкого их поцеловать и пощупать [RFE / RL 2018]. 21 марта 2018 года, через месяц после обнародования обвинений, Комиссия Госдумы по этике заслушала показания двух журналисток и пришла к выводу, что Слуцкий не нарушал никаких «норм поведения» [Медуза 2018]. Более того, пояснил глава комиссии, обвинения журналисток, похоже, носили «целенаправленный и спланированный характер», поскольку все трое сделали свои заявления во время президентской кампании 2018 года, прождав при этом от одного до трех лет после самих инцидентов, чтобы обнародовать свои обвинения [Интерфакс 2018]. В ответ несколько крупных российских СМИ отозвали из Думы своих журналисток, заявив, что это «небезопасная среда» для их корреспондентов [Новые известия 2018].

Разоблачения и слушания в Комиссии Госдумы по этике произошли в контексте бурно развивающегося движения #MeToo, которое возникло в Соединенных Штатах после потока обвинений в сексуальных домогательствах против голливудского продюсера Харви Вайнштейна в октябре 2017 года[10]. Несколько раз — как до, так и после обнародования обвинений в адрес Слуцкого — депутаты российской Думы отвечали на вопросы о сексуальных домогательствах, осуждая их как западную проблему. В ноябре 2017 года глава Комитета Госдумы по вопросам

---

[10] Движение *#MeToo* началось десятилетием ранее, когда американская активистка Тарана Берк инициировала программу расширения прав и возможностей для поддержки девочек и цветных женщин, которые подверглись сексуальному насилию, жестокому обращению и эксплуатации [Santiago, Criss 2017].

семьи, женщин и детей Тамара Плетнева посоветовала журналистке, которая интересовалась этой темой, «никогда не спрашивать об этом», в то время как другой член комитета сказала, что она «не будет комментировать тему, пришедшую из США» [Иванова, Захаркин 2017]. Депутат Госдумы Виталий Милонов, работавший в думском Комитете по международным делам, также отверг само понятие сексуальных домогательств как проблему Запада, предложив следующее объяснение:

> Западные феминистки считают любое <мужское> внимание притеснением, потому что не привыкли к нему — потому что они ужасны <в плане внешности>. Слава богу, наши женщины нормальные, они так себя не ведут. Их никто не преследует, а хамам, которые так поступают, бьют по лицу. В Америке все иначе: там половина парней <геи>, половина импотенты, <кино>режиссеры, вообще говоря, извращенцы — и это сводит дам с ума. Вся эта <проблема> исходит от левых, гомосексуалистов, социалистов и веганов [Иванова, Захаркин 2017],

— заключил Милонов, одновременно осудив ряд западных «зол». В противоположность этому несколько месяцев спустя после обвинений в адрес Слуцкого депутат Госдумы и бывшая журналистка Оксана Пушкина объявила, что вскоре вновь внесет законопроект 2003 года о гендерном равенстве, который среди прочего будет определять и криминализировать сексуальные домогательства [The Moscow Times 2018a]. Однако настроения Пушкиной не повлияли на ситуацию: в июне 2018 года комитет Плетневой рекомендовал Думе отклонить законопроект, и через месяц тот был отклонен [РИА Новости 2018; Интерфакс 2018a].

Хотя в этом вопросе Пушкина была союзницей активистов и журналистов, ее позиция резко отличается от позиции российской исполнительной власти. В марте 2018 года, после того как Комиссия Госдумы по этике пришла к выводу, что поведение Слуцкого не является нарушением, пресс-секретарь Президента России Владимира Путина Дмитрий Песков заявил, что упомянутые журналистки должны были подать свои жалобы в суд.

«Если он лапал вас, если он домогался вас, почему вы не рассказали? Почему вы не пошли в полицию? Почему прошло так много времени, а потом вы обратились в Комиссию по этике?» — интересовался Песков в ходе ток-шоу в Высшей школе экономики. Повторяя мнение о том, что обвинения в сексуальных домогательствах были импортированы с Запада, Песков отметил, что русские, похоже, «пытаются не отставать от вакханалии, которая сейчас творится в Америке», и указал, что голливудские актрисы, обвиняющие Вайнштейна в домогательствах, ждали годы, прежде чем публично заявить о своих обвинениях, заработав сначала сотни миллионов долларов на его фильмах. «Как называется женщина, которая спит с мужчиной за 10 миллионов долларов? Может, я грубо выражаюсь, но ее надо называть проституткой», — заключил Песков [Бакланов 2018].

Столь пренебрежительное отношение так же широко распространено в России, как и сами сексуальные домогательства. Оценки частоты сексуальных домогательств сильно разнятся. Одно расследование, процитированное репортером газеты *The Telegraph*, показало, что «100 % женщин-специалистов заявили, что подвергались сексуальным домогательствам со стороны своих начальников», а 80 % респондентов считали невозможным продвижение по службе без «вступления в сексуальные отношения со своими начальниками-мужчинами» [Blomfield 2008]. Точно так же «опрос специалистов» показал, что каждая третья женщина в Москве и Санкт-Петербурге подвергалась сексуальным домогательствам на работе, а за пределами этих городов (в регионах России) — каждая четвертая [Юлдашев 2014: 210]. В попытке привлечь внимание к проблеме сексуальных домогательств в России группа исследователей обнаружила, что, хотя по опросам от 30 до 60 % российских женщин считают, что подвергались сексуальным домогательствам, проведенное «деликатное анонимное исследование» показало, что если использовать международно-признанное определение сексуальных домогательств, то «почти 100 % работающих женщин в России подвергались сексуальным домогательствам в той или иной форме» [Терехов, Власова 2003]. В публичном посте в *Facebook* с критикой депутатов Госдумы, считающих сексуальные домогательства проблемой исключительно Запада, российская журналистка Алена Попова приводит данные опроса россиянок, работающих вне дома, который показал, что 11 % женщин лично сталкивались с сексуальными домогательствами на работе, а это более четырех миллионов женщин [Попова 2017; Иванова, Захаркин 2017]. Согласно Всероссийскому опросу общественного мнения, проведенному организацией «Левада-Центр» в ноябре 2017 года, 20 % работающих женщин заявили, что сталкивались с сексуальными домогательствами в той или иной форме у себя на работе, при этом незначительная (2 %) часть респонденток сказали, что это происходило «очень часто», 5 % утверждали, что «часто», и 13 % полагали, что это происходило, хотя и «редко» [Левада-Центр 2017].

Какими бы ни были реальные масштабы сексуальных домогательств, российские женщины могут считать бесполезным обращаться по этому поводу в суд, поскольку их там могут встретить недружелюбно. Например, в 2008 году, когда двадцатилетняя женщина-менеджер по рекламе попыталась подать против своего начальника иск о сексуальных домогательствах, утверждая, что он заблокировал ей доступ к офису после того, как она отказалась от его ухаживаний, понимания в зале суда она не нашла. Судья вынес решение против заявительницы, заключив: «Если бы у нас не было сексуальных домогательств, у нас не было бы детей» [Blomfield 2008].

Среди дел о гендерной дискриминации, которые мы обнаружили в российских судах в период с 2006 по 2018 год (см. главу 1), в одном деле особо подчеркивалось, насколько сложно добиться успеха при подаче иска о сексуальных домогательствах на рабочем месте [дело № 2–171/2013 ~ М-95/2013]. В 2013 года Нина Антипина, работница Шилинского сельскохозяйственного кооператива, работала в ночную смену, когда пришел пьяный контролер Тесленко и велел ей открыть ворота и впустить его. Женщина отказалась. Затем контролер сообщил, что она отсутствовала на своей смене; директор (доверяя сказанному Тесленко) уволил Антипину за прогулы. После увольнения Тесленко, как сообщается, предложил «все уладить», если Антипина «пригласит его, когда будет дома одна». Антипина рассказала директору, что Тесленко злоупотребил своим положением контролера, издеваясь над ней «как над женщиной» (делал «непристойные предложения»), но директор ей не поверил. В суде два человека (коллега и мать Антипиной) показали, что Антипина рассказывала им о домогательствах Тесленко, но судья не принял во внимание их показания, потому что они сами не были свидетелями домогательства — Антипина им об этом рассказала. Третья свидетельница (которая в ту ночь работала с Антипиной в ее смену) сказала, что видела, как Тесленко пытался поцеловать и обнять Антипину, которая вытолкнула его из сторожки и выругалась на него, но судья отметил, что это противоречит версии Антипиной: та сказала, что отказалась открыть ворота, чтобы впустить его.

Антипина утверждала, что ее уволили незаконно. Мало того что она оставалась в ту ночь на своем посту, ее увольнение — дискриминация в отношении нее как женщины, в частности, как женщины с двумя маленькими детьми; в конце концов, потеря работы означала, что она не сможет их содержать. Обращаясь в суд, Антипина добивалась восстановления на работе, а также компенсации двухмесячной потери заработной платы и компенсации ущерба в размере 200 000 рублей. Судья согласился с тем, что Антипина была уволена незаконно (кооператив не представил доказательств ее отсутствия и не выполнил при увольнении надлежащую процедуру), но отрицал факт дискриминации. Антипина восстановилась на работе в кооперативе, получила компенсацию за потерянную зарплату и судебные издержки, а также компенсацию в размере 10 000 рублей (около 330 долларов США по тогдашнему курсу). Описанное ею сексуальное домогательство не было признано таковым, и в соответствии с российским законодательством не было четкого способа квалифицировать его как дискриминирующее обращение.

В июле 2016 года украинский журналист запустил в социальных сетях кампанию в стиле *#MeToo* — опередив тем самым американскую версию движения, — чтобы пролить свет на все виды насилия в отношении женщин, включая сексуальные домогательства, домашнее насилие и сексуальное насилие. Хэштег *#яНеБоюсьСказати* на украинском языке, или «Я не боюсь об этом говорить», стал вирусным и вскоре распространился по России. Женщины делились подробными рассказами о насилии, включая сексуальные домогательства, что привело к некоторому удивлению общественности по поводу масштабов этих явлений в обеих странах [Walker 2016]. Но кампании в социальных сетях могут лишь привлечь внимание к нарушениям типа сексуальных домогательств. Поскольку подобного рода истории в основном происходят за закрытыми дверями и часто влекут за собой как стыд, так и угрозы возмездия, если жертва предаст инцидент огласке, они часто остаются в тайне. Без более четкого законодательства по этому вопросу сексуальные домогательства в России, скорее всего, останутся невидимыми из-за отказа признавать их в судебных органах, законодательных органах и на рабочем месте.

НЕВИДИМОСТЬ НАСИЛИЯ В ОТНОШЕНИИ ЖЕНЩИН КАК ВИД ГЕНДЕРНОЙ ДИСКРИМИНАЦИИ

В России наблюдается специфическая тенденция рассматривать дискриминацию беременных женщин при приеме на работу как гендерно-нейтральное нарушение трудовых прав, а не как форму дискриминации по признаку пола. Однако отказ рассматривать насилие в отношении женщин как форму гендерной дискриминации — еще хуже. Как мы обсудим в главе 4, правозащитники с большей готовностью признают нарушения прав ЛГБТ (даже если эти права не защищены в российских судах), нежели нарушение прав женщин. Это часть более широкой тенденции определять «права человека» отдельно от «прав женщин», поскольку последние рассматриваются как «социальные права», а не «основные» личностные права. Таким образом, домашнее насилие в отношении женщин, в отличие от насилия, совершаемого в отношении незнакомцев (например, избиения геев), редко принимается на социальном уровне или в судебной системе как доказательство гендерной дискриминации, а законов, специально направленных против домашнего насилия, в России нет.

В своих попытках убедить судей серьезно отнестись к насилию в отношении женщин Мари Давтян неоднократно сталкивалась с пренебрежением со стороны суда. В ряде случаев она обращалась с ходатайствами о предоставлении своим клиенткам (жертвам домашнего насилия) государственной защиты только для того, чтобы узнать, что закон о защите свидетелей и потерпевших (который позволяет человеку переехать, поменять свою внешность или устанавливать «тревожную кнопку» в доме) в таких ситуациях не применяется — он был разработан для «серьезных» дел, например с участием мафиози, которые согласились давать показания в пользу государства против своих бывших коллег. Ни один из занимающихся делами о домашнем насилии юристов, пытавшихся использовать этот закон о защите, чтобы установить тревожную кнопку в домах жертв насилия, ни разу не добивался в этом отношении успеха. Система просто предвзято относилась к таким случаям, как свидетельствует Давтян:

> Ну и конечно, предубеждение по всем этим делам, по домашнему насилию, по сексуальному насилию в отношении женщин. Предубеждение сотрудников полиции и судов настолько сильное, что, даже если бы <этот закон лучше> финансировался, я думаю, они бы нам ничего не давали. По одной простой причине. Когда я заявляю такие ходатайства, на меня смотрят, как на сумасшедшую. Хотя что странного? Есть угроза, есть закон, который позволяет защищать потерпевшего. Но на меня смотрят, как на сумасшедшую, что я хочу применять по такому делу такой закон тяжелый. «Всего-то муж жену побил» [интервью с Давтян].

Точно так же Татьяна Касаткина из «Мемориала» соглашается, что полиция вряд ли будет относиться к домашнему насилию с должной серьезностью: «Когда приходят в милицию, милиционер говорит, что это ваше семейное дело, разбирайтесь сами». Однако она считает, что дискриминационный аспект домашнего насилия наиболее заметен в материальной неспособности женщин оставить своих мужей: «Если муж бьет жену, она не может защиту найти, потому что она не может разъехаться с ним, это квартирный вопрос. Ей некуда с ребенком деться, и она вынуждена это терпеть, чтобы иметь крышу над головой» [интервью с Касаткиной].

На самом деле, люди могут даже не рассматривать насилие в отношении женщин как преступление или как форму дискриминации или нарушение прав женщин. Неспособность правоохранительных органов воспринимать домашнее насилие так же серьезно, как другие формы посягательства на неприкосновенность личности, проистекает из тех же общественных представлений. По словам юристов SJI, насилие в отношении женщин часто не признается или не идентифицируется как преступление, учитывая высокий уровень насилия в российском обществе (что проявляется, например, в дедовщине среди военнослужащих) [интервью с Аветисяном]. Как и случаи дедовщины, случаи насилия в отношении женщин также «умалчиваются и не доходят до логического завершения». Фуркат Тишаев, юрист SJI, поясняет: «Женщины сами не воспринимают это как юридическую проблему, они сами первые идут на мировое соглашение, примиряются со своими мужьями и не предполагают, что в будущем это повторится». Эти взгляды, по его мнению, нашли отражение в выборе российских НКО, которые, в свою очередь, были ориентированы на оказание индивидуальной психологической или социальной помощи, а не на решение проблем с правовой точки зрения:

> Они все занимаются, куда приютить и как покормить жертву насилия и психологическую помощь оказать, но при них почти никогда нет юриста, причем юриста, который не занимался бы мировым урегулированием, а который бы эти дела пихал как можно сильнее в правовое русло. Получается, что на уровне общества самими жертвами, обществом это воспринимается не как правовая проблема, а как внутрисемейная проблема. Властями это тоже не воспринимается как юридическая проблема [интервью с Тишаевым].

Очевидно, что превалирующие в обществе взгляды мешают признанию гендерной дискриминации в частной и общественной сферах. Однако есть фем-активистки и юристы, которые признают проблему и работают с ней, помогая женщинам, которые не могут сами довести свои дела до судов в России и до ЕСПЧ. Ряд женщин, столкнувшихся с нарушениями своих прав, считают эти нарушения дискриминирующими (касаются ли они домогательств на рабочем месте или насилия, непропорционально направленного против женщин) или, по крайней мере, незаконными и неправильными, но все же не прибегают к средствам правовой защиты. Таким образом, получается, что препятствия на пути внесения гендерных нарушений в правоохранительную и судебную систему выходят за рамки распространенных убеждений и взглядов, допускающих или оправдывающих эти нарушения, и действуют также на личном уровне, не давая женщинам — жертвам дискриминации открыто говорить об этом.

Передача дел о гендерной дискриминации в суд: социальные, эмоциональные и материальные препятствия

По словам опрошенных нами людей, в правоохранительной и правовой системе России существуют серьезные социальные, психологические и материальные препятствия для поисков способов прекращения случаев гендерной дискриминации. Эти препятствия являются дополнением к институциональным и процедурным препятствиям в правоохранительных и судебных учреждениях, которые мы рассмотрим в главе 3. Каковы конкретные социальные факторы давления на отдельных лиц со стороны семьи, друзей и коллег, которые препятствуют потенциальным обращениям в суд по делам о дискриминации по признаку пола? Какому риску могут подвергнуться женщины, если они предадут огласке трудовую дискриминацию или случай домашнего насилия? Какие материальные проблемы и обстоятельства побуждают принять решение «жить дальше» вместо подачи иска?

ПРЕДАНИЕ ОГЛАСКЕ: СОЦИАЛЬНОЕ ДАВЛЕНИЕ И УГРОЗЫ

Обнародование того, что обычно считают личной проблемой, сопряжено с риском. Риски могут варьироваться от социального осуждения до угрозы непосредственного возмездия. Подобное может происходить, когда речь идет о домашнем насилии или сексуальных домогательствах — которые, как часто говорят, провоцируют сами женщины-жертвы — или о дискриминации на рабочем месте. Страх возмездия побуждает многих женщин избегать публичных обсуждений, связанных с обращением в полицию или судебную систему.

По опыту юристов-правозащитников из SJI, которые занимались делами о домашнем насилии на Северном Кавказе, мало кто в регионе обращался в правоохранительную систему для разрешения конфликтов в связи с домашним насилием в отношении жен или детей. Как пояснил Алексей Пономарев, «семейная жизнь — довольно щекотливая тема. Если жена решает пожаловаться на мужа, она ставит клеймо на весь клан; вопрос затем сходит с арены личных отношений между мужем и женой и превращается в межклановую конфронтацию». Перспектива пугающая. В 90 % случаев такие вопросы решаются в семье, где вопрос «умалчивается и не идет дальше» [интервью с Пономаревым]. Если уладить дело не удается, жена может обратиться к религиозным лидерам, чтобы те разрешили вопрос в соответствии с обычным или исламским правом; это сокращает количество исков, ведь потерпевшие относительно редко обращаются с жалобой в государственную правовую систему. Кроме того, на женщину «оказывается очень сильное давление и внутри семьи, и со стороны тех, на кого она собирается жаловаться, и само общество в виде общин, старейшин, которые не приветствуют, чтобы этот вопрос становился предметом публичного разбирательства» [интервью с Тишаевым]. Юристы SJI видят взаимосвязь между тяжестью нарушения в случаях насилия в отношении женщин и вероятностью того, что виновные будут привлечены к суду, а не будут решать вопрос внутри семьи; смерть жертвы с большей вероятностью доводила дело до суда, в отличие от случаев избиений или изнасилований, когда родственники предпочитали решать вопрос вне суда [интервью с Пономаревым]. С этим согласны и другие правозащитники. Хотя, как сообщается, «семейное насилие» распространено на Северном Кавказе широко, женщины редко заинтересованы в передаче дела в суд, «потому что им есть что терять, включая своих детей, как, например, в Чечне» [интервью с Локшиной]. Жертвы изнасилования тоже могут опасаться судебного процесса [интервью с Касаткиной] или не доверять ему.

Качественные представления наших собеседников о том, как женщины Северного Кавказа реагируют на домашнее насилие, подкрепляет один детальный опрос, проведенный среди женщин на Северном Кавказе Фондом Генриха Бёлля в 2014 году; опрос, включавший 723 анкеты и 80 интервью, выявил высокий уровень женщин, свидетельствовавших о пережитых фактах домашнего насилия: 11 % респонденток указали, что их иногда избивали, 28 % периодически получали пощечины и 8 % сообщили, что подвергались изнасилованию или были принуждаемы к сексу [Kosterina 2015]. Высокий процент респонденток в этом опросе считает, что «их республика не защищает женщин в случаях насилия и несправедливости»: 35 % в Чечне, 19 % в Дагестане, 24 % в Кабардино-Балкарии и 1 % в Ингушетии. Тем не менее количество женщин, ответивших, что они обратятся за помощью к НКО после столкновения с насилием, было чрезвычайно низким: всего 4 % в Чечне, 3 % в Кабардино-Балкарии и 1 % в Дагестане [Kosterina 2015].

Один юрист в Дагестане, специализирующийся на делах об изнасиловании, утверждает, что семьи жертв изнасилований иногда соглашаются на денежное вознаграждение от преступника (полагая, что в противном случае деньги пойдут на взятку прокурору для закрытия дела) и используют эти средства, чтобы выслать свою дочь из региона в попытке выдать ее за девственницу и, следовательно, пригодную для брака [Магомедов 2012]. Насилие в отношении женщин — представительниц ЛГБТ на Северном Кавказе (по мнению программного директора *Human Rights Watch* по России Тани Локшиной) настолько «табуированная тема», что «зашкаливающий» страх препятствует предъявлению женщинами юридических претензий [интервью с Локшиной].

Хотя потенциальное наказание за предание огласке может быть особенно серьезной проблемой в Чечне и других регионах Северного Кавказа России, активисты в Москве и Санкт-Петербурге объяснили, что женщины и члены ЛГБТ-сообщества в этих городах также опасаются возмездия в случае, если подадут в суд иски о нарушении своих прав. Маша (Мария) Козловская, юрист и программный менеджер Российской ЛГБТ-сети в Санкт-Петербурге, объяснила, что члены ЛГБТ, пострадавшие от злоупотреблений, вряд ли обратятся в правовую систему, потому что «не верят, что что-то можно изменить, что они смогут выиграть суд, что это привлечет к ним только еще больше внимания, больше дискриминации и больше негативных последствий, чем позитивных» [интервью с Козловской]. Даже Анна Клевец, студентка юридического факультета, возбудившая судебное дело по проверке Перечня запрещенных для женщин профессий (как описано ранее), подвергалась угрозам со стороны администрации юридического факультета. По словам Римы Шарифуллиной, главы правозащитной организации, в которой проходила стажировку Клевец, «Аню вызывали в институт и спрашивали, действительно ли она хочет быть машинистом, если у нее диплом юриста. Пытались запугать ее. Она как раз защищалась тогда. Если вы хотите машинистом быть, может, вам не нужен диплом? Давление на нее оказывали» [интервью с Шарифуллиной].

НЕЖЕЛАНИЕ «ВЫНОСИТЬ СОР ИЗ ИЗБЫ»

Подобные угрозы — часть более широко принятой в обществе традиции, смысл которой сформулирован в русских поговорках «не выносить сор из избы» или «не стирать грязное белье у всех на виду» [интервью с Мишиной]. Как отмечает Наталья Биттен, словосочетание «грязное белье» однозначно указывает на половую принадлежность: именно женщины обычно подвергаются в семье насилию, будь то физическое насилие, словесная жестокость или экономическое насилие (когда мужчины лишают своих жен денег). Женщины, которые публично заявляют о таких злоупотреблениях, рискуют столкнуться с осуждением со стороны общества. Биттен излагает «логику» обвинения жертвы в таких случаях:

Если тебя муж бьет — ты себя неправильно ведешь, если дети себя плохо ведут — ты плохо воспитываешь детей, если он не дает тебе денег — ты не умеешь им манипулировать. Говорят, что она должна приспособиться, раз она женщина, и действовать хитростью, муж — голова, а женщина — шея, только не вспоминают вторую часть этой пословицы, что когда ошибку делает голова, дают обычно по шее [интервью с Биттен].

Страх, что друзья, родственники и коллеги начнут тебя презирать, не позволяет женщинам сообщать о домашнем насилии. По словам Алексея Паршина, одного из опрошенных нами адвокатов, статистика показывает, что женщины обращаются в полицию только после семи случаев жестокого обращения [интервью с Паршиным]. Женщины неохотно обращаются за помощью к друзьям, опасаясь их реакции. Как говорит Паршин: «Менталитет такой, стыд, когда неудобно все это выносить на люди, рассказывать... Ни подружкам, никому не рассказывают. Боятся осуждения со стороны подруг или коллег...Только экстраординарный выход — уехать, но куда? Где жить?» [интервью с Паршиным]. По словам основательницы организации «АННА» Марины Писклаковой-Паркер, «с одной стороны, это недоверие к системе, с другой стороны, это близкие люди, не могут преодолеть барьер, потому что это муж, и пожаловаться» [интервью с Писклаковой-Паркер]. К тому же, по словам юриста и консультанта по вопросам управления Полины Кальницкой, женщины «предпочитают не говорить о сексуальных домогательствах, потому что это стыдно» [интервью с Кальницкой].

Принуждение к хранению «грязного белья» дома лишь укрепляет мнение о домашнем насилии как о невидимой, частной проблеме. В Уголовном кодексе РФ нет специального положения о насилии в семье и нет применимых положений об охранных судебных приказах или обязательном задержании, несмотря на внесенную в июле 2016 года поправку к статье 116 Уголовного кодекса РФ о «побоях». Эта реформа сделала избиение близких родственников уголовно наказуемым деянием [Davtian 2016]. Однако в феврале 2017 года за этим последовал пересмотр нормы, который декриминализовал первый случай побоев в отношении близкого родственника, рассматривая его как простое административное правонарушение [Johnson 2017; Государственная Дума Российской Федерации 2017]. Более того, по мнению юриста и профессора Екатерины Мишиной, препятствовать возбуждению дела может также «российский менталитет»:

> Русская женщина предпочитает вести себя сдержанно, если муж регулярно ее избивает. Она вряд ли сообщит об этом в полицию, может быть, расскажет одной-двум подругам. Но обычно женщины предпочитают это не комментировать. Это ее личное дело, и она сама справится с проблемой [интервью с Мишиной][11].

Этот импульс может быть усилен давлением со стороны других людей с призывами не сообщать о нарушениях в полицию или суд. Согласно анализу, проведенному одной из фем-активисток, обращение в полицию или суд обычно рассматривается как скандальное поведение, и женщины, которые поступают таким образом, с большой вероятностью будут рассматриваться как «любительницы поскандалить». «Женщины не хотят выглядеть скандалистками, — объясняет Наталья Биттен. — Им кажется, что они потеряют лицо, если обратятся в полицию или суд. Храня молчание, они защищают свою гендерную идентичность» [интервью с Биттен][12].

Как и в случае с домашним насилием, когда женщины не решаются обращаться в суд или обсуждать ситуацию с друзьями и родственниками, те из них, которые хотели бы обратиться в суд по вопросам дискриминации на рабочем месте, опасаются отсут-

---

[11] Ходатайство об установлении охранных судебных приказов было сделано в Общественной палате России (консультативный орган при правительстве России) в 2012 г., но не было внесено в Думу с 2015 г. [Куликов 2012].

[12] Заявления об изнасилованиях и домашнем насилии, собранные Московской Хельсинкской группой у фокус-групп и в ходе интервью в начале 2000-х гг., подтверждают выводы, сделанные в этом разделе о причинах, по которым женщины часто предпочитают не обращаться в полицию в ответ на насилие [Moscow Helsinki Group 2002].

ствия поддержки со стороны окружающих. Шарифуллина объясняет это наличием стереотипа: «Если ты в суд обратилась, ты сутяжник, никогда не выиграешь, будешь глупо выглядеть» [интервью с Шарифуллиной].

Женщины также могут обнаружить, что процесс возбуждения публичного дела, будь то насилие или дискриминация на рабочем месте, очень тяжел эмоционально и что легче просто жить дальше, чем пытаться начать судебный процесс (сам по себе длительный и сложный — как подробнее описано в главе 3). И хотя активисты и юристы могут видеть «стратегическую» или «общественную» выгоду в возбуждении судебного дела (или его дальнейшем рассмотрении), они не в состоянии оказывать давление на клиента. Как объяснила Давтян в отношении вопиющего дела о домашнем насилии, которое она надеялась передать в ЕСПЧ:

> Но я же не могу, если она так решила, я не могу пойти против ее воли, и я ее прекрасно понимаю. Она хочет жить дальше, хочет забыть это как страшный сон, а ей постоянно приходится к этому возвращаться, а она была травмирована очень сильно. Ей и челюсть сломали, травмы были очень серьезные, она очень долго лечилась [интервью с Давтян].

Мария Мохова, руководитель московского центра помощи пережившим сексуальное насилие «Сестры», подтверждает эту мысль: «Травмированный человек не имеет сил на то, чтобы пройти через все это, давать показания и т. п. Он просто хочет это забыть, и все» [интервью с Моховой]. Давтян также отмечает, что основным препятствием для обращений в ЕСПЧ, даже когда она была готова работать на общественных началах, было то, что потерпевшие «срываются». Даже когда дела оставались в рамках внутренней системы России, «потерпевшие говорят, что они больше не могут» [интервью с Давтян]. Эмоциональное напряжение от судебного процесса побуждает многих людей прекратить борьбу за справедливость или отказаться от первоначального желания получить возмещение ущерба.

ИЗДЕРЖКИ ВОЗБУЖДЕНИЯ ДЕЛА: ДЛЯ ВЕДЕНИЯ ПУБЛИЧНОГО СУДЕБНОГО РАЗБИРАТЕЛЬСТВА НУЖНЫ БОЛЬШИЕ ЛИЧНОСТНЫЕ И МАТЕРИАЛЬНЫЕ РЕСУРСЫ

Как и во многих других странах, в России преодоление социального давления, препятствующего возбуждению дела или концентрации сил для подачи и осуществления иска, требует эмоциональной поддержки, времени и финансовых ресурсов. В этом отношении российские женщины, ставшие жертвами дискриминации, напоминают субъектов правовой системы, описанных в американской литературе по социально-правовым исследованиям, таких как обвиняемые в судах низшей инстанции, описанные в классических зарисовках Малкольма Фили [Feeley 1979] или у Кристин Бумилье [Bumillier 1987] в исследовании факторов, мешающих женщинам и людям с небелым цветом кожи подавать жалобы в суды в связи с дискриминацией. Указанные авторы анализировали ситуации, в которые попадали люди с низким социальным статусом, чье положение отличалось от положения российских жертв гендерной дискриминации, однако мы считаем, что описания издержек, не позволяющих субъектам правовой системы в полной мере воспользоваться правами, которые к ним официально применимы, вполне подходят и в случае с Россией. И действительно: недавняя работа Хендли, касающаяся обычных, повседневных разбирательств в России, показала, что препятствия для судебного разбирательства в значительной степени связаны с временем, энергией и стрессом, связанными с обращением в суд [Hendley 2018].

Чтобы пройти все этапы процесса, человеку нужна эмоциональная и материальная поддержка, но ее часто нет, или она есть, но не в достаточной степени. Найти юриста, который поможет потерпевшей пройти через судебные процедуры и бумажную волокиту, — хорошо, но это еще не все. Валентина Фролова, юрист, тесно сотрудничающая с женским кризисным центром в Санкт-Петербурге, регулярно общалась с женщинами, обратившимися на горячую линию Центра, предлагая помощь тем, кто подал или хотел подать заявление в полицию. Тем не менее из тех, кто решил обратиться в полицию, очень немногие были готовы довести дело до конца:

> Процесс настолько сложный, что надо быть очень смелым, терпеливым человеком, чтобы все это затеять. Это и способность обеспечить свою безопасность и безопасность своих детей, найти родственников, которые о тебе позаботятся, иметь деньги, это действительно очень дорого стоит, в широком смысле дорого стоит [интервью с Фроловой].

На пути к возбуждению дела возникают значительные препятствия. Наталья Биттен отмечает, что для обращения в суд «нужны юристы, представители в суде, потому что люди, которые совершают насилие, у них ресурсов больше, и их поддерживает общество» [интервью с Биттен]. «Об обращении в ЕСПЧ можно забыть, — продолжает она, — ...мы не пройдем ни одного суда российского. Мы даже в суд не сможем подать, потому что может не быть денег на юриста, чтобы правильно оформить заявление. Суды делают все, чтобы ваше заявление не было принято» [интервью с Биттен]. Именно по этой причине пытаться управлять процессом без юридической помощи и опыта довольно рискованно:

> Женщины, как правило, имеют ограниченный материальный ресурс, а для того, чтобы подать заявление в обычный суд, мировому судье, нужно претерпеть много проблем, потому что твое дело могут несколько раз возвращать, не принимать его, придираться к разным формальностям [интервью с Биттен].

Чем больше у людей причин полагать, что их проблемы не удастся решить с помощью правоохранительных органов и правовой системы, тем скорее они обратятся к менее официальным способам решения своих проблем. Отсутствие юридической помощи, несомненно, снижает предполагаемые шансы потенциального истца на успех.

Недостаточная поддержка, неизбежные ограничения, связанные со временем и энергией человека, а также финансовые затраты — все это мешает инициировать дела о гендерной дискриминации на рабочем месте. Женщины с маленькими детьми и беременные женщины, которых уволили, лишили пособий или не взяли на работу, вряд ли будут тратить время, необходимое для ведения полноценного судебного процесса, который может тянуться год или больше. Хотя уход с работы и поиски новой могут оказаться нелегкой задачей, это, вероятно, проще, чем найти эмоциональные и финансовые ресурсы для рассмотрения дела о трудовой дискриминации и взыскании соответствующей компенсации.

Поиск источников поддержки может ослабить социальное давление, которому часто подвергаются жертвы дискриминации при попытке подать иск в суд. Ирина Румянцева, молодая мать, в течение долгого времени добивавшаяся восстановления выплат пособия по беременности и родам через суд, признается: «Понимаете, для этого надо иметь определенный склад характера и хорошую поддержку. Потому что когда тебе говорят вокруг, что ты с ума сошла, что ты лезешь, куда тебя не просят? Найди себе другое, да как-нибудь решится, все равно ничего не добьешься и т. д.» [интервью с Румянцевой]. Наталья Биттен, которая обратилась в суд, когда работала журналистом в 1990-е, и согласилась на компенсацию в 1000 долларов в деле о клевете (художник публично оскорбил ее при открытии выставки, ругал ее и назвал проституткой), считает, что ключом к ее победе стала поддержка, которую она получила как журналистка от других женщин-журналистов. Как только она инициировала судебный процесс, люди, в том числе главный редактор газеты, в которой она работала в то время, начали оказывать на нее давление, чтобы она не продолжала дело, говоря, что, подав иск, она действовала «эгоистично» и «аморально», поскольку обругавший ее художник был просто пьян, и что она не должна чувствовать себя оскорбленной, «что он не хотел оскорбить» [интервью с Биттен]. Но коллега-женщина, работавшая на телевидении, подготовила вместе с Биттен репортаж об этом случае. «Я тоже подвергалась давлению, — рассказывает Биттен, — но, по крайней мере, у меня были свои каналы, чтобы высказать свою точку зрения. У большинства женщин такой возможности нет. Поэтому мой случай — один из уникальных» [интервью с Биттен].

Нежелание самих женщин действовать еще больше усугубляется принуждениями к прекращению судебных разбирательств и недружелюбной реакцией при попытке подать иск. Это касается даже коллективных исков, которые обеспечивают определенную поддержку. Как объяснила Румянцева, взаимодействовать с судебной системой было непросто:

> Я сейчас не помню точно состояние чувств. Вообще неохота связываться с нашей судебной системой. Я не знаю, как в других государствах эти вопросы решаются, может, тоже не все так прекрасно. Но с нашим государством лишний раз соприкасаться желания нет, это правда... Люди, которые занимают эти должности, совершенно равнодушны, даже озлобленные достаточно, потому что нарушений много, и люди, которые рискуют себя отстаивать, много обращаются, много исков, много очень работы. Работать заставляют, это же возмутительно. Приходите тут и заставляете нас работать. Было очень страшно соприкоснуться с судебной системой, было неведомо, неизвестно, как это все должно происходить [интервью с Румянцевой].

Более того, подача иска в случае Румянцевой не была гарантией положительного исхода. После того как ее компания «исчезла», вместо того чтобы выплачивать пособие, Румянцева скооперировалась с другими женщинами из этой же фирмы, попавшими в похожую ситуацию. Из женщин, с которыми она познакомилась, «четверо согласились участвовать, а двое не захотели тратить время, потому что бесполезно» [интервью с Румянцевой]. Как поясняет Таня Локшина из *Human Rights Watch*:

> Одна из основных причин, по которой женщины, понимающие, что они подверглись дискриминации, не пытаются обратиться в суд, заключается в том, что они не доверяют системе, они не верят, что получат помощь. И они говорят, что у не хотят терять время. «Если меня уволят или я не

получу повышения, суд мне не поможет. Мне нужно найти другую работу, на это я должна потратить свое время и ресурсы». Это очень распространенный ход мысли [интервью с Локшиной].

Однако такое представление о вероятном исходе может быть ошибочным, в зависимости от предмета жалобы. Наш анализ выборки российских судебных дел, потенциально связанных с гендерной дискриминацией (см. главу 1), показал, что наибольшая вероятность успеха была у дел по невыплаченным пособиям по беременности и уходу за ребенком. 100 % требований о выплате пособий по беременности и родам (8 случаев) в нашей выборке (все поданные в период с января 2010 по апрель 2018 года) были удовлетворены судом, полностью или частично, как и 87 % требований о пособиях по уходу за ребенком (30 случаев)[13]. Напротив, дела о дискриминации на рабочем месте, включающие в себя описанные ранее категории исков и другие (например, жалобы на несправедливое увольнение с работы, отказ в устройстве на определенные виды работы, принудительное увольнение или перевод на другую должность, а также жалобы на условия труда), были удовлетворены полностью или частично только в 58 % случаев. Когда мы исключили дела о материнских пособиях и пособиях по уходу за ребенком из общего числа проанализированных нами дел о дискриминации на рабочем месте, выяснилось, что полностью или частично удовлетворены в суде были только 39 % дел[14]. Сравнительно высокий уровень успеха в делах о выплате пособий, вероятно, связан с тем, что необходимость выплаты легче доказать (истице либо полагались деньги, либо нет), чем в случаях дискриминационного обращения, когда вопрос (был ли кто-то уволен из-за дискриминации или по какой-либо другой причине) разрешить гораздо сложнее.

---

[13] В двух делах о детских пособиях говорилось о дискриминации по признаку пола; оба иска были поданы мужчинами, и им было отказано [дело без номера; дело № 2–862/2011].

[14] В это число не вошли случаи дискриминации на рабочем месте, когда заявители прямо упоминали пол или гендерную дискриминацию в своих жалобах; процент успеха по этим делам был еще ниже (14 %).

Несмотря на то что низкий уровень доверия российских граждан к судебной системе подтверждается документально [Hendley 2012: 547], само по себе отсутствие веры в систему не мешает россиянам обращаться в суды. Действительно, количество гражданских дел, по которым российские суды общей юрисдикции вынесли решения в 2010 году, было вдвое больше, чем десятью годами ранее, что свидетельствует о стремлении куда большего числа людей решать спорные вопросы через суд [Hendley 2012: 523]. Эмпирический анализ Кэтрин Хендли показывает, что, несмотря на недоверие к российским судам, частные лица и компании обращались в суды по необходимости (например, чтобы добиться развода, если у пары есть дети) и в случаях, когда они имели достаточные знания о системе, позволяющие сделать «осознанный выбор» в отношении целесообразности судебного разбирательства (или нанять профессионала для помощи в этом процессе) [Hendley 2012: 519, 524, 530]. Фактически Хендли обнаружила, что граждане России вполне готовы использовать суды для разрешения рядовых споров и что те, кто имеет опыт передачи дел в суд, гораздо больше верят в справедливость судебной системы, чем те, кто этого не делал [Hendley 2015]. Тем не менее, если люди верят, что могут решить проблему без привлечения закона (то есть когда на самом деле нет необходимости обращаться в суд), или если у них нет опыта судебных разбирательств и не хватает денег для найма адвоката, они с большей вероятностью попытаются решить свои проблемы иным способом [Turbine 2012: 179–181].

Во многих случаях к решению прекратить или даже отказаться возбуждать дело человека подталкивают те, от кого он или она ждет поддержки, — друзья, члены семьи. Как замечает Мишина:

> Когда работодатели нарушают вышеупомянутый запрет на отказ в приеме на работу беременной женщины, в большинстве случаев у этой женщины есть другие дела, она не будет обращаться в суд, она сосредоточится на своем здоровье и будущем ребенке. Это тоже проблема. Мужья не поддержат в такой ситуации, потому что они думают, что ей нужно сосредоточиться на ребенке [интервью с Мишиной].

На самом деле, осознанная ответственность женщины за детей и семью представляет собой определенный вид давления с целью избежать принятия мер против дискриминации:

> И женщины сами почему-то думают, что это должно меньше оплачиваться. Женщины еще мало обращаются, потому что дети, в основном нагрузка на женщин. Им сложнее найти работу, меньшая мобильность, поэтому они очень держатся за свое рабочее место, даже плохое, которое влияет на их здоровье [интервью с Шарифуллиной].

Румянцевой было необходимо преодолеть свои опасения по поводу благополучия ребенка, поскольку она и небольшая группа матерей, требующих свои пособия, рисковали, проводя свой первый протест в недружелюбной атмосфере путинской России: «Когда мы делали первую забастовку, я очень боялась, потому что у меня реально было представление, что сейчас приедет милиция и нас всех посадят в машину и отвезут в тюрьму, в обезьянник, а у меня ребенок дома маленький, годовалый» [интервью с Румянцевой].

Как и в случае с домашним насилием, большинство женщин, обращающихся за юридической помощью в случаях трудовой дискриминации, сталкивается с финансовыми трудностями. Хотя женские организации могли бы служить проводником для немногих российских юристов, прошедших подготовку в области законодательства о гендерной дискриминации, большинство женщин не знает о таких группах и поэтому просто не обращается к ним. Объясняет Мария Давтян:

> Женщина, незаконно уволенная с работы или подвергающаяся сексуальным домогательствам, в последнюю очередь пойдет в женскую организацию. Нам их тяжело тоже найти... <...> ...мне кажется, этот вопрос больше упирается в финансирование, то есть не хватает ресурса это развить, чтобы обращались и приходили за помощью. И так как нас мало, мы не можем брать много дел. Я знаю, что во многих странах полиция сама... советует обратиться в женскую организацию, но это не про нас [интервью с Давтян].

Самостоятельное ведение дела может оказаться такой же сложной задачей, как поиск юриста с соответствующим опытом и оплата его или ее услуг.

Вывод: активизму нужны активисты

С учетом описанных в главе социокультурных, психологических и материальных факторов, которые могут помешать возбуждению дела в полиции или суде, и препятствий, имеющих непосредственное отношение к правовой и правоохранительной системам в России (которые будут описаны в следующей главе), неудивительно, что дела о гендерной дискриминации, даже в случае признания их таковыми, редко доводятся до суда самими потерпевшими. Привлечь внимание общественности к себе как к объекту дискриминации сложно, и большинство людей этого избегают. Женщины в России могут чаще сталкиваться с дискриминацией при найме, чем мужчины (и, безусловно, чаще имеют дело с дискриминацией по признаку пола в сфере труда, чем мужчины), но они реже привлекают к этим случаям внимание общественности[15]. И подавляющее большинство женщин в России и других странах, оказавшись жертвами домашнего насилия, не предъявляют обвинений. Исследование, оценивающее сообщения женщин о физическом и сексуальном насилии в развивающихся странах (включая регионы в орбите России, такие как Азербайджан и Украина, но не саму Россию), показало, что только около 7 % женщин сообщают о таких инцидентах в «официальные» источники, такие как медицинские центры, социальные службы или полиция [Palermo et al. 2014: 605]. Что касается России, то, по словам Марины Писклаковой-Паркер, не более 5 % женщин, которые связываются с ее организацией, в конечном итоге инициируют судебное дело, и, согласно статистике, собран-

---

[15] Мы не смогли найти сводных данных о случаях трудовой дискриминации в России, поэтому не можем быть уверены, что женщины подвергаются большей дискриминации при трудоустройстве, чем мужчины.

ной с общероссийской горячей линией «АННА» по вопросам домашнего насилия, около 60 % позвонивших не обращаются в полицию [интервью с Писклаковой-Паркер]. Поскольку относительно немного женщин предпочитает доводить до сведения государства дела о насилии или трудовой дискриминации в их отношении, это означает, что очень мало дел попадает на конвейер для потенциальных заявлений в ЕСПЧ.

Факт нежелания возбуждать дела о дискриминации по признаку пола можно установить только неофициально, поскольку массовые опросы о том, инициируют ли жертвы насилия или экономической дискриминации дела против преступников, не проводились. Однако данные, в которые верится с трудом, подтверждают наличие некоего нежелания это делать. В заявлении, первоначально размещенном в российском Интернете в 2010 году и еще несколько раз после этого, людей просили связаться с совместной программой Европейского центра защиты прав человека (EHRAC) и российской правозащитной группы «Мемориал», если они считают, что были жертвами дискриминации или насилия по признаку пола или социального статуса и если они заинтересованы в получении помощи при подготовке заявления в ЕСПЧ. Тем не менее, как сообщается, призыв не вызвал никакого отклика, за исключением небольшого числа писем тех, кому была нужна психологическая помощь [интервью с Саттеруэйт][16]. Независимый благотворительный центр помощи пережившим сексуальное насилие «Сестры» в Москве, контактная информация которого была указана в обращении, по состоянию на июнь 2012 года не получил никаких ответов и звонков [интервью с Моховой]. Как обсуждалось ранее, большинству людей потребуется значительная поддержка, чтобы заявить о себе и проявить настойчивость в деле о дискриминации. С учетом опыта наших собеседников, остается впечатление, что в целом требуется особенно сильный и активный характер, чтобы захотеть довести

---

[16] Саттеруэйт принимала участие в составлении этого обращения. Изначально оно было размещено на ее веб-сайте, и его можно найти (на русском языке) по адресу: http://margret-stwt.livejournal.com/10486.html (дата обращения 30.10.2021).

дело до суда, а потом до конца, а не пытаться забыть об инциденте и избегать рисков, сопутствующих подобной публичной конфронтации.

То, что люди с активным характером будут с большей вероятностью пытаться защитить свои права, чем остальные, — правда не только для России. Дмитрий Бартенев, юрист по правам человека, который работает в организации по защите прав инвалидов и защищает свободу собраний гей-активистов в России, считает, что людей, готовых пройти через судебную систему, не только в России, но и за ее пределами, на международном уровне, лучше всего охарактеризовать как «активистов», как «людей, которые в целом верят в идею прав человека и требуют соблюдения своих прав, права на свободу собрания; они готовы к избиениям, судебному преследованию, обращению в ЕСПЧ. «Это внутренняя мотивация» [интервью с Бартеневым]. Юрист-правозащитник «Мемориала» также считает, что активисты «будут стоять до конца и с радостью доведут дело до Страсбурга», но что большинство людей, даже публично активные, все равно предпочитали мировые соглашения [интервью с Коротеевым]. Представитель *Human Rights Watch* в Москве согласилась, что «есть активисты, которые подадут жалобу, но рядовой представитель ЛГБТ-сообщества не захочет этого делать, опасаясь чрезмерного внимания» [интервью с Локшиной]. Маша Козловская из Российской ЛГБТ-сети Санкт-Петербурга также считает, что люди, которые чаще всего обращаются в суд, были «активистами или около-активистами, с запалом наказать виновных за совершенную несправедливость» [интервью с Козловской].

Точно так же Валентина Фролова, которая работала с жертвами домашнего насилия в Санкт-Петербурге, считала, что те немногие женщины, которые решили довести свои дела до международного уровня, делали это из принципа, чтобы добиться справедливости:

> Во-первых, обозначить системную проблему и добиться изменения на этом уровне. Во-вторых, для тех потерпевших, с которыми я работаю, это принципиальный вопрос...

> Пройдя все это сами, они хотят, чтобы другие люди не страдали от того, через что им пришлось пройти, или получили позитивный пример [интервью с Фроловой].

Это требует особой силы духа и терпения [интервью с Писклаковой-Паркер]. По мнению одной из активисток женского кризисного центра, усилия женщины в суде принесли мало результатов:

> Результата нет, женщина не получает ни защиты, ни материальной компенсации — ничего. И травмируется во время судебного процесса. И они еще могут быть наказаны, а сейчас тем более. Кто обращается в международные инстанции — тот шпион. Никаких выгод нет, одни страдания. Это должна быть такая женщина, которая говорит: «Пусть я буду страдать, но я буду справедливости добиваться» [интервью с анонимной активисткой, выступающей против гендерного насилия].

Как сказал один из иностранных адвокатов, защищающих интересы женщин, ставших жертвами насилия в России, «нужен кто-то, кто решит пожертвовать своей жизнью ради достижения — *может быть* — справедливости» [интервью с Саттеруэйт].

Без сомнения, выбор формального юридического пути для рассмотрения дел о дискриминации — подробно описанного в главе 3 — часто бывает изнурительным процессом. Директор московского Независимого благотворительного центра помощи пережившим сексуальное насилие «Сестры» считает, что через это могут пройти только «сильные люди»: «А если человек травмированный, то он не станет проходить через то же самое. Прокуратура, межрайонная прокуратура... получается, что ты везде судишься и не получаешь адекватного ответа. Ты просто теряешь свое здоровье» [интервью с Моховой]. Ирина Румянцева, участвовавшая в многочисленных судебных тяжбах за получение причитающихся ей пособий по беременности и родам, признала, насколько сложным был процесс:

Это я сейчас с вами сижу разговариваю, уверенная такая вся, когда за плечами четыре года судов, а тогда это была полная растерянность, несмотря на то что я имею два высших образования. Это полная растерянность и обида за себя и ребенка, невозможно в таком состоянии разумные решения принимать... Но все равно мы так воспринимали, это несправедливость, нарушение [интервью с Румянцевой].

Хотя несправедливость побудила ее действовать с необходимой для процесса решимостью, Румянцева добавила, что, вероятно, ее «личные качества» заставили ее продолжить дело; ее очень беспокоило то, что произошло, «что можно вот так просто взять и кинуть человека, который работал <для них>, ничего плохого не сделал» [интервью с Румянцевой]. Более того, отметила она, был «еще и фактор самооценки. Я же не доярка, не уборщица, и налицо откровенное нарушение... Они же не ожидали, что встретят ответную силу» [интервью с Румянцевой]. Сам характер Румянцевой не позволил ей просто принять подобное отношение со стороны работодателя.

Таким образом, «активисты» являются наиболее вероятными кандидатами на подачу иска о дискриминации в Европейский суд по правам человека. Но для того чтобы попасть туда, нужно пройти через череду утомительных и неприятных процессов в российских правоохранительных и судебных органах. По причинам, описанным в этой главе, большинство случаев гендерной дискриминации не признается, не анонсируется и никогда не доходит до суда. Но даже те люди, которые преодолевают социальное давление и другие препятствия на пути к возбуждению дела, могут обнаружить, что судебный процесс быстро истощает их энтузиазм. Активисты и юристы, работающие с женскими кризисными центрами в Москве и Санкт-Петербурге, например, обнаружили, что женщины не решаются инициировать дела из-за низкой вероятности удовлетворения иска; часто, даже если обвиняемый признан виновным, на него не накладываются никакие ограничения, препятствующие насилию в будущем, и жертва получает лишь несколько сотен долларов в качестве компенсации.

Женщина, обращающаяся в полицию, может обнаружить, что сотрудники правоохранительных органов и следователи уговаривают ее отказаться предъявлять обвинения напрямую или прилагать необходимые усилия для получения необходимых улик [интервью с Фроловой; Давтян].

Короче говоря, вместо того чтобы в полной мере пользоваться государственными средствами правовой защиты, подавляющее большинство женщин, сталкивающихся со случаями дискриминации и пытающихся передать свои дела в суд, растрачивают свои ресурсы, пытаясь получить эту правовую защиту в правоохранительной и судебной системах. Препятствия, с которыми женщины сталкиваются в рамках этих систем, являются предметом рассмотрения нашей следующей главы.

3. Полиция, прокуратура и административный футбол: правовые барьеры

> Разбирательства по уголовным делам здесь, в этой стране бьют и по жертве, и по обвиняемому, и то, как они ведутся, наносит ущерб обеим сторонам.
>
> *Кирилл Коротеев, юрист, Москва*

Даже те редкие женщины, которые, столкнувшись с гендерной дискриминацией, обратились в суд и сумели преодолеть материальные, психологические, социальные и культурные барьеры, встречают еще бо́льшие препятствия со стороны судебно-правовой системы. Эти препятствия не являются исключительно российским явлением. Так, исследователи американской правовой системы давно наблюдают в ней бюрократические факторы, которые ставят под угрозу соблюдение процессуальных норм. Кроме того, судьи часто следовали неформальным нормам, в результате чего подход к рассмотрению дел зависел от жизненных обстоятельств жертвы и обвиняемого [Feeley 1979]. Говоря о судебных разбирательствах по вопросам трудовой дискриминации в общеевропейском контексте, Альтер и Варгас отмечают, что, оценивая эмоциональные и финансовые издержки, физические лица в ходе судебных разбирательств часто не хотят сражаться с процедурными препятствиями, когда шансы на победу невелики [Alter, Vargas 2000: 471]. В российском контексте препятствиями служат нежелание полиции возбуждать дела, характерные для российской правоохранительной системы внутренние проблемы взаимоотношений между следователями, прокурорами и адвокатами, слишком высокие требования к доказательствам для успешного судебного расследования дел о гендерном насилии и дискриминации в сфере занятости и пробелы в законодательстве и Уголовном кодексе РФ, затрудняющие возбуждение дел. В самом юридическом сообществе существует проблема нехватки юристов, которые бы специализировались на дискриминационном праве и тем более на вопросах гендерной дискриминации.

В данной главе мы анализируем обстоятельства, которые препятствуют рассмотрению дел о дискриминации внутри российской правовой системы еще до того, как они получают возможность попасть в ЕСПЧ. Рассмотренные в предыдущей главе гендерные стереотипы, которые не позволяют большинству женщин признать дискриминацию таковой и добиться правового разрешения своих претензий, существуют также среди сотрудников полиции, прокуратуры и судов. Однако, помимо этих предубеждений, существуют значительные структурные препятствия в российской правоохранительной и законодательной системах. Несмотря на эти препятствия, в последние годы небольшая группа адвокатов продолжает активно проводить такие дела через российскую судебную систему и в конечном итоге обращается в ЕСПЧ и Комитет ООН по ликвидации дискриминации в отношении женщин (КЛДЖ). Мы в очередной раз видим, что критическая масса экспертов и мотивированных активистов в юридическом сообществе является решающим фактором для достижения положительных решений по вопросам гендерной дискриминации.

Обращения российских мужчин и женщин в суд

Можно предположить, что основным препятствием, мешающим женщинам обращаться со своими делами в суд, является то, что правовая система в России настолько скомпрометирована, что никто не хочет иметь с ней дел. Однако ученые ясно продемонстрировали: несмотря на низкую оценку российскими гражданами легитимности судов из-за коррупции и предвзятости [Gerber, Mendelson 2008; Hendley 2010; McCarthy 2010], россияне на самом деле пользуются судами довольно часто. Кэтрин Хендли убедительно показала, что решения граждан обратиться в судебную систему для решения своих проблем во многом зависят от характера конкретного дела, который, как они справедливо полагают, явно влияет на то, будет ли это дело рассмотрено справедливым образом [Hendley 2012]. Более того, склонность людей к обращению в суды в большей степени связана с осознанной необходимостью в разбирательстве, а также с наличием у них интеллектуальных и физических ресурсов для участия в судебном процессе — общие для многих стран факторы, — нежели с идеей, что суды коррумпированы или неэффективны [Hendley 2012, 2015]. Недавнее исследование также показало, что российские граждане в целом более позитивно относятся к полиции, чем многие предполагают [McCarthy 2013].

Среди россиян наблюдаются интересные гендерные различия с точки зрения отношения к полиции и судам как к способам решения проблем. Во-первых, исследование Лорен Маккарти показало, что женщины несколько чаще, чем мужчины, обращаются с жалобой к «участковому» [McCarthy 2013: 208]. Кэтрин Хендли обнаружила противоположную гендерную динамику в отношении вероятности обращения граждан в суд: данные многочисленных опросов в 2006 и 2010 годах показали, что мужчины несколько чаще, чем женщины, обращались в суд [Hendley 2012, 2015].

Когда мы смотрим на то, как женщины используют российские суды для решения своих проблем, выявляются различия в зависимости от социального статуса женщин. Викки Тербайн провела исследование в провинциальном российском городке в 2000-е, изучая условия, при которых матери-одиночки обращаются в суд для разрешения бракоразводных споров. Такие дела обычно направлены на решение вопросов, возникающих после расставания супругов и касающихся «жилья, ухода за детьми и алиментов». Однако большинство женщин, оказавшихся в таком положении, рассматривало судебный иск как рискованное предприятие, предпочитая использовать для решения проблем неформальные связи (друзей, родственников и знакомых). Обращение в суд являлось для них «крайней мерой» [Turbine 2012: 171]. Тербайн выяснила, что женщины более низкого социального и материального положения, как ни странно, обращались в суд чаще женщин с более высоким социальным статусом. Это объясняется тем, что женщины с бо́льшим достатком могли решить свои проблемы оперативнее (например, найти источники средств или обратиться к влиятельным знакомым). Такую стратегию они предпочитали тяжелым и длительным судебным разбирательствам [Turbine 2012: 179].

Таким образом, несмотря на наличие гендерных особенностей в том, что касается взаимодействия граждан России с судебной системой, нельзя сказать, что россияне в целом или российские женщины в частности отказываются обращаться за помощью в суды. Дела о гендерной дискриминации — редкие явления в российской правовой системе, поэтому они требуют внимания и пояснений. Рассмотрению некоторых дел с гендерной проблематикой препятствуют известные проблемы российской судебной системы. Однако часть препятствий непосредственно связана со статусом гендерной дискриминации в российском законодательстве и высотой планки доказательств, необходимых для подтверждения факта дискриминации. К любой жертве или адвокату, которые осмеливаются подавать такое дело в суд, предъявляются чрезвычайно высокие требования.

Правоохранительные органы и правовая система: структурные препятствия

Одним из главных препятствий, мешающих женщинам довести дело, связанное с гендерными аспектами, до суда, является само устройство правоохранительных органов. Система отпугивает женщин наличием структур стимулирования полиции, прокуроров и адвокатов, представляющих жертв в судебных делах, а также отсутствием достаточных полномочий в вопросах предоставления компенсаций жертвам за уже причиненный вред и защиты от последующего ущерба у суда.

СТИМУЛЫ, ВОЗНИКАЮЩИЕ ВСЛЕДСТВИЕ «ПАЛОЧНОЙ СИСТЕМЫ»

Если пострадавшие от гендерной дискриминации женщины не уверены, что их заявления будут восприняты полицией или судом всерьез, или если победа в суде маловероятна, то они вряд ли будут обращаться в суд. Существенным препятствием, активно обсуждаемым в публикациях по российскому уголовному праву, является структура стимулирования полиции, прокуратуры и судей, которая заставляет их ориентироваться на успешное «закрытие» каждого открытого дела, причем «закрытие» в основном означает осуждение кого-либо за преступление [McCarthy 2015: 83–114; Paneyakh 2013]. Работники системы, по крайней мере частично, оцениваются согласно «коэффициенту раскрываемости» — показателю соотношения дел, переходящих на следующую стадию рассмотрения, к числу дел, принятых к рассмотрению [Paneyakh 2013: 125]. Невероятный показатель МВД — 90 % раскрываемости дел о насильственных преступлениях (сравните с 60 % в США) свидетельствует, что большое количество сложных дел закрывают, не доводя до расследования [Paneyakh 2013: 128]. Питер Соломон проследил историю этой практики оценки работы следователей и прокуроров на основе количества успешных обвинительных приговоров по делам, вплоть до 1940-х годов [Solomon 1987: 533–534].

По словам нескольких наших респондентов из Москвы и Санкт-Петербурга, основной проблемой, мешающей полиции и прокуратуре расследовать правонарушения гендерного характера, такие как домашнее насилие, сексуальные домогательства и дискриминация в сфере труда, является отнюдь не коррупция и даже не предубеждение полиции в отношении женщин. Более существенное препятствие — склонность работников правоохранительной системы выбирать легкие дела, особенно такие, где в качестве обвиняемых выступают представители маргинальных социальных групп. Элла Панеях утверждает, что «эта система — совершенно независимо от коррупции или предрассудков —

стимулирует в больших объемах преследования маргинальных элементов общества по заурядным делам, чтобы сотрудники на каждом этапе развития дела могли "выполнить план"» [Paneyakh 2013: 115]; см. также [McCarthy 2015: 83–84]. Иными словами, всегда предпочтительнее преследовать бедных людей с минимальным образованием, имеющих меньше ресурсов для самозащиты, чем богатых и высокообразованных. В одном из интервью Панеях раскрывает эту проблему применительно к случаям дискриминации на рабочем месте:

> У нас правоохранительная система в широком смысле, включая суд, кроме того, что она неэффективна, необъективна и т. д., она настолько примитивна пока, что способна справляться только с очень простыми правонарушениями. Если произошло убийство в районе, полиция знает, что делать... <но> ей не хватает квалификации разобраться в таких <более> сложных вещах [интервью с Панеях].

Панеях далее утверждает, что российское уголовное право противоречиво, расплывчато и исключительно сложно, поэтому правоохранительным органам обычно не хватает навыков, необходимых для его применения в сложных делах [Paneyakh 2013: 120]. Предпочтение отдается легким, четко определенным делам с идентифицированным преступником, предпочтительно инициированным полицией, а не возбужденным на основании жалоб граждан [Paneyakh 2013: 126], и это работает в отношении случаев, когда женщины подают жалобы на посягательства или комплексное дискриминирующее обращение. Как будет обсуждаться в разделе «Проблемы с дискриминацией в российском законодательстве», дискриминацию особенно сложно доказать, поскольку для этого требуется тщательный сбор данных о закономерностях, имеющих место на протяжении долгого времени. Это весьма размытая область российского законодательства, что обычно отпугивает сотрудников правоохранительных органов.

АДМИНИСТРАТИВНЫЙ ФУТБОЛ:
ЦИКЛЫ ОТКРЫТИЯ И ЗАКРЫТИЯ ДЕЛ

К стремлению правоохранительных органов достичь высоких показателей раскрываемости добавляется существенное препятствие, которое заключается во внутрисистемном распределении обязанностей при проведении расследования. Российская правоохранительная система запутана, но строго иерархична. В ней, по словам Лорен Маккарти, «отдельные должностные лица редко проявляют инициативу без одобрения начальства, ведь система скорее наказывает, нежели поощряет творческий подход, даже когда эти люди действуют целиком и полностью в рамках закона» [McCarthy 2015: 99]. Сочетание строгой иерархии и отсутствия мотивации браться за рискованные, с точки зрения вынесения обвинительного приговора, дела часто приводит к тому, что оперативники, следователи и прокурор попеременно сменяют друг друга во время принятия решений о возбуждении и расследовании того или иного дела. Наши респонденты назвали этот процесс игрой в «административный футбол»: следователь принимает решение о возбуждении дела, а затем кто-то на следующем уровне иерархии отменяет это решение или просит следователя собрать больше информации, прежде чем запустить процесс. В дело могут быть вовлечены и судьи, которые пытаются избежать пересмотра собственных решений или невозможности вынести обвинительный приговор. Они вступают в сговор с прокурорами и просят тех закрыть дело до начала судебного процесса. Почти на всех этапах подготовки обвинительного заключения существуют временны́е ограничения в несколько дней или недель, и ни один из сотрудников не хочет, чтобы ранее открытое дело было закрыто или, что еще хуже, обвиняемому был вынесен оправдательный приговор [McCarthy 2015: 113–114]. Таким образом, сотрудники, занимающие более высокие позиции в иерархии по отношению к оперативникам и следователям, ведут с последними большое количество неформальных переговоров и запрашивают дополнительные доказательства и информацию.

Частный адвокат Сергей Голубок — ранее сотрудник правозащитной группы «Мемориал», а также штатный юрист в Европейском суде по правам человека, обращает внимание, что дела о домашнем насилии часто рассматриваются в обратной последовательности. Поскольку полиция и прокуратура не хотят возбуждать дело, нередко жертва самостоятельно обращается в суд, собирая доказательства для «частного иска». Тогда суд отменяет постановление МВД или прокуратуры об отказе в проведении расследования:

> Хуже всего то, что в делах о домашнем насилии, как и во многих других делах, где речь о расследовании даже не заходит, российские власти применяют новую тактику... когда они отзывают постановление об отказе в проведении расследования, после того как жертва обратилась в суд. На этом судебное разбирательство прекращается. А затем то же самое постановление об отказе в расследовании вновь выносится следственными органами, что приводит к повторным судебным разбирательствам. Часто бывает так, что суд обращается к следователям со словами: «Слушайте, отмените сами». Они прекращают расследование на каких-нибудь основаниях, чтобы только предотвратить судебное разбирательство. А когда расследование как бы возобновляется — у них появляется возможность еще немного запугать жертву. Затем расследование вновь прекращается. И опять же, только для того, чтобы жертва обратилась в суд и столкнулась с той же историей. Это даже более изощренно, чем просто прекращение дела судом. Это абсолютно кафкианский круговорот [интервью с Голубком].

По словам Фурката Тишаева, адвоката из московского отделения *Stichting Justice Initiative* (SJI), следственные органы, действуя в том же ключе, но с использованием другой, специфической тактики, пытаются избежать постановлений российских судов, которые затем могут быть обжалованы в Европейском суде по правам человека:

> А у следствия свои механизмы есть, как выбивать почву из-под ног. Если вы обжалуете отказ в суде, приходите в суд, а следователь знает, что завтра будет суд, и быстренько

3. Полиция, прокуратура и административный футбол…

pishет постановление об отмене обжалуемого решения. Когда вы в суд приходите, он говорит, что у вас предмет иска исчез, потому что уже отменил то решение, которое вы сейчас обжалуете [интервью с Тишаевым].

Этот цикл может продолжаться бесконечно: следователи проводят предварительное расследование, чтобы решить, возбуждать ли дело, принимают решение не возбуждать его, а вышестоящие инстанции затем отзывают это решение, и процесс повторяется. Кирилл Коротеев из московского правозащитного центра «Мемориал» вспоминает, как его коллега проходил через этот цикл девять раз подряд, прежде чем процесс завершился [интервью с Коротеевым]. Как мы обсудим более подробно в главе 5, это может представлять серьезную проблему для адвокатов или отдельных заявителей, которые хотели бы передать дело в Европейский суд по правам человека, но считают, что не «исчерпали внутренних средств правовой защиты», как того требует ЕСПЧ. При таком чередовании возбуждения и отмены дел, как объясняет Голубок, в рамках государственной системы всегда есть возможность сделать следующий шаг: «Очень трудно объяснить ЕСПЧ, что средства правовой защиты исчерпаны, ведь у вас всегда есть возможность сделать что-то еще. При слаженной реакции судов это все равно как мячом от стенки к стенке» [интервью с Голубком].

Самые опытные юристы по работе с ЕСПЧ, как, например, те, кто сотрудничает с SJI и «Мемориалом», пришли к убеждению, что им не нужно раз за разом проходить через этот цикл, прежде чем обратиться в ЕСПЧ [интервью с Коротеевым]. Однако адвокат, впервые столкнувшийся с этой проблемой при попытке взяться за дело о домашнем насилии или дискриминации, может просто сдаться.

НЕУДОВЛЕТВОРИТЕЛЬНЫЕ РЕЗУЛЬТАТЫ СУДЕБНЫХ РЕШЕНИЙ

Даже если жертве дискриминации удается преодолеть указанные ранее препятствия и успешно передать дело в суд, возможности судов выносить постановления, которые целенаправленно разрешают текущие проблемы жертвы или эффективно претворяют их в жизнь, часто оказываются ограничены. Зная об этом, жертвы по вполне понятным причинам не хотят нести физические, финансовые и эмоциональные издержки, связанные с прохождением дела через судебную систему. Особенно это касается частных исков, когда формировать и вести дела должна сама жертва, а не государственные органы. Это вполне типично для случаев домашнего насилия (об этом речь пойдет далее). Как указано в главе 2, некоторые из наших респондентов подчеркивают: довести свое дело до конца способен только человек необычайно сильный и решительный. После долгой борьбы суд может вынести решение в пользу жертвы, но нарушившая закон сторона (будь то человек или организация) может проигнорировать это решение. В случае с Россией это интересная динамика, поскольку она указывает на пределы возможностей международного «суда последней инстанции». Национальный суд может принять решение в пользу заявителя и согласиться с тем, что дискриминация имела место, но это решение может не быть выполнено административными властями или другими организациями, или лицами, нарушающими закон. Если внутригосударственный судебный процесс был трудным, долгим и сложным, у заявителей может не остаться ни желания, ни ресурсов для дальнейшего выхода на международный уровень. Более того, к этому моменту они вполне могут найти альтернативное решение своей проблемы.

Случай со школой-интернатом для одаренных детей с использованием новых информационных технологий (ИТ) в Казани, описанный во второй главе, иллюстрирует тезис о таких препятствиях. Семьи девочек, которым было отказано в приеме, обратились в российский суд, чтобы разрешить свой вопрос, однако школа не привела в исполнение решение суда и так и не приняла ни одной ученицы. Родители были разочарованы и не захотели продолжать этот процесс. Они опасались, что даже если их дочери будут приняты, руководство школы воспрепятствует нормальному обучению девочек [интервью с Биттен]. По словам Натальи

Биттен, российской фем-активистки и журналистки, внимательно следящей за новостями о гендерной дискриминации по всей стране, люди «просто считают, что это бесполезно. Когда я говорила с ними в соцсетях, с этими родителями, они считают, что ничего не добьются, сделают еще хуже своим детям, потому что скандалили» [интервью с Биттен]. К тому времени родители уже нашли альтернативные варианты обучения для дочерей, и у них не осталось сил на дальнейшие судебные тяжбы. Мари Давтян, московский адвокат, которая консультировала родителей и убеждала их продолжить дело, вспоминает:

> Во-первых, за этот год они очень устали от общения с правоохранительными органами, прокуратурой, представителями институтов… Они просто устроили детей в другие институты. В этом на самом деле была логика, потому что родители понимали, что даже если они выиграют дело, а это было 99 %, что они его выиграли бы, учиться бы их там дети не смогли, потому что там, естественно, было бы к ним другое отношение, родители боялись. Поэтому они отказались от дальнейшей борьбы [интервью с Давтян].

Как мы увидим в последующих разделах этой главы, ограниченная способность судов выносить решения, способные действительно решить проблему жертвы, может играть еще более драматическую роль в отношении обращений о насилии и трудовой дискриминации женщин.

ПОЛИТИЗАЦИЯ РОССИЙСКИХ СУДОВ

Один из наших собеседников утверждает, что дискриминация по признаку пола не будет закреплена в российском законодательстве до тех пор, пока не будут даны сигналы с верхушки российской политической иерархии о том, что российские прокуроры и судьи должны воспринимать дискриминацию всерьез. Марк Фейгин, известный российский адвокат, специализирующийся на защите активистов, отстаивающих права человека, утверждает:

...Я считаю, что у нас нет судов как таковых. У нас добиться права, даже если нет политического мотива, практически невозможно, потому что защита права — это слишком глобальный для суда вопрос. Он решается на уровне государства, не на уровне суда. Судебная ветвь власти здесь несамостоятельная. Поэтому пока государство не укажет на некую гендерную специфику и особую специальную защиту этих прав в лице Путина или Администрации Президента, чиновника Верховного суда, ничего не будет. Суд будет действовать по лекалу, принятой схеме [интервью с Фейгиным].

Лев Пономарев из организации «За права человека» также пожаловался на зависимость российских судей от политических сигналов, снабдив описание проблемы собственным гендерным анализом (состоящим из стереотипов о послушной женской натуре). Он описывает своего рода закрытые клубы, «создаваемые системой» среди судей и работников судов, где доминируют женщины:

Там есть такой опасный механизм уже... Судьи-женщины берут себе секретарей-выпускниц институтов и т. п., и они очень послушны эти судьи-женщины, в большей степени, чем мужчины. Они штампуют незаконные приговоры, а секретарши, которые их обслуживают, к этому привыкают, сами становятся судьями, и такой конвейер чудовищный существует в России, и там больше женщины [интервью с Пономаревым].

Бесспорно, отсутствие независимости российских судов является серьезной проблемой для правовой системы, особенно когда правительство активно заинтересовано в исходе дел (относительно недавние примеры — дела критиков режима, Михаила Ходорковского и Алексея Навального). Исходя из этого, если бы президентская администрация внезапно постановила, что гендерная дискриминация является серьезной проблемой, требующей внимания со стороны правовой системы, прокуроры и судьи, несомненно, отреагировали бы соответствующим образом и начали признавать больше случаев гендерной дискриминации.

Тем не менее маловероятно, что политическая халатность или интерес сами по себе могут считаться достаточным объяснением отсутствия прецедентного права в отношении гендерной дискриминации. Во многих других областях права решения по делам накапливались без политической поддержки, и те, кто наблюдает за правовой системой России, признают, что подавляющее большинство обычных дел разрешается без какого-либо политического вмешательства. Даже в советский период «судьи были предоставлены сами себе и выносили решения по большинству дел в соответствии с законом и своей совестью» [Hendley 2006: 352]. Несмотря на широко освещаемые случаи избирательного применения закона к противникам режима, люди в России продолжают пользоваться судами и добиваться защиты своих прав. Как утверждает Хендли, «судить о правовой системе на основании только громких дел может оказаться ошибочной стратегией» [Hendley 2006: 362].

Права ЛГБТ — вопрос в России крайне политизированный, учитывая принятый в 2013 году закон о борьбе с «пропагандой гомосексуализма» и регулярные действия государства, направленные на пресечение деятельности по защите прав ЛГБТ-граждан. Наши респонденты уверены, что российские суды вряд ли признают факт дискриминации по признаку сексуальной ориентации — например, в деле о запрете публичных ЛГБТ-выступлений. Судьи знают, что из-за политизации вопросов ЛГБТ представители исполнительной власти и Судебного департамента при Верховном Суде РФ (который российские судьи часто рассматривают как надзорный орган, хотя на официальном уровне такой роли у него нет) (см. [Popova 2012: 144]), скорее всего, накажут их за вынесение решения в пользу ЛГБТ-сообщества. Дмитрий Бартенев, петербургский юрист, добившийся больших успехов в ЕСПЧ в вопросах защиты прав ЛГБТ и инвалидов, подчеркивает важность этого момента, сравнивая между собой дела по защите прав инвалидов, ЛГБТ, а также НКО (закон об «иностранных агентах» 2012 года, который требовал от НКО, получающих любые средства из иностранных источников, публично регистрироваться в качестве «иностранных агентов»[1]):

---

[1] Информацию о законе об иностранных агентах см. [Human Rights Watch 2017].

> Намного легче <выиграть дело о правах инвалидов, чем
> дело о правах ЛГБТ>. Намного легче выигрывать не поли-
> тизированные дела. Как в делах об «иностранных агентах»
> и правах ЛГБТ, когда мы потерпели неудачу. Там было со-
> вершенно ясно, что решения были политически мотивиро-
> ванными, потому что судьи понимали, что работают
> в определенном контексте [интервью с Бартеневым].

Бартенев детально разбирает обстоятельства, мешающие
успешному завершению дел, касающихся прав ЛГБТ:

> Бывают случаи, когда существует предубеждение против
> дискриминируемых групп, таких как ЛГБТ, мигранты и т. д.,
> и даже если судьи обнаруживают нарушения, они предпо-
> читают не вдаваться в анализ дискриминации или аргумен-
> ты, потому что это заставит их критиковать отношение
> государства к таким меньшинствам, что не соответствует
> официальной повестке. У меня было несколько случаев,
> когда судьи находили запрет на публичные собрания неза-
> конным, но они никогда не приводили доводы, касающиеся
> дискриминации, хотя мы специально поднимали этот во-
> прос [интервью с Бартеневым].

Чтобы привлечь внимание к этой проблеме, Бартенев передал
в ЕСПЧ дело о дискриминации в связи с демонстрациями за
права геев. В деле [*Баев и другие против России*], речь о котором
пойдет далее в главе 5, заявители утверждали, что даже несмотря
на то, что национальные суды признали, что разгон протестов
был нарушением их права на свободу собраний, эти суды не
установили факт дискриминации против представителей ЛГБТ.
В 2017 году ЕСПЧ вынес решение в пользу истцов, в котором
установил факт нарушения статьи 14 на основании сексуальной
ориентации.

Суды в разных регионах России могут существенно различать-
ся по степени приверженности политической позиции центра.
Например, в некоторых местах, удаленных от столицы, сторон-
ники прав ЛГБТ выигрывали дела в судах низшей инстанции.
Например, Маша Козловская из Российской ЛГБТ-сети в Санкт-

Петербурге отметила, что ее организация была поражена, когда женщина, которую они поддерживали в городе Нижний Тагил Свердловской области, выиграла дело, защищаясь от обвинения по закону о запрете «пропаганды гомосексуализма». Женщина, Лена Климова, пыталась помочь подросткам-геям, создав веб-сайт поддержки, и была привлечена к ответственности в соответствии с этим законом. Однако ей удалось выиграть в суде первой инстанции. Козловская отмечает:

> Это очень интересно, потому что часто такие суды политизированы, особенно в Петербурге и Москве, они оглядываются на то, что происходит вокруг, как ведут себя политики и т. д. А там, видимо, никакого политического давления нет. Есть мнение, что там лучше в правовом плане. Удаленность от Москвы дает бо́льшую независимость регионам. Вряд ли кто-то поедет в Нижний Тагил разбираться с судьей, что он неправильно поступил, потому что… Если вы уберете эту судью, там никого не будет. Это в Москве, больших городах конкуренция за судейские должности, работу в государственных органах… [интервью с Козловской].

Важно тем не менее отметить, что такая автономия в региональных судах не обязательно приводит к положительному результату — она, скорее, указывает на произвольность решений, а не на верховенство закона. В то время как в некоторых регионах удаленность от Москвы может привести к принятию судьями большего количества решений, направленных на соблюдение прав граждан, в других регионах это может привести, наоборот, к более сильному их подавлению. Например, на Северном Кавказе судьи в делах о домашнем насилии, как правило, выносят мужьям очень мягкие приговоры. В одном особенно вопиющем деле, которое организация *Stichting Justice Initiative* направила в ЕСПЧ и КЛДЖ, проживающая в Чечне Шема Тимагова была избита своим мужем лопатой (за что его приговорили к штрафу в размере 500 долларов). Женщина развелась с ним, но на основании постановления суда, дающего ей право на часть имущества, продолжала жить в том же доме. Насилие продолжалось, и в декабре 2010 года бывший муж Тимаговой дважды ударил ее топором по голове, что привело к необратимым травмам и признанию Тимаговой инвалидом. Местный судья установил, что Тимагова «спровоцировала» нападение и что ее бывший муж совершил преступление при смягчающих обстоятельствах («в состоянии аффекта»). Таким образом, он был приговорен всего к девяти месяцам тюремного заключения и освобожден, отбыв срок в СИЗО. Верховный суд Чечни оставил приговор в силе [SJI 2015a: 9].

Дело Тимаговой выделяется на общем фоне, и в Чечне успешному рассмотрению дел о гендерной дискриминации мешает настоящий политический барьер, появившийся в результате консервативной программы главы Чечни Рамзана Кадырова, направленной на укрепление его собственных представлений о традиционных «мусульманских» ценностях [Lipman 2015]. Однако в других регионах России, по крайней мере на данный момент, решениям в делах о насилии в отношении женщин, дискриминации в сфере труда и сексуальных домогательствах, похоже, не препятствует *политическое* давление извне. В этом смысле гендерная дискриминация — это проблема, решению которой мешает иной набор юридических препятствий, нежели в ситуации с дискриминацией по признаку сексуальной ориентации.

Проблемы с дискриминацией в российском праве

Помимо общих структурных трудностей, с которыми при обращении с любыми делами в полицию или суд (в различной степени, в зависимости от типа нарушения) сталкиваются как женщины, так и мужчины, существуют также определенные преграды, которые препятствуют успешным расследованиям и судопроизводству в делах о дискриминации по половому признаку. В предыдущей главе мы описали исторические и социальные препятствия на пути к признанию гражданами России существования гендерной дискриминации в случаях, когда она имела место. Но на пути к успешному возбуждению дел о дискриминации в российском правовом контексте есть и другие препятствия.

Дискриминация не имеет в российском законодательстве четкого определения, что затрудняет использование этого понятия при выстраивании дела. Этот барьер кажется, воспроизводит сам себя, поскольку нехватка успешных дел о дискриминации оставляет юристам и судьям мало прецедентов, на которые можно было бы опираться при рассмотрении новых дел. Российская постсоветская правовая система не является строго прецедентной, как англо-американская система общего права; это система гражданского права. Однако в России, как и в большинстве других систем гражданского права, в том числе посткоммунистических, границы стали несколько размываться [Ajani 1995]. В результате прецеденты из предыдущих судебных решений (и, конечно, решений вышестоящих судов и толкований Верховного и Конституционного судов) иногда действительно используются судьями [Бурков 2007], хотя ссылаются они на эти прецеденты по-прежнему крайне беспорядочно, а сами вышестоящие суды не предлагают судьям нижестоящих судов последовательной юридической аргументации в своих решениях [интервью с Коротеевым]. По словам московского адвоката Александра Глушенкова, успешно передавшего дела в ЕСПЧ:

> А мы говорим, что у нас не прецедентная система... Но есть решения по аналогичным делам, я просто приношу практику, показываю судье, говорю, вот есть такие-то... О, все, отлично, я тоже такое решение принимаю. Так что в этом плане точно такие же прецеденты [интервью с Глушенковым].

Плюс адвокаты, естественно, могут учиться на предыдущих примерах.

Правовое основание для подачи заявления о случае дискриминации как нарушении российского законодательства может исходить из двух основных источников. Первый — это статья 19 Конституции России, «положение о равенстве», в которой утверждается, что «государство гарантирует равенство прав и свобод человека и гражданина, независимо от пола, расы, национальности, языка, происхождения, имущественного положения и должностных полномочий, статуса, места жительства, вероисповедания, убеждений, членства в общественных объединениях и других обстоятельств» [Правительство Российской Федерации 1993]. Другое положение, доступное в российском законодательстве, — это статья 3 Трудового кодекса РФ, которая запрещает дискриминацию на рабочем месте по признаку

> пола, расы, цвета кожи, национальности, языка, происхождения, имущественного, семейного, социального или профессионального статуса, возраста, места жительства, религиозных или политических убеждений, членства или отсутствия членства в общественных объединениях и других обстоятельств, не связанных с профессиональными качествами работника [Baker McKenzie 2009; Правительство Российской Федерации 2015].

Однако Трудовой кодекс РФ также предусматривает дополнительные ограничения продолжительности трудового дня для беременных женщин или женщин с маленькими детьми, а статья 253 запрещает женщинам выполнять «тяжелую работу, работать во вредных условиях или работать под землей» [Baker McKenzie 2009: 288]. Как обсуждалось в главе 2, проблема частой дискриминации на рабочем месте в России заключается в том, что для женщин существуют прямые дискриминирующие запреты на определенные профессии, которые, как считается, соответствуют указанным ранее критериям. И российские суды вплоть до Конституционного суда РФ до сих пор твердо считают, что эти запреты необходимы для защиты репродуктивного здоровья женщин. Жертвам дискриминации в сфере труда довольно сложно направить свои дела в ЕСПЧ, потому что Европейская конвенция о правах человека обычно не охватывает трудовые права, хотя (как мы обсуждаем в главах 5 и 6) суд совсем недавно выявил дискриминацию по половому признаку (нарушение статьи 14) при приеме на работу в турецком деле [*Emel Boyraz v. Turkey*], основываясь на нарушении статьи 8 (право на уважение частной жизни). В случаях насилия в отношении женщин и сексуальных домогательств одним из препятствий, мешающих женщинам инициировать дела, которые могут быть переданы в российские суды, является отсутствие адекватных законодательных норм, на которые можно ссылаться.

Многие юристы и активисты, с которыми мы беседовали, подчеркивали, что антидискриминационная статья Конституции России содержит слишком расплывчатые формулировки. Более того, поскольку применение ее в судебных делах редко приводит к успеху, юристам и судьям просто не приходит в голову задействовать ее как удобный или полезный инструмент [интервью с Воскобитовой; Бартеневым; Локшиной]. Мария Воскобитова из «Инициативы верховенства права» в рамках Американской ассоциации юристов в Москве сформулировала проблему следующим образом:

> К сожалению, как положения Конституции, так и положения о борьбе с дискриминацией, а также ЕСПЧ на самом деле неэффективны для защиты от дискриминации, потому что конституционные положения допускают слишком широкое толкование и потому что никто не воспринимает ситуацию как равносильную дискриминации. Поэтому она не становится предметом публичного обсуждения, и ее действительно сложно доказать. Из-за этого статья 19 Конституции России «о равенстве» применяется не очень активно. Многие люди пытаются ее применить, но дел вы найдете ничтожно мало [интервью с Воскобитовой].

Дмитрий Бартенев высказывает аналогичное мнение по поводу неприменения статьи 19 и объясняет проблему особенностями российской правовой культуры, особенно в отношении того, как Конституционный суд России формулирует свои решения:

> Когда Конституционный суд анализирует дело и обнаруживает нарушение, он просто перечисляет все статьи… Он будет включать положение о равенстве в Конституции… Из аргументов Конституционного суда очень сложно понять, что такое дискриминация, как он подходит к дискриминации,

каковы юридические критерии дискриминации и так далее. Поэтому это не дает судам общей юрисдикции ни мотивации, ни стимула серьезно подходить к этим делам... В отличие от Европейского суда, где есть обвинение в нарушении статьи 8, есть прецедентное право, есть стандартный анализ и т. д. Но Конституционный суд никогда этого не делает. Все это разбавлено общими формулировками... Думаю, это просто вопрос культуры [интервью с Бартеневым].

Бартенев отмечает, что в Конституции России нет конкретного упоминания о дискриминации, а вместо этого гарантируется равенство, которое является полной противоположностью дискриминации. Это означает, что очень сложно использовать концепцию дискриминации в судебном деле. Наши собеседники часто указывали на дискриминацию как на абстрактное или несуществующее для субъектов правовой системы понятие. По словам Бартенева, «российские судьи не готовы понимать и анализировать рамки дискриминации, поэтому, как мне кажется, дискриминация считается чем-то очень абстрактным, существующим где-то в другой реальности» [интервью с Бартеневым]. Более того, не только судьи плохо разбираются в дискриминации; Бартенев добавил, что и «юристы не готовы серьезно отстаивать факт дискриминации, особенно когда он не очевиден, не самоочевиден» [интервью с Бартеневым]. Алексей Паршин, московский адвокат с большим опытом работы в судах по делам о домашнем насилии, объясняет: «О гендерной дискриминации несколько лет назад вообще никто не знал. Низкая грамотность в этой сфере... Гендерные вопросы не подчеркивают, они косвенно проявляются, из серии "это ваше семейное дело, вы и разбирайтесь"» [интервью с Паршиным].

Московский адвокат Марк Фейгин также отмечает, что гендерная дискриминация не считается специализированной областью права для подготовки российских юристов:

...Эту практику надо специально изучать, ее надо поднимать, но это единичные случаи, я вас уверяю. Это не обширная практика, из которой можно сделать общий вывод. К ним в судах общей юрисдикции не относятся как к гендерным, их не выделяют в особую категорию. Но во всех этих случаях гендерная составляющая не является для суда приоритетной. Они не получают огласки, к ним не приковано внимание прессы, ими не интересуются даже сами юристы [интервью с Фейгиным].

Дело о дискриминации по признаку пола может показаться настолько необычным, что его буквально «высмеют в зале суда». Директор одного из петербургских кризисных центров вспоминает случай, когда в 1996 году она работала вместе с Римой Шарифуллиной из организации «Петербургская Эгида», представляя дрессировщицу собак, работавшую в российской киноиндустрии, которая рассказала:

Мы пытались доказать, что женщин на основе их пола уволили с работы, всех женщин, а перед этим они обучили мужчин, женщин уволили, а мужчин взяли на место этих женщин. Это дело известное, дело собаководов, это был отдел, где женщины были кинологами, собаками служебными занимались. И мы пытались доказать, дошли до горсуда, Рима была у нас адвокатом, мы все свидетельствовали там. Над нами посмеялись в городском суде, сказали, что это не по признаку пола... Это было одно из первых дел, которые мы хотели передать в КЛДЖ [интервью с анонимной активисткой, выступающей против гендерного насилия].

С другой стороны, существуют и другие формы дискриминации, жертвы которых предъявляют судебные претензии с большим успехом. Бартенев на основании своего опыта ведения судебных тяжб от имени людей с ограниченными возможностями замечает:

В том, что касается инвалидности, Конституционный суд действует активно и помогает преодолевать дискриминирующую законодательную базу, потому что мы работали с делами постепенно, шаг за шагом, поэтому мы как бы подготовили Конституционный суд. Кроме того, я думаю, что в сфере инвалидности это намного проще, потому что это касается многих людей. Например, в этом деле о гендерной дискриминации, в случае с девушкой по фамилии Клевец, которая хотела стать машинистом метро, — это уникальные ситуации; они на самом деле мало кого волнуют [интервью с Бартеневым].

Как отмечали в интервью несколько феминисток, подобное невежество в отношении дискриминации приводит к случаям, когда дела, которые в ином случае можно было бы рассматривать как случаи гендерной дискриминации, оцениваются как другие виды нарушений прав [интервью с Усачевой; Кальницкой]. По словам одной из московских активисток-феминисток Анастасии Усачевой из *Womenation.org*, подобное отсутствие правовых практик может привести к тому, что адвокаты и потерпевшие будут переквалифицировать дела на другие формы дискриминации, что лишь еще больше затрудняет процесс сбора прецедентов, особенно по вопросам гендерной дискриминации:

Если это касается дискриминации на рабочем месте, часто, если есть возможность переквалифицировать это дело в какое-либо другое, если можно найти другой вид дискриминации, то стремятся по нему, потому что там уже есть прецеденты. И получается, что женщину не взяли, потому что она женщина и не замужем, и на этом основании ей отказали, но переквалифицируют в дискриминацию по возрасту, а не по гендерному признаку. Это серьезная проблема [интервью с Усачевой].

Все эти наблюдения юристов и активистов насчет причин, мешающих развиваться практике рассмотрения дел о гендерной дискриминации в России, предполагают наличие порочного круга в том, как взаимодействуют между собой юридические и социокультурные препятствия, рассмотренные в главе 2. Женщины, ставшие жертвами дискриминации, не обязательно рассматривают возможности, в которых им было отказано, как дискриминацию класса людей по признаку пола. Большинство других членов общества также не способны рассматривать это как дискриминацию. Это приводит к тому, что жертвы редко обращаются в суды, юристы не набираются опыта, защищая заявителей по таким делам, и, как следствие, судьи не видят в них признаков закономерности. Адвокаты прибегают к другим аргументам — тем, которые с большей вероятностью обеспечат решение суда в пользу потерпевшего. В российской судебной практике существует множество других оснований для дискриминации, таких как инвалидность или возраст, поскольку эти факторы часто признаются основанием для дискриминации [интервью с Бартеневым; Локшиной], но дискриминацию по признаку пола не рассматривают как тенденцию или закономерность. Отчет Комитета ООН по ликвидации дискриминации в отношении женщин подтверждает мнения ученых и юристов, с которыми мы беседовали по этому поводу в России. В 2010 году, реагируя на отчет правительства России за 2009 год, где подробно описываются усилия по искоренению дискриминации в отношении женщин, Комитет отметил отсутствие в России правовой культуры, «поддерживающей равенство женщин с мужчинами и отсутствие дискриминации по признаку пола» [UN CEDAW 2010].

Двумя конкретными областями, в которых действительно можно доказать факт дискриминации в отношении женщин и возбудить дело в национальном суде, являются насилие в отношении женщин (домашнее насилие и сексуальные домогательства) и дискриминирующее отношение к женщинам на рабочем месте (практика найма и сексуальные домогательства). Что касается насилия в отношении женщин и сексуальных домогательств, то дела о дискриминации могут быть возбуждены в зависимости от отношения к ним правовой системы, будь то недобросовестные действия полиции и суда, или неадекватное расследование, или неспособность государства защитить женщину. Что касается дискриминации при приеме на работу, то это могут быть дела, возбужденные против работодателей или против правительства России в связи с дискриминирующим законодательством. Далее мы исследуем эти конкретные области нарушений прав женщин более подробно.

Насилие против женщин

В 2008 году, по данным правительства России, было зарегистрировано 5486 изнасилований, и по ним было возбуждено 4800 уголовных дел [UN CEDAW 2010: 14–15]. В 2013 году российские суды зарегистрировали 6641 случай изнасилований и сексуальных посягательств по статьям 131–135 Уголовного кодекса РФ, из которых подавляющее большинство, 5828 дел (или 87,7 %), привели к обвинительным приговорам [Судебный департамент при Верховном Суде Российской Федерации 2016]. Подобный уровень обвинительных приговоров немного выше, чем общий показатель в 84 % по делам прокуратуры в России, о которых сообщает Панеях [Paneyakh 2013: 130–131]. Однако, как мы детально покажем, жертвам в России сложно регистрировать жалобы на сексуальное насилие и открывать дела в полиции. Более того, во всем мире изнасилование — это преступление со значительно занижаемой статистикой, и Россия не является исключением. По словам Марии Моховой, директора Независимого благотворительного центра помощи пережившим сексуальное насилие «Сестры» в Москве, полицейские данные по изнасилованиям сильно занижены; только 10–12 % жертв изнасилования, которые обращаются в центр «Сестры», предпочитают довести произошедшее до сведения правоохранительных органов [интервью с Моховой].

Как и в большинстве стран, в России также трудно узнать точно, с какой частотой происходят случаи домашнего насилия, поскольку очень немногие жертвы готовы сообщать о нем в полицию. Во многих странах существуют, по крайней мере, достаточно точные официальные записи о количестве женщин, убитых их партнерами. Однако, поскольку домашнее насилие не фигурирует в качестве отдельного преступления в российском законодательстве, не ведется никаких официальных записей об убийствах, совершенных сожителями. Официальное сообщение Министерства внутренних дел России в 2008 году дает нам по-настоящему поразительную цифру в примерно 14 000 женщин, ежегодно погибающих в России в результате домашнего насилия[2]. Однако эта цифра явно неверна, поскольку в 2009 году всего в России произошло 15 954 убийства. Путем экстраполяции, учитывая процент женщин среди жертв убийств в России и средний в мире процент женщин, убитых партнерами, можно прийти к цифре в 1500 женщин, убитых партнерами за год — около одной десятой от заявленного числа[3]. Хотя это число намного ниже, чем обычно цитируемые цифры, тем не менее оно свидетельствует о высоком уровне насилия в отношении женщин в стране. Например, в Соединенных Штатах, где население более чем в два раза превышает население России, по оценкам Министерства юстиции, в 2007 году своими партнерами были убиты 1640 женщин (и 700 мужчин) [Catalano et al. 2009]. В Соединенных Штатах, а также в Канаде уровень убийств интимными партнерами со временем значительно снизился [Dawson et al. 2009: 290].

Точные данные о домашнем насилии (не считая убийств) также трудно найти. По данным российского новостного канала РБК, в 2015 году за побои было осуждено 19 600 человек, и только 357 дел привели к тюремному сроку для обвиняемого [Михайлова, Макутина 2016]. Однако, хотя обвинение в побоях обычно используется для осуждения в случаях домашнего насилия, эту

---

[2] Оценка МВД цитируется в альтернативном отчете Комитету ООН по ликвидации дискриминации в отношении женщин [ANNA 2010: 6, fn. 7] (интервью с генерал-лейтенантом полиции М. Артамошкиным, исполняющим обязанности начальника Департамента по делам женщин. Документ «Охрана общественного порядка под эгидой МВД России» был опубликован на сайте МВД 24 января 2008 г. по адресу: www.mvd.ru/news/14047/, но более недоступен).

[3] Согласно Глобальному исследованию убийств, проведенному Организацией Объединенных Наций, в 2009 г. в России было зарегистрировано 15 954 убийства [Chaykovskaya 2013]. По данным ООН за 2008 г., женщины составляли 25,7 % жертв убийств в России, что позволяет предположить, что ежегодно в России убивают около 3700 женщин [United Nations Office on Drugs and Crime 2012]. В другом отчете ВОЗ, опубликованном в 2013 г., было обнаружено, что 40 % женщин, убитых во всем мире, умерли от рук своих партнеров [The Associated Press 2013]. Если эта статистика верна для России, то примерно 1500 смертей женщин ежегодно можно списать на домашнее насилие.

статью применяют и в других делах — случаях насилия между людьми, не являющимися интимными партнерами. И это не единственный закон, который используется в делах о домашнем насилии; «побои» ограничиваются случаями, когда преступник причиняет физическую боль, не причиняя вреда здоровью человека. Таким образом, даже эта, казалось бы, конкретная статистика ничего не говорит о статистике зарегистрированных случаев домашнего насилия — за исключением того факта, что менее 2 % обвинительных приговоров за нанесение побоев (кого-либо) приводят к тюремному заключению. Аналогичным образом, в отчете Комитета ООН по ликвидации дискриминации в отношении женщин в 2014 году правительство России заявило о тенденции к снижению количества «преступлений, связанных с насилием в отношении женщин» — с 191 200 случаев в 2010 году до 165 800 в 2013 году, — но, как отмечает Джанет Джонсон, это заявление было представлено без «доказательств или объяснений» [Johnson 2018: 157; UN CEDAW 2014: 17].

Женщины часто принимают решение не выдвигать обвинения против виновных в домашнем насилии или сексуальном посягательстве по личным мотивам — будучи ограничены во времени и силах или из страха мести со стороны преступника, а также по социально-культурным причинам, описанным во второй главе: таким как тенденция обвинять в насилии со стороны преступника жертву и нежелание «выносить сор из избы». Активисты и юристы, работающие с женскими кризисными центрами в Москве и Санкт-Петербурге, объясняют, что женщины не решаются инциировать дела из-за низкой вероятности удовлетворения иска (часто, даже если преступник признан виновным, на него не накладывается никаких ограничений, чтобы препятствовать будущим случаям насилия, и жертва получает всего несколько сотен долларов в качестве компенсации). Женщины, которые все же обращаются в полицию, могут обнаружить, что сотрудники правоохранительных органов и следователи будут отговаривать их от выдвижения обвинений, активно или пассивно, не предпринимая согласованных усилий для получения необходимых доказательств [интервью с Фроловой; Давтян].

Активисты и юристы, работающие в сфере насилия в отношении женщин, сообщают о случаях нежелания сотрудников полиции открывать дела, на основании все тех же, распространенных в обществе гендерных стереотипов (см. главу 2). Жертву часто обвиняют в совершенном против нее насилии. Кроме того, стимулы к раскрытию полицией максимального процента дел (о которых мы говорили ранее) работают против открытия дел о гендерном насилии. Это верно и в отношении случаев торговли людьми с целью сексуальной эксплуатации [McCarthy 2015: 105], а также домашнего насилия и изнасилований. В случаях домашнего насилия жертвы часто отказываются от своих заявлений в адрес абьюзивных партнеров, тем самым сильно усложняя дело и снижая его шансы на успех в суде; следовательно, полиция не стремится регистрировать такие случаи [интервью с Панеях; Моховой]. В исследовании, проведенном сетью женских кризисных центров «АННА», женщины — жертвы домашнего насилия во многих регионах России

> неоднократно подчеркивали тот факт, что им крайне сложно получить со стороны полиции ответ на свой призыв о помощи. Активисты женского движения и сотрудники общественных организаций также сообщают, что во многих случаях полиция отказывается реагировать на жалобы о домашнем насилии [ANNA 2010: 7–8].

Как и в случае с насилием в семье, дела об изнасиловании, доведенные до сведения полиции, могут не получать должного внимания по аналогичным причинам. С делами об изнасиловании ситуация усугубляется, если во время нападения жертва была без сознания или не видела лица нападавшего [интервью с анонимной активисткой, выступающей против гендерного насилия]. По состоянию на 2008 год, как считает Мохова, к своевременному расследованию заявлений или возбуждению уголовного дела приводили не более 50 % заявлений об изнасиловании, поданных в правоохранительные органы [ANNA 2010: 26–27]. В Санкт-Петербурге ситуация, вероятно, еще хуже. По словам давней активистки кризисного центра для женщин в Санкт-Петербурге, данные, собранные у женщин, обратившихся в центр за помощью после сексуального насилия, показали, что лишь малая их часть сообщали об этих случаях в полицию (21 из 59 в 2013 году, например), а среди тех, кто все же обратился в полицию, 30 % обнаружили, что полиция принять их заявления отказывается. Даже если заявление было принято, во многих случаях полицейское расследование так не начиналось из-за того, что полиция приходила к выводу об отсутствии доказательств или состава преступления [интервью с анонимной активисткой, выступающей против гендерного насилия].

Хотя полиция иногда может прямо отказываться принимать заявления потерпевших, сегодня — по крайней мере в Москве — более распространенной практикой является «утрата» или закапывание в архив дела жертвы уже после того, как заявление было принято. На вопрос, отказывают ли сотрудники милиции женщинам в подаче заявлений, Мария Мохова отвечает:

> У них все гораздо интереснее. Вы пишете заявление, он кладет его в папочку и говорит, что вызовет. Она уходит, заявление рвется и выбрасывается. Все заявления фиксируются в приемной дежурной части, и нужно получить талон-уведомление о принятии заявления. Второе, отказано в возбуждении уголовного дела за отсутствием состава преступления. Это официальная бумага, он может улыбаться и выражать сочувствие и говорить, что начальство решило, что состава преступления нет. Отговаривать не будут, они тоже умные. Все будет сделано строго по закону [интервью с Моховой].

Действительно, так называемое отсутствие доказательств часто становится препятствием для женщин, пытающихся подать заявление об изнасиловании в полицию. Один из ответов, который полиция может дать жертве изнасилования, если она не подаст заявление сразу после инцидента, а вместо этого ждет день или два, заключается в том, что уже не осталось никаких физических доказательств, которые можно было бы собрать с помощью специального комплекта для сбора доказательств изнасилования [интервью с Фроловой]. Конечно, это не всегда так[4].

Есть некоторые признаки того, что такое отношение со стороны полиции в последние годы изменилось, по крайней мере в Москве и в некоторой степени в Санкт-Петербурге. Джанет Джонсон обнаружила обнадеживающие тенденции и в некоторых других регионах, таких как Карелия, Барнаул и Алтай, где местные феминистки активно выступают против домашнего насилия [Johnson 2009: 112–117]. Кампания, начавшаяся в 2006 году в Министерстве внутренних дел (отвечающем за действия полиции) под названием «Участковый — от слова "участие"», призвала полицию серьезно относиться к домашнему насилию и другим жалобам граждан в их районах; плакаты призывали граждан звонить в полицию и сообщать о «шумных соседях», «семейном насилии» и ряде других проблем [Елин 2006]. В результате, по словам двух наших респондентов (руководительницы центра «АННА» и юриста, тесно сотрудничающего с этим с центром), пренебрежительные заявления полиции в адрес жертв домашнего насилия стали относительной редкостью по сравнению с ситуацией 10-летней давности [интервью с Писклаковой-Паркер; Паршиным]. По их мнению, в настоящее время жертвам очень редко отказывают, принижая серьезность вопроса, обвиняя ее или призывая решать *личные* проблемы самостоятельно. Адвокат Алексей Паршин поясняет:

> Есть мнение, что, если женщина обращается в милицию после избиения, они говорят, чтобы она вернулась после того, как он ее уже убил. В последнее время я такого не

---

[4] Объем потенциальных судебно-медицинских доказательств после изнасилования со временем, безусловно, уменьшается, однако это зависит от многих факторов, и различные формы доказательств могут сохраняться в течение нескольких дней. Например, штат Массачусетс в США позволяет жертвам проходить судебно-медицинскую экспертизу и собирать улики в течение пяти дней после того, как, согласно заявлению, произошло изнасилование (веб-сайт *Forensics for Survivors*, страница часто задаваемых вопросов: http://www.surviverape.org/forensics/sex-assault-forensics/answers-to-faq, дата обращения 30.10.2021).

слышал. Сейчас и суды, и полиция обязаны принимать все заявления, которые поступают, и разбираться с любым заявлением. Могут пытаться отговорить, но отказать в приеме заявления не могут, потому что могут подать жалобу, и сотрудник полиции будет наказан [интервью с Паршиным].

По словам адвоката Валентины Фроловой, специализирующейся на делах о домашнем насилии в Санкт-Петербурге, там ситуация в этом отношении менее позитивная, но все же значительно улучшившаяся по сравнению с прошлыми годами:

В Москве полицейские принимают все заявления, понимая, что они не могут не принять... В Питере до сих пор сохраняется самая разная реакция. От безоговорочного принятия любых заявлений до того, что принимают с очень большим трудом, с некрасивыми комментариями даже от адвокатов. Неоднократно там поступали жалобы, что женщина приходит подавать заявление, а ее начинают уговаривать этого не делать, потому что это ее муж, это плохо скажется на детях [интервью с Фроловой].

Сегодня гораздо более распространена ситуация, когда полиция вежливо принимает жалобу женщины на насилие, но затем не начинает расследование [интервью с Моховой; Паршиным].

Хотя некоторые респонденты продолжают утверждать, что коррупция остается фактором, объясняющим неспособность правоохранительных органов надлежащим образом расследовать или вести в судебном порядке дела о гендерном насилии [интервью с Усачевой] (а коррупция в полиции — фактор, который сразу приходит на ум любому, кто знаком с Россией), кое-кто из респондентов, а также ряд ученых утверждают, что коррупция не является главной проблемой, препятствующей полицейским расследованиям. Вместо этого, как обсуждалось ранее, они утверждают, что главным препятствием является общая структура стимулов в системе служебной аттестации российской полиции, из-за которой полицейские неохотно проводят официальные расследования или возбуждают судебные дела о насилии в семье или сексуальном посягательстве, поскольку подобные обвинения обычно трудно доказать и жертва часто их снимает. Элла Панеях отмечает, что участковые не очень позитивно относятся к рассмотрению дел о домашнем насилии, поскольку «жертвы не всегда готовы сотрудничать» [Paneyakh 2013: 128]. Действительно, в отчете *Amnesty International* за 2005 год цитируется оценка российской полиции и активистов, согласно которой 75–90 % женщин забирают жалобы на насилие со стороны своего партнера до того, как дело может быть возбуждено в судебном порядке [Amnesty International 2005: 33].

Мария Мохова указывает на эту систему стимулов как на главное препятствие, мешающее жертвам изнасилования успешно вести дела в правовой системе. Действительно, по ее оценке, это институциональное препятствие, вероятно, является более значительным, нежели дискриминирующее отношение полиции к женщинам:

> Полиция… у нее есть ряд структурных ограничений, которые не связаны с предвзятостью. Во-первых, они отчитываются статистикой о количестве расследованных дел. Им надо, чтобы было расследовано много дел и процент раскрываемости был высокий. Единственный способ обеспечить и то и другое — это отбрыкиваться от сложных дел и отказываться от дел с высокой вероятностью недорасследования, что пострадавший откажется от обвинения. Поэтому все «бабские» дела в их понимании, когда женщина приходит жаловаться на партнера, на работодателя — дискриминация, изнасилование, — вызывают сразу подозрение, что договорятся, уговорят, так как женщина зависима от того, на кого пытается подать в суд или оставить заявление в полиции [интервью с Моховой].

Другие наблюдатели, исследующие дела, связанные с случаями домашнего насилия, и российскую правовую систему в целом, задокументировали эту закономерность [Amnesty International 2005: 33–35]. В своей работе о том, как российская полиция ведет дела о торговле людьми Лорен Маккарти утверждает, что в случаях домашнего насилия... сотрудник полиции часто отказывается регистрировать преступление, опасаясь, что заявитель позже отзовет жалобу из-за примирения сторон, и у полиции останется открытое дело. С другой стороны, если кажется очевидным, что подозреваемого удастся идентифицировать, они обычно сразу же регистрируют жалобу [McCarthy 2015: 112].

Эти стимулы и крайне сложный характер многих дел о гендерном насилии иногда могут привести к описанному ранее циклу «перепасовки», когда расследования начинаются, затем прекращаются, а затем снова начинаются. Однако до недавнего времени еще одно критически важное препятствие мешало женщинам — жертвам насилия выдвигать обвинения, усугубляя ситуацию с «перепасовкой» и двойственным подходом правоохранительных органов при расследовании дел о гендерном насилии. В период между внесением изменений в Уголовный кодекс России в 2003 году и его реформой в июле 2016 года дела о домашнем насилии, не повлекшем за собой тяжких телесных повреждений, обычно рассматривались как «частное обвинение». В деле частного обвинения жертва должна сама возбудить дело, собрать доказательства и представить их, а также продолжить дело — как правило, продолжая совместно проживать со своим обидчиком, если речь идет о домашнем насилии (поскольку «судебного приказа о защите» — требования соблюдать определенную дистанцию между обидчиком и жертвой — в России не существует) [Johnson 2009: 30–31; ANNA 2010: 11].

Однако в июле 2016 года российская Дума приняла поправку к Уголовному кодексу, затем подписанную президентом Путиным, которая усовершенствовала процесс обращения в суд для жертв домашнего насилия. Поправка, подписанная 3 июля 2016 года, добавила в статью 116 Уголовного кодекса «нанесение побоев в отношении близких лиц», в результате чего преступление становилось объектом частно-публичного обвинения (а не частного, как раньше). Но, как отмечалось ранее, побои определяются как причинение боли, не повлекшее травм, поэтому оно охватывает только часть случаев домашнего насилия. «Причинение легко вреда здоровью» (статья 115), «которое считается более тяжким преступлением, чем нанесение побоев», по словам Мари Давтян, оставалось предметом частного обвинения [Davtian 2016]. Более того, в феврале 2017 года Дума приняла поправку к статье 116, согласно которой первое преступление, связанное с нанесением побоев близкому родственнику (при условии отсутствия серьезных травм), было отнесено к сфере административных, а не уголовных правонарушений, в результате чего его также можно было вести только через частное обвинение [Государственная Дума РФ 2017; Muravyeva 2017].

Вполне возможно, что давление со стороны Комитета ООН по ликвидации дискриминации в отношении женщин оказало определенное влияние на то, чтобы убедить российское правительство изменить процедуры уголовного преследования за нанесение побоев в семье [Новая адвокатская газета 2016]. В 2015 году КЛДЖ счел, что отсутствие в России законодательства о домашнем насилии является проблематичным, а также потребовал от правительства

> ввести *ex officio* преследование за домашнее и сексуальное насилие и обеспечить, чтобы женщины и девочки, ставшие жертвами насилия, могли получать немедленный доступ к средствам возмещения ущерба и защиты, а также привлекать виновных к судебной ответственности и назначать им соразмерное наказание [UN CEDAW 2015].

Как и до поправок, внесенных летом 2016 года, домашнее насилие подпадает под категорию дел частного обвинения, если только степень телесных повреждений не относится к категории «средней тяжести», а не к категории «причинения легкого вреда здоровью»[5]. В отличие от государственного обвинения, дело

---

[5] Случаи «нанесения легко вреда здоровью» могут стать предметом «государственного» обвинения, если нападение было сочтено мотивированным «хулиганством» или «ненавистью» к группе (например, «преступлением на почве ненависти»). Эти условия редко используются, когда злоумышленник был знаком с жертвой [интервью с Коротеевым].

частного обвинения заканчивается, если потерпевший отзывает жалобу или не явился в суд [интервью с Коротеевым; Фроловой]. Дополнительным недостатком частного обвинения является то, что, когда преступник признан виновным, в законе оказывается мало средств для вынесения серьезных приговоров. Такие преследования обычно приводят только к штрафу или непродолжительным общественным работам. Валентина Фролова отмечает, насколько это неудовлетворительно для потерпевших:

> В конце концов, все эти процессы заканчиваются очень маленьким штрафом и небольшой компенсацией вреда. Этот процесс ничего не дает: он не гарантирует безопасности, не гарантирует ни защиты от повторного насилия, ни достойной компенсации. Трудно убедить жертву возбудить дело [интервью с Фроловой].

Алексей Паршин из Москвы иллюстрирует неадекватность таких приговоров, ссылаясь на дело представляемой им жертвы регулярного совершаемого домашнего насилия, чей партнер жестоко избил ее в туалете ресторана в 2010 году, — это был лишь один из череды эпизодов жестокого обращения. Приговор, вынесенный обвиняемому, включал в себя либо штраф, либо общественные работы без тюремного заключения [интервью с Паршиным].

Львиная доля частных обвинений в суде снимается даже без вынесения приговора: либо истец недостаточно разбирается в юридических требованиях процесса, либо, чаще (в 90 % случаев), стороны достигают примирения [ANNA 2010: 11]. Фактически опрошенные отметили склонность судей в судах низшей инстанции поощрять примирение между супругами, чтобы способствовать «семейной гармонии» [интервью с Писклаковой-Паркер; Фроловой]. Марина Писклакова-Паркер указывает на степень непонимания судьями динамики жестоких семейных отношений, а также на то, как обучение опытных активистов может повлиять на улучшение результатов судебных заседаний для женщин. Как она объяснила: «Очень много судей, которые не понимают проблемы, последствий примирения, на которое идут супруги. Почему мы и начали работать с мировыми судьями и судами вообще». Она привела результаты организованных центром «АННА» тренингов судей из уральских регионов, в которых «как только прошли тренинг, у них процентов на 50 снизилась примиряемость и повысились санкции для обидчиков» [интервью с Писклаковой-Паркер].

Элла Панеях приводит статистические данные за 2008 год, где сравниваются преследования по частным обвинениям по всем видам дел (не только о домашнем насилии) с судебными преследованиями, когда в обвинении участвует государство. В делах частного обвинения обвинительные приговоры были вынесены в 29 % случаев, а в 58 % случаев суд отклонил дело. Между тем в государственных обвинениях 84 % дел закончились приговором [Paneyakh 2013: 130–131]. Для сравнения, в первом полугодии 2016 года 37 % дел частного обвинения и 72 % государственного обвинения закончились приговорами — статистика несколько улучшилась, но все же свидетельствует о большом несоответствии между двумя направлениями обвинения [Судебный департамент при Верховном Суде Российской Федерации 2016]. Панеях связывает это с наличием тесных рабочих отношений между российскими прокурорами и судьями, чего в частном обвинении, естественно, не наблюдается.

В дополнение ко всем описанным в главе 2 социальным, культурным и психологическим барьерам, которые мешают жертвам насилия предъявлять обвинения своим партнерам, структурное препятствие в виде постоянной борьбы за доведение дела до успешного завершения — особенно тяжелое бремя для женщин в России. Многие из наших собеседников отмечают, что мало у кого из женщин хватает времени, энергии или твердости духа, чтобы быть готовыми к частному преследованию по делу о домашнем насилии [интервью с Биттен; Голубком; Коротеевым; Моховой; Панеях; Паршиным; Писклаковой-Паркер; Фроловой]. Подавляющему большинству женщин также не хватает соответствующих знаний. Отчасти поэтому адвокат Валентина Фролова настаивает на том, что процедура частного обвинения является неприемлемым методом для ведения дел о домашнем насилии:

Частные обвинения — это абсолютно недопустимая форма процесса для дела о домашнем насилии в том виде, в котором это сейчас есть в России... Например, обвинение поддерживается самой потерпевшей... Она должна сама написать заявление, найти свидетелей, допросить их в суде, написать, какие вопросы суд должен задать эксперту, который определяет телесные повреждения, то есть вся ответственность полностью ложится на нее. У нас 99 % потерпевших — это люди без юридического образования, без опыта ведения уголовных дел в судах [интервью с Фроловой].

Алексей Паршин высказывает аналогичное мнения, иронизируя:

Нормальная российская женщина не может быть одновременно и прокурором, и потерпевшей. Невозможно знать УПК, как добывать доказательства, как их представлять, какие вопросы задавать свидетелю, кого пригласить, как назначить экспертизу... И еще дело вести в отношении своего обидчика [интервью с Паршиным].

Сопоставив трудности, связанные с частным обвинением, с выводом Викки Тербайн [Turbine 2012] о том, что женщины с ограниченными материальными ресурсами обращаются в суды чаще представительниц высших слоев общества, мы получим некоторое представление о том, насколько жестко материальное положение может ограничивать женщин при обращении в суд. Более того, Элла Панеях обнаруживает закономерность в поведении представителей правоохранительных органов в целом, когда полиция и прокуратура возбуждают дела против обвиняемых из низшего или рабочего класса с непропорционально большей частотой, поскольку те будут осуждены с большей вероятностью [Paneyakh 2013: 131–132]. Таким образом, вполне возможно, что, хотя женщина — жертва домашнего насилия с более высоким статусом может обладать бóльшими материальными ресурсами для обоснования собственного частного обвинения против партнера, она не сможет этого сделать, поскольку (1) у нее есть другие способы убежать от своего обидчика (знакомые, деньги) и (2) ее обидчик имеет все шансы обеспечить себе серьезную защиту от ее аргументов. Между тем женщина из низшего сословия может иметь больше шансов на вынесение обвинительного приговора, если она все же начнет частное преследование своего партнера из низшего сословия, но вряд ли у нее будут время, деньги или образование, чтобы выдержать процесс до конца.

Даже в тех случаях, когда преследование со стороны государства считается возможным, жертва любой формы гендерного насилия часто подвергается жесткому допросу со стороны государственного обвинителя (который якобы «на ее стороне») еще до начала судебного разбирательства. Это еще одно явление, вызванное желанием полиции добиваться высоких показателей раскрытия дел. Кирилл Коротеев, юрист правозащитного центра «Мемориал», который начал заниматься некоторыми делами о насилии в отношении женщин, описывает это так:

> Когда женщина приходит с жалобой на сексуальное насилие или другой вид насилия... Учитывая, что очень часто основным доказательством являются показания жертвы, следователь, прежде чем продолжить расследование, начинает очень жестко допрашивать потерпевшую. Не потому, что он ее ненавидит, а для уверенности в том, что она сможет выдержать встречный допрос со стороны защиты или судьи. И не каждая жертва домашнего насилия будет рада пройти через это... И ведь это произойдет не один раз, для дачи показаний вас вызовут несколько раз [интервью с Коротеевым].

Более того, когда в роли обвинителя выступает государство и за ведение дела отвечает прокурор, жертве, если ей повезло иметь собственного адвоката, будет трудно беспрепятственно интегрировать его в разбирательство таким образом, чтобы этот адвокат (он или она) максимально представлял(а) ее интересы. Российская правовая система устроена таким образом, потерпевшую/потерпевшего редко представляет в суде адвокат. Учитывая относительно недавнее постсоветское развитие частных юридических фирм в стране, представление интересов потерпевших традиционно рассматривается как работа прокурора, в то время как государство предоставляет адвокатов обвиняемым. Несколько респондентов указали на эту форму конфликта между прокурорами и адвокатами [интервью с Воскобитовой; Коротеевым; Моховой]. Мария Воскобитова из московского офиса Американской ассоциации юристов отмечает, что структура системы работает против такого сотрудничества между прокурором и адвокатом:

> Речь идет о структуре юридической профессии. Обычно адвокаты представляют подсудимых, и они всегда против обвинения. Когда они пытаются представлять потерпевших, им нужно вести тщательные переговоры с прокуратурой и следователями, а это для них сложно. В делах о домашнем насилии сотрудники правоохранительных органов считают, что вина, как правило, лежит на жертве, особенно в делах, касающихся сексуального насилия [интервью с Воскобитовой].

Мария Мохова также подчеркивает, что прокуратура не заботится о благополучии потерпевшего: «Прокурор представляет интересы жертвы и категорически против, чтобы рядом с ним стоял адвокат. При этом прокурор представляет интересы государства. <Он>... не встречается с жертвой, не заинтересован в ее реабилитации» [интервью с Моховой].

Все перечисленные характеристики системы — от степени восприимчивости полиции к жалобам потерпевших до способов ведения расследований и судебных дел — могут быть сформулированы в виде убедительных аргументов в пользу того, что в рамках правовой системы женщины — жертвы насилия сталкиваются с дискриминацией по признаку пола. Однако сами кризисные центры вряд ли будут подавать такого рода иски против полиции или судов. Несколько респондентов объяснили нам, что сотрудники кризисного центра зависят от сотрудничества с правоохранительными органами и вряд ли будут критиковать полицию или прокуратуру [интервью с Давтян; Моховой; Пономаревым]. Мари Давтян сетует на то, что ей не удается убедить кризисные центры работать вместе, чтобы заводить дела о дискриминации: «...они говорили, что сами не могут подать в суд, потому что если они уговаривают клиента, то будут сложные отношения с милицией и судами» [интервью с Давтян]. Мохова открыто признает:

> Если мы хотим что-то менять, нам надо сотрудничать с МВД, искать возможность диалога. Если мы пытаемся нападать, то они гораздо более крупная структура, и неприятностей у нас может быть валом. И это неэффективная методика. С ними надо вести диалог... У нас с ними очень разные цели, и искать точки взаимодействия — наша задача... Мы им не нужны, мы им только мешаем, поэтому мы только можем искать возможность быть им полезными [интервью с Моховой].

Последним, но при этом решающим препятствием для жертв, стремящихся возбудить дела против своих обидчиков, является то, что в России также нет закона, конкретно касающегося домашнего насилия, несмотря на многочисленные попытки ввести подобные законодательные нормы в течение последних 15 лет. Термин «домашнее насилие» в настоящее время не встречается в российском законодательстве нигде; это словосочетание — прямой перевод с английского, сделанный активистками, которые боролись с насилием против женщин в России в 1990-е [Amnesty International 2005: 11–12; Johnson 2009: 97–98]. Отсутствие какого-либо законодательства о домашнем насилии укрепляет традиционное мнение, будто домашнее насилие — частное дело, а не важная проблема правоохранительных органов. Это также мешает систематически собирать данные об этой выраженно гендерной форме насилия, что необходимо для выстраивания любого судебного дела, касающегося дискриминации. Принятие закона с механизмами, существующими в юрисдикциях, такими как охранные судебные приказы или обязательный арест обвиняемых, повысило бы способность государства защищать женщин от гендерного насилия. В своих отчетах КЛЖД неоднократно осуждал отсутствие такого закона и процедур сбора данных в России [UN CEDAW 2015, 2010].

В 2012 году Общественная палата России провела слушания по рассмотрению возможности введения упрощенного процесса уголовного преследования по делам о домашнем насилии, включая систему судебного приказа о защите, которая могла бы быть инициирована посредством телефонного звонка жертвы в полицию; при повторном случае насилия виновный лишался бы свободы на 15 суток, а после третьего случая — привлекался к уголовному делу [Куликов 2012]. Такой закон принят не был. Наблюдаются, правда, некоторые подвижки в разработке эффективного закона о домашнем насилии. В 2011 году была создана рабочая группа, в состав которой вошла руководитель центра «АННА» Марина Писклакова-Паркер. К 2014 году законопроект был написан — в основном его авторами стали двое юристов, сотрудничающие с центром «АННА» (Мари Давтян и Алексей Паршин), — и получил сотни страниц комментариев от соответствующих судебных и правоохранительных органов, включая Министерство внутренних дел РФ, Министерство юстиции РФ и Верховный суд РФ. Писклакова-Паркер считает, что законопроект пользуется поддержкой на высоком уровне в российском правительстве и в Министерстве внутренних дел РФ и имеет хорошие шансы на успех после внесения в Думу [интервью с Писклаковой-Паркер].

Однако в настоящее время отсутствие закона не только затрудняет защиту жертв от дальнейших нападений в силу отсутствия механизма охранного судебного приказа, но также затрудняет комплексное судебное преследование в случаях регулярного насилия в семье, поскольку закона, который помог бы объединить несколько случаев насилия, совершенных одним и тем же преступником, в одно производство, не существует. Это создает проблему, особенно когда несколько эпизодов с применением насилия происходит в юрисдикциях разных районных судов. Алексей Паршин приводит в пример уже упоминавшийся случай с клиенткой, которая неоднократно подвергалась домашнему насилию со стороны своего бывшего партнера; тем не менее, поскольку мужчина совершил насилие в нескольких районах Москвы, каждый случай в каждом месте рассматривался правовой системой как отдельное, изолированное преступление [интервью с Паршиным]. И Паршин, и Писклакова-Паркер, также знакомая с делом клиентки Паршина, ссылаются на эту проблему и объясняют ее тем, что в настоящее время законодательство не признает домашнее насилие в качестве «системы» преступлений. Писклакова-Паркер поясняет:

Четыре года мы проходили разные суды с ней, и результат не очень удовлетворительный, потому что он на свободе, он ей угрожает, и он реально опасен, мы не хотим, чтобы это закончилось чем-то печальным. Дело в том, что система… Против него открыто три дела в разных судах, потому что территориально он совершал эти преступления против нее и ее семьи в разных местах Москвы, но мы не может объединить это в одно дело. Мы не можем объединить это в одно дело по принципу, что это одно преступление. У нас законодательство не позволяет, не рассматривает домашнее насилие как систему, как тип преступления [интервью с Писклаковой-Паркер].

Паршин выразил надежду, что это или похожее дело можно будет использовать для успешного принятия всеобъемлющего закона о домашнем насилии: «Нужен закон. Для того чтобы он был принят, нам нужно системное дело типа этого или аналогичное дело, несколько дел, которые можно в ЕСПЧ или в CEDAW <КЛДЖ> представить» [интервью с Паршиным].

Действительно, отсутствие адекватного законодательства в областях, где женщины подвергаются дискриминации, не является уникальным явлением в отношении преступлений, связанных с насилием в отношении женщин. Российское законодательство также не гарантирует в достаточной мере ни защиту женщин от сексуальных домогательств на рабочем месте, ни предоставление им равных возможностей трудоустройства.

Дискриминация в сфере труда и сексуальные домогательства

Если в случае домашнего насилия проблема заключается в отсутствии законодательства, которое защищало бы женщин, то в сфере занятости существуют серьезные законодательные нормы, но они либо не соблюдаются должным образом и не дают женщинам равный доступ к различным профессиям, либо включают в себя общие дискриминирующие правила, якобы работающие во имя защиты женщин, но лишенные общей логики и удобные для защиты исключительного доступа мужчин к определенным профессиям.

В российском законодательстве есть много положений, которые предоставляют женщинам защиту, позволяя заниматься детьми с сохранением рабочего места: например, трехлетний отпуск по беременности и родам, гарантии ограниченного рабочего времени и графика поездок, а также запрет на увольнение или отказ в приеме на работу беременных женщин в связи с их беременностью. Хотя многие из этих положений поддерживают традиционную семейную модель, где предполагается, что именно мать, а не отец является основным лицом, обеспечивающим уход за ребенком, они, пусть и в теории, существуют для предотвращения дискриминации в отношении молодых женщин и матерей с маленькими детьми. Тем не менее, как мы утверждали в предыдущей главе, эти положения часто приводят к тому, что работодатели стараются не брать на работу молодых женщин, которым в будущем потенциально могут потребоваться неудобные для работодателя условия, и государство часто не в состоянии обеспечить соблюдение этих законов.

Неспособность обеспечить соблюдение закона в случаях, когда работодатели не выплачивают финансируемые государством пособия по беременности и родам, приводит к вопиющему уклонению от выполнения этих норм со стороны работодателей. Дело Ирины Румянцевой, рассмотренное в главе 2, подчеркивает, насколько трудно женщине привлечь работодателя к ответственности через российские суды. Ее адвокат, Рима Шарифуллина из «Петербургской Эгиды», поясняет:

> Суд выиграли, а не могут найти работодателя. Приходят в помещение, а там вместо «Ромашки» «Роза» сидит. Мы пытаемся в прокуратуру, уголовная ответственность. Эффект ноль. Получается, что 20–40 решений судов было,

потом мы идем к приставам, приставы начинают искать, но не могут найти, потому что в «Розе» никого нет. Бредовая ситуация, потому что деньги-то есть в социальном фонде. С юридической точки зрения полный абсурд [интервью с Шарифуллиной].

Румянцева также указывает, что положительное решения суда не повлияло на разрешение ее ситуации. Она заявила, что после выигрыша первого судебного дела вместе с другими истцами: «Не было офиса, не было человека, был банковский счет, но денег не было. С этим исполнительным листом... Есть служба приставов, которая должна взыскивать, но что они могут? Ничего» [интервью с Румянцевой]. Результат, при котором наличие закона или решение суда не может заставить работодателей подчиняться, может быть крайне демотивирующим и снижает вероятность того, что жертвы трудовой дискриминации подадут свои жалобы в суд.

Сексуальные домогательства на рабочем месте — еще одна форма дискриминации, которой подвергаются женщины. Как и в случае с насилием в отношении женщин, трудно найти надежные данные о том, насколько часто женщины сталкиваются с такого рода домогательствами. Как отмечалось в главе 2, хотя одно исследование показало, что примерно 25 % женщин, работающих в регионах России, — и треть в Москве и Санкт-Петербурге — утверждают, что подвергались сексуальным домогательствам на работе [Юлдашев 2014: 210], лишь малая часть таких случаев дошла до суда. Хотя проблема, по общему мнению, распространена в России широко, существующие правовые положения, касающиеся сексуальных домогательств, в большинстве случаев недостаточны для возбуждения судебного дела против работодателя или коллеги. Сексуальное домогательство подпадает под действие Уголовного кодекса РФ, где (в статье 133) оно узко истолковывается как принуждение человека к сексуальной активности путем шантажа или угрозы уничтожить, повредить или вывезти имущество человека либо путем использования материальной или иной зависимости жертвы [Baker McKenzie 2009: 289]. Дел по статье 133 («принуждение к совершению полового акта») рассматривается очень мало. В целом по статье 133 было осуждено 30 человек в 2011 году, 25 в 2012 году и 27 в 2013 году, включая «принуждение к совершению полового акта» в различных обстоятельствах [Антонова 2014: 6]. Однако домогательства на рабочем месте редко доходят до суда [Юлдашев 2014]. Нет закона, конкретно регулирующего сексуальные домогательства на рабочем месте (будь то ситуация враждебного окружения или домогательства по принципу «услуга за услугу») [Юлдашев 2014]. Хотя закон, устанавливающий параметры сексуальных домогательств в качестве административного правонарушения (а не уголовного преступления), находился на рассмотрении в 2014 году, осенью того же года он был отклонен (см. главу 2).

Одной из характеристик российского рынка труда, которая мешает многим женщинам использовать существующие правовые средства защиты, является обширная структура неформальной занятости. Чтобы избежать уплаты множества налогов и льгот на каждого сотрудника в соответствии с российским законодательством, многие работодатели, особенно в сфере услуг, предпочитают нанимать сотрудников по устным, а не официальным договоренностям и платить им наличными. Для многих наиболее уязвимых низкоквалифицированных работников в стране это означает отсутствие официального трудового договора, без которого сотрудник не может подать иск о дискриминации или домогательстве [интервью с Мишиной; Пономаревым]. Один из наших собеседников, Лев Пономарев из организации «За права человека», вспомнил случай, когда женщина пришла в его организацию с жалобой на дискриминацию. Это была молодая женщина, работающая в торговом доме, она пришла в отчаянии и попросила совета после того, как начальник предложил ей сексуальные отношения, а затем уволил ее после того, как она отказалась. Сотрудники Пономарева были не в силах помочь: «Юрист ничего не смог сделать, потому что у нее надлежащим образом не были оформлены трудовые отношения. Договора не было, а потом взял и уволил. Это общая практика в России. Низкая правовая культура. Деньги платили вчерную» [интервью с Пономаревым].

Даже при наличии трудового договора работодатели находят законные способы избежать ответственности при расторжении этих договоров. Трудовой кодекс РФ допускает три формы увольнения: по инициативе работника, работодателя или по взаимному соглашению. По словам Марии Воскобитовой из Американской ассоциации юристов, сотрудники могут на законных основаниях обжаловать свое увольнение только в том случае, если его инициировал работодатель. Она рассказала о случаях, когда школьные власти увольняли учителей — представителей ЛГБТ, заставляя их самих подать заявление об увольнении, а не увольняя их напрямую. Как отметила Воскобитова, «если это инициатива сотрудника или увольнение по обоюдному согласию, действительно трудно доказать, что сотрудник был уволен из-за дискриминации» [интервью с Воскобитовой].

Более того, некоторые из наших собеседников согласились, что недавно разработанный новый закон о клевете, применимый к обвинениям в сексуальных домогательствах, скорее всего, еще больше снизит частоту заявлений о сексуальных домогательствах на рабочем месте, а также обвинений в сексуальных домогательствах в целом [интервью с анонимной активисткой, Биттен; Мишиным; Саттеруэйт]. В августе 2012 года вступила в силу поправка к статье 128 УК РФ о клевете (Федеральный закон № 141-ФЗ); необоснованные обвинения в совершении преступления на сексуальной почве теперь караются штрафом до 3 млн рублей [Российская газета 2012]. По словам руководительницы кризисного центра в Санкт-Петербурге, подобные ситуации уже возникали:

> Были такие ситуации, когда в недоказанных случаях женщину могут обвинить… В Петрозаводске было дело… Женщина написала заявление об изнасиловании, и полиция ее же обвинила в клевете… Это сильно усложняет расследование сложных дел, потому что если ты недособирал доказательства, тебя могут обвинить в клевете [интервью с анонимной активисткой, выступающей против гендерного насилия].

Как и в случае с изнасилованием, если жертва сексуального домогательства не сможет доказать свои утверждения, ей может грозить встречный иск о клевете, который, в свою очередь, может привести к чрезвычайно большим штрафам. И действительно, обвинения в сексуальных домогательствах зачастую чрезвычайно трудно доказать в суде. Как свидетельствует Елена Мишина: «Было бы очень сложно представить доказательства, потому что это ее слово против его слова, и судьи будут недовольны». Она также указывает, что особенно верно для случаев, когда жертва является сотрудником одного из многочисленных госпредприятий: «Особенно если это произойдет в государственной компании, тогда женщина окажется в беде. В девяноста процентах случаев судья останется на стороне работодателя» [интервью с Мишиной].

Анализ количества оправдательных приговоров, проведенный Эллой Панеях, показывает, что высокопоставленные лица, такие как сотрудники правоохранительных органов, топ-менеджеры и государственные служащие, получают гораздо более высокий процент оправдательных решений по уголовным делам, нежели другие граждане (например, офисные служащие, рабочие или студенты) [Paneyakh 2013: 120–121]. Это актуально для нашего исследования в том смысле, что начальник — например, топ-менеджер — в деле о домогательствах будет оправдан с гораздо большей вероятностью, чем офисный работник, в противном же случае последний может потенциально оказаться ответчиком по разорительному иску о клевете.

Таким образом, одним из основных препятствий для доказательства случаев гендерной дискриминации в России, как и во многих странах, является проблема с установлением факта нарушения прав женщины, поскольку сторонних свидетелей обычно нет. Более того, трудно доказать, что нарушение произошло из-за того, что это женщина, а не по какой-то еще специфической причине. Обратимся же к этим проблемам и ситуации с нехваткой российских юристов, которые бы интересовались подобными делами и были готовы за них браться.

Отсутствие юридической подготовки и трудности с доказательством дискриминации

Несмотря на все законодательные и правовые барьеры на пути к успешному рассмотрению дел о гендерной дискриминации в России, горстка юристов в Москве и Санкт-Петербурге пытается-таки довести до суда стратегически отобранные дела. В частности, в области домашнего насилия адвокаты стремятся добиться юридического признания насилия в отношении женщин как одного из видов систематической гендерной дискриминации [интервью с Давтян; Паршиным; Фроловой]. Эти юристы также, в случае неудачи в российских судах, стремятся передавать подобные дела в ЕСПЧ и другие международные институции, такие как КЛДЖ.

И все же количество юристов, работающих над жалобами на гендерную дискриминацию, поразительно мало: всего по стране не наберется и десятка, и все они знают друг друга. Основная причина, как отмечают многочисленные респонденты, заключается в том, что юристы в России, а также судьи не имеют специальной подготовки в области дискриминирующего права [интервью с Бартеневым; Давтян; Локшиной; Мишиной; Фроловой]. Следовательно, идея о передаче дела о дискриминации в суд приходит в голову единицам российских юристов, и судьи часто озадачены ссылками на дискриминацию в зале суда. В этой связи Дмитрий Бартенев предполагает, что работа по доказательству дискриминации остается повесткой «только для активистов», поскольку «дискриминация — это, как правило, серая зона» [интервью с Бартеневым]. Мари Давтян также с удивлением рассказывает о том, что Конвенция о ликвидации всех форм дискриминации в отношении женщин практически неизвестна российским судьям и юристам, хотя Советский Союз ратифицировал ее и был активным участником Конвенции с момента ее создания в 1980 году. По словам Давтян, «судьи открывают глаза от удивления, что мы подписали такую конвенцию. То же самое юристы других органов. И в адвокатском сообществе ситуация не лучше». Она подчеркивает, насколько редко встречаются адвокаты, интересующиеся вопросами дискриминации:

> Если говорить о юристах, например, по Москве работаем по таким делам я, Алексей Паршин, в Москве, наверное, больше никто не работает. В Питере Валентина Фролова, еще девочка есть из Нижнего... Вот буквально мы знаем друг друга, нас можно сосчитать по пальцам [интервью с Давтян].

Валентина Фролова соглашается и отмечает: «Эта тема непопулярна среди адвокатов. Очень непопулярна». На вопрос, почему так происходит, она высказывает предположение: «...Мне кажется, непопулярно работать с группами, ну, или было непопулярно именно в юридическом плане. Только в последнее время это набирает оборот... К дискриминации подошли совсем недавно, если вообще подошли» [интервью с Фроловой].

Мари Давтян выражает некоторую надежду на «недавний поворот» к закону о дискриминации среди небольшой группы юристов:

> Но в любом случае я думаю, что ситуация должна поменяться, потому что сейчас идут несколько проектов, на которые я очень сильно рассчитываю, по обучению юристов защите прав женщин. То, чего нам действительно не хватало, именно адвокатов, которые должны быть нацелены на стратегические процессы [интервью с Давтян].

Давтян, в частности, имеет в виду учебный курс по рассмотрению дел о домашнем насилии в международных трибуналах как дел о дискриминации, который центр «АННА» проводил для русскоязычных юристов из бывшего Советского Союза (подробнее см. главу 4).

Практиковать право, связанное с дискриминацией, юристам отчасти мешает то, что дискриминацию очень сложно доказать и для этого требуются серьезные навыки [интервью с Воскобитовой; Локшиной; Паршиным; Биттен; Голубком]. Для успешного исхода дела о дискриминации необходимо показать тенденцию в обращении с определенной группой людей по сравнению с другими в сопоставимых ситуациях. Это требует очень терпеливого сбора данных и их организации, а также тщательной аргументации. Сергей Голубок описал, как сложно доказать, например, что сотрудники правоохранительных органов обращались с женщинами, ставшими жертвами насилия, дискриминирующим образом:

> Да, очень сложно показать закономерность в отдельных делах, потому что очень трудно получить доступ к другим делам. Когда у вас есть один клиент, одно дело, вы действительно не можете знать, что происходит в других случаях, и правильный способ все сделать — использовать теневые отчеты и комментарии КЛДЖ, а также любые периодические отчеты от государства и НКО. В российском режиме уголовного расследования материалы расследования не публикуются. Помимо нашего личного опыта работы в качестве юристов, вы не знаете, что такое обычная процедура, что такое общая процедура... У нас недостаточно статистических данных и возможностей, чтобы исследовать проблему изнутри как практики [интервью с Голубком].

Алексей Паршин также объясняет, насколько кропотливой должна быть работа потерпевшей и ее адвоката по сбору доказательств для документального подтверждения гендерной предвзятости со стороны полиции:

> Есть дискриминирующий признак половой? Можно было бы говорить о дискриминации, если бы она приходила в полицию, а ей говорили, что она ничего не добьется, потому что она женщина. Но мы не можем собрать таких доказательств, это надо было раньше собирать, на диктофон записывать... Сейчас я учу своих доверителей... Этот разговор должен фиксироваться и передаваться адвокату. Доказательственную базу очень тяжело собирать, она собирается годами [интервью с Паршиным].

Еще один сложный аспект многих дел о дискриминации, касающихся, например, предвзятого отношения со стороны полиции, сексуальных домогательств со стороны работодателей или домашнего насилия, заключается в том, что свидетелями инкриминирующего поведения обычно являются только преступник и сама жертва. Когда единственным доказательством являются показания потерпевшей, у дела очень мало шансов на успех [интервью с Коротеевым]. Фуркат Тишаев из SJI описывает проблему качества подготовки юристов по делам о домашнем насилии:

> Даже профессиональному юристу трудно такие дела вытаскивать, но если юрист еще и не квалифицированный, это становится еще труднее. А если жертва сегодня соглашается, а завтра отказывается, вот вам как раз это горлышко бутылочное, когда из тысячи дел мы одно еле-еле вытягиваем [интервью с Тишаевым].

Елена Герасимова также проиллюстрировала, насколько сложно доказать дискриминацию при приеме на работу, когда ситуация в целом не столь однозначна, как в случае, когда работодатели просто платят мужчинам и женщинам за одну и ту же работу по-разному:

> Мы очень стараемся. Мы подаем в суд дела о дискриминации и понимаем, что можем проиграть, но мы хотим инициировать стратегический судебный процесс, чтобы доказать это... Нам нужно внести изменения в закон и так далее. Но когда мы подходим к гендерному неравенству, вы не можете возбудить никаких дел, потому что эти дела касаются... *конкретных* нарушений, речь не идет о гендерной дискриминации в целом. Ситуация здесь не настолько <ужасна>, как если бы они фактически платили разные зарплаты женщинам и мужчинам [интервью с Герасимовой].

Вместо этого, как и в большинстве стран, дискриминация обычно происходит более неформальным и скрытым образом, и ее трудно доказать без тщательного сбора данных. Установление модели дискриминации имеет решающее значение для того, чтобы национальные суды поняли, что к определенной группе — в данном случае к женщинам — относятся предвзято.

Сложность доказательства гендерной дискриминации прослеживается в статистике результатов судебных дел в российских национальных судах, которую мы обнаружили в ходе нашего поиска и обсуждали в разделе о методологии главы 1. В выборке дел (на основе 500 наиболее релевантных «совпадений») по данным базы данных «РосПравосудия», только 3 из 30 дел, в которых утверждалось наличие дискриминации по признаку пола, были приняты судом полностью или частично. Из восьми дел, в которых люди утверждали, что дискриминация по признаку пола является основанием для отказа в приеме на работу, только в одном — деле Светланы Медведевой — удалось добиться частичного удовлетворения в российском суде. Как мы обсудим в главе 5, Медведеву представлял один из самых опытных российских адвокатов по вопросам дискриминации Дмитрий Бартенев. Как мы увидим в этой главе, отсутствие данных, подтверждающих наличие модели дискриминации, также не позволяет Европейскому суду по правам человека выносить положительные решения по делам о предполагаемой дискриминации, что делает потребность в хорошо подготовленных юристах в этой области еще острее.

Заключение

Значительная часть проблемы, связанной с рассмотрением дел о дискриминации по признаку пола в суде, заключается в том, что собрать доказательства, достаточные для подтверждения факта дискриминации, действительно, очень сложно. Процесс требует большого терпения и навыков, и когда эти требования добавляются к общей слепоте российского общества в отношении гендерной дискриминации, неудивительно, что принять вызов готовы немногие юристы. Однако за последнее время несколько отважных юристов уже успели обратиться с просьбой о рассмотрении стратегических судебных дел в российские суды, предполагая неудачу в этой инстанции, чтобы затем передать эти дела в Европейский суд по правам человека.

Наиболее перспективные области, где возможно рассмотрение случаев гендерной дискриминации, — практика правоохранительных органов, касающаяся насилия в отношении женщин, сексуальных домогательств и найма на работу. Хотя трудовые права не включены в статьи Европейской конвенции о правах человека (и, таким образом, дела, непосредственно связанные с трудоустройством, обычно не подлежат рассмотрению ЕСПЧ), юристы, безусловно, могут направлять такие дела на рассмотрение Комитета ООН по ликвидации дискриминации в отношении женщин. Однако одним из ключей к качественному скачку является создание критической массы российских юристов, которые работали бы над делами о гендерной дискриминации и обладали бы опытом для передачи таких дел в международные суды. Если активизм требует активистов, этим активистам также нужны навыки. До сих пор феминистские активисты не использовали международные суды достаточно активно, несмотря на очевидные возможности, которые предоставляет ЕСПЧ. В следующей главе мы исследуем одну из основных причин этого: активисты — защитники прав женщин, в отличие от активистов-правозащитников в более широком смысле, пока что лишены большей части возможностей обучаться тому, как направлять дела из России в ЕСПЧ.

4. Права человека — чьи это права? Гендерный разрыв между российскими феминистками, ЛГБТ и правозащитниками

> Давайте все время повторять миру: да, права женщин — это права человека, а права человека — это права женщин, раз и навсегда.
>
> *Хиллари Клинтон, речь на Пятой ежегодной конференции «Женщины мира», 5 апреля, 2013 г.*[1]

Как уже говорилось в двух предыдущих главах, существует множество препятствий, мешающих людям обращаться с исками о дискриминации по признаку пола в российскую полицию и судебную систему, а также целый ряд структурных препятствий, которые мешают продвижению таких исков внутри правовой системы, если они все-таки в нее попадают. В то время как социальные и структурные препятствия помогают нам понять, почему женщины, сталкивающиеся с дискриминацией, обычно предпочитают не обращаться в национальные правоохранительные органы и международные суды, можно было бы предположить, что российские активистки-феминистки начнут подавать соответствующие дела в ЕСПЧ в более значительном количестве, учитывая то, с каким энтузиазмом российские правозащитники

---

[1] Транскрипт доступен на https://awpc.cattcenter.iastate.edu/2017/03/09/2013-women-in-the-world-summit-april-5–2013/ (дата обращения 31.10.2021).

относятся к использованию механизма ЕСПЧ. Однако более ранние исследования обратной динамики между российскими правозащитными и феминистскими движениями [Sundstrom 2006], а также схожие результаты наших полевых исследований свидетельствуют о том, что такая динамика представляет собой на уровне национальной юстиции третий фактор, препятствующий впоследствии подаче заявлений о дискриминации по признаку пола в ЕСПЧ.

«Права женщин — это права человека» — этот лозунг вот уже несколько десятилетий является основой для признания международным сообществом важности гендерной дискриминации как проблемы во всем мире. Российские женские организации в середине 1990-х охотно приняли этот международный базис для обсуждения дискриминации по признаку пола, поскольку разговоры о «равенстве» слишком уж напоминали большевистскую идеологию и двойное бремя, возложенное на женщин в советскую эпоху (когда они должны были работать вне дома наравне с мужчинами, да еще нести полную ответственность за домашние дела и уход за детьми/стариками). Лозунг «права женщин — это права человека» прекрасно сочетался с новой — якобы демократической — ориентацией российского режима при Ельцине [Sperling 1999].

Активистки женского движения в России в то время вполне могли считать, что идея «права женщин — это права человека» — эффективная основа для продвижения прав женщин. Но один вопрос, который не был задан, — согласны ли с этим утверждением остальные российские правозащитные группы. В данной главе мы утверждаем, что одно из препятствий для возбуждения таких дел заключается в том, как российские правозащитные группы относятся к гендерной дискриминации. В частности, представители нескольких крупных российских правозащитных групп объяснили нам, что их организации не рассматривают дела о правах женщин (например, в сфере занятости или в связи с неспособностью государства серьезно относиться к насилию в отношении женщин), поскольку права женщин не являются «фундаментальными» правами. Эта проблема проявляется как в слабом интересе правозащитных групп к судебным разбирательствам по вопросам дискриминации в отношении женщин, так и в практическом исключении женских групп из сетей и обучения тому, как они могут сами инициировать такие судебные дела.

Мы начнем с некоторых фактов, позволяющих понять, как связаны между собой права женщин и права человека. Затем — обратимся к интервью с активистками женского движения, правозащитниками и юристами, работающими с российскими делами, связанными с правами человека и дискриминацией по признаку пола, — с тем чтобы задокументировать динамику развития отношений между феминистскими и правозащитными группами, чья деятельность не способствует попаданию в ЕСПЧ заявлений о дискриминации по признаку пола от российских граждан. Мы характеризуем эту динамику с точки зрения двух взаимосвязанных проблем, которые мы называем «проблемой основных прав» и «сетевой проблемой». Наконец, мы исследуем контраст между этой динамикой и участием российских правозащитных групп в отстаивании прав ЛГБТ, рассматривая параллели и различия между препятствиями на пути подачи в российскую судебную и правоохранительную системы исков о дискриминации по признаку пола и о дискриминации ЛГБТ (с помощью и без помощи правозащитных групп).

Права женщин против прав человека

«Основные», или «фундаментальные» права, которым традиционно уделяется внимание со стороны правозащитных организаций, включают в себя гражданские права (свобода выражения мнений и свобода ассоциаций), а также обращение с заключенными и права на физическую неприкосновенность, которыми государство может злоупотреблять (например, пытки и даже убийства со стороны силовых структур государства — как правило, полиции или военных). В этом контексте стоит отметить, что правозащитные группы в России, как правило, защищают права человека, связанные с дискриминацией этнических меньшинств (особенно выходцев с Северного Кавказа / из Чечни) и сексуальных меньшинств (активистов ЛГБТ), но не с нарушениями в отношении женщин (по признаку пола). Лишь немногие правозащитные группы в России оценивают ситуацию иначе и уже расследуют случаи насилия в отношении женщин, когда государство не выполнило свои обязательства по защите граждан от пыток и унижающего достоинство обращения. Но по большей части российские правозащитные группы не считают права женщин «основополагающими», и поэтому эти права не фигурируют в повестке дня этих групп. Следует отметить, что и крупные международные правозащитные группы, такие как *Amnesty International* и *Human Rights Watch*, долгое время отказывались заниматься проблемами ЛГБТ, несмотря на давление со стороны активистов, начиная с конца 1970-х. Только в середине 1990-х такие группы включили вопросы сексуальной идентичности в свои повестки, и сделали это только после того, как гомосексуализм стал все более приемлемым для «местного населения, которое является основным электоратом НКО» [Bob 2012: 44–45]. Учитывая широко распространенное отсутствие знаний о феминизме — и негативное отношение к нему — в современной России [Sperling 2015: 50–54; ФОМ 2012], большинство правозащитных групп, возможно, еще долго не проникнется симпатией к решению женских проблем.

Научная литература по глобальным правам человека и активизму в области прав женщин свидетельствует о том, что с 1980-х повестки правозащитных организаций и групп по защите прав женщин все чаще достигают консенсуса в отношении единства целей [Clark et al. 1998: 24]. В частности, авторы утверждают, что насилие в отношении женщин как проблема стало частью мировой повестки в области прав человека именно в результате такого подхода к постановке проблемы. Кек и Сиккинк, к примеру, утверждают, что насилие в отношении женщин, сформулированное как проблема прав человека, «сближает и взаимно преобразует» эти две сети [Keck, Sikkink 1998: 166]. Активистки-феминистки в 1980–90-х работали над тем, чтобы соединить проблемы прав женщин с глобальной повесткой дня в области прав человека, куда первые так не хотели включать (похожее явление мы наблюдаем в современной России). Изменение рамок обсуждения обрезания женских половых органов, например, начиная с 1960-х и далее, иллюстрирует растущее понимание насилия в отношении женщин как проблемы прав человека к середине 1990-х [Boyle 2012: 303–305]. Шарлотта Банч, излагая в 1990 году повестку «Права женщин — это права человека», пишет:

> Значительная часть населения Земли регулярно подвергается пыткам, голоду, терроризму, унижениям, увечьям и даже убийствам просто потому, что они женщины. Подобные преступления против любой группы, кроме женщин, были бы признаны чрезвычайной ситуацией в политике и сфере гражданской жизни, а также жестоким надругательством над человеческой природой. Тем не менее, несмотря на явные свидетельства смертей и очевидных злоупотреблений, права женщин обычно не классифицируются как права человека [Bunch 1990: 486].

Одно из различий между некоторыми «основными» правами, которые признает правозащитное сообщество, и вопросами прав женщин заключается в понимании, разделяемом Мариной Писклаковой-Паркер, директором центра «АННА» в Москве. В интервью с авторами Писклакова-Паркер отметила, что по крайней мере в России люди обычно думают о нарушениях прав человека как о результате *действий, предпринятых государством против граждан*, а не о *неспособности государства защитить права отдельного человека или группы* [интервью с Писклаковой-Паркер]. Во многих областях «женских» прав человека, включая насилие в семье, сексуальное насилие, сексуальные домогательства и дискриминацию в сфере труда, нарушения происходят из-за того, что государство не принимает мер по защите прав женщин, а последние часто нарушаются негосударственными субъектами, такими как отдельные мужчины или работодатели. То же самое относится и к преступлениям на почве ненависти против ЛГБТ-граждан государства. В подобных случаях государство не столько активно нарушает права граждан, сколько не выполняет свои обязательства по защите этих прав (как это происходит, например, когда оно запрещает митинги или гей-парады, что нарушает свободу выражения мнений, или допускает жестокое избиение заключенного, что может нарушить положения Европейской конвенции против пыток). Действительно, некоторые ученые-феминистки уже давно отмечают этот уклон в традиционной правозащитной деятельности во всем мире. Джули Питерс и Андреа Уолпер отметили в 1995 году, что

> работа в области прав человека традиционно связана с угнетением, которое санкционировано государством или допускается им и происходит в "публичной сфере", вдали от частной жизни, куда оттеснено большинство женщин и где как раз чаще всего и нарушаются их права [Peters, Wolper 1995: 2].

Такой взгляд на права, по-видимому, является существенным препятствием для осознания нарушений, связанных с дискриминацией, как в самом правозащитном сообществе, так и среди широких слоев населения.

Ситуация, когда «мейнстримные» правозащитные организации рассматривают права женщин как «не основные», не уникальный российский случай; усилия активисток-феминисток в 1980–90-х как раз и были направлены на то, чтобы права женщин стали восприниматься как неотъемлемые права человека. Хилари Чарльсуорт в 1990-е указывала, что

> продолжительное доминирование мужчин во всех органах, обладающих политической властью на национальном и международном уровнях, означает, что вопросы, традиционно волнующие мужчин, рассматриваются как *общие* человеческие проблемы; «проблемы женщин», напротив, рассматриваются как отдельная и ограниченная категория [Charlesworth 1995: 105].

Мала Хтун и Лорел Уэлдон в глобальном исследовании политических изменений применительно к насилию в отношении женщин отмечают, что без давления со стороны феминисток насилие в отношении женщин редко рассматривается как проблема групп по правам человека или социальной справедливости [Htun, Weldon 2012: 552]. Однако, при том что международные правозащитные сети и правовые структуры обратили внимание на ряд проблем, связанных с правами женщин, и приняли их как часть своей повестки и это же произошло в отдельных национальных правозащитных контекстах, таких как Турция (как мы продемонстрируем в главе 6), в России указанный провал сохраняется.

Ключевое препятствие в России: динамика в правозащитном сообществе

В России «традиционные» правозащитные группы, большинство которых возникло в результате диссидентского движения в советскую эпоху, сосредоточились на нарушении государством гражданских, политических прав и прав на физическую неприкосновенность — и до недавнего времени сопротивлялись рассмотрению прав женщин, которые часто носят более структурный характер (включая социальные или экономические права «второго поколения»), касаются частной сферы и, как правило, не связаны с прямой виной государства. Подобная ориентированность традиционных групп не способствует их взаимодействию с феминистскими организациями. Наши интервью выявили две сопряженные проблемы, связанные с непростыми отношениями (а в некоторых случаях — с отсутствием отношений) между правозащитниками и активистками-феминистками — «проблему фундаментальных прав» и «проблему сетей», к которым мы и обратимся далее.

ПРОБЛЕМА ФУНДАМЕНТАЛЬНЫХ ПРАВ

Первая проблема носит поведенческий характер. Традиционные российские правозащитные организации, которые хорошо известны по всей стране, доминируют в правозащитном движении и не особенно дружелюбно относятся к проблемам феминизма и правам женщин. Женщины к ним с проблемами не обращаются, и возможности разрешения таких ситуаций эти организации не рассматривают.

В ходе наших полевых исследований мы неоднократно слышали от представителей правозащитных организаций, что они ориентируются на «фундаментальные» права человека, а не на права женщин. Респонденты из руководства крупных правозащитных организаций отрицали, что дискриминация по признаку пола существует как проблема для женщин в России, или заявляли, что если это и так, то не является тем, чем правозащитным группам стоит заниматься. Хотя несколько респондентов рассматривают дискриминацию в отношении женщин как проблему в обществе, они не считают, что это имеет отношение к профилю их организации, или заявляют, что не могут найти время или организационные ресурсы для работы над вопросами прав женщин, поскольку в их повестке дня так много других вопросов, связанных с «основными правами».

Самым показательным моментом стал отказ от интервью, полученный нами от лидера крупной и давно существующей московской правозащитной организации, в ответ на наш запрос этот человек заявил в переписке по электронной почте, что «дискриминация по признаку пола, на мой взгляд, в основном носит социальный характер и конкретно связана с трудовыми отношениями» и что их организация занимается «только основными правами», а не дискриминацией по признаку пола [анонимный правозащитник, переписка по электронной почте, июнь 2014 г.].

Аналогичным образом Татьяна Касаткина из «Мемориала» отвергает существование дискриминации в отношении женщин, за исключением женщин в статусе матерей, но признает, что женщины сталкиваются с препятствиями в борьбе с насилием:

> Я бы видела дискриминацию женщины как матери. Женщины у нас очень активные, и когда идут выборы, я не смотрю по признаку пола, мужчина это или женщина, я смотрю на деловые качества. И скорее отдадут голос женщине, чем

мужчине… И не пол играет роль, и играют роль знания и деловые качества человека… Побил муж? Обращаются в женские организации, к нам с этим не обращаются. Было несколько обращений, но женщины потом забрали свои заявления, потому что с мужем вроде бы договорились… Когда приходят в милицию, милиционер говорит, это ее личное дело, она не может защиту найти. Это нарушения фундаментальных прав человека, права на жизнь, имущественные вопросы, например, разрушенного жилья в Чечне, у нас много очень дел по Чечне. Содержание в тюрьмах, свобода слова, у нас есть несколько дел по защите военнослужащих, похищения людей, потому что это специфическая проблема Северного Кавказа [интервью с Касаткиной].

Активистка-феминистка из Москвы Наталья Биттен ставит вопрос ребром: «Российские правозащитные организации нисколько не интересуются правами женщин, т. е. для них не существует вообще дискриминации по признаку пола, по крайней мере, когда это касается женщин» [интервью с Биттен]. Далее она заявляет, что, когда дискриминация касается мужчин — например, в деле Константина Маркина против России, рассмотренном в ЕСПЧ, где Константин Маркин оспаривал отказ российских военных предоставить ему трехлетний отпуск по уходу за ребенком после развода, несмотря на то что у него было трое несовершеннолетних детей, находящихся под его опекой, — адвокаты-правозащитники сразу ринулись в бой (в деле Маркина адвокатом была Каринна Москаленко из Центра содействия международной защите, правозащитной группы, которая специализируется на рассмотрении дел в ЕСПЧ). Тем не менее, утверждает Биттен, нередки случаи, когда богатые мужчины разводятся со своими женами и успешно требуют полной опеки над детьми в процессе, вопреки желанию своих жен, а правозащитные организации не проявляют никакого интереса[2]. Мари Давтян, одна из немногих российских юристов, работающих с делами о дискриминации по

---

[2]   Мария Баст из Ассоциации адвокатов России за права человека также указывает на проблему монополизации мужчинами-олигархами опеки над детьми [интервью с Баст].

признаку пола, также заявляет, что «у правозащитников большей популярностью пользуется тема нарушений в тюрьмах, политические права, а права женщин не модны» [интервью с Давтян].

Марк Фейгин, известный российский юрист, входивший в первую команду адвокатов *Pussy Riot,* утверждает, что в России мало дел о дискриминации по признаку пола по следующим причинам:

> Первая — в основном подаются жалобы о нарушении прав человека, фундаментальных, основных прав человека... Многие воспринимают права феминистов... как неприоритетные, и для этого есть основания... что это не первостепенно, и для этого, повторяю, есть основания. Когда к вам сотни людей идут с нарушениями прав человека, которые касаются права на судебную защиту, недопущение пыток и т. д., то дела гендерные и подобного рода уходят в дальний ящик [интервью с Фейгиным].

В то же время враждебность между феминистками и традиционными правозащитными группами является не только результатом отношения со стороны правозащитников. Некоторым активистам, занимающимся проблемой насилия в отношении женщин, особенно не понравился аспект повестки дня правозащитных групп, который предполагает защиту обвиняемых и заключенных. Как поясняет Мария Мохова, руководитель московского центра «Сестры», который помогает жертвам сексуального насилия:

> Дело в том, что наши правозащитные организации занимаются в основном защитой преступников или незаконно обвиненных, но лично меня эта категория людей не волнует, меня волнуют пострадавшие. Поэтому мне неинтересно, в каких условиях содержатся заключенные, соблюдаются ли их права, не потому что я такая плохая, просто это не моя работа [интервью с Моховой].

Мари Давтян предположила, что проблема не только в предвзятом отношении НКО к вопросам прав женщин, но и в том, что официальный правозащитный механизм Российского государства не замечает нарушений прав человека женщин. Она вспоминает:

> Вот я хорошо помню отчет в КЛДЖ Российской Федерации, когда они запрашивали информацию у уполномоченного по правам человека в России о том, сколько было жалоб по дискриминации. Он сказал — «ноль». То есть на полном серьезе. Ни одна жалоба не была распознана как жалоба по дискриминации… Для тех же юристов из аппарата уполномоченного… Юристы, которые работают в той же полиции, прокуратуре, они не понимают, что это и есть дискриминация… Ты им даешь ссылку на конвенцию, ты им даешь практику. У них это просто не укладывается в голове [интервью с Давтян].

Как показали эти респонденты, в целом в российском правозащитном сообществе наблюдается значительное сопротивление тому, чтобы рассматривать нарушения прав женщин, основанное либо на откровенной враждебности к идее существования дискриминации в отношении женщин, либо на ощущении того, что эти права занимают незначительное место в и без того переполненном списке приоритетных проблем в области прав человека в стране.

ПРОБЛЕМА СЕТЕЙ

Вторая проблема — организационная, она проистекает из отношения. Поскольку традиционные правозащитные организации, как правило, не рассматривают права женщин и дискриминацию в отношении женщин как «фундаментальные» вопросы прав человека, существует значительная степень разделения между сетями правозащитных организаций и феминистскими сетями.

«Традиционные» правозащитные организации, такие как Московская Хельсинкская группа, «Мемориал» и Центр содействия международной защите[3], и есть те самые организации,

---

[3] Центр содействия международной защите, правозащитная организация, основанная адвокатом Каринной Москаленко в 1990-е гг., не так известна широкой публике, но ориентирована исключительно на процессы в ЕСПЧ. Сайт Центра: http://ip-centre.ru/; также см. [Sundstrom 2014].

членов которых западные доноры специально обучают, как подавать иски в ЕСПЧ и добиваться результата; сами организации также проводят тренинги, чтобы научить других юристов по правам человека, как работать с заявлениями в Суд [Sundstrom 2014]. Как следствие, именно эти организации направляют большое количество дел в ЕСПЧ. Однако, поскольку с проблемами прав женщин они связаны мало или не занимаются ими вообще, маловероятно, что женщины — жертвы дискриминации, чьи иски потенциально могли бы быть направлены в ЕСПЧ, когда-либо обратятся к ним за помощью.

Некоторые из наших собеседников из традиционного правозащитного сообщества указывают на такое разделение труда с точки зрения того, куда жертвы различных нарушений прав, скорее всего, обратятся за помощью. Как ранее отмечала Касаткина («Мемориал»), женщины «к нам с этим не обращаются». Лев Пономарев, известный правозащитник и лидер движения «За права человека» в Москве, остановился на этом вопросе более подробно. Он предположил, например, что женщины, подвергающиеся насилию, естественно, обратятся в группы женских кризисных центров, такие как «АННА», а не в его организацию, и что правозащитное сообщество, по крайней мере в Москве, было «сегментировано» таким образом. Ни одна женщина не обращалась в его организацию со случаями дискриминации по признаку пола, которые подпадали бы под статью 14, хотя одна женщина обратилась в группу с жалобой на сексуальные домогательства, которую адвокат организации не смог рассмотреть (поскольку у женщины не было трудового договора). Пономарев также предположил, что, возможно, его организация просто не могла найти время («руки не доходят»), чтобы заняться женскими проблемами, учитывая, что в России «нарушение прав человека настолько широко и есть другие фундаментальные проблемы», а гендерные вопросы находятся просто на «другом уровне». Пономарев объясняет, что его организация открыта для рассмотрения дел о правах женщин (например, если женщина была изнасилована в полицейском участке), но что ни один такой случай к нему на стол не попадал [интервью с Пономаревым].

Создается даже впечатление, что некоторые правозащитники и ЛГБТ-активисты даже элементарно не осведомлены о судебной работе, которую ведет горстка активисток-феминисток. Полина Андрианова из петербургской инициативной группы ЛГБТ «Выход» признается: «Я даже не уверена, что в России есть феминистские организации, которые занимаются судопроизводством». Когда же мы сослались на примеры Валентины Фроловой и Женского кризисного центра, работающих над делами сексуального насилия в том же самом городе, она выразила удивление, поскольку прежде думала, что кризисный центр и его юристы предлагают только психологическую и юридическую помощь, а не сами рассматривают дела, и заявила, что «Выход» абсолютно открыт для сотрудничества с феминистскими организациями, где это возможно, просто, видимо, они еще не нашли возможности сотрудничать в судебных разбирательствах [интервью с Андриановой].

Учитывая такие разногласия, неудивительно, что юристов и активисток-феминисток, работающих в области прав женщин, как мы обнаружили, почти никогда не приглашают на учебные или информационные сессии какой-либо правозащитной организации по ЕСПЧ. Таким образом, мейнстримные правозащитные группы, занимающиеся в первую очередь «фундаментальными» правами человека, продолжают расширять подготовку активистов и юристов, связанных с их сетью, но не приглашают активисток-феминисток. Между тем большинство феминистских групп не обладают опытом судебных разбирательств в ЕСПЧ, чтобы иметь возможность обучать других феминисток подавать туда иски и участвовать в их разбирательствах.

Наши интервью предоставили убедительные доказательства этого. Глава крупной московской правозащитной организации, проведя масштабный тренинг о том, как подавать дела в ЕСПЧ, заявил, что организация «практически не сотрудничает с женскими организациями» [анонимный правозащитник, электронная переписка, июнь 2014 г.]. Марина Писклакова-Паркер из центра «АННА» сообщила, что ее и ее сотрудников никогда не приглашали на тренинги и что «системных тренингов по насилию не было» [интервью с Писклаковой-Паркер].

Те немногие наши собеседники-юристы, которые прошли подготовку по обращению в суд по делам о правах женщин или дискриминации по признаку пола, почти все прошли соответствующую подготовку за рубежом. Мари Давтян и Валентина Фролова прошли обучение по двухгодичной программе в Институте по правам человека для женщин в Болгарии, финансируемом Болгарским фондом гендерных исследований, где изучали прецедентное право о дискриминации по признаку пола и учились формулировать дела для КЛДЖ и ЕСПЧ [интервью с Давтян; интервью с Фроловой; Bulgarian Gender Research Foundation 2015]. Европейский центр защиты прав человека (EHRAC) также провел семинары в Польше для женщин-юристов и активисток за права женщин из посткоммунистических стран, чтобы обучить их стратегиям судебного разбирательства для рассмотрения дел о насилии по признаку пола в ЕСПЧ и КЛДЖ [EHRAC 2016a]. Появилась и некоторая надежда на обучение в России. Писклакова-Паркер сообщает, что центр «АННА» организовал учебную программу под названием «Международная юридическая школа по защите прав женщин», в рамках которой 16 юристов из России и других бывших советских стран обучались тому, как инициировать дела о насилии в семье с использованием международных механизмов, включая КЛДЖ и ЕСПЧ [интервью с Писклаковой-Паркер]. Обучение по программе шло параллельно нашим исследованиям в 2014 году. К сожалению, в декабре 2016 года центр «АННА» был объявлен иностранным агентом и не смог продолжить программу [Human Rights Watch 2017].

Как отмечает в своем анализе факторов, определяющих успех судебных кампаний общественных движений в Соединенных Штатах, Андерсен [Andersen 2006: 5], активистам, стремящимся добиться изменений с помощью стратегических судебных разбирательств, нужны союзники, которые помогут им преодолеть препятствия, с которыми те сталкиваются. Конкретно, она обнаружила, что Фонд правовой защиты и образования «Лямбда» (основан для поддержки прав лесбиянок, геев и бисексуалов в судах США) пользовался поддержкой других организаций по защите прав геев, а также сотрудничал с религиозными объединениями и организациями по защите гражданских прав [Andersen 2006: 55]. Особенно важным фактором стало то, что начиная с 1979 года организация располагалась в офисе Американского союза защиты гражданских свобод (ACLU), что давало доступ к значительному «опыту и организационным сетям ACLU в области судебных разбирательств» [Andersen 2006: 34]. И наоборот, нехватка у российских феминисток союзников в мейнстримном правозащитном сообществе и, как следствие, отсутствие доступа к тренингам по судебным разбирательствам в ЕСПЧ сокращают возможности и увеличивают препятствия для успешной подачи ими заявлений в Суд.

В модели разнонаправленных сетей есть несколько исключений. Как мы увидим в главе далее, Кирилл Коротеев, юрист «Мемориала», признает дискриминацию по признаку пола как проблему и выражает готовность работать с такими делами, однако видит главное затруднение в слишком высоких требованиях, которые суды предъявляют к доказательствам, необходимым, чтобы продемонстрировать факт дискриминации [интервью с Коротеевым]. «Мемориал» и EHRAC недавно начали совместную работу над рядом заявлений в ЕСПЧ о насилии в отношении женщин из нескольких стран, в том числе по одному делу из Дагестана, о котором ЕСПЧ сообщил в 2016 году [EHRAC 2016b]. В этом же ключе «Мемориал» теперь указывает «насилие в отношении женщин» и «положение женщин» на Северном Кавказе как часть своей программы по использованию международных механизмов для защиты прав человека [Правозащитный центр «Мемориал» 2015][4]. Сергей Голубок, независимый юрист, который в прошлом работал в Секретариате ЕСПЧ и в «Мемориале», к 2014 году начал

---

[4] К середине 2018 г. «Мемориал» успел поработать над четырьмя делами, направленными на рассмотрение ЕСПЧ в связи с насилием в отношении женщин, одно из которых все еще находилось на рассмотрении на национальном уровне. Эти дела составили лишь небольшую долю от остальных 320 дел, которые вела организация, но, на взгляд Коротеева, они потребовали куда больше усилий (например, участие в судебных заседаниях на Северном Кавказе), чем более стандартные дела «Мемориала», такие как дела о свободе собраний [Коротеев 2018].

сотрудничать с Валентиной Фроловой по делу об изнасиловании, которое планировалось передать в КЛДЖ. Адвокаты московской «Правовой инициативы» (партнер SJI) в начале 2012 года попытались передать дело об особо жестоком бытовом насилии из Чечни в ЕСПЧ; когда в декабре того же года это дело было признано неприемлемым, они передали его в по КЛДЖ, утверждая, что, обращаясь с жестоким бывшим мужем Шемы Тимаговой «с непропорциональной снисходительностью и закрепляя гендерные стереотипы при рассмотрении ее жалоб», Российское государство не выполнило свои обязательства по защите женщин от дискриминации. КЛДЖ признал это дело приемлемым и в 2014 году передал его российскому правительству [SJI 2014].

С тех пор SJI успела рассмотреть несколько дел о насилии или дискриминации по признаку пола в российских национальных судах и в ЕСПЧ. Так, например, в связи с работой организации на Северном Кавказе ее юристы оказывали помощь в делах матерей, пытающихся восстановить опеку над своими детьми после распада брака [SJI 2015b, 2016a], и выиграли два таких дела (*Элита Магомадова против России* и *Муружева против России*) в ЕСПЧ в 2018 году. В мае 2016 года SJI также объявила, что запускает новый проект по оказанию правовой поддержки жертвам гендерного насилия [SJI 2016b]. В 2017 году SJI подала заявление в ЕСПЧ по делу о насилии в семье (*Володина против России*): женщина была похищена и несколько раз избита бывшим партнером, который позже попытался демонтировать тормоза на ее автомобиле. Полиция неоднократно отказывалась возбуждать уголовное дело. В заявлении утверждалось нарушение статьи 14 (дискриминация по признаку пола) в сочетании со статьей 3 (пытки / бесчеловечное обращение), что делает его очень похожим по логике на решение по делу [*Opuz v. Turkey*] 2009 года о неспособности Турецкого государства адекватно наказать виновного в случае насилия в семье. ЕСПЧ признал жалобу Володиной приемлемой и в январе 2018 года направил ее российскому правительству [Коган 2018].

Ванесса Коган, исполнительный директор SJI, отмечает в интервью, что организация решила взять на себя это направление —

в частности, в ходе работы на Северном Кавказе, — поскольку
юристы столкнулись с очевидными случаями дискриминации,
основанной, как правило, на традиционном праве («адатах»),
практикуемом в регионе, а также поскольку гендерная дискриминация перестала быть в России запретной темой и часто обсуждается в российских социальных сетях. Примечательно, что
Коган также связывает поворот в сторону дел о дискриминации
по признаку пола с инициативой отдельных адвокатов:

> Еще одной движущей силой, о которой я должна упомянуть
> в связи с работой, которую мы начали по этому вопросу,
> была роль группы адвокатов, базирующегося в Чечне [*имена
> не указываются по соображениям безопасности*], которые
> являются некоторыми из немногих адвокатов, выступающих
> за то, чтобы женщины, которые теряют опеку над своими
> детьми, боролись за них в суде [интервью с Коган; SJI 2016a].

Фрик ван дер Вет обнаружил, что после того, как в определенной проблемной области происходит «насыщение» делами, организации юристов-активистов типа SJI, которые передают дела
в ЕСПЧ, могут переходить к новым проблемным областям,
и в таких случаях стратегическое влияние юристов на судебные
разбирательства в ЕСПЧ уменьшается. С этой точки зрения
можно понять, почему юристы SJI перешли от дел о пытках
и исчезновениях в Чечне (которыми занимались изначально) на
дела, связанные с Грузией, Южной Осетией и Украиной [Van
der Vet 2018], отсюда, вероятно, и растущий интерес организации
к проблемам гендерной дискриминации.

Еще одним недавним исключением среди правозащитных
групп является Антидискриминационный центр «Мемориал»,
который самораспустился и был преобразован в «группу экспертов» в 2014 году после того, как попал под действие закона об
«иностранных агентах» [Kulaeva 2014]. С этого момента группа
начала работать в сфере гендерной дискриминации, в основном
с женщинами-мигрантками и представтельницами этнических
меньшинств в Украине и России [ADC Memorial 2017a]. В 2015 году АДЦ «Мемориал» представил в КЛДЖ теневой доклад, в ко-

тором прокомментировал нарушение прав женщин в России, в том числе прав женщин-мигранток, женщин, проживающих на Северном Кавказе, женщин-рома и женщин в ЛГБТ-сообществе [ADC Memorial 2017a].

Не считая перечисленных исключений, разделение сетей по правам человека и правам женщин создает ситуацию, при которой с делами о гендерной дискриминации работает ничтожно мало юристов и организаций — по всей России таких юристов наберется буквально не более полудюжины. Таким образом, у жертв и адвокатов почти нет шансов найти друг друга, а адвокаты, которые работают над делами, вынуждены ограничивать их количество (ведь им неизбежно приходится заниматься делами другого профиля или работать в иных областях, чтобы зарабатывать на жизнь) [интервью с Давтян; Фроловой]. Отсутствие сотрудничества и информационной работы между двумя типами групп, вероятно, снижает возможности для подачи заявлений о дискриминации по признаку пола.

Права ЛГБТ в России

Дискриминация ЛГБТ, как и дискриминация по признаку пола, является серьезной проблемой в России; правоохранительная и судебная системы уделяют ей мало внимания. Тем не менее одним из самых удивительных явлений, которые мы обнаружили в ходе полевых исследований, было то, что многие мейнстримные правозащитные организации с недавних пор всерьез занялись правами ЛГБТ и считают, что это непосредственным образом связано с их миссией, не обращая при этом внимания на важность прав женщин. То, что права ЛГБТ, наконец, стали защищать, безусловно, очень ценно, учитывая годы подавления прав ЛГБТ-граждан на проведение протестов или парадов в защиту прав гомосексуалов, а также на фоне принятого в 2013 году в России закона о борьбе с «пропагандой» гомосексуализма (и принятых до этого аналогичных местных законов в различных городах — от Рязани до Санкт-Петербурга), а также роста числа организованных преступлений на почве ненависти к ЛГБТ, которые последовали за этими законами [Luhn 2013].

В том, с какими препятствиями сталкиваются россияне, когда решают, стоит ли подавать в российский суд иск о дискриминации по признаку пола или по признаку сексуальной ориентации, можно обнаружить и параллели, и различия. Чтобы прояснить это сравнение, в следующем разделе мы кратко рассмотрим несколько проявлений дискриминации ЛГБТ в России. Затем, как мы делали в предыдущих двух главах в отношении дел о дискриминации по признаку пола, мы обсудим социальные, культурные и психологические препятствия для доведения дел о дискриминации ЛГБТ до сведения правоохранительных органов, а также препятствия для эффективных судебных действий, которые возникают, когда дела передаются в российские суды. Наконец, мы исследуем динамику отношений между правозащитными и ЛГБТ-группами, которые отличаются от отношений между сообществами правозащитников и борцов за права женщин.

БОРЬБА С ГОМОФОБНОЙ ДИСКРИМИНАЦИЕЙ В РОССИИ

С момента принятия на национальном уровне закона о запрете «пропаганды гомосексуализма» в июне 2013 года атмосфера в отношении ЛГБТ-сообщества в России становится все более враждебной. За законом последовал рост преступлений на почве ненависти — от уличного насилия до случаев, когда гомофобы использовали объявления о знакомствах, чтобы заманивать ничего не подозревающих гомосексуалов под предлогом свидания, нападать на них, снимать нападения и размещать видео в Интернете. Одобрение гомофобии на национальном политическом уровне словно бы оправдывало применение гомофобного насилия на личном уровне. Сотрудники — представители ЛГБТ также подвергались дискриминирующим увольнениям, а проправительственные группы пытались подорвать позиции политических оппозиционеров, называя их или их сторонников геями и, следовательно, нежелательными кандидатами. Опросы общественного мнения также свидетельствуют о снижении уровня терпимости к ЛГБТ-сообществу и принятия его.

Небольшое число групп ЛГБТ-активистов пытается привлечь внимание к проблеме гомофобии и способствует возбуждению дел, связанных с правами ЛГБТ, и передаче их в российские суды, а затем, при необходимости, в ЕСПЧ. В данном разделе мы опираемся на интервью с активистами двух ЛГБТ-правозащитных групп — Полиной Андриановой из «Выхода» (организация основана в Санкт-Петербурге в 2008 году) и Машей (Марией) Козловской, юристом Российской ЛГБТ-сети в Санкт-Петербурге (сеть начала свою работу в 2006 году и имеет филиалы в 14 регионах России), а также Таней Локшиной, программным директором по России *Human Rights Watch*, правозащитной организации. Мы также использовали материалы интервью с двумя юристами, которые работают с российскими группами по защите прав ЛГБТ и правозащитными организациями, один в Москве (Кирилл Коротеев), другой в Санкт-Петербурге (Дмитрий Бартенев).

Правление Владимира Путина характеризуется растущим социальным консерватизмом, возрождаемым чувством патриотизма-национализма и все более сильным утверждением российского суверенитета. Эти настроения обострились в результате давления со стороны ЕС и Соединенных Штатов на Россию с целью изменения внутренней политики страны в области прав человека, а также внешней политики, особенно в отношении Украины. Центральным аспектом этого консерватизма является то, что Россия дистанцируется от так называемых западных ценностей и вместо этого принимает ценности «традиционные». Русская Православная Церковь стала близким партнером режима в этом отношении, приветствуя и поощряя политику, которая укрепляет традиционные гендерные нормы для мужчин и женщин (подчеркивая ценность «традиционной семьи») и в целом осуждает репродуктивные права и гомосексуальность. Союз Путина с иерархами Русской Православной Церкви предоставил церковным активистам больший доступ к публичной сфере и дал им возможность громче и доминантнее высказываться в поддержку четко определенных сексуальных ролей и порицать феминизм и права ЛГБТ[5].

В этом контексте в январе 2013 года российский парламент принял общенациональный закон о запрете «пропаганды нетрадиционных сексуальных отношений». Закон запрещает распространение информации, которая изображает «нетрадиционные» сексуальные отношения в позитивном свете или приравнивает их по ценности к гетеросексуальным отношениям и делает это таким образом, что у несовершеннолетних формируются нетрадиционные сексуальные установки [Luhn 2013]. Депутат Госдумы Елена Мизулина, один из главных авторов закона, пояснила, что российские законодатели избегали слова «гомосексуал» в тексте закона, потому что, как она выразилась, использование этого термина «невольно пропагандировало бы ее — эту гомосексуальность» [Kramer 2013].

Изменения в законодательстве могут как отражать изменения в общественном мнении, так и способствовать им. По-видимому, так обстоит дело и в России, где как законы, так и общественное мнение в отношении гомосексуализма со временем менялись. В советское время сексуальные отношения между мужчинами были криминализированы[6]. В 1989 году, в разгар движения Горбачева за гласность, Государственная социологическая служба провела опрос об отношении к гомосексуализму — новой теме, ставшей предметом обсуждения в обществе. Широкая публика была настроена по отношению к сексуальным меньшинствам не слишком дружелюбно: 35 % респондентов считало, что гомосексуалов следует «ликвидировать», а 28 % полагали, что гомосексуалов лучше всего «изолировать от общества». После декриминализации гомосексуальной активности мужчин в 1993 году, последовавшей за обретением Россией независимости, отношение

---

[5] О союзе путинского режима с РПЦ в том, что касается гомофобии, см. *Sex, Politics, and Putin: Political Legitimacy in Russia* [Sperling 2015].

[6] Об изменениях в закондательстве в исторической перспективе см. *The Rights of Lesbians and Gay Men in the Russian Federation* [Gessen 1994]. Небанальный взгляд на историю гомофобии в современной России предлагает Хили: *Russian Homophobia from Stalin to Sochi* [Healey 2017].

общества стало постепенно меняться в сторону меньшей агрессивности. По состоянию на 1999 год только 15 % опрошенных поддержало вариант «ликвидации» — меньше половины тех, кто придерживался этой точки зрения десятилетием ранее, в то время как 23 % по-прежнему предпочитали «изоляцию» [Hobson 2015]. Доля опрошенных в 2005 году россиян, которые считали, что гомосексуалистов следует «изолировать от общества», составляла 31 %, но к тому времени 49 % считали, что геев лучше «предоставить самим себе».

К концу первого президентского срока Путина в 2008 году отношение к гомосексуализму в целом — по сравнению с позднесоветской эпохой — стало значительно более терпимым. Затем оно ухудшилось. По состоянию на середину 2011 года 69 % москвичей (и 60 % населения страны в целом) считали, что правительство действовало правильно, запретив гей-парады (11 % не согласились), причем молодые мужчины (в возрасте 18–24 лет) высказывались наиболее резко (71 % считали правильным запретить такие мероприятия). Женщины в возрасте 25–34 лет были возрастной группой, наиболее склонной выступать против запретов; тем не менее только 17 % этой группы поддержали право граждан-гомосексуалов на свободу слова и собраний [ФОМ 2011]. В 2012 г. опросы общественного мнения показали, что респонденты относились к геям и лесбиянкам с еще бóльшим отвращением, чем к представителям национальностей или религий, отличных от их собственных; 45 % опрошенных по всей России, как сообщается, «испытывали негативные эмоции при взаимодействии с гомосексуалами» (в то время как аналогичное взаимодействие с людьми другого этнического происхождения было неприятно только 10 % опрошенных). Большинство россиян (61 %) также считали, что гомосексуализм — приобретенное, а не врожденное свойство (25 %), а 47 % полагали, что гомосексуализм возник в результате воздействия средств массовой информации и других источников, пропагандирующих его [ВЦИОМ 2012]. Опрос «Левада-Центра» также показал, что три четверти россиян считают гомосексуализм результатом «болезни или распущенности» [Bennetts 2012]. В декабре 2012 года крупнейший фан-клуб самой известной петербургской футбольной команды «Зенит» (принадлежит российской государственной газовой компании «Газпром») опубликовал открытое письмо с призывом нанимать в команду только гетеросексуальных и светлокожих игроков [Hughes 2012]. Опрос исследовательского центра *Pew* об отношении к гомосексуализму в 39 странах показал некоторое ухудшение терпимости к гомосексуализму в России. В 2007 году 20 % опрошенных граждан России считали, что общество «должно принять гомосексуализм», в то время как в 2013 году их число сократилось до 14 % [Pew Research Center 2013].

В течение нескольких лет после введения в 2013 году запрета на пропаганду «гомосексуализма» общество, судя по всему, практически вернулось к представлениям советской эпохи[7]. Опрос «Левада-Центра» в сентябре 2015 г. показал, что 21 % опрошенных взрослых россиян высказались за «ликвидацию» ЛГБТ-сообщества, а 37 % — за их «отделение от общества» — в общей сложности 58 % (по сравнению с 63 % в 1989 г.) [Hobson 2015]. В декабре 2017 года «Левада-Центр» опросил россиян, интересуясь их мнением о гомосексуальных отношениях между взрослыми, выяснив, что 83 % респондентов считали это «всегда» или «почти всегда» «предосудительным», по сравнению с 68 % в 1998 году и 78 % в 2008 году. Более того, если в 2008 году люди в возрасте от 18 до 30 лет чаще, чем их старшие соотечественники, демонстрировали терпимость в отношении гомосексуалистов, то опрос 2018 года показал, что степень гомофобии среди молодых и пожилых людей поразительно схожа [Левада-Центр 2018; The Moscow Times 2018]. Подобное отношение находило выра-

---

[7] Трудно сказать, являются ли россияне, отвечающие на опросы на эту тему, столь нетерпимыми, как показывают их ответы; цифры могут быть завышены, если опрошенные опасаются, что их назовут «пропагандистами гомосексуализма». С другой стороны, недавние исследования показывают, что опросы, показывающие чрезвычайно высокие рейтинги одобрения Путина, довольно точны (см. [Tucker 2015]). Если эти выводы справедливы для опросов общественного мнения по вопросам, которые, как известно, являются частью политической платформы Путина, это говорит о том, что опросы достаточно хорошо отражают отношение к ЛГБТ-сообществу.

жение и в действиях. Это стало очевидным в июле 2015 года, когда пара российских мужчин (актеров) прогуливалась по центру Москвы, держась за руки, и фиксировала оскорбления и грубое обращение от тех, кто двигался навстречу. На видео показано, как один мужчина намеренно врезается в пару плечом и многие другие высказывают свою критику, проклиная пару, осыпая различными гомофобными оскорблениями, говоря: «Как вам не стыдно!» и призывая их покинуть Россию [BBC News 2015].

Преступления на почве ненависти против гомосексуалов после принятия закона также стали более распространенными или, по крайней мере, чаще регистрировались их исполнителями и публиковались в Интернете[8]. Одна группа борцов с гомосексуализмом, называющая себя «Оккупай-педофиляй!», начала в 2013 году кампанию с целью заманивать гомосексуалов — мужчин и подростков — посредством объявлений о знакомствах на встречи, где затем физически унижать их, снимая процесс на видео [Levesque 2014; «Оккупай-педофиляй!» в Санкт-Петербурге 2016][9]. Одно из таких видео изображает нападение на 15-летнего мальчика, которого члены группы считают геем. Участники «Оккупай-педофиляй!» находят его в парке, спрашивают о его намерениях (они настаивают, что он пассивный гей и оказывает сексуальные услуги за деньги), издеваются над ним, пинают и, наконец, льют мочу из бутылки ему на голову, говоря, что это «лекарство» от гомосексуализма [Tharrett 2014][10]. По сообщени-

---

8   В Кыргызстане за принятием в 2014 г. аналогичного закона, запрещающего «пропаганду однополых отношений», последовало резкое, почти на 300 %, увеличение числа зарегистрированных нападений на ЛГБТ (см. [North 2016]).

9   В России гомосексуализм обычно отождествляют с педофилией — намеренно или непреднамеренно. Один из сайтов «Оккупай-педофиляй!» в социальных сетях можно посмотреть в [«Оккупай- педофиляй» в Санкт-Петербурге 2016]. Материалы *Human Rights Watch* 2014 г., где собраны видеоролики, в которых зафиксированы и опубликованы в социальных сетях случаи экстремистского насилия против геев, см. [Brydum 2014], также жуткие видео о том, как людей насилуют и избивают, см. [Tharrett 2014].

10   20-минутное видео можно найти на *YouTube* [Полтавцев 2013]. Видео 2013 г. того же типа — но с более прямым физическим насилием в отношении 18-летнего россиянина можно частично увидеть в [Garcia 2013].

ям Российской ЛГБТ-сети, в 2014 году ее внимание привлекли 15 случаев нападений со стороны «Оккупай-педофиляй!» [Russian LGBT-Network and LGBT Initiative Group «Coming Out» 2014: 21].

Преступления на почве ненависти против ЛГБТ-сообщества совершались еще до принятия национального закона. В докладе Российской ЛГБТ-сети, документирующем преступления на почве ненависти с конца 2011 года до середины 2012 года, описывается целый ряд таких преступлений, многие из которых заключались в избиении незнакомыми людьми на улице мужчин (нападавшие считали их геями) и трансженщин, а также гомофобных оскорблений и угроз в их адрес (например, «Ты не человек! Мы тебя сейчас убьем!»). Другие случаи высказываний на почве ненависти были направлены против женщин, предположительно являющихся лесбиянками. Одна женщина, например, ехала в метро в Санкт-Петербурге, где ей принялись угрожать двое молодых мужчин, один из которых заметил: «Если она лесбиянка, ей надо влагалище вырезать и замариновать» [Kozlovskaia 2012: 22–31].

Случай особенно вопиющего насилия против геев стал известен в мае 2013 года, когда несколько мужчин (один из которых — бывший одноклассник жертвы) убили 23-летнего россиянина Владислава Торнового после того, как он признался им, что он гомосексуал. После чего, как сообщается, его изнасиловали несколькими пивными бутылками и забили до смерти камнем [Barry 2013; Lavers 2013]. Уровень жестокости в этом случае, по-видимому, был таков, что сотрудники правоохранительных органов Волгограда, где произошло убийство, признали, что мотивом убийства была гомофобия, хотя, как будет обсуждаться далее, юридическое признание преступлений на почве ненависти в отношении ЛГБТ-людей является редкостью [RFE / RL 2018]. Когда же феминистский панк-арт-коллектив *Pussy Riot* ворвался в московский храм Христа Спасителя в феврале 2012 года, где спел 40 секунд песни, критикующей Русскую Православную Церковь за то, что она приняла Путина, российские власти сочли это «преступлением на почве ненависти», что говорит об избирательном и политически мотивированном применении закона вообще.

Более будничными, но оттого не менее значимыми, возможно, являются случаи дискриминации при приеме на работу, когда люди теряют свои должности, им угрожают увольнением, если они открыто заявляют о своей ориентации, или же, узнав об ориентации, их не нанимают на конкретную работу. Антигей-активисты в России, в частности, проводили кампании против школьных учителей, разоблачая сексуальную ориентацию людей, которые чаще всего ее скрывали, а также преследовали тех, кто публично выступал за права ЛГБТ. Случай в феврале 2014 года, когда учительница музыки была уволена из школы в Санкт-Петербурге после принудительного публичного разоблачения ее сексуальной ориентации, оказался одним из шести случаев аналогичных преследований учителей в том же году. Трое преподавателей, столкнувшись с обвинениями, уволились, и только учительница музыки решила подать в суд с требованием восстановить ее в должности. Директор школы сначала попросил ее уйти по собственному желанию, но, когда она отказалась, ее уволили за «аморальное поведение, несовместимое с педагогической деятельностью». В то время как антигей-активисты делают своей мишенью ЛГБТ-активистов, в указанном случае учительница рассказала о своей ориентации «только нескольким близким друзьям» и, как сообщается, «никогда не посещала гей-парады» [Titova 2015].

Дискриминация, поддерживаемая и осуществляемая государственными органами, присутствовала как до, так и после принятия закона 2013 года. Так, усилия по проведению митингов за права ЛГБТ и гей-парадов постоянно пресекаются российскими властями. Начиная с 2006 г. активист Николай Алексеев каждую весну организовывал в Москве гей-парад, и много лет подряд городские власти отказывали ему в разрешении. В 2012 году в порыве гомофобной активности московский суд запретил проведение гей-парадов в городе на следующие 100 лет [Clemons 2012]. В том же году в ходе уличной акции с поцелуями в Москве враждебно настроенный противник ЛГБТ забросал горстку пар, участвовавших в акции, яйцами; мероприятие завершилось арестом участников [Huffpost Queer Voices 2012]. Гей-прайд, запланированный в Москве на май 2014 года, был запрещен городскими властями, поэтому активисты провели два небольших митинга (с участием нескольких десятков человек) несколько дней спустя [The Moscow Times 2014a]. Хотя один из этих митингов технически был разрешен, поскольку проходил в московском Гайд-парке (зоне, где можно свободно выступать), в обоих случаях отдельные протестующие были арестованы [Bausin 2013; The Moscow Times 2014b; Feldman 2014]. Несмотря на эту историю, в июле 2014 года в «зоне свободы слова», созданной за год до этого городскими властями в Санкт-Петербурге, состоялся небольшой митинг за права ЛГБТ, и два десятка активистов, принявших в нем участие, в отличие от обычной на таких мероприятиях практики, никто не тронул [The Moscow Times 2014b].

Государственные органы могут препятствовать проведению даже безобидных, на первый взгляд, событий, затрагивающих проблемы ЛГБТ. В июне 2016 года после резни, устроенной в ночном гей-клубе «Пульс» в Орландо, штат Флорида, гей-пара из Москвы подошла к посольству США в Москве с плакатом «Любовь побеждает», цветами и свечами, чтобы возложить их к «импровизированному мемориалу» в честь жертв. После установки знака на земле к ним подошла полиция и арестовала их за пикетирование без разрешения [Bigg, Munasipova 2016].

О факте вопиющего нарушения прав гомосексуалов со стороны государственных властей стало известно весной 2017 года, когда в России и за ее пределами появились сведения о кампании по преследованию гомосексуалов в Чечне. В двух статьях в критическом российском издании «Новая газета» сообщалось, что десятки чеченцев-гомосексуалов были задержаны местными правоохранительными органами и заключены в тюрьму и что во время кампании произошло несколько откровенных убийств [Милашина 2017; Милашина, Гордиенко 2017]. «Тайная тюрьма» в Аргуне, городе неподалеку от столицы Чечни, считается местом грубых нарушений прав человека, начиная от избиений и заканчивая применением электрошока [Chan 2017]. После задержания геям угрожали публичным «разоблачением» и заставляли сдавать свои мобильные телефоны, чтобы любые геи из числа их контактов также могли быть задержаны [Khazov-Cassia 2017]. На вопросы в связи со все более тревожными сообщениями на эту тему, пресс-секретарь главы Чеченской Республики Рамзана Кадырова опроверг эти сообщения, заявив, что, поскольку в Чечне геев нет, описанным проявлениям жестокости они подвергнуться не могли:

> Появившаяся публикация — это абсолютная ложь — нельзя задерживать и притеснять того, кого попросту нет в республике, — пояснил он. — Если бы в Чечне были такие люди, у правоохранительных органов не было бы никаких забот с ними, поскольку сами родственники отправили бы их по адресу, откуда не возвращаются [Chan 2017].

Как видно из описанного ранее, в современной России социальная среда для прав ЛГБТ в целом неблагоприятна. Дискриминация является обычным явлением, будь то со стороны городских властей, подавляющих права на свободу слова, или со стороны правоохранительных органов, отказывающихся серьезно относиться к преступлениям, совершаемым гражданами или даже самими сотрудниками правоохранительных органов в отношении членов ЛГБТ-сообщества. На что в этом контексте могут рассчитывать представители ЛГБТ, решая, следует ли предпринимать юридические действия для исправления несправедливости, с которой они столкнулись?

Социальные, межличностные и материальные причины, препятствующие обращению в суд

Существует множество причин, по которым люди — независимо от сексуальной ориентации — предпочитают не привлекать внимание общественности к случаям жестокого обращения или дискриминации. Как обсуждалось в главе 2, женщины, ставшие жертвами изнасилования или насилия в семье, например, могут опасаться возмездия со стороны преступника, не желать «выносить грязное белье» на публику или зависеть от жестокого партнера в материальном плане. У них также есть основания полагать, что разглашение фактов приведет к обвинениям в адрес жертвы, или же что они могут оказаться не в состоянии выдержать или оплатить длительный судебный процесс с непредсказуемыми (и часто неудовлетворительными) результатами.

Для жертв дискриминации или насилия в ЛГБТ-сообществе обращение в полицию и/или в суд сопряжено с дополнительными социальными ограничениями, начиная от страха быть «разоблаченным» и заканчивая вероятностью дальнейшего насилия и дискриминации. Несколько случаев, которые попали в поле зрения РЛГБТ-сети, отражают такие ограничения. Например, молодой человек, которого избили после выхода из гей-клуба в Новосибирске, из страха не зафиксировал полученные травмы официально и не сообщил об инциденте в полицию. Еще одного молодого человека — волонтера регионального отделения Сети — по дороге с работы избили незнакомцы, выкрикивавшие гомофобные оскорбления; он также отказался сообщать в полицию, несмотря на «многочисленные травмы» [Kozlovskaia 2012: 22]. Аналогичная ситуация сложилась, когда на трансженщину в Санкт-Петербурге напали в коридоре ее дома родственники, которые стали вырывать у нее волосы и «жестоко» избивать. Адвокат из РЛГБТ-сети посоветовал жертве, как урегулировать ситуацию официально, но жертва «отозвала свое заявление» и предпочла попытаться разрешить ситуацию «мирным путем» [Kozlovskaia 2012: 23].

В некоторых случаях у жертв есть основания подозревать, что сообщение в полицию приведет к дальнейшим неприятностям. В одном инциденте, о котором сообщалось в РЛБГТ-сети в 2014 году, юношу-гея двадцати с небольшим лет на станции метро в Санкт-Петербурге избили члены националистической группы «Реструкт», снимавшие нападение на видео. Нападавшие сказали своей жертве, что работают «с полицией» и что, если он попытается «подать заявление, его самого посадят в тюрьму» [Russian LGBT-Network and LGBT Initiative Group «Coming Out» 2014: 4–5].

В интервью активисты указывают на ряд причин, по которым представители ЛГБТ, ставшие жертвами насилия и дискриминации, предпочитают избегать полиции и судов. Самый сильный страх — боязнь, что их «разоблачат». Как пояснила Таня Локшина из *Human Rights Watch*, даже в случаях крайнего насилия и унижения, вроде тех, которые практикуют упоминавшиеся выше вигиланты, нападающие на гомосексуалов, и где доказательств для возбуждения дела может быть достаточно,

> уровень гомофобии в стране настолько высок, что последнее, чего хотят жертвы, — это еще большая публичность. И если даже дело будет должным образом расследовано и действительно дойдет до суда, это одновременно своего рода разоблачение жертвы [интервью с Локшиной].

Маша Козловская из РЛГБТ-сети также отмечает, что многие представители ЛГБТ считают, что они не просто проиграют судебное дело, если удастся его возбудить, но и что «это привлечет к ним только еще больше внимания, больше дискриминации и больше негативных последствий, чем позитивных». «Люди не хотят совершать публичный *coming out*, — добавляет Маша, — тем более если это СМИ, указывать свою фамилию в деле о ЛГБТ». Жертвы насилия могут вместо этого пойти в полицию и сообщить о нападении, «но скрыть причину», или вообще туда не пойти [интервью с Козловской].

Интернализованная гомофобия и самобичевание со стороны жертв — еще один фактор, объясняющий, почему представители ЛГБТ, чьи права были нарушены, неохотно обращаются в правоохранительные органы и суды. Как отмечает Полина Андрианова из «Выхода», российские граждане в целом, как правило, мало знают о своих правах, и в ЛГБТ-сообществе ситуация может усугубляться интернализованной гомофобией — люди «думают, что это все их вина, все что с ними происходит — это их вина, они не должны высовываться, афишировать свою ориентацию, поэтому если что-то с ними происходит — это их вина» [интервью с Андриановой].

Такие убеждения в сочетании со страхом быть публично разоблаченными сдерживают многих людей в продвижении судебного разбирательства вперед, даже если для этого есть основания. Кирилл Коротеев из «Мемориала» описывает дело о дискриминации на рабочем месте, которое, по его мнению, могло бы иметь успех в суде, но жертва предпочла не продолжать его. В этом случае учитель биологии, который также работал ведущим ток-шоу в научной программе радио «Свобода», обнаружил, что ему грозит увольнение за участие в публичных демонстрациях. Его вызвали в прокуратуру и допросили, но в итоге дело против него не было возбуждено, чем учитель остался доволен. Коротеев отметил, что, если бы учитель был активистом, «мы бы обратились в суд и сказали, что тот факт, что его вызывали в прокуратуру, уже является нарушением его прав и что его личные политические и социальные взгляды не имеют отношения к его преподаванию. Но он не стал заниматься этим делом» [интервью с Коротеевым]. Поход в суд с делом о правах ЛГБТ на рабочем месте иногда приносит положительный результат. Анна Балаш, лесбиянка, проживающая в Новосибирске, дважды подавала заявку на должность продавца в компании по производству изделий из дерева «Сиб-Альянс», и ей было отказано именно из-за ее сексуальной ориентации. Женщина обратилась в суд и получила компенсацию в 1000 рублей — эквивалент 15 долларов — в августе 2016 года. Согласно тексту письма с отказом (распространенного РЛГБТ-сетью), должность менеджера по продажам требовала работы с клиентами, «подавляющее большинство которых поддерживает традиционные семейные ценности», и в результате прием на работу человека с «нетрадиционной сексуальной ориентацией может привести к <финансовым> потерям» для компании [Sib.fm 2016].

По словам активистов, выступающих за права ЛГБТ, те, кто все-таки решает обратиться в полицию и пытается добиться справедливости в рамках российской системы, часто делают это из политических соображений, будучи активистами, и почти всегда осуществляют это с помощью ЛГБТ-организации, а не самостоятельно [интервью с Андриановой]. Подобная заинтересованность помогает выдержать процесс, который часто затягивается, вызывает негативные эмоции, а сам заявитель в ходе рассмотрения дела, как правило, сталкивается с дальнейшей дискриминацией со стороны полиции и в судах. Как отмечает Андрианова из «Выхода», при том что за месяц в программу юридической помощи на конфиденциальной основе обращается примерно 10 человек (сообщают об инцидентах или наводят справки), за судебное дело организация берется куда реже — и так же редко человек сам готов этим делом заняться:

> Мы определяем те дела, которые могут быть стратегически ценными, и тут надо согласие людей, чтобы открыто использовать их имя, и на это готовы в основном активисты. И наши дела идут в основном от активистов... кто уже вовлечен в активную защиту своих прав. Либо люди, которые выходят на уличные акции, в организациях волонтерами работают... как-то в публичной сфере уже действуют... [интервью с Андриановой].

Маша Козловская из РЛГБТ-сети соглашается: «Обращаются потому, что это активисты или люди околоактивистские с таким запалом, что хотят наказать виновных» [интервью с Козловской]. В силу ограниченности круга людей, от которых могут поступать дела, одной из задач «Выхода», как поясняет Андрианова, было «расширять круг активистов для того, чтобы стратегическое судопроизводство могло работать» [интервью с Андриановой].

ПРЕПЯТСТВИЯ НА ПУТИ ЭФФЕКТИВНЫХ СУДЕБНЫХ ДЕЙСТВИЙ: ДИСКРИМИНАЦИЯ ВНУТРИ СИСТЕМЫ

Как и в случае с женщинами, сообщающими о насилии в семье, те, кто пытается сообщить в полицию о нападениях, совершенных против ЛГБТ, обнаруживают, что их жалобы не воспринимаются всерьез, независимо от того, являются ли они активистами или нет. Правозащитные организации и группы по защите прав ЛГБТ отслеживают и предают огласке такие случаи, которые демонстрируют очевидную закономерность, если рассматривать их вместе. Например, в случае, который привлек внимание РЛГБТ-сети в 2011 году, женщина в Перми, на которую напали и которую затем ограбили двое мужчин, подойдя к ней на улице с просьбой о зажигалке, а также сделав «оскорбительное замечание о ее <сексуальной> ориентации», успешно подала заявление в полицию. Однако полиция «дала понять, что не собирается должным образом расследовать преступление, поскольку подобных инцидентов слишком много» [Kozlovskaia 2012: 22–23]. В истории из Москвы, когда гомосексуала в 2014 году избили и ограбили, преследуя за сексуальную ориентацию, пострадавший подал заявление в полицию, но преступник был освобожден вскоре после ареста [Russian LGBT-Network and LGBT Initiative Group «Coming Out» 2014: 6]. В том же году лесбийская пара подверглась нападению в метро в Санкт-Петербурге (преступник, как сообщается, сказал своим жертвам, избивая их, что, если они хотят, чтобы с ними «обращались как с женщиной, <они должны> выглядеть как женщина»), женщины подали заявление в полицию, но преступник не был привлечен к ответственности [Russian LGBT-Network and LGBT Initiative Group «Coming Out» 2014: 7]. Жертвы преступлений на почве ненависти, которые действительно хотят выдвинуть обвинения и возбудить дело, могут обнаружить, что им придется проявить настойчивость перед лицом бездействия полиции. В 2012 году в Омске трансженщина В. и ее друг-мужчина пели в караоке-кафе торгового центра, где им принялась угрожать физической расправой группа молодых людей. В. и ее спутник вызвали полицию, но потенциальные злоумышленники пообещали подождать пару внизу, что и сделали. Полиция прибыла через 45 минут, но оставалась в своей машине, пока В. и ее друга вытащили из торгового центра на виду у всех и несколько раз ударили (в том числе кастетом). Трансженщина позвала полицию, которая, наконец, вмешалась, но смогла задержать только двоих молодых людей. Хотя полиция доставила пострадавших в полицейский участок, а оттуда вызвала скорую помощь по настоянию жертв, «медики сказали, что у В. не было серьезных травм, и уехали». После записи заявления В. полиция разрешила всем уйти. В конце концов В. обратилась за оценкой в судебно-медицинский центр, который зафиксировал «множественные ушибы», а затем представила это в полицию. Тем не менее полиция отказалась возбуждать уголовное дело «за отсутствием убедительных доказательств». Только после того, как неделю спустя В. сделала рентген, который показал сломанное ребро, прокуратура возобновила дело по настоянию В. [Russian LGBT-Network and LGBT Initiative Group «Coming Out»: 25–26].

Даже те дела, которые кажутся очевидными преступлениями на почве ненависти и по которым выносятся обвинительные приговоры, могут не быть квалифицированы как преступления на почве ненависти и, следовательно, влекут за собой более мягкие наказания. В 2014 году в городе Вилючинске (Камчатский край) 36-летний мужчина был забит до смерти на вечеринке по случаю дня рождения после того, как, по сообщениям, признался в своей ориентации одному из гостей. Преступник был приговорен к одному году «исправительных работ», а не к тюремному заключению, и ему было предписано выплатить 1,5 миллиона рублей (примерно 40 000 долларов США) в качестве компенсации, поскольку суд установил, что он действовал «в состоянии крайнего эмоционального возбуждения» и, таким образом, не смог найти мотив, связанный с предвзятостью [Russian LGBT-Network and LGBT Initiative Group «Coming Out» 2014: 6–7][11]. Признавая эту проблему, в качестве одной из своих стратегий с 2014 году «Выход» сделал работу с делами, которые могут быть истолкованы как разжигание ненависти и преступления на почве ненависти, — в попытке заставить суды признавать преступления на почве ненависти против ЛГБТ-сообщества. Признание ненависти отягчающим обстоятельством при нападениях на членов ЛГБТ-

---

[11] Подробный анализ 22 российских судебных дел, касающихся убийств негетеросексуальных мужчин в период с 2010 по 2016 г., также показал, что суд, как правило, преуменьшает сексуальный аспект дела и сосредоточивается на «технических» аспектах убийств, а именно, на том, как именно было совершено убийство, как преступник пытался скрыть следы преступления и т. д. Такой анализ также показал, что почти во всех подобных делах фигурирует алкоголь и все они происходят в сфере частной жизни (см. [Шторн 2018: 73]).

сообщества увеличило бы шансы на вынесение более суровых приговоров. Но на сегодняшний день «суды пока не признают <такие преступления> как *hate crimes*, и их основание не признавать, потому что они считают, что ЛГБТ — это не социальная группа», и поэтому — по закону — не могут быть подвергнуты преступлению на почве ненависти [интервью с Андриановой]. Исследование российского социолога Александра Кондакова подтверждает это впечатление. Выполнив поиск по двум российским юридическим базам данных и систематически применяя набор критериев преступлений на почве ненависти к ЛГБТ к описанию найденных там дел (поскольку российские власти не ведут статистику по количеству преступлений на почве ненависти, ежегодно совершаемых против ЛГБТ-лиц), Кондаков обнаружил, что с момента принятия закона о пропаганде гомосексуализма выросло не только число преступлений на почве ненависти против членов ЛГБТ-сообщества, но и в выявленных им 307 преступлениях на почве ненависти, которые были зарегистрированы в период с 2010 по 2016 год, оказалось только четыре случая, когда суд квалифицировал инцидент как «преступление на почве ненависти» [Кондаков 2017: 13, 23, 47–48; Kondakov 2018a][12].

Активистка ЛГБТ-сети Маша Козловская в том же ключе утверждает, что правоохранительная система имеет лишь поверхностное представление о том, насколько представители ЛГБТ уязвимы для преступлений на почве ненависти. Сама Козловская столкнулась с этим препятствием, когда попыталась сообщить о физическом нападении на нее в 2013 году:

---

[12] Все четыре решения были вынесены в период между 2011 и 2013 гг., и три из четырех вынес один и тот же судья в Московской области; по мнению Кондакова, судья маркировал нападения как преступления на почве ненависти, повторяя формулировку следователя, исследователь отмечает, что такая формулировка хотя и должна была привести к более серьезному приговору, в этих случаях обвиняемым вменили не особенно тяжкие преступления (нанесение побоев и причинение легкого вреда здоровью), виновные получили условные сроки, так что в тюрьму им идти не пришлось. Однако Кондаков отмечает, что по этим делам обвиняемым были вынесены реальные приговоры, хотя их могли бы и просто оштрафовать [Kondakov 2018b, 2018a].

> Когда я подавала заявление в полицию о нападении на меня, и там было написано «ЛГБТ», «в связи с ненавистью к ЛГБТ», они меня спросили, что такое ЛГБТ. Если они понятия не имеют, что это, как они могут это расследовать? О том, что такие преступления являются преступлениями на почве ненависти, что их надо специально расследовать, они даже не знают, что это такое [интервью с Козловской].

Полиция может проявить такую некомпетентность или даже откровенную враждебность в отношении членов ЛГБТ-сообщества, которые обращаются в правоохранительные органы. Как объясняет Козловская, представители ЛГБТ, подвергшиеся нападению,

> думают, что в полиции подвергнутся еще большему насилию или еще чему-нибудь, или полиция не будет у них принимать заявление, потому что они ЛГБТ. Несколько случаев таких было, когда полиция препятствовала подаче заявлений. Был случай, когда... одна из жертв рассказывала, что на него напала целая группа, и когда он пришел писать заявление, его отвели в комнату, где сидела эта группа, и они давили на него, чтобы он забрал свое заявление или написал, что сам упал или подрался с другими, не с ними [интервью с Козловской].

Активисты, которым удается подать заявление в полицию, часто оказываются заложниками бюрократической игры — их пасуют друг другу следователи, прокуроры и судьи. Ход такого дела может начинаться с задержек, а затем превращаться в движение по кругу, когда следователь отказывается заниматься делом, жертва идет с возражениями в суд, а суд отклоняет возражение жертвы (поскольку решение о нарушении, принятое первым следователем, оказывается, было отменено). Этот процесс может повторяться до бесконечности, как мы видели применительно к делам о насилии в семье в главе 3.

В то время как у прокурора и суда в этих ситуациях цели, по-видимому, противоположные, перепасовка заявителя от одной инстанции к другой на самом деле — результат сговора между двумя частями системы, которые вместе намеренно препятствуют продвижению дела вперед. Аналогичная тактика используется, когда полицейские следователи стремятся избежать предъявления более серьезных обвинений лицам, совершившим нападения на протестующих активистов ЛГБТ. Как пояснил адвокат Кирилл Коротеев, в таких случаях (например, в случаях насилия в семье) следователи пытаются перевести разбирательство в сферу «частного обвинения» — судебную процедуру, где государственный следователь и прокурор не играют никакой роли, все рассматривается мировым судьей и обычно заканчивается штрафом и практически никогда — тюремным заключением виновного. Более серьезные обвинения приводят к «публичному преследованию» и сопровождаются более серьезным наказанием. Чтобы добиться предъявления публичного, государственного обвинения, необходимо доказать, что в результате нападения были причинены телесные повреждения средней тяжести или тяжкие, или что нападение сопровождалось «отягчающими обстоятельствами», такими как антиобщественный мотив — либо «хулиганские побуждения», либо «ненависть» [интервью с Коротеевым]. Иными словами, обвинения в «причинении легкого вреда здоровью» (статья 115) или «нанесении побоев» (статья 116), как правило, рассматриваются в порядке частного обвинения. Однако оба обвинения могут быть дополнены дополнительными мотивами «хулиганства» или «ненависти», которые подпадают под статьи 115 и 116, часть 2, пункты «а» или «б» соответственно. Эти дополнительные мотивы могут перевести обвинения в причинении легко вреда здоровью или нанесении побоев в сферу государственного обвинения.

В делах ЛГБТ, связанных с нападениями во время публичных демонстраций в Москве, Коротеев обнаружил, что «следователи всегда отказывались утверждать, что нападения были совершены по мотивам хулиганства или ненависти», и поэтому настаивали на том, чтобы дело рассматривалось в рамках «частного», а не публичного обвинения. Коротеев оспаривает решение следователя, обратившись в суд, после чего начинается перепасовка: прокурор отменяет решение следователя, а суд прекращает дело, поскольку решение следователя (решение, которое суд должен был пересмотреть) было отменено. Однако на следующий день следователь снова решает, что оснований для публичного обвинения нет, Коротеев обращается в суд, надзорный прокурор отменяет решение следователя, и суд снова отклоняет апелляцию. Для юристов-правозащитников это служит источником значительного разочарования, как отмечает Коротеев: «Это похоже на бесконечное хождение по кругу. У одного из моих коллег было девять раундов таких жалоб». Летом 2014 года Коротеев собирался начать третий раунд процесса по делу, в котором он и его коллега представляли ряд активистов по защите прав ЛГБТ, на которых было совершено нападение во время шествия против российского закона о «пропаганде гомосексуализма» в январе 2014 года. «На них было совершено довольно серьезное нападение, и у моего клиента <Сергея Илюпина> был сломан нос, что по-прежнему квалифицируется <только> как легкий вред здоровью», — поясняет Коротеев. Следователь сказал: «Хорошо, <причиненный> вред не является серьезным, мы не видим никаких отягчающих обстоятельств. Частное обвинение». Коротеев дважды обжаловал решение следователя, и это решение дважды было отменено, но адвокат был полон решимости продолжать процесс [интервью с Коротеевым].

В делах, подобных тем, с которыми работают Козловская и Коротеев, одна из целей участвующих в них адвокатов и активистов — как и в случае с адвокатами, работающими над вопиющими случаями насилия в семье, такими как у Шемы Тимаговой, — добиться более жестких приговоров в отношении лиц, совершивших нападения на ЛГБТ, поскольку фундаментальным аспектом дискриминации в правовой системе является систематическое нежелание серьезно относиться к таким нападениям. Убедить прокуроров в том, что нападение было мотивировано «отягчающими обстоятельствами», такими как «ненависть» — ключ к этому процессу. Однако прокуроры крайне редко классифицируют нападения на членов ЛГБТ-сообщества как «преступления на почве ненависти» — будь то с использованием статьи 282 Уголовного кодекса России о публичном «разжигании ненависти или вражды» в отношении социальных групп или путем присоединения мотива «ненависти» к нанесению незначительных телесных повреждений или побоев, используя статьи 115 или 116, часть 2, пункт «б»: «...по мотивам ненависти или вражды в отношении какой-либо социальной группы» [Правительство Российской Федерации 2012].

Права ЛГБТ, права женщин и права человека

В то время как многие ЛГБТ-жертвы преступлений на почве ненависти и объекты дискриминирующего российского законодательства предпочитают не пытаться получить возмещение через правоохранительную и судебную системы, те, кто прилагает усилия, как правило, делают это с помощью организаций, защищающих права ЛГБТ, и других правозащитных групп и нескольких юристов, которые работают с ними по таким делам. В дополнение к делам, касающимся физического насилия в отношении представителей ЛГБТ-сообщества, российские ЛГБТ-группы и связанные с ними юристы также работают с другими делами — от исков о дискриминации на рабочем месте до нарушений права на свободу слова и собраний, а также с исками, оспаривающими российские законы, запрещающие так называемую пропаганду гомосексуализма среди несовершеннолетних, и делами о поддержке ЛГБТ-организаций, на которые распространяется российский закон об «иностранных агентах», преследующий различные группы за участие в крайне расплывчато обозначенной «политической» деятельности при получении финансовой помощи из-за рубежа[13].

ЛГБТ-группы и юристы, работающие с сообществом, обычно занимаются несколькими типами дел. Дела РЛГБТ-сети в основ-

---

[13] Дела последнего типа могут завершаться по-разному: некоторым организациям удается оспорить статус «иностранного агента» в суде и добиться его отмены, другие уже предстали перед Конституционным судом России, и как минимум одно дело было передано в ЕСПЧ [интервью с Бартеневым]. О делах ЕСПЧ речь пойдет в главе 5.

ном касались преступлений на почве ненависти (нападений) и вопросов свободы собраний, когда организациям и активистам в регионах России запрещалось проводить публичные акции, такие как гей-парады или протесты за права ЛГБТ, или их на этих акциях задерживали. Касательно последних случаев Козловская объясняет: «Они вынуждены идти в суд в случае обвинения в пропаганде». Таким образом, сеть бралась и за дела, оспаривающие федеральные и региональные законы России, запрещающие «пропаганду» «нетрадиционной» сексуальности [интервью с Козловской]. У «Выхода» схожий спектр дел: «Сейчас у нас пять дел о преступлениях на почве ненависти, два дела о разжигании ненависти, а также случаи, когда люди незаконно задерживались во время уличных демонстраций» [интервью с Андриановой][14].

По словам Маши Козловской из РЛГБТ-сети, две крупные правозащитные группы, Московская Хельсинкская группа и «Мемориал», были для них чрезвычайно полезными партнерами, оказавшими помощь в рассмотрении дел о дискриминации ЛГБТ в суде и в мониторинге нарушений прав человека в отношении представителей ЛГБТ. Она также сообщила, что исполнительный директор Московской Хельсинкской группы Нина Таганкина входила в их консультативный совет:

> ...самый старейший наш партнер — это Московская <Хельсинкская> группа, а *mainstream NGO*, они в первых проектах нам очень помогали, и мы их до сих пор привлекаем, и они нас привлекают в своих проектах, в чем-то обучают нас. Кирилл Коротеев <из «Мемориала»> очень частый гость у нас и ведет дела наши по ЛГБТ-вопросам, привлекаем его к обучению юристов наших... Было несколько активистов, и они познакомились с МХГ, и МХГ предоставляла им помещения для встреч и здесь, и в Питере. Сейчас в Совете

---

[14] Подробнее об этих делах см. Лиза Макинтош Сандстром и Валери Сперлинг «Дела о дискриминации ЛГБТ в России и Европейском суде по правам человека» (Lisa McIntosh Sundstrom and Valerie Sperling. *LGBT Discrimination Cases in Russia and at the European Court of Human Rights*), неопубликованная рукопись, представленная на конвенции ASEEES в Филадельфии в ноябре 2016 г. [Sundstrom, Sperling 2016].

сети есть Нина Александровна Таганкина, которая работает в МХГ, она сейчас член Совета российского сети... С МХГ все нормально, у них никаких проблем нет, года три назад были лидеры в организации, которые скептически относились к ЛГБТ-правам, но сейчас не ставят под сомнение, порой даже выступают на эту тему [интервью с Козловской].

Активное взаимодействие некоторых российских правозащитных групп с ЛГБТ-группами демонстрирует явный контраст с минимальным участием этих же групп в решении вопросов прав женщин. Как мы отмечали ранее в главе, большинство правозащитных организаций, с которыми мы связывались, заявило, что они вообще не занимаются вопросами прав женщин или гендерного равенства и не рассматривают это как часть своего мандата, хотя в последнее время появилось несколько исключений. Кроме того, раскрывая свои стратегические приоритеты, представители нескольких правозащитных групп выразили заинтересованность в работе над правами женщин, но объяснили, что у них просто нет для этого времени и ресурсов. Таня Локшина, программный директор по России *Human Rights Watch*, объясняет:

Мы хотели что-то сделать провести исследование по проблеме насилия в отношении женщин, но [в стране] началась эскалация политического кризиса, кризиса с правами человека <на фоне оккупации Крыма и военных действий на востоке Украины >, и мы не уверены, что у нас в ближайшем будущем хватит ресурсов <для работы по теме домашнего насилия>. Мы хотим заняться правами женщин и проблемами репродуктивного здоровья на Северном Кавказе. Но я не уверена, что у меня такая возможность [из-за недостатка времени и ресурсов]. По вопросам гендерной дескриминации мы [в России] до сих пор не работали, а дел в российских судах в принципе не ведем [интервью с Локшиной][15].

---

[15] Несколько лет спустя, HRW провела крупный исследовательский проект по изучению домашнего насилия в России. URL: https://www.hrw.org/report/2018/10/25/i-could-kill-you-and-no-one-would-stop-me/weak-state-response-domestic-violence.

При этом она же рассказывает, что организация продолжительное время работала над большим исследовательским проектом по правам ЛГБТ в России: «HRW уделяет особое внимание насилию в отношении ЛГБТ; наш отчет по этому вопросу выйдет через три месяца, и мы сделали видео и брифинг по этому вопросу в феврале 2014 года» [интервью с Локшиной].

Мария Воскобитова из московского офиса Американской ассоциации юристов также сообщает, что организация в прошлом проводила тренинги по судебным разбирательствам по правам женщин, но после 2008 года в основном перестала заниматься гендерными вопросами и начала работать над правами ЛГБТ:

> Мы проводим программы для ЛГБТ в основном в этой области, меньше в гендерном плане... ЛГБТ-сообщество гораздо более активно и заметно. Они пытаются найти юридическую помощь, развивают собственную социальную сеть и социальные услуги для трансгендеров, например, ВИЧ-позитивных людей, а также для поддержки ЛГБТ. В гендерных НКО я такой тенденции не вижу [интервью ABA Воскобитовой].

Кирилл Коротеев из «Мемориала» продемонстрировал серьезную осведомленность о проблемах изнасилований и бытового насилия в отношении женщин, но заявил, что не обращался в суд по делам женщин. Однако он вел много дел о правах ЛГБТ, утверждая в этих делах, что действия обвиняемых представляют собой преступления на почве ненависти [интервью с Коротеевым]. Действительно, поскольку женщины не представляют собой меньшинство относительно остального населения, и часто бывает трудно обвинить государство в дискриминации в их отношении, заявителям было гораздо легче продемонстрировать дискриминацию по признаку этнической принадлежности, религии или, в последнее время, сексуальной ориентации. Как выразился Коротеев, в активе которого немало выигранных в ЕСПЧ дел: «Если женщину избивают, довольно трудно утверждать, что ее избили из-за ненависти ко всем женщинам», тогда как «когда дело доходит до гомофобного насилия, доказательств больше» [интервью с Коротеевым].

Несмотря на то что гомофобия в судебной и правоохранительной системах может ограничить эффективное использование правозащитными организациями российских судов, верно также и то, что гомофобия, в отличие от сексизма, намного шире признается как социальный стереотип, приводящий к преступлениям против отдельных лиц. Таким образом, для правозащитных групп и их адвокатов рассмотрение дел о правах ЛГБТ может иметь прагматическое преимущество перед рассмотрением дел о дискриминации по признаку пола.

Вывод

Барьеры, связанные с «основными правами» и сетевыми связями, которые не позволяют российским делам о дискриминации по признаку пола попасть в Европейский суд по правам человека, являются симптомом ряда проблем, с которыми сталкиваются активисты по защите прав женщин во всем мире. Во-первых, разногласия между повестками в области прав человека и проблематикой прав женщин характерны не только для России. Как отмечено в начале главы, нежелание признавать серьезность вопросов, связанных с правами женщин, — давняя проблема для правозащитных движений по всему миру. Наш анализ на местном уровне показывает, какими могут быть некоторые последствия этих трений для активисток-феминисток, которые по-прежнему не умеют пользоваться судебными инструментами, доступными для правозащитных организаций.

Конечно, межсетевая динамика в сообществе активистов — не единственная причина, почему дела о дискриминации по признаку пола не попадают из России в ЕСПЧ. Как обсуждалось в главах 2 и 3, есть целый ряд масштабных причин, почему в российском обществе дискриминация по признаку пола до сих пор не признается широко как явление, кроме того, на социально-политической арене царит вопиющий сексизм, который в последние годы только усилился [Sperling 2015].

Однако проблемы эти не сводятся к локальным. Как мы увидим в следующей главе, в самом ЕСПЧ традиционно наблюдалось нежелание выявлять нарушения в связи с дискриминацией по признаку пола в соответствии со статьей 14, и это относится к делам, возбуждаемым в государствах — членах Совета Европы. Тем не менее дело Опуз [Opuz v. Turkey] и несколько других дел в ЕСПЧ в последние годы указывают на значительный сдвиг в сторону большей готовности рассматривать такие дела. Возможно, настало время для активных усилий по созданию более обширной практики по делам, связанным с дискриминацией по признаку пола, особенно в области насилия в отношении женщин. Аналогичная ситуация может сложиться с делами о преступлениях на почве ненависти в отношении представителей ЛГБТ-сообщества в России, поскольку такие дела аналогичным образом свидетельствуют о неспособности государства защитить своих граждан. В следующей главе рассматриваются взгляды российских юристов и активистов на препятствия на уровне ЕСПЧ на пути создания международной прецедентной практики по делам о дискриминации по признаку пола, которые, в свою очередь, могут быть использованы для содействия отправлению правосудия в российских судах.

5. Международные препятствия к рассмотрению российских дел о гендерной дискриминации в Европейском суде по правам человека

Дел по статье 14 мало, а стандарты доказательств очень высоки... Суд просто не хочет выпускать джинна из бутылки...

Григор Аветисян, юрист SJI, Москва

Хотя передача дел о гендерной дискриминации в российскую судебную систему и проведение их через нее — задача, по целому ряду причин, довольно сложная (почему — мы объясняем на протяжении трех предыдущих глав), доведение их до Европейского суда по правам человека в некотором смысле работа столь же непростая, а зачастую столь же неблагодарная. После исчерпания внутренних средств правовой защиты российские граждане могут обращаться со своими делами за границу, но для признания роли дискриминации по признаку пола в жалобах граждан международные инструменты правосудия не всегда интуитивно понятны или открыты.

В этой главе мы рассматриваем существующее прецедентное право ЕСПЧ по гендерной дискриминации, в том числе и по делам в России, а затем исследуем ряд препятствий на пути к получению в Суде удовлетворительных решений по делам о дискриминации по признаку пола в России. Большая часть этих препятствий проистекает из практики Суда: начиная с непосредственно отношения к делам о дискриминации (например, нежелание судей открывать «ящик Пандоры», принимая широкий взгляд на гендерную дискриминацию, а также высокие стандарты доказательств, которые Суд требует для доказательства моделей дискриминации в целом) и заканчивая общими правилами приемлемости (т. е. отказ объяснить, почему то или иное дело признано недопустимым к рассмотрению, отсутствие ясности в отношении того, как далеко нужно зайти во внутригосударственной правовой системе, прежде чем иметь право обращаться в Суд, и тот факт, что дела о дискриминации при найме на работу в соответствии с основными статьями Европейской конвенции о правах человека не рассматриваются). Процесс подачи заявления также является длительным, и решения ЕСПЧ, хотя и являются для российского правительства технически обязательными, не поддерживаются механизмами, гарантирующими их исполнение, и могут нести риски для самих заявителей. Мы также изучаем дела ЛГБТ и то, как к ним относятся в Суде, их схожесть с делами о гендерной дискриминации в этой области и отличие от них. Это исследование дает представление о том, как Суд рассматривает дискриминацию, а именно, обнаруживает, что дискриминирующие законы выявить легче, нежели обнаружить дискриминирующее отношение. Наконец, мы исследуем взаимосвязь между ЕСПЧ и другими международными конвенциями: Конвенцией ООН о ликвидации всех форм дискриминации в отношении женщин и Конвенцией Совета Европы о предотвращении и пресечении насилия в отношении женщин и домашнего насилия (Стамбульская конвенция). Ссылки на эти две конвенции помогли Суду в утверждении, что в ряде случаев гендерная дискриминация имела место. В случае с КЛДЖ, который рассматривает дела и получает отчеты о гендерной дискриминации, его существование предоставило как хранилище для подробных отчетов стран о дискриминации в отношении женщин (что помогает доказывать в ЕСПЧ наличие дискриминирующих практик), так и специальное место, где дела могут рассматриваться вместо ЕСПЧ.

Существующее в ЕСПЧ прецедентное право в делах о гендерной дискриминации

В некоторой степени ЕСПЧ считает дискриминацию по признаку пола и другие формы дискриминации (например, по признаку этнической или религиозной принадлежности) менее фундаментальными, чем нарушения других статей Европейской конвенции о правах человека (ЕКПЧ). Статья 14 Конвенции гласит, что запрещена дискриминация по признаку «пола, расы, цвета кожи, языка, религии, политических или иных убеждений, национального или социального происхождения, принадлежности к национальному меньшинству, имущественного положения, рождения или иного статуса», но только в отношении прав и свобод, предусмотренных другими статьями Конвенции, такими как нормы о запрете пыток и бесчеловечного или унижающего достоинство обращения (статья 3); праве на справедливое судебное разбирательство (статья 6); праве на уважение частной и семейной жизни (статья 8); и свободу собраний (статья 11) [European Convention on Human Rights 2010: 12]. Другими словами, статья 14 не может использоваться для жалоб на дискриминационное обращение сама по себе; ее можно использовать только вместе с другим правом, указанным в Конвенции[1]. Более того, поскольку Конвенция регулирует только нарушения со стороны государственных субъектов, ее возможности в отношении дискриминации по признаку пола, которая часто происходит в негосударственной среде, такой как места работы, ограничены.

---

[1] Протокол № 12 ЕКПЧ, который вступил в силу в 2005 г. после ратификации 10 государствами Совета Европы, пытается устранить это ограничение. Протокол 12 расширяет запрет на дискриминацию за пределы прав, предусмотренных Конвенцией, гарантируя, что «никто не будет подвергаться дискриминации по какому-либо признаку со стороны какого-либо государственного органа». Однако Россия не ратифицировала Протокол 12, что будет обсуждаться в разделе «Приемлемость: дела о дискриминации при приеме на работу» [Council of Europe Treaty Office. «Details of Treaty № 177», б. д.].

Всего до конца 2017 года было зафиксировано 34 дела, в которых ЕСПЧ обнаружил нарушения статьи 14 в отношении дискриминации по признаку гендера или пола. Первый случай, когда Суд признал наличие такого нарушения, нашел отражение в решении 1985 года по делу *Abdulaziz, Cabales and Balkandali v. UK* [Besson 2008: 657]. В этом случае три женщины, проживающие в Великобритании, подали успешный иск на основании того факта, что их мужьям не разрешалось селиться в Великобритании, тогда как женам мужчин, проживающих в Великобритании, было легче въехать и остаться в этой стране. Как мы увидим далее, решения по большинству других дел ЕСПЧ по статье 14, таких как дело Константина Маркина об отпуске по уходу за ребенком [*Константин Маркин против России*], основывались на идее запрещения гендерной дискриминации в кодифицированной государственной политике. Действительно, после решения по делу Абдулазиз Суд не обнаружил ни одного другого нарушения статьи 14 по признаку пола до 1993 г. — в деле [*Schuler-Zgraggen v. Switzerland*], касающемся письменно зафиксированной государственной политики распределения государственных пенсий. Как мы отмечали в главе 1, Суд установил только пять нарушений статьи 14, связанных с дискриминацией по признаку пола, с 1985 по 1990-е гг., затем семь с 2000 по 2008 год и 21 нарушение между решением по делу [*Opuz v. Turkey*] о домашнем насилии 2009 года и декабрем 2017 года [HUDOC database]. До недавнего времени наиболее регулярным источником успешных исков о дискриминации по признаку пола в ЕСПЧ была Великобритания; однако Турция недавно обогнала ее и теперь является ведущей страной — источником решений по гендерной дискриминации, в то время как Швейцария сейчас отстает от Великобритании лишь немного. В течение многих лет Суд не хотел признавать государственных чиновников виновными в такой дискриминации на основании неписаных моделей поведения, в рамках которых чаще всего и случается дискриминация. Однако изменения уже происходят; начиная с 2009 года, с дела Опуз, по 2017 год ЕСПЧ пять раз выносил решения о дискриминирующем поведении государственных властей в случаях насилия по гендерному признаку.

ЕСПЧ обычно выносил решения по делам об изнасиловании или домашнем насилии в соответствии со статьей 3 (бесчеловечное или унижающее достоинство обращение), но традиционно не рассматривал дела о насилии в отношении женщин как свидетельство бесчеловечного или унижающего достоинство обращения, которое в случае признания указывало бы на релевантность статьи 14 о дискриминации по признаку пола [Londono 2009: 657] женщин, что равносильно дискриминации по признаку пола.

ЕСПЧ начал рассматривать дела о домашнем насилии и других случаях насилия в отношении женщин как подходящие для рассмотрения в соответствии со статьей 14 только относительно недавно. Дело [*Bevacqua v. Bulgaria*], решение по которому было вынесено в 2008 году, первым указало, что «неспособность защитить от домашнего насилия представляет собой гендерную дискриминацию» [Radacic 2008: 856–857]. В этом деле заявительница утверждала, что болгарское государство не смогло защитить ее и ее сына от неоднократных насильственных нападений со стороны ее партнера-мужчины, нарушающих ее права по статье 8 (в отношении вмешательства государства в частную и семейную жизнь). Суд подчеркнул в своем решении, что «рассмотрение спора как "частного дела" несовместимо с обязанностью болгарских властей защищать семейную жизнь заявителей» [European Court of Human Rights 2014a: 7–8]. Однако, хотя Беваква в своей жалобе заявила о нарушениях статей 8 и 14 (а также статей 3 и 13), ЕСПЧ решил рассмотреть дело только в соответствии со статьей 8, не сделав никаких комментариев относительно применимости статьи 14 и, таким образом, оставив неустановленной связь между домашним насилием и дискриминацией по признаку пола [*Bevacqua v. Bulgaria*].

Историческое решение ЕСПЧ по делу [*Opuz v. Turkey*] действительно включило статью 14 в свои выводы, что, похоже, изменило способ рассмотрения и толкования подобных дел в будущем

[Londono 2009]. Дело Опуз касалось неоднократного домашнего насилия, направленного против заявительницы, а также убийства матери заявительницы зятем. ЕСПЧ пришел к выводу, что была нарушена статья 2 (поскольку турецкие власти не приложили достаточно усилий для защиты жизни матери заявительницы) и что статья 3 (пытки / бесчеловечное обращение) была нарушена из-за случаев неоднократного домашнего насилия, которому подверглась заявительница, и в силу неспособности государства защитить ее. Суд дополнительно установил, что статья 14 была нарушена в совокупности со статьями 2 и 3, поскольку заявительница жаловалась, что она и ее мать подверглись дискриминации по признаку пола: то есть было трудно представить, что подобная ситуация могла возникнуть, если бы заявительница была мужчиной. Суд установил, что турецкие власти проявили нежелание вмешиваться в «семейные дела», несмотря на явную и неминуемую угрозу жизни заявительницы и ее матери [*Opuz v. Turkey*].

В деле Опуз Суд установил, что статья 14 была нарушена, поскольку, как убедительно отметила заявительница, мужчины вряд ли стали бы жертвами подобных нарушений — а если бы это было так, они бы не столкнулись с подобным бездействием со стороны правоохранительных органов [*Opuz v. Turkey*]. Считая домашнее насилие подпадающим под действие статьи 14, ЕСПЧ постановил, что пассивность турецкого государства по отношению к женщинам, ставшим жертвами домашнего насилия, в сочетании с тем фактом, что такое насилие затрагивает женщин непропорционально, действительно равносильна дискриминации. Позже, в 2013 году, в деле [*Eremia v. The Republic of Moldova*] ЕСПЧ аналогичным образом установил, что государственные правоохранительные органы, помимо нарушения статьи 14, нарушили статьи 3 и 8, допустив постоянное домашнее насилие со стороны мужчины против своих жены и детей. Суд установил, что

> действия властей не были простой неудачей или промедлением в борьбе с насилием в отношении жертвы, а были равносильны неоднократному попустительству в отноше-

нии подобного насилия и отражали дискриминирующее отношение к заявительнице как к женщине [European Court of Human Rights 2014a].

Два аналогичных постановления ЕСПЧ против Молдовы в 2013 и 2014 годах подкрепили эту точку зрения Суда касательно дискриминации со стороны государственных органов в отношении женщин — жертв домашнего насилия [*Mudric v. The Republic of Moldova*; *T. M. and C. M. v. The Republic of Moldova*]. Совсем недавно, в 2016 г., Суд аналогичным образом установил нарушения статьи 14 в двух дополнительных делах о домашнем насилии из Турции: [*M. G. v. Turkey*] в марте (где основанием для дискриминации было фактически семейное положение, а не пол, поскольку турецкий закон не гарантировал разведенным женщинам такую же защиту от насилия, как и замужним женщинам) и [*Halime Kılıç v. Turkey*] в июне[2]. Эти дела позволяют предположить, что Суд все чаще принимает решения по статье 14 в случаях, когда модели дискриминации по признаку пола помогают признать нарушения ЕКПЧ, но до недавнего времени Суд был непоследователен и, как правило, не слишком активно двигался в этом направлении.

По состоянию на 2008 год истцами в большинстве исков о гендерной дискриминации в ЕСПЧ являлись мужчины, хотя женщины становились жертвами гендерной дискриминации куда чаще [Radacic 2008: 844]. Три решения ЕСПЧ по жалобам российских заявителей на дискриминацию по признаку пола отражают эту общую картину. Константин Маркин, военнослужащий, который пытался получить трехлетний отпуск по уходу за ребенком, доступный для женщин-военнослужащих, безуспешно утверждал в Конституционном суде России, что эта дискриминационная политика противоречит конституционным гарантиям равенства полов. Однако ЕСПЧ установил, что статья 14 была нарушена в совокупности со статьей 8 (вмешательство государства в част-

---

2   Эти дела более подробно обсуждаются в главе 6.

ную и семейную жизнь) [*Konstantin Markin v. Russia*]. Одним из оснований для решения ЕСПЧ было то, что дифференцированное отношение к политике отпуска по уходу за ребенком усиливается и оправдывается существующим и вредным стереотипом, будто женщины несут единоличную ответственность за воспитание и уход за детьми [*Konstantin Markin v. Russia*: § 141]. Как и в решении по делу Опуз, ЕСПЧ в этом деле сослался на КЛДЖ и его полномочия по разрушению практик, основанных на половых стереотипах [*Konstantin Markin v. Russia*: § 51].

Во внутреннем, российском контексте у дела Маркина было два исхода. Одним из них стало потенциальное изменение политики. На момент принятия решения по делу Маркина другие подразделения сил безопасности России, за исключением вооруженных сил (например, Федеральная служба безопасности, полиция (Министерство внутренних дел), пожарные) разрешали своим сотрудникам-мужчинам брать отпуск по уходу за ребенком [интервью с Воскобитовой]. После решения по делу Маркина был внесен проект норматива, позволяющего мужчинам в вооруженных силах делать то же самое [интервью с Антоновой], хотя ввести его в действие еще предстоит. Второй результат заключался в том, что Конституционный суд России поставил под сомнение необходимость автоматического принятия решений ЕСПЧ (и изменения российских законов), когда ЕСПЧ находит российские законы противоречащими Европейской конвенции [интервью с Мишиной].

Большая палата ЕСПЧ заслушала второе дело российских мужчин о дискриминации по признаку пола в апреле 2016 года. В деле [*Khamtokhu and Aksenchik v. Russia*] заявители, которые первоначально обращались в суд с аналогичными исками по отдельности, заявляли о нарушении статьи 14 на основании половой принадлежности в сочетании со статьей 5 (право на свободу и безопасность), основанной на положении Уголовного кодекса Российской Федерации, который разрешает приговаривать к пожизненному заключению мужчин в возрасте от 18 до 65 лет, осужденных за определенные тяжкие преступления, но запрещает его для всех женщин [European Court of Human Rights 2016b]. Дело [*Khamtokhu and Aksenchik v. Russia*] было признано частично приемлемым в мае 2014 года и передано в юрисдикцию Большой палаты, где судьи вынесли решение против заявителей в январе 2017 года. Среди судей ЕСПЧ, вынесших решение по делу, возникли существенные разногласия относительно того, как следует рассматривать жалобу о дискриминации по признаку пола, но в решении, вынесенном большинством (10 голосов против 7), утверждалось, что имеются достаточные основания, связанные с защитой женщин в состоянии беременности и материнства, а также непропорционально большого ущерба, наносимого женщинам-заключенным, а также с тем, что пожизненные приговоры выносятся лишь небольшой группе населения, что опровергает утверждение заявителей о нарушении статьи 14 и дискриминации по признаку пола [*Khamtokhu and Aksenchik v. Russia*: § 82].

В июле 2018 года ЕСПЧ принял окончательное решение по третьему делу о дискриминации по признаку пола в России. Заявление также было подано мужчиной, гражданином России Сергеем Леоновым, который утверждал, что решение московского суда о предоставлении опеки над его сыном супруге Леонова, с которой они проживали раздельно, было основано на дискриминации по признаку пола. Леонов безрезультатно утверждал, что местный судья, слушавший его дело, считал, что опеку над ребенком можно предоставить только матери. Суд установил, что ни статья 8 (уважение частной и семейной жизни), ни статья 14 (дискриминация) не были нарушены, поскольку национальные суды по делу Леонова вынесли свои решения, исходя из наибольших интересов ребенка и конкретных обстоятельств дела, а не продемонстрировали предвзятость в отношении пола потенциального опекуна [*Leonov v. Russia*].

Дело *Молодая женщина И. против РЖД* [Улитина 2013] представляет собой интересную вариацию на тему того, насколько мужчины обычно бывают успешны в делах о гендерной дискриминации. Это дело, которое в конечном итоге было разрешено в российском суде в пользу заявительницы, возникло, когда рассматриваемая молодая женщина (Ольга Иванченко) купила билет в женское купе ночного поезда, где обнаружила мужчину, в руках у которого был билет в это купе, предназначенное только для женщин. Кондуктор и начальник поезда не только отказались пересадить мужчину за пределы женского купе, но и обвинили молодую женщину в «дискриминации мужчин», потому что она отказалась остаться с ним в купе на ночь. Другими словами, у железнодорожников в этой ситуации было желание сосредоточиться на выполнении заказа мужчины, купившего билет, на который он не имел права, а не на том, чтобы рассматривать законную жалобу женщины, купившей билет в женское купе, чтобы избежать риска, связанного с проведением ночи в одном купе с незнакомым мужчиной. НКО по оказанию правовой помощи («Сутяжник» и «Женский юрист»), которые взяли на себя дело, утверждали, что железнодорожная компания не оказала обозначенную услугу, приобретенную заявительницей (купе только для женщин), а также утверждали, что пассажирка подверглась домогательствам и дискриминации по признаку пола. Мировой суд установил, что права Иванченко как потребителя были нарушены, но при принятии решения о размере компенсации не упомянул обвинение в дискриминации [Улитина 2013; Сутяжник-Пресс 2014].

Возможно, судебные дела уровня «человек укусил собаку», когда лица, принадлежащие к группе с доминирующим статусом, возражают против дискриминации, могут показаться более явными случаями дискриминации, чем те, в которых о дискриминации заявляют женщины. Случаи дискриминации в отношении женщин могут остаться незамеченными или быть ничем не примечательными (или могут оказаться не признанными судом), потому что неравное обращение с мужчинами и женщинами принято считать естественным и нормальным, если такое обращение имеет тенденцию отдавать предпочтение мужчинам (например, случай с неравной оплатой труда, или когда предполагается, что женщины будут в первую очередь заботиться о детях).

К 2009 году, однако, адвокаты заявителей в Европейский суд начали выдвигать очень четкие и убедительные аргументы относительно халатности государства в защите женщин от домашнего насилия, и вес решений ЕСПЧ начал смещаться в сторону большего количества выводов о дискриминации в отношении женщин. После постановления по делу Опуз 10 из 15 решений, устанавливающих дискриминацию по признаку пола, касались заявителей-женщин, заявлявших о дискриминации, и шесть из них касались неспособности государства защитить их от домашнего насилия [HUDOC database].

Дела о гендерной дискриминации в России: почему так мало?

Как мы видели в главах 2, 3 и 4, в России на национальном уровне существует множество препятствий, не дающих таким делам вообще доходить до ЕСПЧ. Эти факторы уходят корнями в сексистские убеждения, широко распространенные в российском обществе. Подобные заблуждения встречаются не только в России но и за ее пределами. Они включают в себя правовую и правоохранительную культуры, не воспринимающие насилие в отношении женщин как часть модели гендерной дискриминации, в которых «сваливание вины на жертву» остается широко распространенным явлением. Это ведет к еще одному препятствию: нежеланию женщин обращаться в правовую систему с жалобами на гендерную дискриминацию, поскольку они могут воспринимать систему как враждебную к таким жалобам и опасаться социального и финансового ущерба, который им может причинить подобный процесс. Конкретные препятствия судебному преследованию за насилие в семье во внутренней правовой системе, такие как требование (которое существовало до внесения изменений в Уголовный кодекс РФ в 2016 году) о том, что жертвы должны вести свои собственные дела («частное обвинение»), также отпугивают женщин и не способствуют возбуждению или рассмотрению дел в российских судах[3]. Более того, отсутствие гендерного сознания сказывается и на

---

[3] Подробнее о соответствующем изменении статьи 116 Уголовного кодекса РФ см. главу 3.

самих русских женщинах. Это приводит к тому, что немногие из них признают дискриминацию (будь то при приеме на работу, в случае насилия со стороны партнера или в любом другом контексте) незаконной. С этой точки зрения домашнее насилие, изнасилование и сексуальные домогательства не рассматриваются как несоразмерно затрагивающие определенный класс людей (женщин) и, следовательно, как дискриминирующие. Точно так же немногие юристы знакомы с этой практикой и готовы работать с делами о дискриминации по признаку пола, что снижает для жертвы дискриминации вероятность встретиться с адвокатом, обладающим навыками или интересом для передачи дела в суд (на национальном или международном уровнях).

Эти препятствия замедляют успешное доведение дел о дискриминации по признаку пола в России до решений в ЕСПЧ. В следующих нескольких разделах главы рассматриваются препятствия, существующие на уровне ЕСПЧ, начиная с тех, что заложены в практике Суда, правил приемлемости ЕСПЧ, а также тенденций Суда более охотно признавать дискриминацию, когда она является результатом дискриминационного закона, чем когда это проистекает из дискриминационного отношения со стороны преступника.

СУДЕБНАЯ ПРАКТИКА: ГЕНДЕРНАЯ ДИСКРИМИНАЦИЯ КАК ЯЩИК ПАНДОРЫ

Наши респонденты, которые пытались стратегически использовать судебные разбирательства в сфере прав у себя дома в России, преследовали аналогичные цели при подаче исков по статье 14 в ЕСПЧ. Большинство респондентов, обладающих опытом отправки дел в Суд, признают как минимум некоторое нежелание со стороны Суда выявлять нарушения статьи 14; именно поэтому они подают заявления, которые, как они надеются, побудят Суд сделать это. Но почему Суд не стремился признавать нарушение этой статьи?

Одна из московских групп, «Правовая инициатива», партнеры *Stichting Justice Initiative* (SJI), подозревает, что судьи боятся «выпустить джинна из бутылки» в связи с широко распространенными проявлениями дискриминации, с которыми государствам придется бороться, если Суд будет чаще использовать статью 14 в своих решениях. Вместо этого, как установили активисты, Суд предпочитает быть более «эффективным» и обычно выявляет нарушение одной из основных статей и не признает связанные с этим нарушения статьи 14 [интервью с Аветисяном]. Адвокат Григор Аветисян из SJI заявляет, что судьи Суда «очень консервативно относятся к этой статье, планка очень высокая, стандарт доказывания очень высокий, и он лежит на заявителе» [интервью с Аветисяном].

Для успешного заявления о том, что дискриминация является составной частью нарушения Конвенции, необходимо, чтобы жертва предоставила неоспоримые доказательства. Однако, как известно, факт дискриминации трудно доказать. Чтобы доказать дискриминацию и таким образом потенциально получить удовлетворительный результат по статье 14, доказательства должны убедительно свидетельствовать о том, что заявитель подвергся нарушению прав именно потому, что он или она были членом определенной идентифицируемой в обществе группы. Даже в области расовой дискриминации, нарушение которой, как утверждали наши респонденты, доказать легче и где решений ЕСПЧ, устанавливающих нарушения статьи 14 больше, чем в отношении дискриминации по признаку пола, по утверждению Мари-Бенедикт Дембур, ЕСПЧ доказал свою чрезвычайную пассивность в обнаружении фактов дискриминации из-за нежелания клеймить государства — члены Совета Европы «расистскими» [Dembour 2009: 50]. Она считает примечательным, что единственными государствами в Совете Европы, в которых Суд установил наличие расовой дискриминации, были страны, против которых подавали иски о дискриминации в отношении рома, особенно страны Восточной Европы, недавно вошедшие в СЕ, которые многие западные европейцы считают «нецивилизованными», даже несмотря на то, что расовая дискриминация всегда существовала и в странах Западной Европы [Dembour 2009: 51].

В российском контексте этот высокий порог доказательств можно проиллюстрировать двумя отдельными заявлениями в ЕСПЧ, поданными Ильясом Тимишевым, гражданином чеченского происхождения, который жаловался на то, что преследование на основании этнической принадлежности (дискриминация) привело к отказу в пропуске или серьезной задержке на контрольно-пропускных пунктах вдоль дороги, пересекающей два российских региона между Грозным (Чечня) и Нальчиком (Кабардино-Балкария), дважды — в 1999 и 2006 годах. Его первоначальное заявление 1999 года закончилось выявлением нарушения статьи 14 в ЕСПЧ [*Тимишев против России*]. Тем не менее его ходатайство по делу 2008 года было признано судом неприемлемым еще на ранней стадии, несмотря на аналогичные обстоятельства и помощь со стороны двух НКО, которые предоставили систематизированные данные и юридическое представительство: *Open Society Justice Initiative* и нижегородское отделение организации «Комитет против пыток» [Open Society Foundations 2015].

Некоторые из наших собеседников считали, что столь высокий порог для доказательства дискриминации представляет собой серьезный барьер для признания Судом нарушений статьи 14 и даже для решений некоторых юристов о подаче иска по статье 14:

Статья 14 — это тяжелый случай, потому что ее приходится использовать в сочетании с другой существенной статьей, и ее трудно провести через ЕСПЧ. Необходимо показать, что это отношение применимо к определенной группе людей и то, как именно эта группа определяется. Это основная трудность для российских юристов, потому что это действительно сложно доказать [интервью с Воскобитовой].

Вот когда мы встречаемся с этим узким кругом юристов, мы постоянно думаем именно об этом. Мы пришли к выводу, но это наши догадки, точно мы не можем сказать, но мы подозреваем, что не хватает доказательств. По тем делам, по которым не признавали 14-ю статью, так и писали, что недостаточно данных для доказательства того, что это была дискриминация по признаку пола [интервью с Давтян].

ЕСПЧ в целом не возражает против применения статьи 14, но это зависит от конкретного адвоката. Иногда это очевидно, как в случае с Маркиным, когда закон по-разному применялся к мужчинам и женщинам, но есть и другие случаи, когда не так очевидно, что дискриминация обязательно является частью дела. Вам необходимо предоставить довольно много убедительных доказательств для того, чтобы ЕСПЧ принял положительное решение по статье 14 [интервью с Бартеневым].

Что касается, в частности, дискриминации по признаку пола, легко понять нежелание судей навешивать ярлык гендерной дискриминации, заслуживающей расследования по статье 14, на дела о насилии в отношении женщин, которые плохо расследуются, за которые не предусмотрено достаточного наказания или в которых власти государства изначально должны были сделать для предотвращения насилия больше. К сожалению, массовый характер таких дел может создать для Суда уйму проблем. Число женщин, подвергшихся изнасилованию и домашнему насилию, огромно, в том числе в государствах Совета Европы, и нетрудно представить себе поток жалоб, который в короткие сроки захлестнет ЕСПЧ[4]. Фактически Суд утверждал в нескольких своих постановлениях, что государства — члены Совета Европы, уличенные в дискриминации по признаку пола, должны основательно аргументировать основания для подобного обращения (в то время как обычно государствам разрешается оправдывать нарушения Конвенции «сферой усмотрения», обусловленной обстоятельствами конкретной страны). Эти утверждения суда основываются на том, что «продвижение равенства полов является сегодня основной целью в государствах — членах Совета Европы»

---

[4] Хотя статистические данные о насилии в отношении женщин в СЕ как таковые отсутствуют, по данным Европейской комиссии, каждая третья женщина, проживающая в странах Европейского союза, «подвергалась физическому и/или сексуальному насилию с 15 лет» [European Commission, б. д.]. Всемирная организация здравоохранения также обнаружила, что во всем мире около 35 % женщин подвергаются сексуальному или физическому насилию в течение своей жизни [WHO 2016].

[*Abdulaziz, Cabales and Balkandali v. The United Kingdom*; Besson 2008: 665]. Несмотря на то что Суд таким образом поддерживает «равенство полов», у юристов, рассматривающих дела о гендерной дискриминации, все еще складывается впечатление, что для успешного заявления о нарушении статьи 14 они обязаны представить особенно убедительные доказательства.

СУДЕБНАЯ ПРАКТИКА: МОДЕЛЬ ДОКАЗАТЕЛЬСТВА

Чтобы установить факт гендерной или любой другой дискриминации, перечисленных в статье 14, Суд обычно требует доказать наличие практики преднамеренной дискриминации, а не просто факта нарушения прав человека в рассматриваемом деле, поскольку трудно доказать, что один человек подвергся насилию из-за своей идентичности. Модели и практику дискриминации установить нелегко. Во-первых, может отсутствовать сбор официальных данных государственными органами. В России, например, не собираются статистические данные о домашнем насилии, а также не собираются общенациональные или даже местные данные о сообщениях о сексуальных домогательствах. Сергей Голубок, юрист, занимающийся различными делами о нарушениях прав человека в Санкт-Петербурге, обнаружил, что сбор статистических данных о системе правосудия в целом был проблемой для юристов в России, которые сталкиваются с этим закрытым и кулуарным процессом, когда ищут информацию:

> У нас недостаточно статистических данных и возможностей, чтобы исследовать этот процесс изнутри, как практики. В ЕСПЧ, например, находится дело юриста из Хабаровска, который запросил информацию о количестве возбужденных дел по конкретному положению Кодекса об административных правонарушениях РФ. Его запрос о предоставлении информации был отклонен властями. Это дело — хороший пример секретности внутреннего расследования с точки зрения того, как они предоставляют информацию о своей деятельности [интервью с Голубком].

Сбор официальной статистики для обоснования наличия практики санкционированной государством дискриминации (по признаку пола или иным образом) может оказаться невозможным. Без таких данных утверждать в ЕСПЧ, что конкретный случай представляет собой образец исходящей от государства дискриминации, очень тяжело. Однако, инициируя несколько дел одного и того же типа, российские юристы-правозащитники могут попытаться использовать сам ЕСПЧ или другие международные механизмы отчетности, как указано далее, чтобы нарисовать картину нарушений в отсутствие официальной статистики или при столкновении с государственными органами или чиновниками, не склонными к сотрудничеству. Голубок подчеркнул, что доведение подобных проблем до ЕСПЧ, в том числе и повторно, если это было необходимо, было шагом в попытке создать список нарушений и тем самым доказать наличие практики или определенной модели поведения: «Вот почему правильно обращаться в ЕСПЧ, ведь ЕСПЧ, в конце концов, играет важную роль в фиксации нарушений для истории» [интервью с Голубком].

Хотя документирование самих нарушений прав человека может представлять для заявителей в ЕСПЧ проблему (например, в делах о физических пытках и унижающем достоинство обращении, основанных на статье 3), документальное подтверждение намерений, стоящих за этими нарушениями (т. е. установление дискриминирующего мотива), является еще более сложной задачей. Фуркат Тишаев из SJI объясняет, что гендерная дискриминация является потенциальным мотивом актов насилия в отношении женщин:

> Дел по насилию, избиению, убийствам и пыткам от России много идет в ЕСПЧ, вы сами знаете статистику по ЕСПЧ. И часть из них касается женщин. Но если вы говорите о 14-й статье, здесь нужно доказывать, что был умысел именно дискриминировать женщину, потому что ее не воспринимают как полноправного субъекта правоотношений. Если у нас есть тысячи других дел по избиениям, пыткам, изнасилованиям в тюрьмах, здесь женщине нужно создать эту разницу, причем не то чтобы создать, ее нужно юридически доказать. И вот здесь очень большой подводный камень

> таится, потому что ни один следователь никогда не напишет, что он не считает женщин полноправными участниками, никогда в жизни [интервью с Тишаевым].

И наоборот, как указывает его коллега Алексей Пономарев, в деле [*Opuz v. Turkey*], где статья 14 была успешно использована в деле о регулярном домашнем насилии:

> Там ссылались на обширную практику, были многочисленные отчеты, могли показать другие дела, по которым то же, а здесь у нас не на что ссылаться, только доказательства по данному делу. На данный момент таких материалов очень мало, по дискриминации надо показывать общую практику, что это позиция государства. В успешных делах о дискриминации указываются статьи национального законодательства, в которых описывается дискриминационный подход. Здесь у нас в Конституции все равны, женщины обладают такими же правами, на законодательство не сошлешься. Ссылаться на практику — эту практику надо подкреплять другими решениями, показать, что позиция государства не меняется и что по таким делам выносятся дискриминационные решения. С этим на данный момент довольно сложно [интервью с Пономаревым].

Чтобы исправить эту ситуацию, как мы описываем далее в этой главе, SJI начала представлять в КЛДЖ отчеты для документирования моделей гендерного насилия и других дискриминирующих практик в регионе Северного Кавказа.

Несмотря на эти препятствия, некоторые из опрошенных нами юристов все-таки считают возможной успешную аргументацию в делах с нарушением статьи 14 по признаку пола, даже в плохо задокументированной области системной халатности со стороны государства в области защиты от гендерного насилия. По мнению Валентины Фроловой из Санкт-Петербурга, прецеденты решений ЕСПЧ по делам [*Opuz v. Turkey*] и [*Eremia v. Republic of Moldova*] открывают огромные возможности:

> Мне кажется, что после того, как была принята дискриминация на другом уровне, что насилие в отношении женщин — это дискриминация, что отсутствие законодательства — это

дискриминация, как по молдавским делам. <...> Мне кажется, что это дает нам очень большой простор для дальнейшего объяснения дискриминации [интервью с Фроловой].

Адвокат Мари Давтян из Москвы также считает, что подобные дела, а также дела о дискриминации девочек и женщин в сфере образования (в том числе особенно многообещающее дело в Казани, где, несмотря на высокие баллы, полученные на вступительных испытаниях, студенткам было полностью запрещено посещать государственную среднюю школу по обучению информационным технологиям), можно было бы успешно направлять в ЕСПЧ, если бы клиентов можно было убедить продолжить участвовать в процессе и собрать достаточно доказательств дискриминирующего обращения [интервью с Давтян]. По ее словам, «думаю, юристы скоро найдут, как правильно донести это ЕСПЧ... Если он уже признает, что сексуальное насилие, домашнее насилие — это дискриминация по признаку пола, то и по этим делам пойдет» [интервью с Давтян].

Несмотря на потенциальные сложности, подавать определенные виды дел в ЕСПЧ по статье 14 все-таки можно. В России, в частности, есть явные примеры дискриминации, которые квалифицируются в областях домашнего насилия и исключения женщин из возможностей получения образования, хотя, вероятно, данных, позволяющих установить образец дискриминации, по ним нет. Усилия отдельных юристов и исследователей по сбору данных о дискриминации и последующему представлению стратегических дел в национальных судах и в ЕСПЧ помогают разрушить барьер, который препятствует вынесению решений на основании статьи 14.

ПРИЕМЛЕМОСТЬ: ДЕЛА О ДИСКРИМИНАЦИИ ПРИ ПРИЕМЕ НА РАБОТУ

«Вспомогательный» характер статьи 14 — в Европейской конвенции о правах человека нет отдельного пункта о недискриминации — представляет собой еще одно существенное препятствие для передачи дел о дискриминации из России в ЕСПЧ. Несправедливое увольнение беременных женщин, например, нелегко подвести под Конвенцию, потому что трудоустройство не определено как одно из прав и свобод, которые она защищает. Однако Протокол 12 к Европейской конвенции о правах человека, который был открыт для подписания государствами в 2000 году, расширил и прояснил сферу действия антидискриминационной оговорки ЕСПЧ, заявив, что члены Совета Европы стремятся «предпринимать шаги по продвижению равенства всех людей путем коллективного соблюдения *общего запрета на дискриминацию* посредством Конвенции» и того, что «никто не должен подвергаться дискриминации со стороны какого-либо государственного органа по любому признаку» [European Court of Human Rights 2010]. Иными словами, Протокол 12 был попыткой распространить применение статьи 14 о дискриминации на любую область государственной дискриминации в отношении своих граждан, независимо от того, подпадала ли эта дискриминация под параметры других прав, включенных в Конвенцию. Очевидно, это было мотивировано желанием сторон Конвенции «укрепить гендерное и расовое равенство в частности» [International Organization for Migration 2013: 11]. Хотя Россия подписала Протокол 12 в апреле 2000 года, она еще не ратифицировала этот документ [Council of Europe Treaty Office. Complete List...]. Таким образом, граждане России могут применять статью 14 только в случаях, когда дискриминация имеет место в отношении другого права, предусмотренного Конвенцией.

Адвокат-правозащитник Сергей Голубок сетует на отсутствие отдельной антидискриминационной оговорки в Конвенции как на главный барьер для подачи исков о дискриминации в ЕСПЧ: «Очевидно ведь, что Протокол 12 не был ратифицирован Россией, и статья 14 может быть применена только в сочетании с другими основными положениями, по этой причине многие дела выходят за рамки Конвенции» [интервью с Голубком]. Одна обширная область, не охватываемая статьями Европейской конвенции, — это дискриминация при приеме на работу. Хотя Протокол 12 в принципе должен предусматривать наказание в отношении дискриминации при приеме на работу (по признаку пола или других характеристик) для граждан стран, ратифицировавших его, российские граждане пока не могут подавать иски о дискриминации в сфере занятости или на рынке труда в соответствии с законом Конвенции, поскольку ее основные статьи не охватывают права на рабочем месте или дискриминацию на рынке труда.

Тем не менее в ЕСПЧ недавно было возбуждено одно дело против Турции, которое обсуждается далее в главе 6, где государство было признано виновным в нарушении статьи 8 (право на уважение частной жизни) в сочетании со статьей 14, касающейся дискриминации женщин при приеме на работу. Решение Суда 2014 года по делу [*Emel Boyraz v. Turkey*] признало Турецкое государство виновным в нарушении статьи 8 в деле, когда заявительнице было отказано в должности охранника только на том основании, что она женщина. Суд использовал расширенное понимание того, что влечет за собой «частная жизнь», чтобы оправдать свое решение. Турция, как и Россия, Протокол 12 к ЕКПЧ подписала, но не ратифицировала, и поэтому в принципе нет ничего, что могло бы помешать принятию аналогичных решений в отношении России, если бы государственные органы были признаны дискриминирующими женщин при приеме на работу.

Помимо реальной возможности добиться успеха в делах о дискриминации при приеме на работу, когда речь идет о найме со стороны государства, которую открывает для российских заявителей дело Бойраз, ратификация Протокола 12 могла бы позволить российским гражданам сформировать целый ряд исков в ЕСПЧ в дополнительных областях, связанных с трудовой сферой. Две наиболее очевидных области (подробно о них см. главу 2) — это список из более чем 450 видов деятельности, запрещенных для женщин («Перечень производств, работ и должностей с вредными и (или) опасными условиями труда, на которых ограничивается применение труда женщин») якобы как средство защиты репродуктивного здоровья женщин, и ряд нарушений в конце 2000-х, когда женщины-работники, находящиеся в декретном отпуске, были лишены пособий по беременности и уходу за ребенком. Могут быть затронуты и другие вопросы, такие как разница в пенсионном возрасте мужчин и женщин. Елена Герасимова, чей Центр социально-трудовых прав внес свой вклад в исследование и поддержку широко распространенной проблемы невыплаты родительских и детских пособий женщинам, находящимся в декретном отпуске, также отметила роль ЕСПЧ в этой области. Успешно лоббируя в период с 2011 по 2014 год ряд изменений в системе выплаты государственных пособий в России с целью предотвращения вмешательства в эти выплаты работодателя [Центр социально-трудовых прав, Фонд Генриха Бёлля и Женский мост 2013: 20], Герасимова считает ЕСПЧ одной из перспективных составляющих своей стратегии обеспечения равных прав женщин в сфере труда и социальных льгот [интервью с Герасимовой].

Трудовые права, часто затрагивающие потенциальную финансовую независимость женщин, также побудили Мари Давтян в конечном итоге рассмотреть вопрос о передаче дела в этой области в ЕСПЧ, но без Протокола 12 возможности были ограничены, поскольку трудовые права как таковые не затронуты в тексте Конвенции:

> Мы иногда думаем о протоколе… Хорошая идея… Там же дискриминация в принципе. Но пока еще… Нам кажется, что если должно быть стратегическое дело, оно должно быть очень показательным. Мы думали об увольнении беременных женщин, оно для этого не очень подходит, как нам показалось. Мне кажется, ЕСПЧ еще не готов к этой идее, может быть CEDAW <КЛДЖ> — да. Что-то более явное, я очень рассчитывала на Казань [интервью с Давтян].

Если бы семьи, чьим дочерям было отказано в приеме в новую казанскую школу информационных технологий, были готовы продолжить дело (а они не были — см. главу 2), такой вопиющий случай дискриминации в государственном образовании можно было бы легко рассмотреть в рамках сферы действия Протокола 12. Однако без Протокола российские дела о дискриминации (включая гендерную дискриминацию) ограничиваются теми, которые могут быть истолкованы в первую очередь как нарушения статей Конвенции.

ПРИЕМЛЕМОСТЬ: ЗАЯВИТЕЛИ НЕ ВИДЯТ СВОИХ ОШИБОК

Препятствия, связанные с приемлемостью в более общем плане, также способствуют сокращению количества дел о гендерной дискриминации в ЕСПЧ. Подавляющее большинство дел, переданных в ЕСПЧ, отклоняется по причине их неприемлемости. Однако Суд не раскрывает заявителям оснований для своего решения о недопуске. Из-за этого кандидатам трудно начать рассмотрение дела по «новой» или мало проверенной теме, такой как дискриминация, потому что они не могут выяснить, что они сделали неправильно, и, таким образом, исправить свой подход при подаче схожего заявления. Это стало для наших респондентов источником глубокого разочарования. Как объяснил Фуркат Тишаев из SJI (в отношении дела Шемы Тимаговой о домашнем насилии, которое обсуждалось в главе 3), они передали дело в ЕСПЧ, где его признали недопустимым и отказали в возбуждении:

> Причин нам не сообщили. В *single judge formation*[5] они не дают причин, отправляют коротенькое стандартное письмо, где они только фамилии и номера дел меняют и говорят, что <дело> не соответствует критериям приемлемости. В большинстве случаев они оставляют за собой право не объяснять причину. Там получается 12 разных причин, и нам надо самим анализировать, смотреть, какая из причин. То есть они нам не помогают в следующий раз избежать этих проблем [интервью с Тишаевым].

Рима Шарифуллина, директор организации по содействию социальной защите «Петербургская Эгида», имела подобный опыт, когда ЕСПЧ отклонил дело Анны Клевец (Клевец стреми-

---

[5] Решение ЕСПЧ, выносимое в ситуации, когда в составе суда всего один судья. — *Примеч. пер.*

лась обойти запрет женщинам работать машинистами в метро). На вопрос, по какой причине Суд признал дело недопустимым, Шарифуллина отвечает: «Просто написали, что жалоба неприемлема. Нам казалось, что это дело очень выигрышное — реальная дискриминация» [интервью с Шарифуллиной].

Адвокат по правам трансгендеров Мария Баст не преминула выразить разочарование, вызванное тем, что ЕСПЧ не предоставил подробностей при признании дел неприемлемыми:

> Когда ЕСПЧ присылает официальное письмо о признании жалобы неприемлемой, он не дает никаких разъяснений, и их невозможно получить впоследствии, даже если вы потом поедете по этой жалобе, попросите показать досье, вам не дадут... Все неприемлемые жалобы через полгода уничтожаются... все. Проблема ЕСПЧ в том, что ЕСПЧ — бюрократическая машина, холодная, жесткая... Гибкости нет вообще. Если найдут хоть какое-то основание для признания <жалобы> неприемлемой — отказ. У меня даже до абсурда доходило. Одинаковые жалобы, с одинаковыми фактами, одна жалоба признается приемлемой, другая — нет [интервью с Баст].

Связанный с этим фактор снижения количества возможных по статье 14 дел возник в 2014 году, когда в разделах заявлений ЕСПЧ появилось ограничение по количеству в них слов. Заявители теперь должны были ограничить свои аргументы о приемлемости отведенным лимитом, что сделало необходимым включать в заявления только те статьи, по которым их доказательства нарушения были наиболее вескими. Ванесса Коган из SJI объяснила, что они исключили статью 14 по крайней мере из двух заявлений по делу после того, как было наложено ограничение по количеству слов, поскольку юридический директор организации был обеспокоен тем, что Суд не сочтет эти утверждения по статье 14 убедительными и что место должно быть использовано для обоснования других утверждений о нарушении, в отношении которых существовали более четкие доказательства. С тех пор SJI потратила много сил на сбор доказательств дискриминации по признаку пола на Северном Кавказе и планировала включить жалобы по статье 14 во все дела, связанные с семейным правом и гендерным насилием, которые они подавали в Суд [интервью с Коган][6].

ПРИЕМЛЕМОСТЬ: ИСЧЕРПАНИЕ ВНУТРЕННИХ СРЕДСТВ ПРАВОВОЙ ЗАЩИТЫ

Еще одна практика ЕСПЧ, усложняющая подачу дел по менее изученным вопросам, например, касающимся гендерной дискриминации, — отсутствие у Суда ясности в отношении того, насколько далеко должен зайти заявитель в рамках национальной правовой системы, прежде чем ему будет разрешено довести дело до ЕСПЧ. Технически заявитель должен «исчерпать» внутренние средства правовой защиты до обращения в ЕСПЧ, поскольку невыполнение этого требования является одной из наиболее частых причин для признания дела неприемлемым. Однако в российском контексте, где проблема отфутболивания (описанная в главе 3) является повсеместной, сложно понять, что «считается» исчерпанием внутренних средств правовой защиты. Кроме того, заявления должны быть поданы в ЕСПЧ в течение шести месяцев после вынесения окончательного решения национального суда, что часто ведет к признанию дел российских заявителей неприемлемыми. Если в процессе перекидывания заявителя от инстанции к инстанции происходят неоправданные задержки, которые ЕСПЧ не принимает как разумно потраченное время, заявки могут быть отклонены, поскольку допустимое время для подачи в ЕСПЧ было превышено.

Что касается таких вопросов, как насилие в семье, когда следователи полиции и суды сотрудничают, чтобы избежать открытия дела, заявитель часто не может понять, что считается исчерпанием возможностей внутри национальной судебной системы,

---

[6]   В нескольких делах об опеке, впоследствии представленных *SJI*, они решили включить свои аргументы по статье 14 в приложение к заявлению, чтобы обойти ограничение по количеству слов [Коган 2018].

потому что, по сути, в результате умышленного бездействия государства дело никогда толком не начинается. Как объяснил Сергей Голубок, «самая большая проблема» в делах о домашнем насилии и других делах, свидетельствующих о согласованном отсутствии государственного расследования и уголовного преследования, заключается в том, что российские власти используют тактику, предотвращающую исчерпание внутренних средств правовой защиты. Если следователь полиции решает не продолжать дело, а потерпевший обращается в суд с жалобой, надзирающий прокурор отменяет первоначальное решение не проводить расследование, и судебное разбирательство прекращается. Затем начинается цикл «отфутболивания»: следственные органы снова решают не проводить расследование, поэтому потерпевший решает вернуться в суд, решение об отказе от расследования отменяется и так далее. В этих обстоятельствах Голубок отметил: «Очень сложно объяснить ЕСПЧ, что средства правовой защиты действительно могут быть исчерпаны, потому что перед вами всегда есть некоторая возможность. При слаженной реакции судов это все равно как мячом от стенки к стенке» [интервью с Голубком].

Юристы правозащитной группы SJI, которые занимались делами о домашнем насилии (особенно на Северном Кавказе), разделяют разочарование Голубка:

> Человек, который не специализируется на ЕСПЧ, не знает, где заканчивается момент, когда надо ждать, терпеть, когда что-то исчерпывается... Все, отказ, ждем полгода, потом через полгода пишем, что нового, и выясняется, что на следующий день после этого судебного решения вынесено новое постановление об отказе. Отказ, отмена, снова отказ, а заявитель потерял год. Люди, которые не работают с ЕСПЧ, для них это сильная ловушка, и шансы, что он дальше будет эффективно толкать это дело, невелики. Поэтому у нас все дела с промежутком в год, полтора, два полного бездействия, и это само по себе создает проблему для ЕСПЧ. У нас как минимум год бездействия, где ЕСПЧ может спросить, почему вы целый год ждали для обжалования [интервью с Тишаевым].

Группа считает, что добиться судебного слушания по делам о домашнем насилии, особенно на Северном Кавказе (см. главу 2), было особенно тяжело из-за крайне консервативной исламистской программы регионального правительства Кадырова. Тем не менее юристы SJI почувствовали, что ЕСПЧ рассматривал дела из этого региона так же, как и другие виды дел в отношении соблюдения стандарта исчерпания внутренних средств правовой защиты. Они надеялись найти какой-то особенно серьезный случай для представления в качестве средства, чтобы заявить ЕСПЧ о бессмысленности попыток исчерпать внутренние средства правовой защиты на местном уровне: «Нужно доказать, что у нас нет реальных ожиданий, что что-то решится на местном уровне» [интервью с Тишаевым].

То же самое справедливо и для других типов преступлений, которые полиция не желает расследовать, таких как нападения на членов ЛГБТ-сообщества. Кирилл Коротеев, юрист правозащитной организации «Мемориал», считает, что решение ЕСПЧ по такого рода проблеме в соответствии со статьей Конвенции «Эффективное средство правовой защиты» должно быть однозначным: «Внутри страны, если вы использовали средство правовой защиты и это средство в конечном итоге приводит вас к той же точке, с которой вы начали, вы должны решить, что это средство неэффективно». Он подал дело такого типа (*Илюпин против России*) в ЕСПЧ, хотя по состоянию на осень 2016 года ход его рассмотрения не был доведен до сведения властей России. В деле подробно описывалось, как клиентов Коротеева избивали на демонстрации за права геев, а затем они столкнулись с привычным отказом полиции проводить расследование [интервью с Коротеевым].

Связанная с этим проблема, которая относится к исчерпанию внутренних средств правовой защиты для любого вида дела перед подачей в ЕСПЧ, заключается в том, что сама российская апелляционная система находится в постоянном движении. Изменения, внесенные в Гражданский и Уголовно-процессуальный кодексы РФ в 2012 и 2013 годах, изменили «надзорный» аспект апелляционной системы, установив новую серию этапов апелляционного процесса: дела переходят из судов первой инстанции в апелляционную, кассационную, а затем — в «надзор» (пересмотренный вариант надзорного процесса, против которого ЕСПЧ возражал десятью годами ранее в деле [*Рябых против России*][7]). Однако ЕСПЧ не уточнил, на какой стадии внутренние средства правовой защиты могут считаться исчерпанным до того, как дело может быть передано в ЕСПЧ. «Является ли кассация исчерпывающим средством правовой защиты?» — задается вопросом Голубок, сожалея о том, что «в настоящее время люди не знают, нужно ли им обращаться в кассационную инстанцию, а затем в надзор, чтобы воспользоваться своими внутренними средствами правовой защиты» [интервью с Голубком]. Незнание может задержать подачу дела и, возможно, привести к тому, что заявители пропустят крайний срок рассмотрения его в ЕСПЧ.

ВЫМАТЫВАНИЕ ЗАЯВИТЕЛЕЙ

Процесс работы с ЕСПЧ занимает много времени, и это почти наверняка сокращает количество дел о гендерной дискриминации. Испытав капризы внутренней правоохранительной и правовой системы, жертвы гендерного насилия зачастую могут не захотеть проходить еще через один длительный процесс на международном уровне. Как замечает Голубок:

> Продолжительность разбирательства в ЕСПЧ сама по себе снижает его эффективность как средства правовой защиты, поскольку весь процесс занимает слишком много времени. Очень сложно объяснить жертве изнасилования... что приговора придется ждать семь лет, учитывая препятствия и трудности, которые им пришлось пережить при исчерпании внутренних средств правовой защиты. Например, в делах о домашнем насилии нужно не только в суд ходить; их очень часто вызывают на допрос следователи. В психологическом плане им тоже приходится долго страдать [интервью с Голубком].

---

7   Возражение Суда против первоначального надзорного процесса (надзора) заключалось в том, что он позволял отменять якобы окончательные судебные решения позднее, при пересмотре дела в порядке надзора [Council of Europe Committee of Ministers 2006].

Коротеев отметил, что для определенных видов дел, которые затрагивают вопросы гендерной дискриминации, таких как насилие в семье, «жертвам необходимо решение, которое будет принято как можно быстрее; они не хотят ждать десять лет, прежде чем ЕСПЧ вынесет решение, например, о том, что ее партнер напал на нее и что государство не провело расследование. Это не то, чего ищут жертвы» [интервью с Коротеевым]. Более того, как утверждал адвокат Марк Фейгин, команда правительства России при ЕСПЧ включает в себя высококвалифицированных юристов, которые используют все процессуальные возможности, имеющиеся в их распоряжении в системе ЕСПЧ, для замедления процесса рассмотрения дел против правительства России: «Ну, для этого можно делать массу запросов, бесконечные истребования документов, пытаясь в этом процессе усложнить case <дело>, понимаете? Если это профессиональные юристы, они легко это сделают, поэтому можно ожидать решение только лет через пять» [интервью с Фейгиным].

Учитывая, сколько сил и терпения требуется от потерпевших при подаче заявлений в ЕСПЧ, несколько юристов отмечают, что им приходится прилагать массу усилий, чтобы убедить этих потерпевших обратиться в ЕСПЧ после того, как их дела потерпели неудачу в национальных судах. Яркий пример — рассказ Мари Давтян (см. главы 2 и 3) об отказе родителей обратиться в суд после того, как они нашли для своих дочерей другое учебное заведение (дело о казанском лицее информационных технологий). Утомительный судебный процесс казался родителям бесперспективным, и при этом проблему удалось решить альтернативным способом.

БЕСПОЛЕЗНЫЕ СРЕДСТВА ПРАВОВОЙ ЗАЩИТЫ И ОТВЕТНЫЕ МЕРЫ

Если постановление российского суда не приводит к удовлетворению жалобы потерпевшего, он или она может отказаться перейти к этапу подачи искового заявления в Европейский суд по правам человека не только из-за длительности процесса, но и будучи убежден/убеждена в том, что ЕСПЧ не сможет предоставить соответствующее средство правовой защиты. Фем-активистка Наталья Биттен, например, описывает, как женщины, разводящиеся с богатыми мужчинами, испытывают отчаяние — особенно в тех случаях, когда бывшие мужья скрываются с детьми, чтобы помешать своим женам получить совместную опеку. Российский суд может принять решение в пользу матери, но не предпримет никаких усилий для установления местонахождения отца и принудительного (при необходимости) возвращения детей под опеку матери. Биттен заявляет, что такие женщины лишены «возможности идти в Страсбург и все остальные суды просто потому, что есть положительное решение российского суда. Куда еще дальше идти? На кого жаловаться? Решение есть, она ребенка вызволить не может» [интервью с Биттен]. Решение суда действительно не может непосредственно обязать государственные органы исполнительной власти претворить его в жизнь, но в ситуации, когда госорганы ведут себя неадекватно или не пытаются исполнить решение местного суда, все равно можно обжаловать их действия в ЕСПЧ. Два решения ЕСПЧ по делу Бурдова — когда российский пенсионер не смог получить государственные пособия, на которые имел право как участник ликвидации последствий Чернобыльской катастрофы 1986 года, — ясно это демонстрируют [Leach et al. 2010]. Однако женщины, ставшие жертвами неисполненных решений национальных судов, могут не осознавать, что ЕСПЧ рассматривает такие жалобы.

Тем не менее, если намерение заявителя состоит в том, чтобы юридически доказать факт дискриминации (это возможно сделать лишь в некоторых делах), то обращение в ЕСПЧ по поводу другого нарушения может показаться нецелесообразным. Маша Козловская из Российской ЛГБТ-сети отметила это в связи с нападением на нее, по поводу которого она думала обратиться в ЕСПЧ после того, как не получила удовлетворения своей жалобы в национальных судах. Но поскольку нападение не было серьезным, а возможность доказать дискриминирующее намерение была ограничена (по причинам, изложенным ранее), единственным вариантом, доступным для нее в ЕСПЧ, было предъявление обвинения в «недостаточном расследовании» со стороны внутренней правоохранительной системы. Поэтому она решила не инициировать дело. «Там слишком мало, чтобы тратить столько времени, и это будет неприоритетно для суда», — пояснила она [интервью с Козловской].

Аналогичным образом решение ЕСПЧ, в котором признается, что государство нарушило свое обязательство обеспечить справедливое судебное разбирательство, предоставить эффективное средство правовой защиты и т. д., может не принести того удовлетворительного результата, которого можно было бы достичь решением проблемы в национальном суде (например, возвращения опеки над ребенком). Тот факт, что решения ЕСПЧ по существу не подлежат исполнению, также может снизить поток исков о дискриминации. Как отмечает Фейгин:

> Поэтому многие люди из ЛГБТ, феминистки и др. часто отказываются от борьбы. Это вторая причина. Они не идут до конца, потому что что должно быть в конце? Победа и получение решения в ЕСПЧ, но дело невозможно реализовать здесь, оно носит факультативный характер. Есть решение о проведении гей-парадов, которое ЕСПЧ принимал в отношении запрещенных гей-парадов и преследований ЛГБТ-активистов здесь, но эти решения не реализованы, гей-парады так и не дают проводить [интервью с Фейгиным].

Даже победа в ЕСПЧ может показаться бессмысленной с точки зрения достижения социальных изменений.

Заявители также могут опасаться, что им отомстят за подачу исков, учитывая все более безразличное отношение правительства России к решениям ЕСПЧ. Как отметила одна из респонденток, работавшая в кризисном центре для женщин в Санкт-Петербурге, у людей есть сомнения относительно подачи дел в международные суды, учитывая нынешнюю политическую обстановку, когда складывается впечатление — «кто обращается в международные инстанции — тот шпион». В этих обстоятельствах, как она выразилась, «никаких выгод нет, одни страдания» [интервью с анонимной активисткой, выступающей против гендерного насилия]. В этом смысле, между требуемым временем, невозможностью исполнения судебного решения и риском подвергнуться репрессиям, возбуждение дела может показаться заявителю нецелесообразным; исключение составляют активисты, которые видят в продолжении судебного разбирательства по своему вопросу стратегическую ценность.

Дискриминация с точки зрения ЕСПЧ: дискриминационные законы против дискриминирующего отношения

Политические активисты и другие участники судебного процесса, нашедшие время, чтобы возбудить дело о дискриминации по признаку пола, сексуальной ориентации или на ином основании через национальную судебную систему и выйти на международную арену Европейского суда по правам человека, обнаружат, что ЕСПЧ применяет статут о «дискриминации» (статья 14) Европейской конвенции довольно «экономно». Возможно, это связано с боязнью открыть ящик Пандоры, о чем мы говорили ранее. Суд по большей части предпочитает признавать случаи дискриминации, заложенной в национальных *законах*, при этом настаивает на очень высоких стандартах доказательств для признания случаев дискриминации в результате дискриминирующего *отношения* (будь то со стороны властей или частных лиц). К последней категории относятся дела, в которых насилие в отношении конкретного человека или лиц объявляется (заявителем/заявителями) результатом дискриминирующего отношения к социальной группе, к которой заявители принадлежат (например, идеологически обоснованная ненависть к этой группе, будь то ЛГБТ, этнические меньшинства или женщины, проистекающая, таким образом, из гомофобии, расизма или женоненавистничества). К первой категории относятся дела о свободе слова, когда существующий закон оправдывает любую дискриминацию, сопровождающую нарушение (например, российский закон, запрещающий «гей-пропаганду», оправдывает то, что государство запрещает демонстрации за права гомосексуалов, но разрешает активистам Православной церкви выступать против гомосексуалов). В этом разделе мы исследуем дела ЕСПЧ, инициированные российским ЛГБТ-сообществом, которые помогут выявить эту разницу.

ДЕЛА ЛГБТ В ЕСПЧ

Ни Европейская конвенция по правам человека (ЕКПЧ), ни Конституция Российской Федерации не упоминают «сексуальную ориентацию» в своем списке маркеров идентичности, обозначающих группы, в отношении которых запрещена дискриминация (статья 14 ЕКПЧ) или которым гарантируется равенство прав и свобод, предусмотренных законом (статья 19 Конституции РФ). Оба документа включают в эти статьи понятие «прочее», предназначенное для определения категорий за пределами указанного списка. Однако, хотя Европейский суд установил четкую прецедентную практику, согласно которой дискриминация по признаку сексуальной ориентации попадает в категорию «прочих», российская правовая система не признала сексуальную ориентацию законной категорией для жалоб на дискриминационное обращение[8].

Таким образом, в попытках открытия дел о дискриминации ЛГБТ-активисты не находят удовлетворения в российской судебной системе. По сути, в российской правоохранительной и правовой системе возникает три типа дел о дискриминации ЛГБТ-сообщества: связанные с нарушением прав на свободу собраний, выражения мнений и ассоциации; связанные с отказом российского государства признать однополые отношения; и преступления на почве ненависти. Из них только дела первого типа доходят в ЕСПЧ до стадии решения; остальные застревают на предварительных стадиях[9].

---

[8] Об эволюции решений Страсбургских институтов (как Европейской комиссии по правам человека, так и Европейского суда по правам человека) о дискриминации по признаку сексуальной ориентации, особенно в делах из Соединенного Королевства, см. «Поездка в Страсбург: устная история дискриминации по признаку сексуальной ориентации и Европейской конвенции о правах человека» [Johnson 2016].

[9] Как и во всех делах ЕСПЧ, трудно узнать, какие жалобы были поданы, пока они не достигнут стадии ознакомления в Суде и, следовательно, не появятся в протоколах.

ДИСКРИМИНАЦИОННЫЕ ЗАКОНЫ

Большинство дел ЛГБТ в ЕСПЧ на сегодняшний день касается дискриминации в отношении свободы собраний и объединений (статья 11). Гей-активист Николай Алексеев направил в ЕСПЧ множество заявлений, чтобы оспорить российские запреты или отказы в одобрении заявок на проведение гей-парадов или других демонстраций, связанных с ЛГБТ. Первое дело, которое он от-правил в ЕСПЧ, — фактически пачка из трех заявлений по делам о событиях 2006–2008 годов — касалось запрета правительства Москвы на проведение гей-парадов. Это дело, [*Алексеев против России*], закончилось в октябре 2010 года постановлением ЕСПЧ, в котором были установлены нарушения статей 13 (право на эффективное средство правовой защиты) и 14 (дискриминация) ЕКПЧ в совокупности со статьей 11 (свобода собраний). Ожидая этого решения (и в последующие годы после принятия решения), Алексеев тем не менее продолжал направлять в ЕСПЧ дополни-тельные иски по аналогичным нарушениям свободы собраний, связанных запретом парадов и других демонстраций за права ЛГБТ, поскольку различные органы местного самоуправления в России, включая Москву, продолжали прекращать митинги, связанные с ЛГБТ, после первоначального решения по делу [*Алексеев против России*]. Суд объединил все эти жалобы (все-го 51, все включают Алексеева в качестве заявителя) в одно дело [*Алексеев и другие против России*] и передал его правительству России 15 января 2016 г.[10]

Российские ЛГБТ-активисты добились успеха в этих делах о нарушении статьи 14, поскольку сумели предоставить четкую и последовательную схему доказательств того, что они подверг-

---

[10] В процессе рассмотрения дела ЕСПЧ есть еще один случай, связанный с отказом местных властей разрешить демонстрации гей-активистов, см. [*Лашманкин против России*] (обнародовано 22.01.2013). Это дело, однако, включает в себя набор из 15 различных дел о нарушениях права на собрания в отношении многочисленных типов демонстраций, организованных не только ЛГБТ-активистами, и в этом деле не говорится о дискриминации гомосексуалов.

лись преследованию как идентифицированная группа (поскольку другим группам, стремящимся проводить публичные мероприятия, не всегда отказывали). Такое преследование, возможно, стало легче доказать на уровне ЕСПЧ из-за российского национального закона о пропаганде гомосексуализма, принятого в июне 2013 года, который открыто дискриминирует публичный обмен нейтральной или хвалебной информацией о «нетрадиционной» сексуальной ориентации (если эта информация доступна несовершеннолетним). В таких случаях дискриминация является вопросом закона, а не отношения, что делает ненужным требование ЕСПЧ об установлении практики систематической дискриминации.

Одно из дел, успешно оспоривших российский закон о пропаганде гомосексуализма, было принято ЕСПЧ в 2017 году, в нем использовался подход, состоящий в утверждении о нарушении статьи 10 (свобода выражения мнения) в сочетании со статьей 14 (дискриминация). Дело [*Баев и другие против России*] состояло из трех жалоб, поданных в период с 2009 по 2012 год, ЕСПЧ сообщил о нем в 2013 году, решение было вынесено четыре года спустя. Интересы заявителей представлял адвокат Дмитрий Бартенев, который, как указывалось ранее, выступает в качестве адвоката в большом количестве дел, связанных с ЛГБТ в российских национальных судах и в ЕСПЧ[11]. Дело [*Баев и другие против России*] возникло в результате событий в Санкт-Петербурге, Архангельске и Рязани в период с 2009 по 2012 год, когда заявители (Баев, Киселев и Алексеев) стояли в общественных местах — в нескольких случаях возле детских школ или библиотек, явно пытаясь бросить вызов законам о пропаганде, и развешивали знаки, поддерживающие принятие гомосексуализма. Например, в 2009 году Баев стоял перед школой с плакатами, на которых было написано: «Гомосексуальность — это нормально» и «Я горжусь своей гомосексуальностью». В результате ему было предъ-

---

[11] См. [Bartenev 2017], где подробно излагается ход многих из этих дел, особенно в Конституционном суде России, а также попытки Суда обосновать закон о запрете пропаганды гомосексуализма.

явлено обвинение в административном правонарушении и выписан штраф. Киселев вывесил баннер перед детской библиотекой в Архангельске, осуждая высокий уровень самоубийств среди подростков в России и утверждая, что самоубийства среди гомосексуальных подростков в России являются результатом «отсутствия информации об их природе». Его плакат завершился фразой: «Гомосексуальность — это хорошо!» Затем его задержали, обвинили в административном правонарушении и оштрафовали. В своем решении от 2017 года Суд установил, что Российское государство не представило «убедительных и веских причин, оправдывающих различие в обращении» с однополыми и разнополыми отношениями в российском законодательстве, и, таким образом, были нарушены статьи 10 и 14 [*Баев и другие против России*: § 90–92][12].

Находящееся на рассмотрении в ЕСПЧ дело о правах ЛГБТ [*Жданов и «Радужный дом» против России*], которое было подано в 2008 году и обнародовано в 2011 году, касается правозащитной организации «Радужный дом» в Тюмени, которой дважды отказывали в официальной регистрации в качестве общественной организации. Согласно «экспертному заключению» и логике местных регистрационных органов, организация была квалифицирована как занимающаяся «экстремистской деятельностью», поскольку ее цели подразумевают «не только защиту прав и законных интересов граждан с нетрадиционной сексуальной ориентацией, но также и попытки увеличить число таких граждан, обращая тех, кто без такой пропаганды сохранил бы традиционную сексуальную ориентацию» [*Жданов и «Радужный дом» против России*: § A. 2]. Более того, власти утверждали, что пропаганда организации угрожает «разрушением моральных ценностей общества и подрывом суверенитета и территориальной целостности Российской Федерации путем сокращения ее населения». В деле «Радужного дома» заявлено о нарушении статьи 11 (собрания и ассоциации) в сочетании со статьей 14, поскольку НКО

---

[12] Российский судья Суда Дмитрий Дедов составил особое мнение [*Баев и другие против России*].

было отказано в регистрации на основании сексуальной ориентации заявителя.

Схожее дело, также поданное Алексеевым и представленное в Суд Бартеневым, касается отказа властей Москвы зарегистрировать созданную Алексеевым в 2009 году организацию «Движение за брачное равноправие», которая выступает за легализацию однополых браков [*Алексеев и «Движение за брачное равноправие» против России*]. В этом деле также говорится о нарушении статей 11 и 14 ЕКПЧ, о чем ЕСПЧ сообщил правительству России в марте 2016 года. Наконец, на этапе ознакомления в ЕСПЧ имеется жалоба на дискриминацию (статья 14) в отношении уважения частной и семейной жизни (статья 8) из-за отказа российского государства разрешить однополым парам вступать в брак. Дело [*Федотова и Шипитько против России*] связано с попытками трех пар вступить в брак в Московской и Липецкой областях. Пары (две женские, одна мужская) жалуются на дискриминацию по признаку сексуальной ориентации, поскольку в России нет правовых оснований для признания их отношений. Дмитрий Бартенев представляет первую пару, Федотову и Шипитько. У этого дела есть определенный потенциал, поскольку ЕСПЧ в деле [*Oliari and Others v. Italy*] в июле 2015 года постановил, что отсутствие законных однополых браков в Италии является нарушением статьи 8 (частная жизнь) в отношении итальянских заявителей [Padskocimaité 2016]. Однако, хотя эти заявители утверждали о нарушении статьи 14 в совокупности со статьей 8, Суд отказался установить нарушение статьи 14, за недостатком оснований [*Oliari and Others v. Italy*].

ДИСКРИМИНИРУЮЩЕЕ ОТНОШЕНИЕ: ПРЕСТУПЛЕНИЯ НА ПОЧВЕ НЕНАВИСТИ

Упомянутые ранее случаи уходят корнями в «легализованную» дискриминацию, которую относительно просто выявить. Другое направление дел, имеющих отношение к ЛГБТ, — дела о преступлениях на почве ненависти — касается предполагаемого отношения лиц, совершающих насилие против заявителей, из-за чего такие дела труднее выигрывать. Дела о преступлениях на почве ненависти против представителей ЛГБТ из России, которые предполагают дискриминацию в связи с отказом государства провести расследование и предоставить жертвам эффективные средства правовой защиты, еще не достигли стадии обсуждения в ЕСПЧ, но адвокаты Кирилл Коротеев из «Мемориала» и Дмитрий Бартенев рассказали о тех, которые они либо готовили, либо уже отправили в суд. Коротеев упомянул дело Сергея Илюпина, в котором ряд активистов, выступавших против закона о гомосексуальной пропаганде, подвергся «довольно серьезному нападению» во время демонстрации. Как отмечалось в главе 4, прокуратура отказалась проводить расследование, заявив, что ущерб был «несерьезным», и вернула дело на рассмотрение частного обвинения [интервью с Коротеевым]. Бартенев, в свою очередь, описал похожий случай, который по состоянию на середину 2014 года проходил внутренние правоохранительные этапы. Как он пояснил, «это долгий процесс, потому что власти стараются всеми способами избегать обсуждения того, было ли это преступление на почве сексуальной ориентации или на почве ненависти» [интервью с Бартеневым].

Само собой разумеется, что несколько российских дел, связанных с ЛГБТ, успешно рассмотренных Европейским судом по правам человека — касающихся гей-парадов и существующих законов, препятствующих их проведению, — имели относительный успех, так как влекли за собой прямое применение европейской Конвенции: одни группы имеют право проводить публичные протесты или собрания, а другие (связанные с ЛГБТ) — нет, что свидетельствует о том, что дискриминация является «активным ингредиентом» в решении государства запретить гей-прайд и другие мероприятия, связанные с ЛГБТ, делая таким образом применимой статью 14 (о дискриминации). Российские дела представителей ЛГБТ являются примерами узаконенной дискриминации, а именно несостоятельности Конституции России в поддержании свободы сексуальной ориентации в сочетании с законами, выделяющими определенный вид высказываний. По этой причине эти дела ЛГБТ полностью подпадают под действие статьи 10 Европейской конвенции о свободе выражения мнений и информации и статьи 11 о свободе собраний и ассоциаций — в сочетании со статьей 14 о дискриминации.

Доказать дискриминацию в случае любого преступления на почве ненависти, напротив, гораздо сложнее. Здесь ставится под сомнение отношение, которое мотивировало правонарушение. Это помогает объяснить, почему до настоящего времени такие дела реже передавались в ЕСПЧ. Даже при наличии очевидных доказательств ЕСПЧ может не найти основы для статьи 14 в сочетании со статьей 2 (право на жизнь), статьей 3 (запрет пыток и бесчеловечного или унижающего достоинство обращения) или другими частями Конвенции, где речь идет о физическом вреде. В целом, как обсуждалось ранее, ЕСПЧ придерживается очень высоких стандартов выявления нарушений статьи 14. Заявители, подающие жалобу по статье 14, должны продемонстрировать, что люди подвергаются неблагоприятному обращению на основании их принадлежности к определенной социальной группе и что эта группа страдает в результате дискриминации по сравнению с другими группами общества. Чтобы убедить Суд, необходимо предоставить систематические данные, демонстрирующие тенденцию к предвзятости со стороны государственных властей, или должны быть четкие доказательства того, что нарушение произошло из-за чьей-либо предвзятости по отношению к этой группе.

Одним из примеров нежелания ЕСПЧ выявлять нарушения статьи 14 в случаях предвзятого отношения является случай жестокого обращения полиции с тремя представителями народа рома в Болгарии, когда полицейские при задержании мужчин стреляли по ним из оружия, избили их и запихнули двух из трех задержанных в багажник автомобиля. Полиция также озвучивала оскорбления, направленные против рома, такие как «чертовы цыгане». Даже в этом деле *Sashov v. Bulgaria* Суд не установил нарушения статьи 14. По заявлению судей, данных, которые бы подтвердили расистскую мотивацию чрезмерного насилия со стороны полиции (последнее Суд подтвердил), оказалось недостаточно. По всей видимости, заявители не поднимали вопрос о расизме ни в одном из предыдущих вариантов дела [European Roma Rights Centre 2010; *Sashov et autres c. Bulgarie*]. Если трудно зафиксировать модель расовой предвзятости в болгарской полиции (несмотря на шесть предыдущих судебных дел, выигранных заявителями из числа рома против Болгарии), то, учитывая небольшое количество поступивших в ЕСПЧ дел о предполагаемых преступлениях на почве ненависти против этой группы[13], эту модель может быть гораздо труднее продемонстрировать в применении к дискриминации ЛГБТ.

Точно так же трудно собрать достаточные доказательства дискриминации в отношении определенной социальной или этнической группы, которые оправдали бы применение статьи 14 в случаях преступлений на почве ненависти. Обращаясь к подобным делам (например, РЛГБТ-сеть начала сосредоточиваться на сборе таких дел и передаче их в ЕСПЧ с середины 2014 года) [интервью с Козловской], правозащитные ЛГБТ-организации надеются прорваться через нежелание Суда последовательно рассматривать ЛГБТ-сообщество как социальную группу, подвергающуюся этому виду дискриминации.

Если все сказанное верно в отношении расизма и дискриминации ЛГБТ, еще менее вероятно, что случаи насилия в отношении женщин будут признаны преступлениями на почве ненависти. Мало того что мизогиния в меньшей степени признается как идеология, лежащая в основе насилия в отношении женщин, нежели расизм как идеология, лежащая в основе нападок на этнические меньшинства, но и откровенно сексистские заявления, сделанные в контексте гендерного насилия, вряд ли будут рассматриваться как свидетельство дискриминации женщины. Даже если муж кричит «сука!» или «шлюха!», когда бьет свою жену, в глазах Суда это вряд ли будет выглядеть как доказательство регулярного проявления сексизма в той же мере, как крик «чер-

---

[13] По крайней мере в одном из этих шести предыдущих дел ЕСПЧ, *Nachova and Others v. Bulgaria* (2005), Суд установил в отношении статьи 14, что Болгарское государство не выполнило свое обязательство *расследовать*, стояли ли за убийством расистские мотивы, но Суд не обнаружил, что само убийство было мотивировано расовой ненавистью (см. [Dembour 2009: 47–48]).

товы цыгане!» может рассматриваться как свидетельство расизма в случаях этнической дискриминации. В то время как женоненавистничество (функциональный эквивалент расизма в отношении рома в вышеупомянутом случае Болгарии) может быть широко распространенным в обществе, если полиция, например, откажется принимать меры в случае домашнего насилия, ее представители, как указывалось ранее, зафиксируют, что у их отказа есть некая законная причина (например, отсутствие доказательств), а не то, что они «не относятся серьезно к преступлениям против женщин». Доказательства мотивации, коренящейся в женоненавистничестве, будет чрезвычайно сложно задокументировать, что делает маловероятным успешное использование статьи 14 в некоторых делах о гендерной дискриминации.

Действительно, бессознательная нормализация насилия в отношении женщин может облегчить заявителям демонстрацию дискриминации в случаях насилия по признаку этнической принадлежности или сексуальной ориентации жертвы, в отличие от гендерного насилия. Несмотря на то что огромное количество женщин во всем мире становятся жертвами нападений или убийств со стороны своих бывших или настоящих партнеров-мужчин, и несмотря на то что подавляющее большинство избитых или убитых интимных партнеров — женщины, насилие в отношении женщин не считается имеющим идеологическую основу (тогда как преступления на почве ненависти против ЛГБТ рассматриваются как проистекающие из гомофобии или преступления против этнических меньшинств рассматриваются как основанные на расизме). Во всем мире две трети жертв убийств со стороны интимных партнеров и убийств членов семьи — женщины (43 600 женщин в 2012 году), если же дело ограничивается убийством интимных партнеров, то женщины составляют 79 % жертв [United Nations Office on Drugs and Crime 2014: 53–54][14].

---

[14] В период с 2003 по 2012 г. женщины составили 82 % жертв несмертельного домашнего насилия со стороны интимного партнера в Соединенных Штатах [Truman, Morgan 2014]. О домашнем насилии как преступлении на почве ненависти см. [Soraya 2016].

Если бы люди, несущие какой-либо другой маркер идентичности, подверглись нападению или убийству со стороны частных лиц по такой идентифицируемой схеме, будь то внутри или вне дома, это, вероятно, было бы расценено как геноцид или как наиболее распространенный вид преступления на почве ненависти [Carney 2001: 319; Maher et al. 2015: 180]. Однако установление статуса преступления на почве ненависти в отдельных случаях домашнего насилия или убийства супруга является сложной задачей, и в Суде таких попыток не предпринималось. Показательно заявление Кирилла Коротеева, российского юриста-правозащитника «Мемориала», подавшего в ЕСПЧ множество успешно завершенных впоследствии дел: «Если женщину избивают, довольно трудно утверждать, что она была избита из-за ненависти ко всем женщинам»; тогда как «когда дело доходит до гомофобного насилия, доказательств больше» [интервью с Коротеевым].

Таким образом, еще одна причина относительно небольшого числа дел, переданных в ЕСПЧ по статье 14, и незначительного числа решений по гендерной дискриминации может заключаться в том, как Суд рассматривает дискриминацию, а именно в том, что дискриминацию, основанную на законе, легче выявить или распознать, чем дискриминацию на основе отношения. В этом смысле Суду легче признавать дела о дискриминации российского ЛГБТ-сообщества, поскольку (особенно после 2013 года) они могут рассматриваться как основанные на национальном законодательстве, запрещающем публичное распространение информации о гомосексуализме. Напротив, Конституция России гарантирует мужчинам и женщинам равные права и возможности, не предоставляя никаких юридических оснований для дискриминации. Государственная политика, которая отклоняется от этой общей позиции, например, политика, запрещающая военнослужащим, но не женщинам-военнослужащим, пользоваться отпуском по уходу за ребенком, делает задачу Суда по признанию статьи 14 относительно простой. Случаи, когда заявители стремятся доказать, что дискриминационное отношение мотивировало нарушение, более открыты для толкования и, вероятно, будут гораздо более многочисленными — отсюда, возможно, и осторожность Суда. Хотя есть несколько постановлений ЕСПЧ, где Суд действительно признает наличие предвзятости со стороны государства и, следовательно, гендерной дискриминации в делах о насилии в отношении женщин (например, [*Opuz v. Turkey*] и [*Eremia v. The Republic of Moldova*]), это случаи, когда государственные органы относились к женщинам иначе, чем они могли бы относиться в аналогичных ситуациях к мужчинам. Дела, где государство не принимает всерьез нарушения Конвенции, когда они мотивированы или сопровождаются дискриминирующим отношением со стороны *частных* граждан (т. е. когда государство отказывается признать, что нападения на ЛГБТ являются преступлениями на почве ненависти и что внутреннее насилие является результатом женоненавистничества), еще не дошли до Суда.

В поддержку наших выводов относительно судебных процессов о дискриминации по признаку пола в России (см. главу 3) можно утверждать, что отдельные опытные активисты и юристы, очевидно, играют ключевую роль в появлении и успешном завершении судебных дел о дискриминации ЛГБТ у себя дома и в ЕСПЧ. Нигде это не так очевидно, как в делах ЛГБТ в ЕСПЧ, в которых почти всегда, если были вынесены судебные решения против России, фигурируют два имени: активист Николай Алексеев и адвокат по правам ЛГБТ Дмитрий Бартенев. Фактически «предприимчивость» Алексеева в продвижении повторяющихся дел привела к его отчуждению от некоторых активистов в ЛГБТ-сообществе, которые считают его действия провокационными и больше нацеленными на самопиар, нежели на защиту прав ЛГБТ.

«Перекрестное опыление»: ЕСПЧ и другие международные механизмы

Европейский суд по правам человека не работает в институциональном вакууме. Конечно, как мы указывали в последних трех главах, возможности женщин, подвергающихся гендерной дискриминации, обращаться со своими делами в ЕСПЧ ограничены рядом внутренних факторов. Тем не менее даже на международном уровне ЕСПЧ работает в среде, которая все больше пересекается с другими международными судами, каналами подачи жалоб и конвенциями, куда можно обратиться в связи с дискриминацией. Механизмы, которые кажутся наиболее важными (или потенциально значимыми) в случае ЕСПЧ, — это Европейский суд, Конвенция о ликвидации всех форм дискриминации в отношении женщин и новая Конвенция Совета Европы о предотвращении насилия в отношении женщин и домашнего насилия (обычно называемая Стамбульской конвенцией). Хотя в некоторых случаях эти механизмы могут привести к уменьшению числа дел, попадающих в ЕСПЧ (если между международными организациями существует разделение труда и дискриминацию легче доказать в других местах, а не в ЕСПЧ), в других ситуациях они, по-видимому, облегчают вынесение более широких постановлений ЕСПЧ о дискриминации посредством процесса взаимного обогащения, в рамках которого ЕСПЧ, по существу, заимствует доказательства, формулировки или практику других институтов в качестве оправдания логики своих решений.

РАЗДЕЛЕНИЕ ТРУДА МЕЖДУ ЕСПЧ И ЕВРОПЕЙСКИМ СУДОМ?

Все государства в Совете Европы (СЕ) подписали Европейскую конвенцию о правах человека (ЕКПЧ), которая служит основой для постановлений ЕСПЧ. Напротив, Европейский суд (ECJ — официально именуемый «Суд Европейского союза»), который выносит решения на основе права Европейского союза (ЕС), правомочен только в тех государствах Совета Европы, которые были приняты в Европейский союз. И ЕСПЧ, и Европейский суд выносили решения по делам о дискриминации по признаку пола, но их гарантии «недискриминации» различны [Besson 2008: 650]. В законодательстве ЕС (и, следовательно, в Европейском суде) гендерное «равенство» и «недискриминация» являются принципом, гарантирующим право гражданина на защиту от дискриминационного обращения в целом. Однако, как обсуждалось ранее, положение о недискриминации ЕКПЧ, содержащееся в статье 14, просто гарантирует гражданам равный доступ к различным правам человека, изложенным в Конвенции, независимо от пола, расы, политической принадлежности, национального происхождения и т. д. [Besson 2008: 653]. Соответственно, ЕСПЧ часто не расследует нарушение статьи 14, «когда другие права Конвенции фактически считаются нарушенными (“субсидиарность” принципа)», если только не утверждается, что «явное неравенство обращения» является основным мотивом дела [Besson 2008: 655][15]. Напротив, недискриминация лежит в «основе» законодательства ЕС; это включает в себя гендерную дискриминацию на рабочем месте и при получении государственных услуг [Besson 2008: 655–656], в то время как Европейская конвенция не обсуждает конкретно права на рабочее место или льготы (и, следовательно, статья 14 не может применяться в случае дискриминация на рынке труда) [Wildhaber 2002: 73]. Отчасти по этой причине всего лишь в 20 решениях ЕСПЧ в период с 1968 по 2008 год было указано, что статья 14 ЕКПЧ была нарушена, в то время как за этот период в Европейском суде было «бесчисленное количество решений, устанавливающих нарушение принципа недискриминации» [Besson 2008: 656].

Таким образом, до недавнего времени одним из возможных объяснений отсутствия жалоб на гендерную дискриминацию в ЕСПЧ было то, что потенциальные истцы не видели вероятной выгоды в предъявлении таких претензий, в то время как Европейский суд явно предлагал неблагополучным группам внутри

---

[15] Вильдхабер объясняет непроведение Судом расследований по статье 14 двумя причинами. Во-первых, Суд избегает необходимости «дополнительного изучать вопросы, которые могут быть подняты с точки зрения дискриминации» (например, рассмотрение статьи 14), потому что это может быть излишним: вся Конвенция направлена на то, чтобы не нарушать права людей, что автоматически подразумевает, что лица, возбуждающие дела, были подвергнуты несправедливому обращению (т. е. подверглись дискриминации), поэтому статья 14 просто избыточна. Во-вторых, Суд избегает рассмотрения статьи 14, потому что расследование ее нарушения в любом конкретном случае означало бы, что ЕСПЧ делал вывод о преднамеренной повсеместной дискриминирующей практике в этом государстве, а не о конкретном рассматриваемом деле (см. [Wildhaber 2002: 73, 76–77]).

стран стимулы для судебных разбирательств [Alter, Vargas 2000: 454; Cichowski 2007; Stone Sweet 2004: 279]. Однако принятие Протокола 12 к ЕКПЧ, вероятно, со временем нивелирует это неравенство, поскольку для граждан тех государств — членов Совета Европы, которые ратифицировали Протокол 12, возможности для жалоб о дискриминации в ЕСПЧ значительно увеличиваются. Более того, поскольку Россия не является членом ЕС, граждане России не могут подавать дела в Европейский суд; а поскольку правительство России не ратифицировало Протокол 12, возможности россиян для подачи исков о дискриминации в ЕСПЧ остаются незначительными. То же самое относится и к гражданам другого изучаемого нами государства — члена Совета Европы — Турции — поскольку она тоже не ратифицировала Протокол 12. Однако мы можем ожидать, что для тех государств, которые ратифицировали Протокол 12, показатель подачи и успешности дел о гендерной дискриминации в ЕСПЧ возрастет. Это особенно актуально, поскольку доступ к ЕСПЧ для потерпевших лиц и групп проще, чем доступ к Европейскому суду. В то время как ЕСПЧ разрешает физическим лицам прямой доступ к Суду, Европейский суд делает это только в особых случаях [Cichowski 2007: 27; Stone Sweet 2010: 10].

В последние годы Европейский суд и ЕСПЧ все чаще заимствуют друг у друга в результате того, что оба суда обладают юрисдикцией в одних и тех же государствах в отношении смежных или аналогичных ситуаций с одними и теми же фактами [Besson 2008: 676; Scheeck 2011: 164]. Шек считает, что заимствования больше идут от ЕСПЧ к институтам ЕС в постепенном процессе «дипломатического вмешательства», нежели от ЕС к ЕСПЧ [Scheeck 2011; 166]. Судьи и должностные лица двух судов встречались «на регулярной, но неофициальной основе» с конца 1990-х [Scheeck 2011: 168]. Тем не менее Бессон выражает обеспокоенность тем, что оба суда могут столкнуться с проблемами, если не начнут тщательно систематизировать свои подходы к различным аспектам гендерной дискриминации, включая разъяснение ответственности государств в отношении прямой и косвенной дискриминации (последние являются случаями, когда закон или политика являются нейтральными *prima facie*, но имеют дискриминирующие по признаку пола последствия), требования к доказательствам и бремя доказывания [Besson 2008: 679]. Без разъяснения в ходе диалога между судами о том, какие стандарты они могут согласовать, Бессон опасается, что каждый из них может опасно отклониться от своих основополагающих целей и структур [Besson 2008: 677]. Эти противоречия, по-видимому, могут быть разрешены, если и когда Европейский союз присоединится к ЕКПЧ, как это было сделано в Лиссабонском договоре ЕС, и ЕСПЧ станет «высшим судом по правам человека в Европе» [Besson 2008: 677; Scheeck 2011: 170], но до сих пор проекты соглашений отклонялись, и процесс присоединения, похоже, застопорился [Gotev 2014].

РОССИЙСКИЕ СЛУЧАИ ГЕНДЕРНОЙ ДИСКРИМИНАЦИИ В КОМИТЕТЕ ООН ПО ЛИКВИДАЦИИ ДИСКРИМИНАЦИИ В ОТНОШЕНИИ ЖЕНЩИН

Для граждан России Европейский суд по правам человека — не единственный международный форум, где российские заявители могут добиваться компенсации в случае гендерной дискриминации. Комитет ООН по ликвидации дискриминации в отношении женщин (КЛДЖ), который следит за соблюдением государствами Конвенции ООН о ликвидации всех форм дискриминации в отношении женщин, получает жалобы от государств, ратифицировавших Факультативный протокол КЛДЖ, что Россия сделала в июле 2004 года Несколько групп в России направляют дела в Комитет, поскольку он считается более открытым для признания гендерной дискриминации, чем ЕСПЧ. Комитет не только предлагает российским жертвам дискриминации альтернативный процесс подачи жалоб на международном уровне: все чаще встречаются случаи взаимного обмена опытом между двумя организациями — ЕСПЧ начинает заимствовать доказательства и принципы КЛДЖ в своих решениях.

Одним из примеров того, как российское дело было передано в Комитет после того, как оно не было принято ЕСПЧ, является дело Шемы Тимаговой. В 2013 году организация *Stichting Justice Initiative* передала это серьезное дело о домашнем насилии в Чечне в Комитет после того, как ее жалоба была признана неприемлемой в ЕСПЧ. В этом случае, более подробно описанном в главе 3, Шема Тимагова была неоднократно жестоко избита своим мужем, в конечном итоге он напал на нее с топором, в результате чего она получила неизлечимые травмы. После того как муж получил в местном суде очень мягкий приговор и был освобожден с отбытием срока в СИЗО, а приговор был оставлен в силе Верховным судом Чечни, в 2012 году с помощью SJI Тимагова обратилась в ЕСПЧ, утверждая, что Российское государство не отреагировало «с должным вниманием на серьезные акты насилия, совершенные против нее» [SJI 2014].

Два месяца спустя было получено решение ЕСПЧ о неприемлемости, и *SJI* обратились в Комитет по ликвидации дискриминации в отношении женщин с жалобой на гендерную дискриминацию. Они утверждали в Комитете, что российское правительство, поддержав столь мягкий приговор, фактически закрепило гендерные стереотипы, оправдывающие продолжающееся мужское насилие в отношении женщин [SJI 2014]. Российское правительство ответило на сообщение Комитета по делу, заявив, как передал адвокат из SJI, что «дело неприемлемо, потому что оно уже в ЕСПЧ было отправлено» (и, следовательно, не могло быть пересмотрено в другом суде). Но SJI ответила на заявление правительства, заявив, что «в международном праве... потому что посмотреть и сказать, что неприемлемо, — это одно, а рассмотреть и сказать, что нет нарушения — это другое с юридической точки зрения» [интервью с Тишаевым]. Иными словами, ЕСПЧ отклонил дело Тимаговой на начальном этапе, а не рассмотрел его в деталях. По состоянию на конец 2017 года Комитет так и не вынес решения по делу. Совсем недавно SJI подали туда же заявление из Башкортостана, где 15-летняя девочка Лена Александрова была изнасилована и убита, предположительно ее учителем, который был связан с высокопоставленными региональными чиновниками, а полиция не смогла должным образом расследовать преступление [Сажнева 2009; Reuters 2009]. Дело было слишком старым для подачи в ЕСПЧ (шестимесячный период истек), поэтому SJI подала его в КЛДЖ в знак протеста против непроведения властями расследования преступления [интервью с Коган].

Организация Римы Шарифуллиной «Петербургская Эгида» и адвокат Дмитрий Бартенев также подали в Комитет дела о дискриминации при найме, поскольку эти дела было бы очень трудно передать в ЕСПЧ, учитывая его ограниченные возможности в делах по трудоустройству. Дело «Петербургской Эгиды» об Анне Клевец, потенциальной машинистке поезда метро, описанное в главе 2 и направленное в Конституционный суд России, было передано в Комитет после отказа из ЕСПЧ по причине неприемлемости. Но Шарифуллина также подавала дела в Комитет до того, как Россия получила право на участие в ЕСПЧ, — в частности, дело дрессировщиков собак в кино в 1996 году, описанное в главе 3. Дело Бартенева было более свежим; оно касалось женщины, Светланы Медведевой, которая пыталась устроиться на работу капитаном речного судна. По словам Бартенева,

> когда она устраивалась на работу, ее сначала приняли, но потом работодатель понял, что ее профессия попадает в российский список запрещенных для женщин профессий. Итак, мы обжаловали это в национальных судах, но они дословно опирались на выводы Конституционного суда РФ по делу машинистки метро Клевец [интервью с Бартеневым].

В этом деле, касающемся доступа к занятости, Бартенев видел больше возможностей для получения полезного решения о дискриминации через КЛДЖ, чем через ЕСПЧ, не только потому, что ЕСПЧ не имеет четкой юрисдикции в вопросах занятости, но и потому, что Комитет имеет тенденцию выносить более широкие и критические постановления. Бартенев рассуждает:

> Как правило, доступ к трудоустройству не защищен ЕКПЧ, поэтому при определенных условиях вы можете оспаривать трудовые споры в CEDAW <КЛДЖ>, но здесь я думаю, что

было бы сложно убедить ЕСПЧ в том, что дело допустимо, и к тому же судебная практика о положительных обязательствах в сфере труда отсутствует. Во-вторых, я думаю, что CEDAW более изобретателен и более подготовлен к критике законодательной базы, которая основана на дискриминации... Я не уверен, насколько критичным будет ЕСПЧ. Я думаю, что CEDAW был бы более критичным, и я действительно нашел ссылки в их комментариях или отчетах... документы, критикующие подобное законодательство, поэтому я решил поехать туда [интервью с Бартеневым].

Действительно, в этом деле в феврале 2016 года КЛДЖ вынес решение в пользу Медведевой, установив, что общий запрет женщинам заниматься определенной профессией (согласно Постановлению № 162, основанному на статье 253 Трудового кодекса Российской Федерации) без каких-либо доказательств того, что они не могут выполнять свои обязанности безопасно и с должным уровнем компетентности, представляет собой гендерную дискриминацию, которая нарушает Конвенцию о ликвидации всех форм дискриминации в отношении женщин [CEDAW Committee 2016]. В конечном итоге это привело к несколько неожиданной победе Медведевой на национальном уровне, поскольку решение КЛДЖ побудило Верховный суд России потребовать, чтобы районный суд Самары пересмотрел свое первоначальное решение. В сентябре 2017 года Самарский районный суд пересмотрел и отменил свое прежнее решение, признав в пересмотренном решении, что запрет женщинам заниматься «опасными» профессиями является случаем дискриминации по признаку пола [ADC Memorial 2017b, 2018]. Еще неизвестно, окажет ли какое-либо влияние в будущем это решение местного суда на политику правительства в отношении списка из 456 профессий, запрещенных для женщин.

Валентина Фролова, юрист из Санкт-Петербурга, хорошо известная в феминистских и правозащитных кругах своим вниманием к делам о насилии в отношении женщин, также высоко оценивает КЛДЖ, указав, что дополнительным преимуществом является то, что Комитет не только принимает более обширные решения, но «они написаны человеческим языком, потому что Комитет — это не юристы преимущественно, поэтому там все очень хорошо адаптировано и написано, почему это дискриминация, и каждому ясно» [интервью с Фроловой]. Фролова отмечает, что во всех своих делах в национальных судах, где она утверждает, что имела место гендерная дискриминация, она ссылается на КЛДЖ, а также на все остальное, что применимо: статью 14 ЕСПЧ и статью 19 Конституции России. Однако она заявила, что российские судьи по-прежнему часто относятся к этим заявлениям с полным недоумением: «...мы всегда с Марией Давтян шутим, что нас считают ненормальными, когда мы приходим с такими аргументами. Суд говорит, что иск вообще не очень понятен, а часть про дискриминацию — вообще какой-то кошмар. Не понимают» [интервью с Фроловой]. Сергей Голубок, еще один юрист из Санкт-Петербурга, который передает в ЕСПЧ множество дел, недавно работал с Валентиной Фроловой. В интервью с нами он упомянул конкретный случай изнасилования, над которым он и Фролова работали. Преступник не применял физического насилия, но жертва не давала согласия на сексуальные отношения. Российская прокуратура отказалась расследовать это дело, и он и Фролова обратились к Комитет, поскольку тот демонстрирует более широкий взгляд на гендерные нарушения прав человека:

> Дело касается отказа следственных органов Санкт-Петербурга расследовать дело об изнасиловании, поскольку они установили (и это правда), что к жертве не применялась никакая сила. Жертва утверждает, что согласия не было. Системным недостатком российского законодательства является то, что оно требует применения насилия для криминализации изнасилования... Мы целенаправленно обратились в Комитет CEDAW, а не в ЕСПЧ, потому что это та область, в которой мы думаем, что ЕСПЧ будет недостаточно внимательным к гендерному аспекту. В этой ситуации Европейский суд мог бы рассмотреть статью 3, но добавить статью 14 Суд был бы готов в очень редких случаях [интервью с Голубком].

Таким образом, российские юристы, с которыми мы общались, видят вескую причину для отправки дел о дискриминации в Комитет ООН — либо в качестве альтернативы ЕСПЧ, либо в качестве запасного варианта после отклонения дела Судом. В некоторых случаях со стратегической точки зрения юристы явно предпочитали Комитет, потому что его решения и политические рекомендации считаются более радикальными — и более явно феминистскими по своей природе — чем решения ЕСПЧ.

В последние годы ЕСПЧ сам начал включать опыт и принципы КЛДЖ в свои решения о нарушениях прав человека в отношении женщин. В ряде решений по делам о домашнем насилии, в которых были выявлены нарушения статьи 14, ЕСПЧ в своей аргументации упоминал Конвенцию о ликвидации всех форм дискриминации в отношении женщин. К ним относятся знаменитое дело [*Opuz v. Turkey*] и недавний случай [*Eremia v. The Republic of Moldova*]. Однако Суд в своей ссылке на Конвенцию не всегда последователен: аналогичное постановление в деле [*T. M. and C. M. v. The Republic of Moldova*] не ссылается на нее. Суд также сослался на Конвенцию для подкрепления логики в решении по делу Константина Маркина о пособиях по уходу за ребенком, отметив, что ссылки третьих сторон на дела Комитета о родительских пособиях и обязанностях по уходу демонстрируют, что «современные европейские общества продвинулись в направлении более равного разделения обязанностей по воспитанию детей между мужчинами и женщинами и привлекли внимание к роли мужчины в этом процессе» [*Константин Маркин против России*]. Фактически материалы дел ЕСПЧ показывают, что к июлю 2016 года Конвенция о ликвидации всех форм дискриминации в отношении женщин упоминается в более чем 20 решениях по делам — не всегда это решения, вынесенные большинством судей, иногда ссылки содержатся в особых мнениях судей или брифах НКО — *amicus curiae* [HUDOC database, б. д.].

Некоторые российские НКО осознали, насколько Комитет ООН по ликвидации дискриминации в отношении женщин может быть важным для потенциального расширения судебной практики ЕСПЧ в отношении дискриминации по признаку пола.

В частности, SJI, у которой есть особый стратегический подход к судебным разбирательствам в ЕСПЧ, начала сотрудничать с Комитетом, чтобы заложить основу для ведения документации и решений в его рамках и повлиять на правила ЕСПЧ. В октябре 2015 года SJI составила и представила 62-й сессии Комитета отчет о соблюдении Россией Конвенции о ликвидации всех форм дискриминации в отношении женщин в Северо-Кавказском регионе России, сосредоточив внимание на таких вопросах, как опека над детьми, насилие в семье, убийства чести, похищение невест, принудительные браки, детские браки, калечащие операции на женских половых органах, а также неспособность местных властей и судов обеспечить возмещение ущерба жертвам таких нарушений [SJI 2015a]. В интервью директор SJI Ванесса Коган заявила, что на самом деле «одна из причин, по которой мы делаем такие вещи, как отправка отчетов в CEDAW, заключается в том, что это действительно помогает собирать вспомогательные материалы для предоставления их впоследствии суду, пытаясь заявить о нарушении статьи 14» [интервью с Коган].

СТАМБУЛЬСКАЯ КОНВЕНЦИЯ СОВЕТА ЕВРОПЫ

Конвенция Совета Европы о предотвращении и пресечении насилия в отношении женщин и домашнего насилия (Стамбульская конвенция) была открыта для подписания государствами — членами Совета Европы, государствами ЕС и другими государствами, участвовавшими в ее разработке, в мае 2011 года. Конвенция вступила силу в августе 2014 года после выполнения критериев ратификации договора десятью государствами, в том числе восемью государствами — членами Совета Европы [Council of Europe Treaty Office. «Details of Treaty № 210», б. д.]. Турция была первым государством, ратифицировавшим Конвенцию в мае 2012 года.

Россия не подписывала и не ратифицировала Конвенцию, поэтому, к сожалению, влияние последней в российском контексте очень ограничено. Однако после вступления Конвенции в силу в 2016 году ЕСПЧ начал регулярно ссылаться на нее в своих постановлениях о насилии в отношении женщин. Как объясняет Сара де Видо, Суд начал использовать конкретные требования Стамбульской конвенции относительно предотвращения домашнего насилия «как средство установления более строгих стандартов должной осмотрительности в отношении обязательств, которые государства должны соблюдать в случаях домашнего насилия» [De Vido 2017: 2]. Суд разумно начал включать стандарты Стамбульской конвенции в качестве «соответствующих норм международного права» (что оправдывается Венской конвенцией 1969 года о праве международных договоров) в толкование применимых статей ЕСПЧ [De Vido 2017: 1].

В рамках нашего исследования особенно важно, что к октябрю 2016 года Суд сослался на применимость Конвенции в решениях по трем делам о домашнем насилии в Турции (дела Чивека, [*M. G. v. Turkey*] и [*Halime Kılıç v. Turkey*]); в двух из этих дел Суд установил нарушения статьи 14 (см. главу 6 для более подробной информации о турецких делах). Во время нашего полевого исследования 2014 года Григор Аветисян, юрист SJI, упомянул о потенциальных побочных эффектах, которые, как они надеялись, повлияют на решения суда по гендерному насилию:

> Есть надежда, что Конвенция придаст дополнительный импульс суду, и он может быть опробован, эти права, в других делах, которые суд будет выносить по отношению к другим странам. И когда сформируется практика по другим странам и по Конвенции, он, может быть, распечатает российскую коробку, оттуда начнет вытаскивать что-то. Такая слабая надежда. Конвенция детальная, она будет обрастать комментариями, мы надеемся, что это как-то подвинет суд и даст ему основания, потому что суд независим, это понятно, но статья 14 всегда для него была проблемой [интервью с Аветисяном/SJI].

Юрист также заявил:

> Суд, он не связан территориально, если он выносит решение, я надеюсь, будет много решений... Он может опробовать это и на России. Есть понятие европейского консенсуса, кото-

рый ЕСПЧ использует от дела к делу, и если принципы консенсуса будут сформированы, он свободно может применять к другим странам... потому что юристы из других стран, которые ратифицировали, они будут ссылаться на нее в своих жалобах, и они могут оживить эту конвенцию [интервью с Аветисяном].

Хотя Россия не присоединилась к Стамбульской конвенции, юристы видят значительную возможность для того, чтобы эта конвенция впитала общее прецедентное право ЕСПЧ в отношении насилия в отношении женщин, и логика решений других стран, ее ратифицировавших, может быть применена при рассмотрении ЕСПЧ дел о гендерной дискриминации в отношении женщин в России. Это было бы важно как для того, чтобы подтолкнуть Суд к выявлению нарушений статьи 14 в таких делах, так и для определения видов общих мер, которые Суд мог бы обязать российское правительство принять для защиты женщин от гендерного насилия.

Заключение

Существует множество причин, по которым люди, столкнувшиеся с гендерной дискриминацией, сочтут процесс подачи заявления в ЕСПЧ таким же пугающим, как и взаимодействие с внутрироссийскими судами. Как мы видели, даже юристы-правозащитники, чья карьера сосредоточена на ведении стратегических судебных процессов в российских судах и международных судебных органах, сталкиваются с препятствиями как на национальном уровне, так и в ЕСПЧ. Те, кто настаивает на своих заявлениях, обнаруживают, что процесс требует длительного времени и не всегда приносит удовлетворительный результат; однако заявители и их представители-юристы иногда бывают вознаграждены за свое терпение положительными решениями суда и сознанием того, что, хотя бы теоретически, помогают создать свод прецедентного права, способный подтолкнуть российские правоохранительные и правовые системы в сторону большей подотчетности.

Стремление Суда установить высокую планку доказательств для подтверждения нарушений статьи 14 также может препятствовать подаче заявлений о дискриминации по признаку пола. В делах в государствах Совета Европы, где Суд установил дискриминацию по признаку пола, либо имела место явно дискриминирующая ситуация, связанная с законодательством (например, отсутствие закона о домашнем насилии, либо наличие закона, дискриминирующего определенную группу) или «доказуемая» модель дискриминации, которая охватывает не только один рассматриваемый случай.

Очевидно, что более эффективный сбор данных будет необходимостью для установления таких моделей гендерной дискриминации в России, будь то при рассмотрении жалоб женщин сотрудниками правоохранительных органов и национальных судов или в ответ на дискриминационные модели поведения работодателей и образовательных учреждений. Суды требуют, чтобы юристы продемонстрировали четкую картину неправомерного поведения со стороны государственных структур, чтобы убедить их в том, что имела место дискриминация, а не индивидуальное нарушение.

Местные и международные неправительственные организации могут играть в сборе таких данных для использования в национальных или международных судах важную роль. Действительно, многочисленные исследователи задокументировали увеличивающуюся частоту предоставления НКО брифов amicus curiae в ЕСПЧ [Cichowski 2016a; Van Den Eynde 2013; Hodson 2011], и, как отмечает Чичовски, часто Суд напрямую цитирует данные брифы и «систематически использует эту информацию и экспертизу для подтверждения выводов о нарушении» [Cichowski 2011: 96]. Однако сбор таких данных — дело трудоемкое и дорогостоящее, процесс, как правило, недоступный для большинства российских правозащитных и женских групп. Точно так же для увеличения числа юристов, заинтересованных и способных вести дела о гендерной дискриминации, придется увеличить ресурсы, направляемые местным и международным НКО. Предоставление обучения использованию международно-правовых механизмов более широкому кругу юристов и активистов, в том числе защитников прав женщин, могло бы увеличить число людей, заинтересованных в рассмотрении дел о гендерной дискриминации в рамках российской судебной системы и за ее пределами.

Международные институты, такие как ЕСПЧ и Комитет по ликвидации дискриминации в отношении женщин, предоставляют столь необходимую компенсацию гражданам стран, правоохранительные и судебные органы которых не всегда признают дискриминацию по признаку пола и сексуальной ориентации. Изучив проблемы передачи российских дел по этим вопросам в национальные и международные суды, мы можем пролить дополнительный свет на возможности и препятствия на пути к этому, изучив такие дела о дискриминации в Турции, что является темой следующей главы.

6. Дела о дискриминации по признаку пола в Турции, рассматриваемые в национальных и международных судах

Если по делам российских заявителей ЕСПЧ вынес только одно решение с признанием нарушения, являющегося гендерной дискриминацией, то в отношении жалоб, поступающих из Турции, гендерную дискриминацию Суд признавал чаще. Как обсуждалось в главе 5, наибольшее число жалоб, в отношении которых признано нарушение статьи 14 по признаку пола, поступило из Соединенного Королевства. Тем не менее Турция в настоящее время лишь незначительно отстает от Великобритании по числу дел, при рассмотрении которых выявлены нарушения статьи 14, и существует ряд причин, по которым эта страна более подходит для сравнительного анализа по вопросу о барьерах, препятствующих рассмотрению жалоб о гендерной дискриминации в ЕСПЧ, и о возможностях рассмотрения таких дел. Во-первых, Турция, как и Россия, не является государством — членом Европейского союза, и поэтому, как и Россия, она не подпадает непосредственно под юрисдикцию Европейского суда и под действие европейского права. Во-вторых, учитывая, что дело [*Opuz v. Turkey*] 2009 года показало, что Суд признал преступную небрежность государства в отношении домашнего насилия, а также в связи с тем, что в России наблюдаемая нами динамика во многом схожа с процессами, происходящими в Турции, имеет смысл поставить вопрос о том, чем сходны и чем отличаются ситуации в Турции и в России. Почему заявители из Турции добиваются, как мы видим, бо́льших успехов, направляя в ЕСПЧ жалобы о гендерной дискриминации, и почему они чаще прибегают к этой мере? А что мы узнаем на примере Турции о том, насколько международные суды могут помочь улучшить осуществление прав женщин на национальном уровне, в странах их проживания?

В начале этой главы будет представлена актуальная информация о гендерном равенстве в турецком законодательстве. Затем, в соответствии с принятой в этой книге последовательностью анализа, будут рассмотрены социальные, межличностные и материальные барьеры, мешающие женщинам подать в суд заявления о гендерной дискриминации, а после этого — барьеры, с которыми сталкиваются такие дела в турецкой правовой системе, и препятствия для реализации национальных законов и судебных решений на местах. Далее будет проанализирована динамика взаимодействия правозащитных групп с активистами движений за права женщин и представителями ЛГБТ-сообщества, чтобы выяснить, присутствуют ли в Турции проблемы взаимодействия между различными организациями, присущие России. Наконец, будет проведено тщательное изучение отчетов о рассмотрении дел по заявлениям турецких граждан в ЕСПЧ и Комитет по ликвидации дискриминации в отношении женщин (КЛДЖ), чтобы выявить барьеры, с которыми сталкиваются турецкие женщины и представители ЛГБТ-сообщества, и возможности, которые у них есть, при рассмотрении вопроса о передаче дела в международные органы правосудия. Глава завершается кратким сравнением общей картины гендерной дискриминации в России и Турции.

Гендерное равенство и меры правовой защиты в Турции

Дискриминация запрещена Конституцией Турции 1982 года, статья 10 которой гласит: «Все равны перед законом независимо от языка, расы, мировоззрения, пола, политической ориентации, философских взглядов, религии, конфессии и иных подобных признаков», а пункт, добавленный в 2004 году, обязывает государство «обеспечить, чтобы это равенство было реализовано на практике». Статьи 5, 12, 17, 19 и 41 также поощряют равенство и запрещают дискриминацию [Grand National Assembly of Turkey 1982]. Однако, если основываться на наблюдениях за правовой практикой в этой области, можно утверждать, что запрет на дискриминацию существует в основном на бумаге и государство не предпринимает эффективных шагов по обеспечению равенства. Легко можно найти случаи, когда должностные лица судебной системы допускали дискриминацию и даже поощряли ее. Например, в 1987 году Ш. Х. — мать троих детей, беременная четвертым ребенком, — подала в Анкаре иск о разводе, поскольку на протяжении многих лет страдала от домашнего насилия. Судья Мустафа Дурмуш закрыл ее дело и не удовлетворил ее заявление о расторжении брака, процитировав турецкую пословицу: «Не оставляй живот женщины без ребенка, а спину без палки» (Kadının karnından sıpayı, sırtından sopayı eksik etmeyeceksin) [Acıkaraoğlu 2014; Örer 2007]. Сославшись на женоненавистническую установку, укоренившуюся в турецкой культуре, судья Дурмуш открыто потворствовал насилию в отношении женщин и фактически способствовал тому, чтобы муж Ш. Х. продолжил совершать насилие в ее отношении. Вместо развода заявительница подверглась издевательствам, на этот раз на государственном уровне.

Важнейшее значение имело то, что его высказывание было официально зафиксировано, поскольку оно иллюстрировало, что в Турции над законом преобладает патриархальный менталитет турецких правоохранительных органов. Решение суда вызвало бурную реакцию по всей стране и послужило причиной первых со времен государственного переворота 1980 года протестов, которые к тому же и санкционировали. Турецкие феминистки вышли на улицы, чтобы вести борьбу с домашним насилием и патриархальным менталитетом, царившим в турецкой судебной системе [Tekeli 2010: 121]. С тех пор борьба с насилием в семье стала основополагающей частью феминистского активизма в Турции [Arat 2009: 398].

С конца 1990-х годов турецкое государство стало уделять со-
блюдению прав женщин более пристальное внимание, отчасти
в связи со стремлением страны соответствовать критериям
членства в Европейском союзе [Arat 2010: 242]: в существующие
национальные законы были внесены изменения, были также
приняты новые законы. По данным Министерства иностранных
дел Турции, женское движение, как внутри страны, так и за рубежом, добилось к тому времени большего общественного признания прав женщин, что стало для государства стимулом также
начать работу в этом направлении [Ministry of Foreign Affairs of
the Republic of Turkey 2016]. В 1998 году борьба с домашним насилием была подкреплена вступившим в силу законом о защите
семьи (закон № 4320). Основным недостатком этого закона было
то, что защита предоставлялась только женщинам, официально
состоящим в браке. В 2002 году вступил в силу новый Гражданский кодекс Турции, в который было внесено важное изменение:
было пересмотрено определение равенства женщин и мужчин,
особенно в семье. А в 2004 году, после двухлетней кампании,
проведенной турецкими женскими группами и ЛГБТ-организа-
циями [Ilkkaracan 2007: 3–28], вступил в силу Уголовный кодекс
Турции (закон № 5237). Хотя домашнее насилие не определено
в Кодексе как преступление [Karınca 2008: 18], дела о домашнем
насилии или насилии в отношении женщин могут быть возбуждены на основании нескольких его статей[1]. Принятый в 2012 го-

---

[1]   Подать в суд на насилие в отношении женщин можно на основании заявления о нарушении по любой из следующих статей: статьи 81, 82 и 83 за
преднамеренное убийство; статьи 84 за склонение или принуждение к само-
убийству; статьи 85 за убийство по неосторожности; статьи 87 за причинение
тяжкого вреда здоровью; статьи 89 за причинение вреда здоровью по неосторожности; статьи 96 за пытки; статьи 99 за незаконное проведение аборта
(если, например, аборт был проведен против воли женщины или повлек за
собой причинение физического вреда женщине); статьи 102–105 о половой
неприкосновенности и статьи 108 о применении физической силы для
принуждения другого лица к совершению или несовершению определенных
действий. Эти преступления считаются более тяжкими, если они совершены
в отношении родственников, что, по крайней мере гипотетически, предполагает более суровые наказания за домашнее насилие. См. Турецкое уголовное право [Grand National Assembly of Turkey 2004].

ду закон о защите семьи и предотвращении насилия в отношении женщин (закон № 6284), который сменил прежний закон о семье, обеспечил защиту более широкому кругу женщин.

Конституцией Турции утверждается также равенство на рынке труда через предоставление мужчинам и женщинам равного доступа к занятости в соответствии со статьей 49: «Каждый имеет право и обязанность работать» [Grand National Assembly of Turkey 1982]. Статья 5 закона о труде (закон № 4857) 2003 года, в которой установлен принцип равного обращения, дополнительно подкрепляет равенство и защищает женщин от дискриминации на рабочем месте: «В трудовых отношениях не допускается никакая дискриминация по признаку языка, расы, цвета кожи, гендера, политических убеждений, философских убеждений, религии, конфессии или аналогичных причин» [Grand National Assembly of Turkey 2003]. Эта статья также гарантирует, что отношение работодателя к трудовым договорам, заключенным с сотрудниками, не может зависеть от пола сотрудника или определяться фактом беременности; что недопустима неравная оплата работы, имеющей равную или аналогичную ценность; что применение специальных положений о защите работника в связи с половой принадлежностью не может служить оправданием более низкой оплаты труда. Статья 74 регулирует положение работающих женщин во время отпуска по беременности и родам, а также выделение времени на кормление ребенка: предоставляется 16 недель оплачиваемого отпуска (8 недель дородового и 8 недель послеродового), а после выхода на работу предоставляется 1,5 часа ежедневно для кормления ребенка.

Правовые механизмы судебного преследования за гендерную дискриминацию существуют, но, как видно из небольшого числа таких дел, поступивших из Турции в ЕСПЧ, турецкие женщины испытывают социальное, межличностное и материальное давление, которое мешает им подавать заявления по делам о дискриминации по признаку пола в правоохранительные органы и суды Турции, — этот вопрос мы и рассмотрим в следующем разделе.

Социальные, межличностные и материальные барьеры

Как и в России, у многих женщин в Турции отсутствует гендерное сознание, на основе которого они признали бы насилие в отношении себя как одну из форм гендерной дискриминации. В турецкой культуре и обществе сохраняются некоторые традиционные устои, в значительной степени мешающие женщинам признать существование дискриминации и начать отстаивать свои права. Женщин часто считают иждивенками, живущими за счет мужчин. Считается, что основные средства они получают от мужчины, и поэтому в ситуации экономического кризиса первыми, как правило, оказываются уволены именно женщины, потому что их доход рассматривается как «дополнительный» заработок для семьи, тогда как мужчина считается «главой семьи». По словам Сераф Палаз, «предполагается, что все женщины в обществе живут с мужчиной: либо с мужем, либо с отцом. Заработная плата женщин считается дополняющей собой заработную плату мужчин, и поэтому общество не видит проблемы в том, что заработная плата у женщин ни хуже, как и в целом их положение на рынке труда» [Palaz 2002: 5]. Кроме того, и в России, и в Турции существуют пословицы, указывающие на то, что любовь и насилие связаны между собой; это вызывает тревогу. «Бьет — значит любит» — эта присказка, распространенная в обеих странах, внушает женщинам, что насилие — признак любви. Турецкая поговорка «Палка послана с небес» также подкрепляет представление о том, что побои действуют во благо и совершаются с разрешения Всевышнего [респондент № 12; Human Right Watch 2011].

Подчеркивая важность гендерного сознания, юрист и активист социального приюта для женщин «Мор чаты» («Фиолетовая крыша»), у которой мы взяли интервью для этого проекта в Стамбуле, заявила: «Жертва также должна разрушить собственные барьеры. Во-первых, она должна признать, что сталкивается с насилием» [респондент № 11 2015]. Следующий шаг — преодолеть молчание. Когда женщины подвергаются насилию или дискриминации, турецкое общество часто поощряет молчание. Идиома, приведенная другой представительницей социального приюта для женщин «Мор чаты», отчетливо иллюстрирует это отношение: «Сломанная рука остается в рукаве» [респондент № 12].

Бросая вызов таким установкам, укоренившимся в культуре, все больше женщин в Турции начали рассказывать о своем опыте пережитых домогательств и сексуального насилия, используя социальные сети, особенно после жесткого убийства Озгеджан Аслан в 2015 году [Alfred 2015], о котором речь пойдет в разделе «Формы гендерной дискриминации в Турции». Используя хештег *#sendeanlat* («ты тоже должна рассказать»), многие турецкие женщины на разных социальных платформах привлекали внимание к дискриминации, основанной на гендере [BBC Türkçe 2018]. Тем не менее остается множество препятствий для передачи этих дел в полицию или суд, что снижает эффективность деятельности таких движений [Eglash et al. 2018]. Таким образом, женщины в Турции должны не только преодолеть личные барьеры в осознании гендерной дискриминации, но и бросить вызов определенным социокультурным установкам.

Исследование Главного управления Турции по статусу женщин, проведенное в 2008 году, продемонстрировало высокий уровень молчания среди жертв насилия. Из 4881 женщины, столкнувшейся с насилием и принявшей участие в опросе, 48,5 % никому, включая близких родственников и друзей, не рассказали о своем опыте [General Directorate for the Status of Women 2009: 86]. Важно отметить, что 91,8 % этих женщин не обратились ни в одну государственную или общественную организацию в связи с насилием, с которым они столкнулись. Всего 4,5 % обратились в полицию или жандармерию, 4 % — в прокуратуру, 3,7 % — в больницу или иное медицинское учреждение, а 0,7 % — в НКО или Государственное управление социальных услуг и защиты детей (Sosyal Hizmetler ve Çocuk Esirgeme Kurumu) [General Directorate for the Status of Women 2009: 90]. В исследовании раскрываются различные причины того, почему женщины не обратились за помощью: 64,4 % женщин не считали проблему достаточно серьезной, 16,1 % боялись, что их сочтут виновными, 11,1 % заявили, что любят своих агрессоров и прощают их, а 10,9 % сказали, что они решили жить дальше ради счастья и благополучия своих детей.

Исследование показывает, что женщины ищут правовой помощи, только когда они уже не могут мириться с насилием. Среди тех, кто обратился за юридической поддержкой, 41 % заявили, что больше не могли терпеть насилие, 29 % сказали, что им нужна была юридическая консультация, чтобы справиться с насилием, 24,8 % сообщили, что получили в результате насилия тяжелые травмы, а 18,1 % ответили, что опасались за свою жизнь. Таким образом, исследование показывает, что, как и в России, женщины в Турции обращаются за правовой защитой от насилия только в крайнем случае.

Другая причина необращения за юридической помощью, которую назвали наши респонденты, заключается в том, что женщины в Турции, как и российские женщины, недостаточно доверяют правовой системе. Поэтому они не подают иски в турецкие суды. Правозащитница из Стамбула, специализирующаяся на предоставлении юридической поддержки в случаях сексуального насилия в следственных изоляторах, объяснила это так:

> Почти никто <из наших клиенток> не верит, что можно добиться чего-то, используя национальные средства правовой защиты. Вот еще почему так мало исков. Нет доверия. Многие женщины думают: «Я в любом случае не добьюсь справедливости. Более того, меня будут унижать, все узнают о том, что со мной случилось, и у меня будут проблемы дома» [респондент № 14].

На самом деле юрист провела здесь еще одну параллель с Россией: женщины в Турции так же боятся «выносить сор из избы», особенно когда речь идет о домогательствах или сексуальном насилии. Она отметила следующее:

> Жертвам сексуальных пыток очень сложно открыто заявить о том, что они пережили. Мы живем в преимущественно патриархальном и феодальном регионе. Женщины стыдятся и боятся; они чувствуют себя «запятнанными» и не до-

веряют судебной системе. Люди, к которым они должны обратиться в первую очередь, — прокурор, полицейский и судья — все мужчины. По названным причинам женщины не хотят разглашать информацию о том, что с ними произошло. Но помимо всего этого они боятся быть отвергнутыми. Все женщины, рассматривавшие подачу жалобы, говорили мне: «Мой отец будет потрясен», «Мой старший брат будет потрясен», «Мой муж будет в ярости». Другими словами, женщины не могут говорить о сексуальных пытках, с которыми они столкнулись, из-за <ожидаемой реакции> присутствующих в их жизни мужчин [респондент № 14].

По данным доклада «Турция: остановите сексуальное насилие над женщинами в местах лишения свободы!», который в 2003 году опубликовала правозащитная организация Amnesty International, в Турции о сексуальном насилии не заявляется в основном из-за давления на жертвы насилия женского пола со стороны родственников мужского пола [Amnesty International 2003: 34]. Психологический стресс и стыд переживших насилие также являются серьезными причинами молчания, но важнее то, что они боятся опозорить свою семью или общину, и то, что сообщение о насилии может привести к жестокой физической расплате (включая убийство чести). Очень показательно, как 16-летняя жертва изнасилования объясняет, почему она не подала иск: «Если об этом узнает моя семья, я умру. Что мне делать?» [Amnesty International 2003: 34]. «Сельма», другая жертва сексуального насилия, отозвала иск после того, как ее отец попросил не разглашать информацию об этом.

Помимо различных видов страха, еще одной причиной, по которой женщины не заявляют о насилии, становится отсутствие веры в благоприятный исход. Социальный работник Фонда солидарности женщин (Kadın Dayanışma Vakfı) в Анкаре описала новый взгляд женщин на неэффективность работы правоохранительных органов: «"Ну, я подам заявление в полицию, а потом что? Я пойду в суд, а потом? Вот, посмотрите, человек, который убил женщину, теперь на свободе". Вот как это воспринимается <среди женщин>» [респондент № 3]. Она добавила, что, даже

когда женщины отбрасывают эти сомнения и обращаются в суд
или правоохранительные органы, дела затягиваются, и в результате женщин это изматывает. В итоге они не хотят дальше заниматься своими исками.

Другая причина, почему женщины отказываются сообщать
в полицию о насилии, заключается в том, что женщины боятся
дальнейшего насилия от обидчиков и/или родственников. Говоря об упомянутом ранее страхе жертвы насилия, независимый
юрист в Мерсине пишет: «Если они <женщины> не будут молчать,
их жизнь может оказаться под угрозой, и, как мы часто видим
в прессе, их могут убить даже ближайшие родственники» [ре-
спондент № 22]. Страх перед сотрудниками правоохранительных
органов или судов представляет собой еще один барьер для
огласки дел о гендерной дискриминации. Активист и младший
научный сотрудник в Университете Анкары сообщил следующее:

> Приходится обивать пороги государственных органов,
> общаться с полицейскими, судьей и прокурором, кланяться
> и расшаркиваться перед всеми этими прекрасными людьми.
> Мы знаем, как нелегко женщине просто постучать в дверь
> прокурора и написать заявление. Это для всех непросто
> [респондент № 6].

Еще один существенный барьер для женщин в Турции — это
ограниченный доступ к материальным ресурсам. Воспользоваться услугами адвоката может быть особенно сложно для женщин,
так как налоги государства на гонорар адвокатов очень высокие,
что делает их услуги недоступными для многих, а женщины зачастую финансово зависят от мужа или семьи. Объясняя финансовые трудности, с которыми сталкиваются женщины, юрист
Центра юридической поддержки женщин KAHDEM в Стамбуле
(Kadınlara Hukuki Destek Merkez Derneği) заявляет:

> Финансовое положение <женщины> может быть неудовле-
> творительным. В Турции НДС на предварительный гонорар
> <юриста> составляет 18 %, в то время как при покупке
> бриллианта <он> равен 0 %. Вероятно, размер вознагражде-

ния юриста в Турции можно посчитать небольшим в сравнении с другими странами, но <сравнивая с НДС на другие товары и услуги в Турции> это очень дорого. Особенно <потому что> женщины представляют собой беднейший слой населения и обычно не могут распоряжаться имеющимися у них средствами [респондент № 20].

Недостаток финансовых средств для подачи иска в суд и на покрытие расходов во время его рассмотрения в течение неопределенного периода времени является значительной преградой.

Помимо гонорара юриста, существуют различные другие издержки, которые нужно учитывать при обращении за юридической помощью, такие как счета за коммунальные услуги, арендная плата, расходы на содержание детей и пр. Особенно это актуально в случае развода. Подчеркивая объем расходов, которые женщина должна учитывать, юрист социального приюта для женщин «Мор чаты» сказала:

Прошлые решения кассационного суда показали, что если у женщины есть крыша над головой, она не нуждается в алиментах. Ну, послушайте... Предположим, что у женщины есть дом и ей не приходится ночевать на улице под дождем и снегом. Но разве они не понимают, что она не может питаться стенами своего дома! Ей нужны продукты, нужно платить за электричество, воду и отопление. Нужно ухаживать за детьми, давать им карманные деньги, покупать им одежду. И возможно, простите за то, что говорю об этом, ей также хочется купить пару газет и прочитать их, или какие-то другие вещи, чтобы реализовать свои культурные потребности [респондент № 12].

Несмотря на эти препятствия, некоторые женщины в Турции преодолевают все внутренние и внешние барьеры и обращаются к НКО, защищающим права женщин, и в результате их дела о гендерной дискриминации оказываются в правоохранительных органах или суде. Как объяснили наши респонденты, гендерная дискриминация проявляется в различных формах: домашнее насилие и другие формы насилия против женщин, убийства чести, дискриминация на работе и неравный доступ к гражданским правам (таким как равенство перед законом, право выбирать фамилию и право на справедливый суд).

Формы гендерной дискриминации в Турции

Многие интервьюируемые считают, что высшая форма гендерной дискриминации — это домашнее насилие. Как выразилась одна из респонденток, преподавательница юридического факультета в Университете Анкары, отношение к проблеме домашнего насилия в турецком обществе меняется. По ее словам, до недавнего времени считалось, что об этом не следует говорить: люди полагали, что это «частная жизнь, в которую не может быть никаких вмешательств — ведь частная жизнь превыше всего, и вторгаться в нее нельзя» [респондент № 7]. Отношение начало меняться, но женщины, заявляющие о случаях домашнего насилия, снова и снова сталкиваются с другими формами гендерной дискриминации внутри судебной системы. Подробнее этот вопрос будет рассмотрен далее в разделе «Барьеры против борьбы с дискриминацией в юридической системе Турции».

Наиболее ужасающей формой домашнего насилия, с которой сталкиваются турецкие женщины, являются убийства чести. Например, юрист социального приюта для женщин «Мор чаты» рассказала историю 25-летней женщины, которую вскоре после свадьбы вернули обратно, «словно посылку»: вероятно, муж выяснил, что она не была девственницей. Далее ее родственники «задавили ее трактором; вся округа слышала, с каким хрустом ломались ее кости» [респондент № 12]. Другая интервьюируемая, жительница Стамбула и представительница платформы «Мы остановим фемицид» (Kadın Cinayetlerini Durduracağız Platformu), упомянула убитую в 2004 году Гюльдюнью Тёрен, чья смерть стала хрестоматийным примером убийства чести. Девушку изнасиловал родственник, и она забеременела. В глазах семьи это означало позор. На семейном совете было решено подвергнуть ее остракизму и выдать замуж в качестве второй жены. Но Тёрен не согласилась и сбежала от родственников в Стамбул. Ее братья отправились следом, чтобы убить ее. После первого покушения Тёрен выжила, но была госпитализирована. Двенадцать часов спустя один из ее братьев пришел в больницу и застрелил ее. После этого случая убийство чести стало считаться в суде отягчающим обстоятельством [респондент № 13].

Убийства женщин, совершенные их партнерами или незнакомыми людьми, стали основной формой гендерной дискриминации, о которой постоянно упоминали наши собеседники. Представительница платформы «Мы остановим фемицид» из Стамбула упомянула одно из известнейших в Турции преступлений такого типа, которое произошло в марте 2009 года в Стамбуле, когда Джем Гарипоглу (17 лет) жестоко убил свою восемнадцатилетнюю девушку Мюневвер Карабулут. Он обезглавил ее и выбросил тело и голову в два разных мусорных контейнера. На ее теле было несколько ударов ножом. В течение 197 дней Гарипоглу скрывался от закона, что только подогревало интерес СМИ и общественности. Наконец, он сдался полиции. Поскольку на момент убийства ему было семнадцать лет, суд отнесся к нему как к несовершеннолетнему и вынес соответствующий вердикт — тюремное заключение сроком на 24 года. Это было максимально суровое наказание, которое он мог получить. В ноябре 2010 года он покончил с собой в тюрьме Силиври.

Другим известным случаем гендерного насилия со смертельным исходом, о котором часто упоминали во время интервью, было убийство Озгеджан Аслан [респонденты № 2, 13, 19, 20]. Аслан (20 лет) была студенткой университета. В феврале 2015 года в Мерсине ее попытался изнасиловать водитель микроавтобуса Суфи Альтиндёкен. Аслан сопротивлялась и была жестоко убита [The Guardian 2015]. Сначала водитель избил ее до беспамятства, а потом, по совету своего отца Неджметтина Альтиндёкена, решил окончательно уничтожить следы преступления. Он убил Аслан ударом тупого предмета по голове и отрезал ей кисти рук. Далее отец и сын позвали на помощь друга. Втроем они сожгли тело Аслан в лесу, рассчитывая, что ее личность никогда не будет установлена. Убийство Озгеджан Аслан вызвало протесты по всей стране и привлекло большое внимание СМИ, что повлияло на ход судебного разбирательства. В конечном итоге все трое обвиняемых получили пожизненное заключение.

Как сообщают различные источники, случаев убийств женщин в Турции становится все больше. По данным платформы «Мы остановим фемицид», в 2016 году было убито 328 женщин. В 2017 году это количество выросло до 409. С 2010 года, когда было зафиксировано 180 убийств, число подобных преступлений постоянно продолжает расти [We Will Stop Femicide Platform 2018].

Кроме того, наши собеседники также описывали проявления гендерной дискриминации в доступе к образованию и трудоустройству. Двое интервьюируемых сослались на случаи, когда турецких женщин, которые из религиозных соображений носили головные уборы, не допускали до обучения в университете или увольняли с работы [респонденты № 2, 6]. До 2013 года, пока в Турции действовали законодательные требования к внешнему виду в общественных местах, женщинам, одетым в соответствии с требованиями религии, было запрещено посещать школу или занимать должности в государственных учреждениях [Aljazeera Turk 2013][2]. Даже когда подобные случаи рассматривались в суде, о чем речь пойдет более подробно далее, ни турецкие суды, ни Европейский суд по правам человека не увидели в этом гендерной дискриминации или нарушения прав женщин.

Что касается дискриминации на рабочем месте, юрист социального приюта для женщин «Мор чаты» упомянула одну из своих клиенток, судебный процесс по делу которой на момент интервью тянулся уже девять лет. Эта женщина работала уборщицей по контракту. В сентябре 2006 года, когда она вернулась из летнего

---

[2] В соответствии с законодательными актами об одежде, принятыми в 1925 и 1982 гг., женщинам было запрещено носить головные платки в общественных местах. В 2013 г. правительство, возглавляемое партией АКР (Adalet ve Kalkınma Partisi), отменило запрет в отношении школ. Однако сотрудницам государственных служб, носящим униформу (сотрудницам полиции и армии, прокурорам и судьям), по-прежнему запрещалось надевать платок, пока в 2016 г. не был опубликован другой указ, полностью отменивший этот запрет [Republic of Turkey Prime Minister's Office 2013, 2016b].

отпуска, ее уволили, потому что работодатель выяснил, что она забеременела. По словам юриста, «каждый год ее компания заранее подготавливала увольнительные заявления для сотрудниц», и в дальнейшем эти документы использовались, чтобы увольнять женщин, если они выходили замуж или беременели [респондент № 11]. Работодатель не только разорвал контракт с этой женщиной — ситуацию представили так, будто она уволилась в июне, до того как уйти в отпуск. Поэтому ей не выплатили отпускные за три месяца. В суде юрист пыталась доказать, что увольнение ее клиентки стало проявлением дискриминации и что до сентября она была официально трудоустроена. Тем не менее, поскольку они не могли предоставить свидетелей и доказательств, что компания практиковала подготовку подобных увольнительных заявлений заранее, им не удалось добиться желаемого результата.

Как мы установили, турецкие женщины сталкиваются со многими препятствиями, прежде чем им удастся донести информацию о гендерной дискриминации различных типов до правоохранительных или судебных органов. В следующем разделе речь пойдет о тех трудностях, которые связаны с рассмотрением их дел.

Барьеры против борьбы с дискриминацией в юридической системе Турции

Юрист, занимающийся частной практикой в Мерсине, во время интервью по электронной почте высказал следующее убеждение: большинство женщин и юристов в Турции полагают, что процесс возбуждения дел, связанных с гендерной дискриминацией, в турецком суде сопряжен с множеством проблем и сложностей. Поскольку частное лицо не имеет права обратиться в Конституционный суд и Европейский суд по правам человека, не исчерпав возможности национальной судебной системы, истицы обязаны «использовать все средства юридической системы, даже если вы находите их не особенно эффективными» [респондент № 22]. В настоящем разделе мы исследуем, как случаи дискриминации по гендерному признаку сталкиваются с неэффективностью юридической системы, и рассмотрим те усилия, которые предпринимают истицы и их адвокаты, чтобы преодолеть различные барьеры при взаимодействии с турецким законодательством. Полиция и суды неохотно заводят и рассматривают дела, связанные с гендерной дискриминацией. Даже если суд назначает слушание, его решения часто бывают неудовлетворительными. Разочаровавшись в возможностях турецкой судебной системы, истицы зачастую не обращаются в вышестоящие инстанции, что лишает их возможности обратиться в Европейский суд по правам человека.

МУЖЧИНЫ И ЖЕНЩИНЫ, ОБРАЩАЮЩИЕСЯ В ТУРЕЦКИЙ СУД

В случае дискриминации, в зависимости от типа нарушения, с которым они столкнулись, граждане Турции могут обратиться в следующие учреждения: полиция (в городах), жандармерия (в сельской местности), местные суды, отделения прокуратуры. Кроме того, можно подать жалобу в учреждениях здравоохранения, городских и муниципальных отделениях социальных служб, провинциальных консультационных центрах для женщин, аналогичных центрах, организованных при юридических коллегиях, и в юридических консультациях. В случае если истица не имеет возможности обратиться ни в одну из вышеперечисленных организаций, она может подать жалобу через государственную горячую линию по вопросам домашнего насилия, а также через горячую линию ALO183 (горячая линия социального обслуживания по проблемам семьи, женщин, детей и инвалидов), которые оказывают незамедлительную помощь. Тем не менее, как отметили все интервьюируемые, женщины при подаче жалоб сталкиваются с многочисленными трудностями, и далее мы рассмотрим эту проблему.

ОТНОШЕНИЕ ГОСУДАРСТВЕННЫХ СЛУЖАЩИХ К ГЕНДЕРНОЙ ДИСКРИМИНАЦИИ

Как и в России, сексистские установки, доминирующие в турецком обществе и способствующие дискриминации, существуют и среди сотрудников правоохранительных органов. Относительно тех барьеров, с которыми сталкиваются женщины на первых этапах подачи жалобы, одна из юристов социального приюта для женщин «Мор чаты» объясняет:

> Как мы знаем и видим в Турции, когда женщины обращаются в полицию или в полицейский участок, они часто встречаются с попустительским отношением к домашнему насилию. Сотрудники часто говорят: «В отношениях такое случается, разберитесь как-нибудь между собой» [респондент № 12].

Преподавательница, с которой мы беседовали на юридическом факультете Университета Анкары, говорит о похожей проблеме: «<В турецких судах> бытуют предрассудки и речевые клише, к примеру, "не вмешивайтесь в дела мужа с женой", которые вообще не позволяют женщинам подавать исковые заявления» [респондент № 7]. Адвокат по правам человека в Стамбуле, оказывающая правовую поддержку жертвам сексуального насилия в местах лишения свободы, рассказала о случае, когда одна ее клиентка подверглась сексуальному насилию в парикмахерской. Женщине удалось убежать от нападавшего и, таким образом, избежать изнасилования. Она сразу же обратилась за помощью к адвокату, и они вместе отправились в прокуратуру. Когда она рассказала о случившемся, прокурор ответил: «О, не расстраивайтесь. Это Турция, здесь такое происходит постоянно» [респондент № 14]. В конечном итоге нападавший предстал перед судом и понес наказание. Тем не менее отсутствие у прокурора сочувствия к жертвам сексуального насилия и нежелание привлекать к ответственности виновных стали глубоким разочарованием пострадавшей.

Статистические данные, опубликованные в 2010 и 2011 годах центром KAMER — женской НКО, основной задачей которой является борьба с насилием в отношении женщин, особенно курдских женщин в Восточной и Юго-Восточной Турции, подтверждают подобное отношение со стороны сотрудников правоохранительных органов [KAMER 2011; KAMER 2012]. В 2010 году в KAMER обратились 4124 человека, переживших насилие, домашнее насилие или попытку убийства чести, и рассказали о том, как они пострадали. Из 3214 женщин лишь несколько сотен сообщили, куда они подали заявления: 259 ответили, что обратились в полицию, а 210 — в суд.

Рассказанные женщинами подробности о пережитом позволяют предположить, почему только 14,5 % женщин, обратившихся в KAMER, также обратились в правоохранительные органы. Из 259 женщин, обратившихся в отделение полиции, 79 сообщили, что сотрудники полиции словесно защищали мужчину-преступника, 78 сказали, что их попросили примириться с нападавшим и отправили домой, 16 заявили, что над ними насмехались, их оскорбляли и от них отмахивались, 84 подтвердили, что к ним отнеслись серьезно и направили в нужные инстанции (примерно 30 % жертв, сообщивших о происшествиях). Из 210 женщин, обратившихся в суд с иском, 66 рассказали, что сотрудники не хотели рассматривать их заявление, 36 — что их оскорбляли и от них отмахивались, 8 — что их направили в больницу, и 100 — что их заявления рассмотрели (что составляет менее 50 % женщин, обратившихся в суд).

В 2011 году в KAMER обратилась 8961 женщина, что более чем вдвое превышает количество женщин, обратившихся годом ранее. Из них 7191 женщина ответила на вопрос о том, куда они обращались после насилия: 570 — в полицию и 416 — в суд. В целом количество женщин, написавших заявления в правоохранительные органы, несколько снизилось: если в 2010 году об этом заявило 14,5 % женщин, то в 2011 году — лишь 11 %. Из 570 женщин, обратившихся в отделение полиции, 69 заявили, что сотрудники полиции высказывались в поддержку мужчины-преступника, 160 — что им сказали примириться с нападавшим и отправили домой, 37 — что над ними насмехались, их оскорбляли и от них отмахивались, 304 — что к ним отнеслись серьезно и направили в нужные инстанции. Другими словами, 53 % женщин были восприняты всерьез, тогда как в 2010 году этот показатель составлял 32 %. Из 416 женщин, обратившихся в суд с иском, 59 сказали, что сотрудники не хотели рассматривать их заявление, 27 — что их оскорбляли и от них отмахивались, 304 — что их заявления рассмотрели, а 26 — что их направили в больницу (27 % от общего числа обратившихся). Эти данные свидетельствуют о том, что в турецкой правовой и правоохранительной системе царит равнодушие к насилию в отношении женщин и в целом предпочтение отдается примирению, что отбивает желание у женщин писать заявления. Терпимость сотрудников правоохранительных органов к действиям преступников и укоренившийся патриархальный подход к заявлениям женщин также препятствуют подаче заявлений и рассмотрению дел. Было бы полезно знать количество женщин, которые выиграют такие дела, но из-за длительности судебных разбирательств KAMER не может предоставить статистические данные по данному вопросу.

Как уже упоминалось, менталитет сотрудников полиции и судов играет важную роль в принятии женщинами решения о подаче заявления и инициации подобных дел. Подчеркивая этот момент, представительница социального приюта для женщин «Мор чаты» в 2013 году написала в электронном письме:

> Законы четко и недвусмысленно говорят о нарушении прав женщин, наказании виновных и защите женщин, однако менталитет сотрудников правоохранительных органов является основным и самым важным препятствием на пути к соблюдению этих законов [респондент № 16].

Поэтому она считает, что вместо того, чтобы побуждать женщин подавать заявление и оказывать им юридическую поддержку, куда важнее расширить их возможности, информируя их о правах. Будучи осведомленными и наделенными правами, женщины обращаются в суд с делами о дискриминации и оказываются лучше подготовлены к другим сложностям, связанным с этим процессом. В качестве примера она привела случай с женщиной, которую изнасиловал бывший муж, а затем к ней пренебрежительно относились и оскорбляли ее в отделении полиции, куда она обратилась. И что еще хуже, прокурор не собрал никаких доказательств в ответ на ее заявление. Сотрудники социального приюта для женщин проинформировали заявительницу о правах и о потенциальных предстоящих сложностях (например, о том, что сотрудники полиции попытаются скрыть свои правонарушения или даже причинить вред жертве или ее детям). Получив эту информацию, потерпевшая обезопасила себя и двух своих дочерей, а затем подала второй иск — на этот раз против полицейских, которые проявили к ней неуважение. Полицейские были отстранены от работы, и она смогла продолжить разбирательство со своим бывшим мужем.

В других случаях пренебрежение со стороны государственных органов представляло собой одну из основных форм дискриминации. Например, представитель платформы «Остановим фемицид» (We Will Stop Femicide Platform) в Стамбуле упомянула Гюлай Яшар и дело о домашнем насилии, которое в итоге продемонстрировало различные формы гендерной дискриминации в правоохранительной и судебной системе [респондент № 13]. Яшар, продавщица из Стамбула, развелась с мужем и хотела начать новую жизнь. Муж продолжал преследовать ее и угрожать ей. Она обратилась в отделение полиции с заявлением о выдаче охранного ордера, но через 17 дней ее ходатайство не было удовлетворено. Несмотря на то что у нее были веские доказательства (текстовые сообщения от бывшего мужа с угрозами убийством), заявление Яшар не восприняли всерьез. Позже, в 2011 году, тело Яшар было найдено под балконом бывшего мужа. Он утверждал, что она покончила жизнь самоубийством, на основании чего государственные органы не стали расследовать обстоятельства смерти. Семья Яшара подала иск, который был отклонен местным судом.

В данном случае семья утверждала, что Яшар не только была убита, но и что государство не смогло защитить ее от дальнейшего насилия, когда она обратилась за защитой, и впоследствии пренебрегло расследованием причин ее смерти [We Will Stop Femicide Platform 2013].

Юрист социального приюта для женщин «Мор чаты» в Стамбуле рассказала об одном похожем деле, связанном с пренебрежением и неосведомленностью государственных органов. После принятия закона № 6284 о защите семьи и предотвращении насилия в отношении женщин, расширяющего права женщин в семье, ее клиентка хотела подать заявление об изнасиловании в браке, но прокурор, к которому она обратилась вместе со своим адвокатом, пренебрежительно отнесся к этому, спросив: «Разве такое вообще возможно?» [респондент № 15]. Активистка и юрист-волонтер из «Мор чаты» процитировала одного из своих профессоров права по вопросу об изнасиловании в браке. Этот известный профессор на занятиях утверждал, что не существует такого понятия, как изнасилование в браке, поскольку «<секс —> это обязанность женщины». Она также отметила, насколько пренебрежительно полицейский отнесся к изнасилованию в браке, задавая заявительнице следующие вопросы: «Ну и что? Он ваш бывший муж. Вы не отказывали ему в течение десяти лет. Почему не дали ему в этот раз? Что могло пойти не так?» [респондент № 11]. Помимо самих преступлений, как отметили опрошенные, неспособность государственных органов и экспертов признать дискриминацию нарушением прав сама по себе является гендерной дискриминацией.

НЕДОСТАТОЧНОЕ КОЛИЧЕСТВО ПРИЮТОВ И ФИНАНСОВОЙ ПОМОЩИ

Недостаточное количество приютов и финансовой помощи для женщин, которые хотят уйти от своих сожителей или родственников, которые жестоко обращаются с ними, также удерживает женщин от подачи заявлений. Например, когда женщина подает заявление о домашнем насилии, у нее возникает две безотлагательные потребности: жилье и финансовая помощь. Согласно государственным нормам Турции, в городах с населением от 100 000 человек должен быть как минимум один приют (см. поправку к статье 14 от 12 декабря 2012 года в муниципальном законе № 5393 [General Directorate of Legislation Development and Publication 2005]). Однако, как следует из отчета Государственного департамента США по Турции за 2015 год, даже в более густонаселенных городах не хватает приютов, которые могли бы предложить женщинам безопасную среду [United States Department of State 2016]. Точно так же в отчете *Human Rights Watch* «Бьет — значит любит» отмечается, что количества приютов недостаточно для удовлетворения имеющихся потребностей [Human Rights Watch 2011: 43–46].

Существующим приютам также не хватает вместимости, и поэтому в них попадает лишь ограниченное число женщин, что часто приводит к дискриминации определенных категорий женщин: отказывают женщинам с инфекционными заболеваниями, психологическими проблемами или наркотической зависимостью, женщинам без документов, секс-работницам или женщинам-инвалидам [Human Rights Watch 2011: 45–46]. Юрист Ассоциации женщин-инвалидов (Engelli Kadın Derneği) рассказала о женщине-инвалиде, которая обратилась в полицию в поисках защиты и убежища, но ей отказали в помощи. Она пробыла в отделении полиции до утра, а затем ушла. Позже, после того как в их Ассоциацию обратились по этому вопросу, они не смогли ее найти. Без крыши над головой у нее, вероятно, не было другого выхода, кроме как вернуться домой [респондент № 1].

В Стамбуле мы взяли интервью у сотрудницы полиции, которая объяснила нам, что проблемы с убежищем и финансовой помощью женщинам влияют и на полицейских. Она рассказала нам о женщине, которую выгнали из дома вместе с ребенком. Полицейские заплатили за ее питание и оплатили больничные счета. Но когда они обратились к ее семье, то получили такой ответ: «Она может вернуться к своему мужу или пусть помирает» [респондент № 10]. В похожем случае другая женщина сбежала от мужа вместе с ребенком и обратилась за помощью в полицию. Одна из сотрудниц отдала почти 400 лир, чтобы покрыть ее расходы. Когда на совещании она затронула этот вопрос, руководство заявило, что государство не планирует решать проблемы полицейских, которые из своего кармана помогают женщинам в подобных ситуациях. Поэтому нельзя расценивать призывы полицейских смириться с ситуацией и вернуться домой только как следствие патриархальности их мышления или социокультурных ценностей. Отказ государственных органов Турции предоставить женщинам убежище и финансовую помощь — это одна из основных причин, почему женщинам — жертвам насилия так неохотно помогают, когда те обращаются за защитой к властям, прежде всего в полицию.

НЕХВАТКА СТАТИСТИЧЕСКИХ ДАННЫХ

Как и в России, основным препятствием для регистрации случаев гендерной дискриминации в ЕСПЧ является недостаток статистических данных по паттернам дискриминации. Институт статистики Турции собирает и публикует данные по ряду преступлений, однако особого раздела для нарушений прав женщин там нет. Другим государственным органом, ответственным за контроль нарушений прав женщин, является Национальная судебная информационная система, которая распространяет информацию о числе дел, рассмотренных в уголовном, гражданском и административном судах, а также о некоторых особенностях дел, доведенных в этих судах до завершения. Одна из юристов в Центре юридической поддержки женщин KAHDEM в Стамбуле прокомментировала ограниченный объем доступных статистических данных:

> ...Нет статистики <которая касается дел о насилии против женщин и результатах тренингов по предотвращению насилия против женщин>. Сейчас нам известно только число охранных ордеров. Мы хотели бы получить конкретные данные, например, об уголовном преследовании, изнасилованиях, о классификации телесных повреждений, о последствиях подобных дел и о влиянии тренингов <для противодействия насилию против женщин, которые проводятся для представителей органов власти>. Очевидно, что даже по этим вопросам данных недостаточно [респондент № 20].

Дело Опуз показало, что сбор данных и предоставление статистики может иметь решающее влияние на решения суда, потому что статистика позволяет подтвердить наличие систематической дискриминации. И действительно, подчеркивая последствия непредоставления статистических данных на уровне ЕСПЧ, адвокат-активистка социального приюта для женщин «Мор чаты» отмечает: «...Когда <женщины> не могут предоставить исчерпывающие статистические данные, эти случаи <проявления домашнего насилия> всегда рассматриваются судом как "единичные", что приводит к неудовлетворительным решениям суда даже на этом уровне» [респондент № 15].

В попытках помочь восполнить недостаток систематических данных о насилии мужчин по отношению к женщинам (и представителям ЛГБТИ[3]-сообщества), в марте 2018 года «Мор чаты» запустил пополняемую онлайн-базу данных. Пользователи могут ввести данные о любых случаях насилия, с которыми они сталкивались, вне зависимости от того, сообщали ли они о них (в правоохранительные органы или еще куда-то), запрашивали ли они охранный ордер по закону № 6284, и что стало итогом их усилий. Создавая базу данных, активисты «Мор чаты» заявляли, что сбор таких данных необходим в качестве средства для мониторинга и предотвращения насилия, особенно в свете отсутствия доступных общественности данных по этому вопросу, собранных государством [Mor Çatı 2018].

БРЕМЯ ДОКАЗЫВАНИЯ

Сбор доказательств — это еще одна трудность на пути женщин, которые хотят подать в суд заявление о гендерной дискриминации. Особенно в случае с сексуальным насилием, потому что в связи с особенностями таких преступлений чрезвычайно сложно найти свидетелей или доказательства. В качестве примера одна из адвокатов социального приюта для женщин «Мор чаты» упомянула дело клиентки, пережившей изнасилование. Насильник, прекрасно осознавая последствия совершенного им преступления, уничтожил все доказательства: «Он держал ее у себя в доме, так что выдал ей новое белье и заставил трижды принять душ. Он сделал все, чтобы сократить число улик. Он

---

[3] В этой главе мы используем аббревиатуру ЛГБТИ вместо ЛГБТ, так как турецкие активисты предпочитают использовать именно этот термин.

даже дал ей новую пару чулок, потому что ее собственные были порваны» [респондент № 15]. Клиентке пришлось выполнить все требования насильника, чтобы уйти из его дома живой. Утром ей пришлось вести себя обычно и даже позавтракать с ним в кафе. Когда на следующий день она выдвинула обвинения, она не смогла представить достаточно доказательств. Кассационный суд постановил, что изнасилования быть не могло, потому что они вдвоем позавтракали на следующее утро [респондент № 15].

Другим препятствием для успешного судебного преследования по делам о насилии против женщин, которое было упомянуто во время интервью, является роль заключений Института судебной медицины [респонденты № 11, 14]. Юрист по правам человека в Стамбуле, которую мы упоминали ранее, рассказала, что суды Турции принимают в качестве доказательств только медицинские заключения, сделанные Институтом [респондент № 14]. Даже если женщина решает получить медицинское заключение в Институте, ей необходимо прийти туда в часы приема, когда врачи на месте [респондент № 11]. Похожая проблема касается того, что Институт выдает заключения только по поводу физических повреждений. Если жертва решит подать заявление через некоторое время после изнасилования, что совершенно понятно, она не сможет предоставить никаких физических доказательств. Однако, как подчеркнула юрист по правам человека из Стамбула, заключения о психологических повреждениях или травмах могут тоже использоваться в качестве доказательств, «потому что доказательства и симптомы травмы можно распознать психологически» [респондент № 14]. Но в государственной практике заключения независимых организаций не признаются, а такие доказательства не принимаются.

ЗАТЯНУТОЕ ДЕЛОПРОИЗВОДСТВО И НЕУДОВЛЕТВОРИТЕЛЬНЫЕ РЕШЕНИЯ СУДА

Мы уже упомянули, что затянутость судебного процесса является фактором, который удерживает женщин от подачи заявления в суд. Условия ЕСПЧ, согласно которым жалоба может быть подана только после исчерпания эффективных средств правовой защиты на национальном уровне, означают, что сначала истцу нужно пройти через местные суды, потом Кассационный и, наконец, Конституционный. Юрист «Мор чаты» пояснила, что на это может уйти до четырех лет. Далее она отметила:

> К последствиям затянутого делопроизводства относятся годы затраченных усилий и определенные расходы, которые нужно иметь в виду заранее. Более того, некоторые женщины говорят: «И что я получу после десяти лет борьбы? Хочу, чтобы это закончилось. Не хочу больше думать об этом деле» [респондент № 15].

Неудовлетворительные решения судов в похожих случаях тоже отталкивают женщин от подачи заявлений. Убежденность в спровоцированности аффекта и смягчение наказания в случае хорошего поведения, которое используют суды в делах о насилии против женщин, часто ведут к особенно неудовлетворительным решениям. По словам представительницы платформы «Мы остановим фемицид» в Стамбуле:

> В делах, за которыми мы следим, происходит следующее: ответчики приходят в суд в хороших костюмах, заявляют о своем раскаянии, о том, что не были *compos mentis* или что было нанесено оскорбление их мужскому достоинству, и получают сокращение срока <заключения> за хорошее поведение... а, что важнее, за неправомерную провокацию. То есть, подумайте сами. Их приговаривают к пожизненному заключению при отягчающих обстоятельствах, а потом в суде тут срок уменьшается, там срок уменьшается, судья решает на свое усмотрение, и в итоге преступники выходят на свободу после 3–5 лет в тюрьме. И эти мужчины <убийцы> очень хорошо об этом знают. То есть они знают, на сколько они будут осуждены за убийство женщины и как могут сократить срок заключения [респондент № 13].

Другой юрист социального приюта для женщин «Мор чаты» пояснила, что противоправное использование судьями принципа неправомерной провокации на самом деле само по себе является формой гендерной дискриминации:

В прошлом — но не сейчас, потому что ситуация слегка изменилась — мужчина, который убивал женщину из-за того, что на ней были белые леггинсы, получал меньший срок из-за неправомерной провокации <так как сквозь леггинсы просвечивали очертания белья>. Почему неправомерно «носить белые леггинсы»? По какому такому закону или юридическому принципу? Но на практике такое происходит. Это отражает патриархальные настроения в судебной системе. В определение неправомерной провокации входит «кокетливо спросить, который час». Кто и как должен оценивать, насколько «кокетливо» был задан вопрос? Мужчина просит жену передать ему сок, она отказывается, он в нее стреляет. И этот мужчина получает сокращенный срок из-за неправомерной провокации. Все это — примеры ужасающей дискриминации [респондент № 15].

Проблема согласия в том виде, как она используется в судах Турции, тоже ведет к неудовлетворительным решениям суда. Юрист из социального приюта для женщин «Мор чаты» рассказала, что в затянувшемся деле 2002 года, когда 26-летний мужчина изнасиловал 13-летнюю девочку, Кассационный суд в 2011 году заявил, что жертва выразила согласие, хотя возраст согласия в Турции составляет 15 лет. Она назвала этот случай «вопиющим примером ханжества» и защитой преступников-мужчин, а не жертв-женщин [респондент № 12]. Похожую ситуацию упомянули юристы Ассоциации женщин-инвалидов. Речь идет об изнасиловании, которое произошло в Бурсе в 2011 году. И в этом случае было ясно, что жертва с легким психическим расстройством не могла дать согласие, но суд решил по-другому:

Грудь женщины была разорвана, ногти — сломаны и вырваны, а тело было покрыто синяками. Было абсолютно очевидно, что согласия не было, обвинение требовало 18 лет, но адвокат ответчика запросил дополнительное время для представления своих аргументов. И во время следующего слушания через месяц насильники были оправданы. Они были оправданы даже несмотря на отсутствие новых доказательств или свидетелей [респондент № 1].

Подобные решения суда рушат надежды и укрепляют веру в то, что применение правовых средств не приводит к желаемому результату. Следовательно, в суды поступает меньше дел.

ПРОВАЛ РЕАЛИЗАЦИИ

Как уже было упомянуто в этой главе, в Турции имеются законы, поощряющие равенство и запрещающие дискриминацию. Особенно с начала 2000-х годов Турция, по-видимому, добилась значительного прогресса в отношении прав женщин на бумаге. Однако, по словам наших респондентов, такие законы не работают. Они существуют лишь теоретически. Например, наши респонденты утверждают, что охранные ордера, выданные по закону о защите семьи и предотвращении насилия в отношении женщин (закон № 6284) неэффективны и не выполняют свого предназначения. Как заявляет представительница платформы «Мы остановим фемицид» из Стамбула, когда «убивают женщину, в ее сумочке может лежать охранный ордер» [респондент № 13].

То же самое говорит и юрист-активистка социального приюта для женщин «Мор чаты»: «Решения о предоставлении полицейской защиты на основании закона № 6284 принимаются как под копирку. Госслужащие просто распечатывают письмо формата А4, согласно которому вы теперь "под защитой", и на этом все» [респондент № 15]. В новостной статье, опубликованной в апреле 2014 года, координатор Центра прав женщин Ассоциации юристов Стамбула Айдениз Алисбах Тускан утверждает, что за последние 10 месяцев более двух тысяч женщин получили охранные ордера [Yur 2014]. Однако она уверена, что четыре из пяти женщин, получивших ордер, продолжают сталкиваться с насилием из-за недостатков в законодательстве и неэффективной реализации существующих законов, включая использование охранных ордеров[4].

---

[4] Статистика по охранным ордерам опубликована Министерством юстиции Турции [Department of Justice of the Republic of Turkey 2015].

Одна из юристов социального приюта для женщин «Мор чаты» утверждает, что существующие меры по предотвращению насилия в отношении женщин неубедительны и оторваны от реальности [респондент № 12]. В национальных планах действий, которые готовят в Генеральном управлении по положению и проблемам женщин в Турции, часто пишут о большом количестве тренингов по предотвращению насилия в отношении женщин, которые проводят для госслужащих, включая сотрудников службы безопасности и представителей судебной системы[5]. По словам этой женщины-юриста, такие тренинги проходят бессистемно и не способствуют повышению осведомленности. Если информация о содержании, продолжительности и результатах таких тренингов и есть, то ее крайне мало. Получается, что для турецких властей важнее создать позитивный имидж страны, демонстрируя высокие показатели в своих планах действий, чем проводить тренинги, которые были бы направлены на изменение существующей практики как в полиции, так и в судах. Подобную мысль высказывает и активистка из Анкары:

> Существуют нечеткие национальные планы действий по достижению гендерного <равенства> и предотвращению насилия в отношении женщин. Ни один из этих планов не кажется нам заслуживающим доверия, но даже в таких планах нет никаких конкретных шагов, которые можно предпринять, нет ничего о выделении бюджетных средств. Эти планы написаны в крайне абстрактной манере [респондент № 6].

У ЮРИСТОВ НЕТ СПЕЦИАЛИЗАЦИИ

Еще один барьер, не дающий турецким женщинам обратиться в ЕСПЧ с делами о дискриминации, — поиск юриста, который разбирается в подобных делах. Юристка из KAHDEM в Стамбу-

---

[5] См. национальные планы действий 2007–2010 и 2012–2015 гг. [General Directorate for the Status of Women 2007; General Directorate for the Status of Women 2012].

ле объясняет ситуацию: «В Турции у юристов нет специализации. Например, я не могу написать, что занимаюсь семейным правом, я могу только об этом говорить, хотя это действительно так» [респондент № 20]. Нехватка юристов, специализирующихся на гендерной дискриминации, может не затронуть женщин, которые подают иск после консультации в НКО. Однако отсутствие достаточного количества профильных юристов в маленьких городах и сельской местности, где почти нет НКО, работающих с женщинами, может оказаться решающим препятствием для инициации дела.

НЕПРЕДСКАЗУЕМЫЕ ПРЕПЯТСТВИЯ. НЕГАТИВНЫЕ ПОСЛЕДСТВИЯ ПОПЫТКИ ПЕРЕВОРОТА В ИЮЛЕ 2016 ГОДА

Летом 2015 года, когда мы вели сбор данных в Турции, существовало множество препятствий для подачи иска по делу о гендерной дискриминации. С тех пор ситуация стала еще сложней из-за попытки свергнуть правительство президента Реджепа Тайипа Эрдогана 15 июля 2016 года. После попытки переворота турецкое правительство объявило режим чрезвычайного положения (olağanüstü Hal, OHAL, далее ЧП) и запустило масштабные репрессии, в результате которых десятки тысяч человек оказались в тюрьме [Vonberg et al. 2017]. Чрезвычайное положение осложнило ведение дел о дискриминации в турецких судах для женщин, активистов и юристов.

Как отмечает женщина-юрист из Фонда солидарности женщин, одно из крупнейших изменений с июля 2016 года заключается в том, что суды наводнили иски, связанные с попыткой переворота, в то время как прокуроров и судей стало меньше. Она объяснила, что увеличение количества дел связано с выпущенными Советом министров во время режима ЧП указами[6], по которым тысячи работников судебной системы — персонал, прокуроры и судьи — были уволены, что привело к длительным задержкам

---

6 Также известны как «указы режима ЧП» или «указы КНК» (Kanun Hükmünde Kararname), т. е. указы, имеющие законную силу.

судебных процессов [респондент № 5]. Видимо, именно обратная зависимость между количеством дел и сотрудников судов, которые могли бы рассматривать эти дела, привела к избыточной нагрузке на тех, кто остался в системе, что, в свою очередь, повлияло на их готовность разбираться с жалобами на гендерную дискриминацию. Юристка из частной юридической фирмы в Анкаре предлагает похожее объяснение и отмечает, что «неподчинение <полиции> стало заметней; мы слышим, как полицейские говорят: "Осталось мало полицейских. Мы перегружены, поэтому продолжаем работать сверхурочно"». Она добавляет, что подобное отношение «доминирует» и в судах и обычно проявляется следующим образом: «...существуют более серьезные вопросы, и мы не можем позволить себе рассматривать дела, связанные с домашним и гендерным насилием» [респондент № 4].

В результате такого подхода, жалобы на гендерную дискриминацию игнорируют. Более того, та же юрист из Анкары утверждает:

> Поскольку с 15 июля приоритет полиции — борьба с движением «Хизмет» <FETÖ, Fethullahçı Terör Örgütü, гюленисты — организация, по словам правительства Турции, являющаяся террористической и ответственной за попытку переворота>, все остальное считается вторичным, даже рутинные процессы и задачи откладывают или игнорируют. Режим ЧП стал предлогом... для судов и полиции. Даже про самые маленькие и незначительные дела полиция говорит: «Сейчас режим ЧП, все происходит в условиях режима ЧП» [респондент № 4].

Она заключает, что такой подход предполагает, что для турецких полиции, прокуроров и судей «отслеживание случаев <гендерного> насилия стало вторичным».

Аналогичным образом одна из юристов социального приюта для женщин «Мор чаты» сообщает, что с момента попытки переворота власти пренебрегают, в частности, выпуском охранных ордеров [респондент № 12]. С этим соглашается та юрист из частной юридической фирмы в Анкаре: «<П>олиция отказывается регистрировать жалобы <женщин> на нарушения охранных

ордеров, <которые должны регулироваться> по <закону №> 6284»
[респондент № 4].

Даже когда жалобы на гендерную дискриминацию рассматриваются в период после попытки переворота, как замечает одна
из юристов «Мор чаты», чьи слова были приведены ранее, такие
дела решаются не в пользу подавших жалобу. По ее мнению, решения в пользу правонарушителей, включая случаи попытки
сексуального насилия, исходят из желания властей «сохранить
<в тюрьмах> больше места для политзаключенных и оппозиции».
Она также отмечает, что увеличилось число связанных с сексуальным и физическим насилием в отношении женщин в общественных местах дел, которые прекратила прокуратура [респон-
дент № 12]. В случае последнего типа дел женщины в основном
подвергаются нападениям за их предположительно нескромный
выбор одежды, как в случае с Айшегюль Терзи, которая подверглась нападению в автобусе в сентябре 2016 года из-за того, что
надела шорты [Furedi 2016].

Отчет, опубликованный на платформе «Мы остановим фемицид» в июле 2017 года, подтверждает эти наблюдения. Авторы
отчета отмечают, что после попытки переворота «в общем, мень-
шее количество дел решается в суде, а вместо этого усиливается
тенденция переносить слушания со стороны суда, чтобы отложить
вынесение вердикта» [We Will Stop Femicide Platform 2017]. Статистика по делам, на рассмотрении которых представители
платформы присутствовали в период с января по апрель 2017 года, подтверждает это наблюдение. Из 105 слушаний и 88 дел,
рассматривавшихся в то время, только 23 были решены в суде.
В 11 из них судьи сократили срок заключения или освободили
преступника. Решение оставшихся дел было отложено.

Отчет платформы также показывает, насколько в условиях
режима ЧП был ограничен доступ женщин к организационным
ресурсам. В связи с этим в отчете написано:

> Как и всегда в случае режима ЧП, когда растет количество
> конфликтов и случаев насилия, растет и количество нару-
> шения прав женщин. Несмотря на то что в обстоятельствах,

в которых увеличивается потребность в защите прав, каналы, по которым это можно сделать, оказываются перегружены. Во время режима <ЧП> без каких-либо оснований
и доступа к юридической защите за один день были закры-
ты более 50 женских организаций и женское новостное
агентство JINHA <первое турецкое новостное агентство,
в котором работали исключительно женщины, расположен-
ное в городе Диярбакыр на востоке Турции>, двери были
опечатаны, а имущество — конфисковано [We Will Stop
Femicide Platform 2017].

Вероятно, эти условия отрицательно сказались на желании
женщин и представителей ЛГБТИ-сообщества заявлять в полицию и суды. Как отметила упомянутая юристка из Анкары,
«жертвы думают примерно так: "Введен режим ЧП, всем все
равно". Сейчас у жертв есть чем оправдать свой страх и свое нежелание <заявить о нарушении своих прав>, которые они бы
испытывали и в обычной ситуации» [респондент № 4]. Сравнение
годовых отчетов Фонда солидарности женщин за 2015 и 2016 гг.
демонстрирует рост числа клиентов, уже пытавшихся (безуспешно) получить помощь со стороны полиции, судов или медицинских учреждений, прежде чем обратиться к фонду. Доля таких
клиентов выросла с 56 % в 2015 г. до 64 % в 2016 г. и 62%
в 2017 г. [Foundation for women's solidarity 2018]. Здесь предполагается, что режим чрезвычайного положения действительно
ограничил возможность женщин привлечь внимание государственных учреждений к случаям насилия в свой адрес.

Турецкие власти преследуют огромное число людей по обвинениям в поддержке попытки государственного переворота, что
сильно сократило число заявлений о гендерной дискриминации.
Как объяснила юристка Фонда солидарности женщин, «тем
<женщинам>, против которых ведется расследование, или тем,
кому уже выдвинули обвинение в рамках декрета о чрезвычайном
положении, стало чрезвычайно сложно заявить о гендерной
дискриминации» [респондент № 5]. Как сообщает Amnesty International, после введения чрезвычайного положения были отме-
нены ранее действующие меры по защите задержанных, чтобы

«создать условия для пыток и жестокого обращения» [Amnesty International]. Теперь до пяти дней после ареста задержанным может быть отказано в общении с адвокатом и арест может длиться до 30 дней без предъявления обвинений, также были введены новые правила, позволяющие проводить фиксацию разговоров с адвокатом и передавать эти записи прокурору [Amnesty International].

Несмотря на трудности, с которыми сталкиваются женщины, находящиеся под следствием, под арестом или в местах лишения свободы, некоторым все-таки удавалось подать заявление. Юрист социального приюта для женщин пишет:

> Женщины прибегают к подаче заявлений в суд чтобы заставить <судебную систему действовать>. Но очень сложно добиться результатов <из-за> подъема фундаментализма, религиозной интерпретации женской телесности <и> заявлений, произносимых <в суде> против женщин, чтобы защитить патриархат [респондент № 12].

Как и до попытки государственного переворота, отношение турецких государственных органов к делам о гендерной дискриминации продолжает затруднять доступ к правосудию. Хотя последовавшие за этим репрессии и не создали новых барьеров для подачи заявлений о гендерной дискриминации в ЕСПЧ, истцы могут столкнуться с ситуацией, когда исчерпание национальных средств защиты становится более длительным процессом или все более затруднено, а женщины, находящиеся под следствием за деятельность, направленную против режима Эрдогана, на данном этапе вообще не смогут зарегистрировать жалобу на дискриминацию по половому признаку.

Права женщин, права человека и права ЛГБТ в Турции

Как мы уже отмечали, конфликт интересов или просто нехватка взаимодействия между правозащитными организациями и женскими группами привели к созданию третьего типа внутренних препятствий для заявлений по делам о гендерной дискриминации в национальных судах и ЕСПЧ. В отличие от российских женских групп и юристов, которые столкнулись с враждебностью и непониманием того, что права женщин подразумевают под собой всю полноту прав человека, активисты женских групп и юристы, опрошенные в Турции, не испытывают проблем с тем, что пропасть между правозащитными организациями и женскими группами становилась бы серьезным препятствием для дел о гендерной дискриминации в национальных судах или ЕСПЧ. Отчасти это объясняется тем, что в Турции обучение по доведению дел до национальных и международных судов проводится не только правозащитными группами, что делает проблемы «фундаментальных прав» и «налаживания связей», рассмотренные в главе 4 в отношении России, менее релевантными для Турции[7].

В Турции под правами человека, как правило, понимается целый ряд проблем: защита от пыток и обращения, унижающего человеческое достоинство, (актуальность этих проблем возникла из-за нарушений со стороны государства в ходе военного переворота 1980 года и после него); защита прав нетурецких этнических меньшинств (в первую очередь курдов), беженцев, людей с ограниченными возможностями; свобода слова и собраний, экономические, культурные и социальные права. Стамбульская адвокат по правам человека, связанная также с одной из наиболее значимых в Турции правозащитных организаций *Human Rights Association* (İnsan Hakları Derneği, İHD), считает, несмотря на отсутствие, «к ее сожалению», прав женщин в общем понимании прав человека в Турции, утверждение и защиту прав женщины «фундаментальным» для обеспечения прав человека [респондент № 14]. Однако сайт İHD на турецком языке забыл упомянуть гендерную дискриминацию или права женщин среди своих сфер

---

[7] Из всех организаций, с которыми были проведены интервью в рамках текущего проекта, только одна (Ассоциация прав человека) рекламировала на своем сайте курс по подаче заявления в Европейский суд по правам человека. Темы включали гендерную дискриминацию и права человека (см. [İHD 2017]).

деятельности [İHD 2016]. При этом четыре из шести ключевых правозащитных организаций, работающих в Турции, действительно упоминают проблемы женщин (даже если и вскользь) на своих турецкоязычных сайтах. *Amnesty International* проводила в Турции кампанию по борьбе с насилием в отношении женщин; Хельсинкская гражданская ассамблея (названная в соответствии с Хельсинкскими соглашениями 1975 года и имеющая сходные с Московской Хельсинкской группой, которую мы обсуждали в предыдущей главе, корни) борется за обеспечение гендерного равенства в обществе; *Human Rights Research Association* (IHAD) борется с дискриминацией и поддержала исследование роли религиозных деятелей в борьбе с насилием в отношении женщин. Ассоциация прав человека и солидарности с угнетенными народами заявляет на своем сайте, что выступает против всех форм несправедливости, включая изнасилования, и что она проспонсировала встречу курдских женщин, чьи мужья были убиты турецкими военными, прошедшую на границе с Ираком (Улудере/Робоски); эта организация также опубликовала книгу о сирийских женщинах-беженках [Amnesty International Turkey 2016; Helsinki Citizens' Assembly 2016; Human Rights Research Association 2016; The Association of Human Rights and Solidarity for Oppressed People 2016]. С точки зрения этих НКО, права женщин хотя бы номинально считаются правами человека.

В России раздробленность правозащитных организаций и женских организаций оказала негативное влияние на уровень осведомленности женских активистов о стратегических судебных процессах по делам о гендерной дискриминации как в национальных, так и в международных судах. Однако опрошенные нами представители женских организаций в Турции получали доступ к курсам по судопроизводству и подаче заявлений в международные суды не через правозащитные организации, а, скорее, через множество других источников. В них входили как курсы по правам человека, правам женщин и семейному праву, предоставленные юридическими факультетами, так и университетские курсы и тренинги по подаче заявлений в международные судебные органы [респонденты № 1, 2, 4, 5, 7]. Некоторые активисты и юристы узнали о подаче заявлений в ЕСПЧ из подробных книг по этому вопросу, написанных профессорами права [респонденты № 19, 20]. Адвокаты набирались опыта в подаче судебных исков в национальные суды и ЕСПЧ «путем проб и ошибок». Они обменивались опытом и затем проводили курсы как для других адвокатов, так и для женских групп (например, по делам о насилии в отношении женщин) [респонденты № 14, 18, 22], которые, в свою очередь, проводили консультации для своих клиенток [респонденты № 1, 2, 13][8]. Похоже, при любом разделении труда между правозащитными организациями и активистами женского движения в Турции, на возможность для женских организаций вести дела в суде это не влияет.

ПРАВА ЛГБТИ В ТУРЦИИ

В отличие от России, где традиционные правозащитные организации, игнорирующие или не уделяющие первостепенного внимания правам женщин, занимаются защитой прав ЛГБТИ, в Турции только две из шести ключевых правозащитных организаций упоминали о дискриминации ЛГБТИ. *Amnesty International* проводила рекламу активной программы по защите прав ЛГБТИ [Amnesty International Turkey 2016]. Хельсинкская гражданская ассамблея также поддержала права ЛГБТИ, в особенности права ЛГБТИ-беженцев в Турции [Hashimi 2016]. Несколько других инициативных организаций специализируется исключительно на правах ЛГБТИ, некоторые женские группы также занимались проблемами дискриминации ЛГБТИ. В следующем разделе «Общественное мнение и закон» кратко рассматривается проблема дискриминации ЛГБТИ в Турции, а затем поднимается проблема социальных, культурных и психологических препятствий, не дающих доводить до сведения правоохранительных органов случаи дискриминации ЛГБТИ, и проблема барьеров

---

[8] SPoD (Social Policies, Gender Identity, and Sexual Orientation Studies Association) — организация, защищающая права ЛГБТИ. С 2012 г. проводит собственные курсы для юристов по всей Турции [респондент № 18].

во время судебного разбирательства, с которыми представители сообщества ЛГБТИ сталкиваются, если потенциальному делу дают ход.

ОБЩЕСТВЕННОЕ МНЕНИЕ И ЗАКОН

Хотя статья 10 Конституции (о равенстве перед законом) не содержит явной защиты от дискриминации по признаку гендерной идентификации или сексуальной ориентации, формулировка «и тому подобного»[9] оставляет пространство для интерпретации, как это признано в решении Конституционного суда [дело № 2014/19308][10]. Однако отсутствие защиты от дискриминации сделало ЛГБТИ объектом дискриминирующего применения ряда законов, таких как статьи Уголовного кодекса «непристойность» и «непристойное поведение» (статьи 225 и 226) [Cunningham 2016; Hashimi 2016]. Особенно это коснулось трансгендерных людей — об этом мы подробнее поговорим в разделах «Дискриминация в сфере занятости» и «Дискриминация со стороны государственных органов». Однако правовая ситуация с правами ЛГБТИ в Турции не так уж безрадостна. Например, в 2014 году Конституционный суд Турецкой Республики в своем знаковом решении постановил, что упоминание в газете гомосексуалистов как «извращенцев» равносильно разжиганию ненависти [Chhibber 2014].

---

[9] Целиком в русском переводе Конституции Турецкой Республики этот фрагмент статьи 10 выглядит следующим образом: «Все равны перед законом независимо от языка, расы, мировоззрения, пола, политической ориентации, философских взглядов, религии и веры и тому подобного». — *Примеч. пер.*

[10] Новый антидискриминационный закон, закон об институте прав человека и равенства в Турции (№ 6701, 2016 г.), также не запрещает дискриминацию по признаку гендерной идентификации или сексуальной ориентации. В отличие от статьи 10 Конституции, этот закон запрещает дискриминацию на основе довольно исчерпывающего перечня, который включает «пол, расовое или этническое происхождение, принадлежность к религии или секте, верования, инвалидность, возраст, философские и политические убеждения, цвет кожи, язык, богатство, рождение, семейное положение и состояние здоровья» [Republic of Turkey Prime Minister's Office 2016c].

Общественное мнение в Турции отражает гомофобные аспекты турецкого законодательства применительно к ЛГБТИ-сообществу. Согласно опросу, проведенному в Турции исследовательским центром *Pew*, по состоянию на 2013 год 78 % взрослых респондентов считали, что «общество не должно мириться с гомосексуализмом», и всего 9 % заявили, что его следует принять, по сравнению с 14 % в 2007 году [Pew Research Center 2013].

ДИСКРИМИНАЦИЯ ЛГБТИ

Хотя турецкое государство не принимало законов, сопоставимых с российским законом 2013 года, запрещающим обсуждать гомосексуальность в положительном ключе при несовершеннолетних и вызвавшим международное осуждение, представители ЛГБТИ в обеих странах сталкиваются с целым рядом проблем и объединяются в попытке эти проблемы решить. И хотя в России в прессе было мало сообщений о преступлениях на почве ненависти против ЛГБТИ со смертельным исходом (и мало информации о тех нескольких случаях, которые были обнародованы, — см. главу 4), в Турции явная связь между убийством чести и убийством ЛГБТИ привлекла внимание турецкого правозащитного сообщества. В этом разделе мы рассмотрим различные формы дискриминации ЛГБТИ в Турции, где она — как и в России — принимает различные формы, от словесных и физических нападений, которые часто остаются безнаказанными, до дискриминации в сфере занятости и дискриминирующего обращения со стороны государственных органов.

НАПАДЕНИЯ И ПРЕСТУПЛЕНИЯ НА ПОЧВЕ НЕНАВИСТИ

Турецкое государство не собирает данные о преступлениях на почве ненависти в отношении ЛГБТИ-лиц. Однако онлайн-опрос, проведенный в 2014 году среди 2875 человек, идентифицирующих себя как лесбиянки, геи, бисексуалы, трансгендеры или интерсексуалы, показал, что по меньшей мере 18 % из них сталкивались с дискриминацией в общественном транспорте — от словесных оскорблений до физических нападений [Yılmaz et al. 2014]. К сожалению, преступления на почве ненависти со смертельным исходом легче документировать. В период с 2010 по 2014 г. турецкие правозащитные организации зарегистрировали более 40 убийств как преступления на почве ненависти в отношении ЛГБТИ [Cunningham 2016]. Одно из таких жестоких убийств произошло в 2013 году, когда мужчина в Адане перерезал горло своему другу-мужчине после того, как, по сообщениям, почувствовал себя расстроенным из-за того, что его друг якобы «прикоснулся к задней части его тела» и сделал ему предложение сексуального характера. В других убийствах на почве ненависти в том же году нападавшими были явно те, с кем жертвы не были знакомы; например, одна трансженщина в Измире была найдена мертвой в машине с простреленной головой, а другая в Анталье была обнаружена в своем доме с ножевым ранением [ILGA-Europe 2013]. Убийства представителей ЛГБТИ родственниками, которые стремятся «восстановить честь семьи», только увеличивают общее число подобных преступлений. Так, в 2011 году трансгендерная женщина, госпитализированная в Газиантепе из-за травм, полученных в результате якобы падения с лестницы, была застрелена своим братом, который признался полиции на месте, объяснив: «Я убил своего брата... он был трансвеститом. Я спас свою честь» [United States Department of State 2012].

ДИСКРИМИНАЦИЯ В СФЕРЕ ЗАНЯТОСТИ

Представители ЛГБТИ также подвергаются дискриминации на рабочем месте. Государственные служащие могут быть особенно уязвимы, поскольку общая оговорка в законе о государственных служащих позволяет увольнять тех, кто «ведет себя неприлично, не так, как подобает государственному служащему» [KAOS GL et al. 2014]. В 2012 году сотрудник полиции был уволен в соответствии с этим пунктом из-за «субъективно ощущаемой гендерной идентичности» [KAOS GL et al. 2014]. В отчете Европейской комиссии за 2013 год были обнаружены «частые» увольнения сотрудников банков, образовательных учреждений и полиции после того, как была выявлена их сексуальная ориентация или гендерная идентичность [KAOS GL et al. 2014].

Защитники ЛГБТИ в Ассоциации SPoD приводят ряд примеров, подтверждающих эти выводы. В одном случае сексуальная ориентация сотрудника частного сектора, работающего в Анталье, выяснилась, когда коллега нашел его страницу в Facebook. Сначала этот сотрудник стал мишенью для так называемых шуток и прозвищ типа «педик» и «гомосек», а затем был уволен. Сотрудники часто не рвутся подавать иск о несправедливом увольнении, потому что уведомление суда может прийти к ним домой, тем самым «разоблачив» их перед членами семьи, а информация о том, что дело рассматривалось в суде, может стать известна на следующем месте работы, что приведет к дальнейшему дискриминирующему обращению [респондент № 19]. Когда полицейские-геи заявляли о своей ориентации, их тоже, как правило, увольняли[11]. Когда они подали иски, они добились восстановления в должности — правда, уже только в качестве офисных работников, а не оперативников. Тем не менее, даже когда такое дело было выиграно, адвокаты, которые успешно его провели, ясно дали понять группам защиты ЛГБТИ, что оно «не должно упоминаться нигде и ни в какой форме», поскольку огласка может вновь сделать сотрудника объектом дискриминации [респондент № 19].

Представители ЛГБТИ, не работающие в полиции, тоже иногда выигрывали дела об увольнении. Халил Ибрагим Динчдаг, футбольный арбитр-гей, нанятый Турецкой федерацией футбола (TSF), был уволен в 2009 году и в ответ подал в суд, заявив о дискриминации. В 2007 году Динчдаг получил врачебное заключение, освобождающее его от обязательной военной службы, и предоставил его своему работодателю. Из этого заключения Федерации стала ясна сексуальная ориентация Динчдага, и арбитра уволили на основании «проблем со здоровьем». Динчдаг выиграл дело в декабре 2015 года, получив компенсацию ущерба; TSF планировал подать апелляцию, чтобы сократить сумму выплат [IMC TV 2015; Arman 2015; McAteer 2015].

---

[11] См., например, [Radikal 2014; Tahaoğlu 2013; KAOS GL 2012].

Трансгендерные люди сталкиваются с дополнительной дискриминацией на рынке труда, особенно когда их новое имя по паспорту отличается от имени в дипломе. Юрист SPoD объясняет:

> Когда человек хочет подать заявление на вакансию, когда нужно представить диплом, приходится раскрыть свое предыдущее имя и фамилию и даже свой пол... <то есть> сообщить <своему потенциальному работодателю>, что ранее он был мужчиной или женщиной и что у него/нее была операция по смене пола [респондент № 19].

Трансфобная или гомофобная реакция со стороны работодателей — не редкость; согласно отчету *Amnesty International* за 2011 год, треть опрошенных представителей ЛГБТИ заявили, что их «не нанимали на работу прямо или косвенно из-за их сексуальной ориентации или гендерной идентичности» (цит. по: [KAOS GL et al. 2014]).

ДИСКРИМИНАЦИЯ СО СТОРОНЫ ГОСУДАРСТВЕННЫХ ОРГАНОВ

Турецкие власти предпринимают действия по подавлению прав ЛГБТИ несколькими способами. Наиболее очевидный — недавняя попытка государства отказать ЛГБТИ в свободе выражения мнения. Гей-парады, которые проводились в Стамбуле с 2003 года, обычно проходили без вмешательства полиции. Однако в 2015 году власти отказались дать разрешение на проведение ежегодного марша, и когда мероприятие все равно состоялось, полиция разогнала участников с помощью резиновых пуль и слезоточивого газа. В 2016 и 2017 годах гей-парад снова был запрещен, якобы из соображений безопасности [Cunningham 2016; Tuysuz, Grinberg 2017].

Трансгендеры — граждане Турции становятся объектом особых видов дискриминации. В соответствии с законом о правонарушениях полиция в крупных городах часто штрафует трансгендерных лиц за то, что они просто идут по улице, при этом утверждается, что они «мешают движению» или «загрязняют окружающую среду» [Grand National Assembly of Turkey 2005].

Введение «балльной системы», согласно которой полиция «вознаграждалась за штрафование трансгендерных лиц», привело к тысячам штрафов каждый год [United States Department of State 2011]. Закон — статья 40 Гражданского кодекса Турции, регулирующая гендерный переход, — также чрезвычайно инвазивен и требует проводить операции на половых органах до получения нового удостоверения личности, где отражены пол и имя человека. В 2017 году в Конституционный суд Турции поступило дело с жалобой на требование о хирургическом вмешательстве, но Суд отказался отменить это требование [Dal 2017]. Более того, до 2017 года условия для операции по подтверждению гендерной идентичности для трансгендерных людей были чрезмерно сложными, особенно из-за одного положения, которое требовало, чтобы человек был необратимо бесплоден, прежде чем ему разрешат продолжить операцию [респондент № 4]. В конечном счете дело по этому вопросу дошло до ЕСПЧ [*Y. Y. v. Turkey*], в результате чего Суд постановил, что положение о бесплодии является явным нарушением статьи 8 Европейской конвенции (право на частную жизнь) [Transgender Europe 2015]. В 2017 году в Конституционный суд Турции поступило второе дело с жалобой на положение о бесплодии. На этот раз Суд признал это положение неконституционным и постановил отменить его [Dal 2017].

СОЦИАЛЬНЫЕ, МЕЖЛИЧНОСТНЫЕ И МАТЕРИАЛЬНЫЕ ПРИЧИНЫ, ПРЕПЯТСТВУЮЩИЕ ОБРАЩЕНИЯМ В СУДЫ

Как и в России, ограничения, с которыми сталкиваются ЛГБТИ, решив обратиться в полицию или суд с заявлением о дискриминации, довольно масштабны. Вышеупомянутый онлайн-опрос ЛГБТИ-сообщества Турции показал, что 133 респондента подавали жалобы в связи с дискриминацией и лишь 22 из них получили положительный результат. Для подавляющего большинства тех, кто подвергся дискриминации, но решил не подавать жалобу (1191 участник), в качестве двух наиболее значимых причин называли: «Я думал, что это ничего не изменит» (50,7 %) и «Я не хотел, чтобы моя гендерная идентичность была раскрыта» (49,3 %).

Еще 36,9 % полагали, что «не стоит моего времени» и «так происходит все время», а 36,5 % «беспокоились, что дело не будет воспринято всерьез» [Yılmaz et al. 2014]. Юрист, работающий в правозащитной группе ЛГБТИ SPoD, подтвердил результаты опроса, заявив: «Основные причины, по которым ЛГБТ не пользуются правовой системой … заключаются в том, что они боятся раскрытия своей сексуальной идентичности/ориентации, повторной виктимизации/дискриминации со стороны властей и того, что правосудие не свершится» [респондент № 17]. Адвокат из Анкары также наблюдает, что, столкнувшись с врачебной халатностью при проведении операции по перемене пола, трансгендерные люди, неохотно обращаются в суд или даже в Турецкую медицинскую ассоциацию, чтобы сообщить о проступке хирурга:

> В основном они поступают так из страха — боятся привлечь к себе внимание. Они говорят: «Это временно, позвольте мне просто пройти через это, и все станет лучше», и не используют эти механизмы. <Есть случаи явной> халатности, когда человеку практически наносят увечья, проводят неудачные операции. У нас есть друзья, которым приходится мочиться через пупок. До такой степени все бывает неудачно, но люди не хотят подавать в суд [респондент № 4].

Нежелание передавать дела о дискриминации в турецкую правовую систему уменьшает число дел, которые в конечном итоге могли бы быть переданы в Европейский суд по правам человека, ведь сначала должны быть исчерпаны внутренние средства правовой защиты. Те, кто преодолевает свое нежелание и обращается за помощью к правовой системе, часто обнаруживают, что их колебания были вполне обоснованными.

ПРЕПЯТСТВИЯ НА ПУТИ ЭФФЕКТИВНЫХ СУДЕБНЫХ ДЕЙСТВИЙ: ДИСКРИМИНАЦИЯ В РАМКАХ СИСТЕМЫ

Дела о дискриминации ЛГБТИ, как правило, поступают в суды через адвокатов и правозащитные групп ЛГБТИ. Помимо своих основных целей — защиты и оказания помощи отдельным лицам, организации активистов рассматривают такие дела с точки зрения использования стратегических судебных разбирательств для создания прецедентных дел и, таким образом, помогают противостоять дискриминации ЛГБТИ на судебном уровне. Как выразился другой юрист SPoD: «Да, каждый случай уникален, каждый случай ЛГБТ особенный, но есть некоторые случаи, которые становятся особенно заметными... Это как удар в бильярде по шару, который приводит к забиванию всех шаров на столе» [респондент № 19]. Не все случаи приносят такие яркие результаты. Действительно, как только дело передано в правовую систему, заявители могут обнаружить, что их не восприняли достаточно серьезно — либо по назначенному наказанию, либо судя по вниманию, которое правоохранительные органы уделяют их жалобам [Cunningham 2016].

Одним из ярких примеров неадекватного реагирования полиции на жалобу ЛГБТИ-лица является случай Кемаля Ордека, основателя Турецкой Ассоциации сексуального здоровья и прав человека *Red Umbrella* («Красный зонтик» — правозащитной группы ЛГБТИ), который в 2015 году попытался сообщить о том, что его ограбили и изнасиловали, но вместо этого с ним обошлись как с виновником произошедшего. После избиения и изнасилования нападавшими, которые также украли его мобильный телефон, Ордек был вынужден сопровождать их к банкомату, где они планировали заставить его снять для них деньги. По дороге Ордек заметил полицейскую машину и побежал к ней. Полиция отвезла Ордека и нападавших в полицейский участок, усадив преступников на заднее сиденье, а Ордека в металлическую клетку в автомобиле. В машине полиция и преступники дружелюбно разговаривали, в то время как преступники угрожали Ордеку смертью, если он осмелится подать уголовную жалобу. Как рассказывает Ордек о событиях в своем открытом письме:

> Во время этого разговора один из преступников повернулся ко мне и пригрозил мне: «Я убью тебя — затрахаю до смерти, даже не смей подавать уголовную жалобу, я отрублю тебе голову, мы тебя убьем». Когда я крикнул: «Они

угрожают мне, разве вы не видите, офицер?», один из полицейских сказал: «Прекрати, не дергай нас», а другой сказал преступникам: «Не бойтесь, если он заявит, вы также подадите жалобу за клевету» [Ördek 2015].

В участке полиция отказалась верить, что телефон пострадавшего был украден, и заставила Ордека сидеть в одном помещении со нападавшими, а те продолжали угрожать ему. Полиция также отрицала, что Ордек был изнасилован, и освободила преступников, продержав жертву в полиции семь часов только для того, чтобы зарегистрировать его заявление. Хотя заявление Ордека о выдаче приказа о «строгой охране» было удовлетворено позже, преступники остались безнаказанными [Ördek 2015; Tahaoğlu 2016].

Как было описано ранее в отношении дел об убийствах женщин, наказание виновных в убийствах ЛГБТИ часто смягчается в соответствии с законом Турции «о смягчении последствий несправедливых провокаций», статья 29 Уголовного кодекса Турции. В одном из таких случаев гомосексуалист Ахмет Озтюрк был зарезан в августе 2010 года человеком, которому убитый предложил секс в обмен на деньги. Явно не поняв, о чем речь, мужчина пришел в дом Озтюрка, ожидая обнаружить там женщину. Когда же он сообразил, что ему предлагают вместо этого гомосексуальный контакт, мужчина убил Озтюрка. В октябре следующего года уголовный суд Стамбула вынес убийце обвинительный приговор, но включил в него два смягчающих обстоятельства — хорошее поведение в зале суда и тот факт, что подсудимый сам оказался объектом несправедливой провокации. Результатом стало лишение свободы на 10 лет, а не пожизненное заключение (обычный приговор за преднамеренное убийство). С помощью правозащитной организации ЛГБТИ SPoD брат Озтюрка обжаловал дело, утверждая (среди прочего), что приговор был относительно мягким именно из-за сексуальной ориентации его брата. Конституционный суд отклонил апелляцию в январе 2014 года, довольно тонко аргументировав это тем, что судьи смягчили приговор не потому, что убитый был гомосексуалом, но, скорее, потому, что преступнику была обещана женщина. Таким образом, суд признал жалобу на дискриминацию неприемлемой [дело № 2013/1948]. При этом судьи, вынося решения по аналогичным делам, недвусмысленно заявляют, что наказание преступнику было смягчено в результате сексуальной ориентации жертвы. Например, в феврале 2014 года мужчина, убивший трансженщину, получил несправедливое смягчение наказания за провокацию, которое сократило его наказание с пожизненного заключения до 18 лет. Судья написал, что «несправедливый акт», стимулирующий смягчение наказания, заключался (согласно заявлению преступника) в том, что жертва была «трансвеститом», который сделал ему предложение [KAOS GL et al. 2015; Karakaş 2014].

Последствия неспособности государства относиться к жалобам представителей ЛГБТИ с достаточной серьезностью могут быть фатальными. В 2008 году Ахмет Йылдыз был застрелен своим отцом после того, как тот обнаружил, что его сын — гомосексуал. Мужчина угрожал сыну, Ахмет обратился в прокуратуру провинции Ускюдар и сообщил, что опасается за свою жизнь. Полиция не предприняла никаких шагов для обеспечения его безопасности. После убийства отец сбежал, его местонахождение до сих пор неизвестно, а в турецкой судебной системе это означает, что разбирательство буксует [респондент № 17; LGBTI News Turkey 2013]. Похожая история произошла с беженцем-геем из Сирии Мухаммедом Висамом Санкари: в 2016 году в Стамбуле он был обезглавлен группой «поборников традиционных ценностей»; по словам одного из его соседей по комнате, Санкари обратился в полицию с заявлением о том, что пятью месяцами ранее его похитила и изнасиловала группа мужчин, но из этого обращения ничего не вышло [Weise, Banks 2016; Agence France-Presse in Ankara 2016]. Неготовность расследовать нападения на представителей ЛГБТИ усугубляет нежелание людей обращаться в полицию, а также делает нападения менее рискованными для преступников и, следовательно, более вероятными.

Неудовлетворительный исход ряда дел, связанных с ЛГБТИ, в турецких судах привел к принятию их в производство в ЕСПЧ, в том числе дел [Y. Y. v. Turkey] (об операции по подтверждению пола) и [*X. v. Turkey*] (об одиночном заключении гомосексуального мужчины в турецкой тюрьме). Эти дела, равно как и дело *Opuz v. Turkey* о неэффективной реакции государства на жалобы о насилии в семье, входят в число тех немногих дел о дискриминации по признаку пола из Турции, которые были рассмотрены в ЕСПЧ. В следующем разделе «Международные препятствия для рассмотрения турецких дел о дискриминации по признаку пола в ЕСПЧ» мы проанализируем практику работы с жалобами из Турции в Суде.

Международные препятствия для рассмотрения турецких дел о дискриминации по признаку пола в ЕСПЧ

Как и россияне, граждане Турции, сталкиваясь с дискриминацией, охотно используют ЕСПЧ в качестве средства правосудия. В период с 1959 по 2015 год было принято одиннадцать решений о нарушениях статьи 14 в Турции и десять — о нарушении этой статьи в России. Таким образом, если брать страны — члены Совета Европы, эти две страны оказываются примерно посередине: в отношении ряда государств решения о нарушениях статьи 14 не выносились вообще, в то время как по другим (Великобритания, Австрия, Румыния) таких дел довольно много. При этом Турцию от России отличает то, насколько часто эти нарушения были связаны именно с дискриминацией по признаку пола. В общей сложности в восьми решениях ЕСПЧ по Турции была выявлена дискриминация по признаку пола или семейного положения женщин, а в одном решении была выявлена дискриминация по признаку сексуальной ориентации.

Различаются и *типы* рассматриваемых в ЕСПЧ дел из двух стран: в России ситуации с изменением фамилий и ношением головных платков до сих пор не рассматривались как сферы дискриминирующего обращения, и, следовательно, заявлений по этим вопросам из России не поступает, в то время как дела, связанные с ЛГБТ, были более заметными благодаря стратегии активистов в области прав ЛГБТ и столь же активной гомофобии в российском законодательстве. В обеих странах активисты заявляли о дискриминации со стороны государственных органов при рассмотрении случаев гендерно обусловленного насилия, особенно насилия в семье, а в Турции благодаря внушительным доказательствам, собранным НКО и академическими исследователями, заявители сумели предоставить убедительную аргументацию, доказывая наличие системной дискриминации.

Сравнивая опыт турецких и российских юристов и активистов, работающих над отправкой дел о дискриминации по признаку пола и ЛГБТ в ЕСПЧ, мы находим ряд заметных сходств и различий. Как и в России, сдерживающим фактором для заявительниц, желающих подать жалобу о дискриминации, часто является процесс исчерпания внутренних средств правовой защиты. Однако в Турции дополнительная трудность заключается в том, что планка исчерпания внутренних средств правовой защиты в последнее время стала чрезвычайно высокой, в то время как в России трудности (обсуждаемые в главах 3 и 5) связаны в первую очередь с махинациями государственных органов, которые пытаются уйти от необходимости как следует расследовать такие дела, из-за чего определить, когда внутренние средства правовой защиты были исчерпаны, становится довольно сложно.

Среди юристов и активистов в обеих странах перспективным механизмом для рассмотрения заявлений о гендерном равенстве считается КЛДЖ — будь то в качестве альтернативного механизма подачи жалоб, места, где заявления активистов будут услышаны и легитимизированы, или же способа задокументировать доказательства дискриминации. Одно из различий между двумя странами в отношении использования международных механизмов заключается в том, что турецкие респонденты не говорили о важности Протокола 12 к Европейской конвенции, который, по мнению некоторых наших российских респондентов, обладает потенциалом для увеличения числа решений ЕСПЧ в области гендерной дискриминации в сфере занятости. Как и Россия, Турция также подписала, но не ратифицировала Протокол 12, положение, расширяющее сферу охвата областей, в которых Суд может выносить решения о дискриминации (см. главу 5). Однако причиной, по которой турецкие наблюдатели не считают Протокол 12 важным для успеха будущих дел, может быть недавнее положительное решение ЕСПЧ в деле [*Emel Boyraz v. Turkey*] о дискриминации в сфере занятости: подробнее об этом — в подразделе «Дискриминация по признаку пола при увольнении с работы».

ДЕЛА О ДИСКРИМИНАЦИИ ПО ПРИЗНАКУ ПОЛА В ЕСПЧ

Из одиннадцати судебных решений в отношении Турции о нарушении статьи 14 в период с 1959 по 2015 год, упомянутых в начале этого раздела, шесть касались дискриминации по признаку пола. Сюда вошли четыре дела о праве женщин сохранять свои девичьи фамилии после вступления в брак, дело [*Opuz v. Turkey*] о насилии в семье и дело о дискриминации по признаку пола при увольнении с работы в государственном секторе. В 2016 году было принято два новых решения ЕСПЧ, в которых были выявлены нарушения статьи 14, связанные с полом, — оба в связи с насилием в семье. Поразительно, что, хотя ЕСПЧ вынес два решения по делам, в которых турецкие заявители оспаривали запреты на ношение платков в государственных учреждениях, Суд признал оба заявления неприемлемыми.

Дела о сохранении фамилий

Первое из решений о сохранении фамилии было принято в 2004 г. по делу [*Ünal Tekeli v. Turkey*]. В этом деле Суд установил, что турецкое правительство нарушило статью 14 (дискриминация по признаку пола) и статью 8 (право на частную жизнь), не разрешив г-же Юнал Текели сохранить имя, полученное при рождении, после вступления в брак. В своем решении Суд утверждал, что правительство Турции должно внести законодательные изменения, позволяющие выбирать фамилию, и сослался на Конвенцию о ликвидации всех форм дискриминации в отношении женщин как на одно из логических обоснований своего решения.

Однако если турецкое правительство удовлетворило индивидуальную жалобу Юнал Текели, выдав ей национальное удостоверение личности с девичьей фамилией и выплатив компенсацию, на указание о внесении изменений в Гражданский кодекс оно не отреагировало никак. Почти десять лет спустя ЕСПЧ вынес решения по трем аналогичным делам из Турции — все в 2013 году, — и во всех трех случаях были выявлены нарушения статей 14 и 8 ЕКПЧ. Речь о делах [*Leventoğlu Abdülkadiroğlu v. Turkey*], [*Tuncer Güneş v. Turkey*] и [*Tanbay Tüten v. Turkey*].

В конечном итоге в декабре 2013 года Конституционный суд Турции вынес решение по заявлению, поданному Севим Акат Экши, в отношении сохранения девичьей фамилии после вступления в брак. Суд постановил, что ее права на «личную неприкосновенность, физическое и духовное существование личности», которые защищены статьей 17 Конституции Турции, были нарушены. В решении указывалось, что статья 17 функционально эквивалентна статье 8 («частная жизнь») Европейской конвенции о правах человека [дело № 2013/2187]. После этого решения женщинам было разрешено сохранять свою предыдущую фамилию после вступления в брак, если они обратятся в суд по семейным делам [Kulaçoğlu 2014]; такая практика будет действовать до тех пор, пока парламент Турции не примет закон о пересмотре Гражданского кодекса, чтобы разрешить женщинам выбирать фамилию.

Дела о насилии, связанном с гендерной принадлежностью

Дело [*Opuz v. Turkey*] — самое известное дело ЕСПЧ о насилии в семье из Турции и, как мы обсуждали в главе 5, возможно, самое значимое из всех решений ЕСПЧ о насилии в семье, поскольку оно стало первым делом, в котором Суд признал государство виновным в дискриминации в отношении женщин вследствие неспособности защитить жертв насилия в семье от причинения вреда в дальнейшем. Существует два дополнительных постановления ЕСПЧ от 2016 года, в которых говорится о дискриминации по признаку пола в делах о насилии в семье из Турции: одно из них было похоже на дело Опуз — в нем также было установлено нарушение статьи 14 в отношении дискриминации по признаку пола, в другом подтвердилось нарушение статьи 14, но на основании семейного положения, а не пола. Сначала решение по делу [*Halime Kılıç v. Turkey*] по вопиющему случаю хронического насилия в семье выявило нарушения статьи 14 ЕКПЧ (дискриминация по признаку пола) в сочетании со статьей 2 (право на жизнь) и подтвердило логику Суда по делу Опуз, заявив, что он «уже установил, что невыполнение — пусть и непреднамеренное — государствами обязательства защищать женщин от насилия в семье равносильно нарушению их права на равную защиту со стороны закона» [*Halime Kılıç v. Turkey*: § 113]. Суд далее указал на важность Стамбульской конвенции о предупреждении насилия в отношении женщин и насилия в семье и борьбе с ним, которая декларирует, что насилие в отношении женщин является нарушением прав человека и формой дискриминации.

Второе судебное решение — по делу [*M. G. v. Turkey*] — связано с ситуацией, где заявительница М. Г. находилась в разводе со своим обидчиком; ее жалоба заключалась в том, что, когда она обратилась в полицию за защитой от жестокого обращения со стороны своего бывшего мужа, защиту ей не предоставили. Суд пришел к выводу, что имела место дискриминация по признаку семейного положения, поскольку в правоприменительной и правовой системах существует множество различий в толковании того, как турецкий закон о предотвращении насилия в отношении женщин (закон № 4320) следует применять к разведенным парам, парам, проживающим раздельно, или гражданским союзам — в дополнение к действующим бракам [*M. G. v. Turkey*: § 101–103]. ЕСПЧ в своем решении здесь также ссылался на Стамбульскую конвенцию [*M. G. v. Turkey*: § 94].

В ЕСПЧ были представлены и другие дела о насилии по признаку пола, в частности, касающиеся сексуального насилия во время турецких военных операций против курдского населения; однако до сих пор Суд отказывался признавать в них нарушения статьи 14. Адвокат по правам человека в Стамбуле комментирует:

> Во многих наших заявлениях в ЕСПЧ описаны ситуации, когда женщины, проживающие в районах военных действий, были взяты под стражу из своих домов и подвергнуты сексуальным пыткам и изнасилованиям. После того как внутренние средства правовой защиты были в конечном итоге исчерпаны, мы обратились в ЕСПЧ, заявив, что: «Эта женщина подверглась сексуальному насилию, потому что она курдка. Она живет в районе, пострадавшем от войны, и жестокое обращение с ней было частью военной политики, так что дискриминация определенно имела место. Речь шла не только о сексуальных пытках; заявительница подвергалась сексуальным пыткам в рамках дискриминационной политики». Но Суд до сих пор не выявил никаких нарушений статьи 14 [респондент № 14].

В качестве особенно яркой иллюстрации этой проблемы можно привести одно из давних дел — жалобу Шукран Айдын, курдской женщины, которая была задержана, подвергнута пыткам и изнасилованию в полиции в 1993 году, а затем стала жертвой шокирующе неадекватного обращения как со стороны медицинских работников, так и со стороны судебной системы, когда потребовала расследовать совершенные в отношении ее преступления [*Aydın v. Turkey*]. Хотя это не было одним из дел нашей респондентки, она привела его в качестве важного примера, и, при том что представители Айдын не апеллировали к статье 14, совершенно очевидно, что эта статья могла быть заявлена (по признаку этнической принадлежности или по признаку пола). Вполне возможно, что Суд не пожелал обнаружить нарушения статьи 14 в этих делах из-за нежелания участвовать в обсуждении столь острого политического вопроса — военных действий Турции в районах проживания курдского населения. ЕСПЧ еще предстоит выявить нарушения статьи 14 в области дискриминации по этническому признаку в делах курдских заявителей [Kurban, Gülalp 2014: 168].

Дискриминация по признаку пола при увольнении с работы

В 2010 году ЕСПЧ рассмотрел дело Арзу Озпынар, судьи турецкого суда, которая была уволена со своей должности на основании жалоб на ее якобы провокационный стиль одежды и слухи о внебрачных отношениях. Озпынар утверждала, что статья 14 в данном случае применима, поскольку «в отношении коллег-мужчин, уличенных во внебрачных связях, ограничивались простым выговором», в то время как «за одни только слухи о предполагаемых связях <Озпынар>» было назначено куда более суровое наказание [*Özpınar v. Turkey*: § 31]. Суд постановил в этом деле, что ссылка на статью 14 (дискриминация по признаку пола) недействительна, так как нарушение произошло после допустимого шестимесячного срока, но обнаружил нарушение статьи 8 (уважение частной жизни).

Более недавнее решение — по делу [*Emel Boyraz v. Turkey*], где заявительница сдала вступительный экзамен на государственную службу и ей была предложена должность охранника в филиале государственной энергетической компании TEDAŞ. Впоследствии электроэнергетическая компания отозвала свое предложение о приеме на работу, когда обнаружила, что Бойраз женщина, поскольку одним из квалификационных требований для должности охранника было наличие свидетельства о прохождении военной службы, а женщины в Турции к военной службе не допускаются. ЕСПЧ постановил, что Бойраз действительно подверглась дискриминации по признаку пола, а также имеет право апеллировать к статье 8 (уважение частной жизни). Суд далее утверждал, что правительство Турции не представило убедительных доказательств, почему охранник должен иметь опыт военной службы и быть мужчиной, чтобы надлежащим образом выполнять обязанности охранника, особенно с учетом того, что г-жа Бойраз уже три года занимала эту должность на контрактной основе без жалоб на качество ее работы.

Как мы говорили в главе 5, это решение с его расширенным толкованием понятия «частная жизнь» играет важную роль для будущих дел ЕСПЧ о дискриминации, связанной с занятостью. Юрист из стамбульского SPoD подчеркивает важность этого решения:

> Мы всегда думаем о дискриминации как о частной сфере, но в Конвенции нет положений о профессиональной жизни, поэтому ЕСПЧ впервые принял решение, которое повлияет на весь мир и на Турцию и заявил, что «профессиональная жизнь является неотъемлемой частью частной жизни, и любая дискриминация в отношении ее запрета относится к сфере частной жизни». И теперь мы можем использовать это непосредственно в наших собственных делах [респондент № 19].

Получается, что решение в деле Эмель Бойраз может оказаться более важным для возможности успешно подавать в ЕСПЧ иски о дискриминации в сфере занятости, чем ратификация странами Протокола 12 к Конвенции — по крайней мере для дел, связанных с наймом на работу в госсектере.

Дела о запрете ношения головных платков

Известны два решения ЕСПЧ по делам из Турции, касающимся запрета со стороны государства на ношение платков в высших учебных заведениях. Оба были отклонены как неприемлемые на ранней стадии. Первое дело — заявление Шенай Карадуман, аспирантки на отделении фармакологии в Анкаре, которая представила свою фотографию в платке в запросе на получение диплома об окончании. Университет отклонил ее запрос на получение сертификата из-за платка на фотографии. После рассмотрения дела в двух турецких судах Карадуман обратилась в ЕСПЧ, но заявила только о нарушении статьи 9 о свободе вероисповедания, без каких-либо заявлений о дискриминации в соответствии со статьей 14. Комиссия в этом случае признала заявление Карадуман неприемлемым, решив, что, поступая в данный вуз, заявительница уже знала обо всех его правилах и требованиях и принимала их[12]. По

---

[12] На тот момент, еще до внесения ЕСПЧ изменений в Протокол 11 к Конвенции, вступивших в силу в 1998 г., заявления сначала проходили через фильтр Европейской комиссии по правам человека, которая решала, принимать ли их к рассмотрению.

мнению Комиссии, «регулирование одежды студентов и отказ им в административных услугах, таких как выдача сертификата об образовании, до тех пор, пока они не соблюдают такие правила, как таковые, не являются нарушением свободы вероисповедания и совести» [*Karaduman v. Turkey*].

Двенадцать лет спустя Лейла Шахин, студентка Стамбульского университета, направила аналогичное заявление в ЕСПЧ, хотя в этом случае она заявляла о нарушении статьи 14 (дискриминация по признаку религии, а не пола), а также статьи 8 (уважение частной жизни), статьи 9 (свобода религии) и статьи 10 (свобода выражения мнений). В этом случае Суд также установил в решении Большой палаты 2005 года, что никаких нарушений Конвенции не произошло [*Leyla Şahin v. Turkey*].

Дела о дискриминации ЛГБТИ в ЕСПЧ

До сих пор ЕСПЧ вынес два решения по делам, связанным с нарушениями прав ЛГБТИ в Турции. В деле [*X. v. Turkey*] заявитель, гомосексуальный мужчина, отбывал тюремное заключение и из-за своей сексуальной ориентации и отсутствия других заключенных-гомосексуалов содержался в одиночной камере, чтобы отделить его от гетеросексуальных заключенных, хотя назначенное ему наказание не предусматривало одиночного заключения. Судьи ЕСПЧ согласились с утверждением о том, что заявитель подвергся бесчеловечному обращению (нарушение статьи 2), которое дискриминировало его по признаку сексуальной ориентации; то есть он не подвергся бы такому обращению, если бы не был гомосексуалом.

Второе соответствующее решение ЕСПЧ в деле [*Y. Y. v. Turkey*] касалось нарушений прав ЛГБТИ, но не включало жалобу о дискриминации. Дело касалось трансгендерного мужчины, записанного при рождении женщиной, который хотел пройти операцию по подтверждению пола. Однако, учитывая, что турецкое законодательство (как описано в разделе «Дискриминация со стороны государственных органов») требует, чтобы операция по смене пола разрешалась только в том случае, когда человек продемонстрировал постоянную неспособность к деторождению, заявитель сообщал о нарушении статьи 8 (уважение частной жизни), утверждая, что требования для проведения операции были неоправданно высокими и интервенционистскими. Европейский суд согласился, сочтя, что отказы турецких национальных судов в праве заявителя на операцию по смене пола были необоснованными, утверждая, что «вмешательство... в право заявителя на уважение частной жизни не может считаться "необходимым" в демократическом обществе» [*Y. Y. v. Turkey*: § 121].

НЕЖЕЛАНИЕ СУДА ВЫЯВЛЯТЬ НАРУШЕНИЯ СТАТЬИ 14

Активистка, связанная с Фондом женской солидарности в Анкаре, пожаловалась, как и наши российские собеседники, что ЕСПЧ излишне неохотно признает нарушение статьи 14 в своих решениях по делам о насилии в отношении женщин: «Отношение со стороны ЕСПЧ здесь не идеальное. Мало найдется дел о насилии в отношении женщин, [в которых] ЕСПЧ вынес бы решение о нарушении статьи 14» [респондент № 6]. Тем не менее, как отмечалось ранее, после дела Опуз ЕСПЧ внезапно проявил готовность находить нарушения статьи 14 в случаях насилия в отношении женщин. Адвокат из приюта для женщин «Мор чаты» поясняет, что эти дела увенчались успехом, потому что заявителям удалось подробнейшим образом задокументировать попытки получить государственную помощь и подкрепить иски убедительными статистическими данными, свидетельствующими об игнорировании проблемы со стороны государства: «Дело Нахиде Опуз очень подробное, и сама Нахиде шесть раз обращалась в полицейский участок... Похожих случаев наберется шесть или семь. У нас достаточно много статистической информации по этому вопросу, и соответствующие досье довольно подробные» [респондент № 15]. Дела из Турции — четыре дела о фамилиях и дело об увольнении Эмель Бойраз, рассмотренные ранее, — подтверждают наблюдения, полученные нами на российском материале: убедить Суд в наличии нарушения статьи 14 намного проще, если дискриминация как понятие четко зафиксирована в письменных законах страны или политике рассматриваемой организации, а не является лишь результатом неформальных моделей поведения государственных должностных лиц.

КАК ВЫЯВИТЬ ПРАКТИКУ ДИСКРИМИНАЦИИ, ЧТОБЫ ОБОСНОВАТЬ ИСКИ

Примечательно, что по вопросам, связанным с рассматриваемыми в последнее время в суде делами о фактах гендерно обусловленного насилия из Турции, ЕСПЧ склонен ссылаться на отчеты третьих сторон. Отчеты таких групп, как *Human Rights Watch* (по делам *M. G. v. Turkey* и *Halime Kılıç v. Turkey*), «Международная амнистия» (по делу *Opuz v. Turkey*), приют для женщин «Мор чаты» (по делу *Opuz v. Turkey*), Ассоциация адвокатов Диярбакыра (по делу *Opuz v. Turkey*) и материалы университетских исследований (по делу *Halime Kılıç v. Turkey*), также были включены в решения Суда в качестве обоснования существования дискриминации по признаку пола путем документирования практик дискриминирующего обращения с женщинами. По словам активистки Фонда женской солидарности, отчеты гражданского общества чрезвычайно важны для успеха таких дел:

> Как и в случае с Опуз, наиболее важные данные в поддержку заявления о дискриминации по признаку пола были предоставлены гражданским обществом. В этом деле были данные *Amnesty International*, Ассоциации адвокатов Диярбакыра и организации KAMER, и с этого момента ЕСПЧ начал обращать внимание, есть аналогичные сведения в последующих делах или нет. Такой был установлен стандарт. Поэтому сотрудничество адвокатов, работающих на местах, с НПО… в этом смысле имело огромное значение для обеспечения успеха этих судебных процессов [респондент № 6].

Представляется, что турецкие активисты в большей степени, нежели российские, оказались способны сосредоточиться на создании подкрепленных многочисленными документами отчетов о насилии в семье и халатности государства и получить доступ к довольно подробным данным о характере и частоте этих нарушений. Затем они смогли успешно использовать эти данные при подаче заявлений в ЕСПЧ, чтобы обосновать свои утверждения о нарушениях статьи 14.

РАЗОЧАРОВАНИЕ В СВЯЗИ С ИСЧЕРПАНИЕМ ВНУТРЕННИХ СРЕДСТВ ПРАВОВОЙ ЗАЩИТЫ

Если в России основные проблемы с исчерпанием внутренних средств правовой защиты связаны с *отсутствием* ясности насчет того, в какой момент они исчерпаны, в Турции в последние годы обременением для заявителей и адвокатов стало слишком строгое и четкое новое определение исчерпания внутренних средств правовой защиты. В сентябре 2010 года в статью 148 Конституции Турции была внесена поправка, позволяющая рассматривать индивидуальные заявления в Конституционном суде и предписывающая Конституционному суду рассматривать любые дела, касающиеся нарушений Европейской конвенции, до того, как они будут переданы в сам ЕСПЧ. Конституционный суд начал принимать такие заявления в сентябре 2012 года [Council of Europe DG Human Rights and Rule of Law 2013]. После этого ЕСПЧ в 2013 году вынес решение по делу [*Uzun v. Turkey*], постановив, что заявитель не исчерпал свои внутренние средства правовой защиты, поскольку не передал свое дело в Конституционный суд Турции.

Наши респонденты в Турции, уже направлявшие свои иски в ЕСПЧ, подчеркивают, насколько серьезные препятствия создают эти изменения [респонденты № 11, 12, 14, 15, 22], и предположили, что изменение критериев приемлемости для турецких дел рассматривается ЕСПЧ как способ сократить нагрузку на Суд:

> Поскольку количество заявлений из нашей страны создает серьезное бремя, ЕСПЧ в основном начал говорить о том, что мы должны сначала попытаться решить эти вопросы внутри страны самостоятельно, прежде чем передавать их в Суд. Таким образом, в соответствии с поправкой к Конституции, на Конституционный суд была возложена задача рассматривать эти дела до того, как они могут быть переданы в ЕСПЧ [респондент № 11].

Еще один адвокат из «Мор чаты» заявляет:

> ЕСПЧ по горло увяз в делах против Турции. Вот почему Суд, по сути, сказал: «Хватит! Сначала подайте заявление в Конституционный суд Турции, а уже потом идите к нам». И вы можете подать заявление только в случае нарушения прав человека [респондент № 12].

Требование направлять дела в Конституционный суд до подачи в ЕСПЧ значительно увеличивает бремя для турецких заявителей, вероятно, снижая количество дел, которые адвокаты захотят и смогут провести через турецкую систему, прежде чем передать их в ЕСПЧ, где эти дела будут рассмотрены на предмет приемлемости. Адвокат из Мерсина, направивший в ЕСПЧ ряд дел, отмечает, что после изменений 2012 года некоторые заявления, которые он направил в ЕСПЧ, были отклонены вследствие неисчерпания внутренних средств правовой защиты, и это свидетельствует о том, что ЕСПЧ действительно применяет новое требование [респондент № 22].

ЖЕРТВЫ РАЗОЧАРОВАНЫ ТЕМ, КАК МЕДЛЕННО ЕСПЧ РАССМАТРИВАЕТ ДЕЛА

Как и в России, в Турции мы не раз слышали от юристов и активистов женских движений, что заявителям слишком тяжело выносить бесконечный процесс проведения дела через все инстанции национальной системы с целью исчерпать внутренние средства правовой защиты, а затем и через ЕСПЧ — где дожидаться рассмотрения приходится годами [респонденты № 4, 6, 20]. Адвокат женского приюта «Мор чаты» в Стамбуле заявляет:

> После стольких страданий в местных судах многие женщины говорят, что с них хватит и что они просто хотят забыть об этой истории и продолжать жить своей жизнью. К сожалению, рассмотрение дел в ЕСПЧ также может занимать довольно много времени и длится годами. Таким образом, после 5–10 лет, проведенных в местных судах, им, возможно, потребуется провести еще 7 или 8 лет. Это же практически половина жизни [респондент № 11].

Ей вторит юрист Ассоциации женщин-инвалидов Анкары:

> Сейчас все продолжают говорить, что дела должны быть
> переданы в ЕСПЧ. Но я сама все время думаю об этом: пе-
> редала бы я одно из своих досье в ЕСПЧ? <У меня есть дело,
> которое продолжается уже 10 лет>, и это очень утомитель-
> но; но вдобавок ко всему, похоже, это все продлится еще два
> года. Получается 12 лет. И после этого, сколько лет потре-
> буется ЕСПЧ, чтобы ознакомиться с этим иском? И что
> будет потом? Я никому не говорила, но сама мысль об этом
> заставляет задавать себе вопросы, смешанные с отчаянием
> и раздражением [респондент № 1].

Как и в России, усилия, которые заявители должны приложить,
чтобы получить возмещение ущерба в ЕСПЧ, и время, необходимое для этого, становятся серьезным сдерживающим фактором
для многих женщин — жертв нарушений прав человека. Адвокаты Ассоциации женщин-инвалидов также подчеркивают, что
после того, как жертвы исчерпали внутренние средства правовой
защиты и получили право направить дело в ЕСПЧ, дополнительным препятствием, с которым они сталкиваются, становится
поиск адвоката, достаточно свободно владеющего английским
языком, чтобы подать заявление в Суд. В результате недостаточ-
ного владения языком адвокаты часто запрашивают у своих
клиентов гонорары за профессиональный перевод материалов
дела [респонденты № 1, 2, 20]. И все же те, кто сумел все это вынести, способствовали вынесению решений, повлекших за собой
серьезные изменения в правовой системе Турции.

ВЛИЯНИЕ РЕШЕНИЙ ЕСПЧ НА СИТУАЦИЮ В ТУРЦИИ

Дело Опуз серьезно повлияло на совершенствование законодательства и заставило государство заявить о решимости бороться
с насилием в отношении женщин. Многие наблюдатели считают,
что это дело послужило для правительства Турции стимулом
принять закон № 6284 о предотвращении насилия в отношении
женщин, который, как отмечалось ранее, стал значительным

улучшением по сравнению с ранее действовавшим законом № 4320. Кроме того, быстрая ратификация Турцией Стамбульской конвенции о предотвращении и борьбе с насилием в отношении женщин и насилием в семье в марте 2012 года, возможно, также является результатом решения по делу Опуз. Одна из юристов женского приюта «Мор чаты» в Стамбуле подчеркивает, что неустанные усилия женского движения Турции были необходимы для того, чтобы подтолкнуть правительство к осуществлению этих изменений:

> Мы не должны забывать о том, что в этом контексте сделало движение за права женщин. Именно благодаря их усилиям это дело стало заметным и было вынесено в повестку дня Суда. Именно после этих усилий был подготовлен закон № 6284. Представительницы движения внесли значительный вклад в подготовку этого закона [респондент № 15].

Некоторые респонденты даже утверждали, что решение по делу Опуз повысило осведомленность турецких граждан и юристов о видах претензий, которые можно подавать в ЕСПЧ. По словам адвоката Ассоциации женщин-инвалидов в Анкаре:

> Хотя люди знают, что обращение в ЕСПЧ — это тоже вариант, они обычно думают, что Суд занимается в основном такими важными вопросами, как пытки и право на жизнь. Поэтому обращение в ЕСПЧ по таким поводам, как дискриминация или насилие в семье, может показаться им странным или даже роскошью... Люди только недавно поняли, что могут обратиться в ЕСПЧ по таким вопросам, как насилие в семье и дискриминация. Может, до недавних пор у нас было не так много дел по этим вопросам, я думаю, что мы увидим, как юристы все чаще будут передавать заявления в ЕСПЧ после решения по делу Опуз [респондент № 1].

Хотя Турция и внесла — в значительной степени благодаря давлению ЕСПЧ — в законодательство формальные изменения, активисты на местах, да и сам Суд часто жалуются на то, что преобразования в политике не заставили государственных чиновников по-настоящему изменить свое поведение. Адвокаты приюта «Мор чаты» и центра KAHDEM в Стамбуле выражают в связи с этим свое сожаление [респонденты № 11, 20], а адвокат Ассоциации женщин-инвалидов в Анкаре комментирует:

> В Турции преобладает отношение, которое можно резюмировать следующим образом: «Я буду продолжать делать то, что хочу, и просто буду и дальше платить за ущерб». Таким образом, решения и выплаты компенсаций, принятые ЕСПЧ, оказывают минимальное влияние на повседневную практику. На самом деле они не приводят к каким-либо существенным изменениям в законодательстве или в его применении. Ничего такого, что было бы по-настоящему заметно [респондент № 1].

Эта юристка из Ассоциации женщин-инвалидов лично столкнулась с нежеланием государственных органов быстро выполнять решения ЕСПЧ или Конституционного суда. Сразу после свадьбы она подала заявление о сохранении своей нынешней фамилии:

> Я пошла в отдел регистрации браков и поговорила там с женщиной — высокопоставленной чиновницей. Она спросила: «Вы подаете заявление? Вам придется использовать две фамилии». А я ответила: «Нет, я не хочу. Я просто хочу использовать собственную фамилию». На это она сказала: «Нет, это невозможно». «Извините, но на этот счет есть решение Конституционного суда. Я имею на это право», — сказала я. Чиновница заявила, что решение Конституционного суда еще не вступило в силу, на что я ответил, что решения Суда вступают в силу сразу после их опубликования [респондент № 1].

Таким образом, хотя ЕСПЧ и вынес несколько решений о дискриминации по признаку пола, которые привели к некоторым изменениям в поведении государства, выполнение этих решений, особенно на уровне местных субъектов, как и в России, носило неравномерный характер. Далее мы рассмотрим, как Турция взаимодействует по вопросам гендерной дискриминации с другими, помимо ЕСПЧ, механизмами международного права.

ПЕРЕСЕЧЕНИЕ С КОНВЕНЦИЕЙ О ЛИКВИДАЦИИ...
И СТАМБУЛЬСКОЙ КОНВЕНЦИЕЙ

Как отмечалось в главе 5, Конвенция Совета Европы о предотвращении и борьбе с насилием в отношении женщин и насилием в семье была заключена в Стамбуле 5 ноября 2011 года. Турция активно участвовала в первоначальном процессе переговоров по Конвенции. По словам адвоката центра KAHDEM:

> Во время разработки Стамбульской конвенции Турция играла очень активную роль. Я не знаю, сделала ли Турция это намеренно, но Фериде Акар, которая была назначена представителем GREVIO <группы экспертов по борьбе с насилием в отношении женщин и насилием в семье>, является одной из тех, кто работал над текстом Конвенции. Во время подготовки Конвенции насилие в отношении женщин было очень популярной темой в Турции [респондент № 20].

Турция первой среди всех государств — членов Совета Европы подписала и ратифицировала Конвенцию 14 марта 2012 года. Столь стремительная ратификация Стамбульской конвенции отчасти результат того, что финальный вариант Конвенции был подготовлен в Стамбуле, но, несомненно, сыграло роль и решение по делу Опуз 2009 года, поскольку многие части Стамбульской конвенции как раз обращены к проблемам, связанным с защитой женщин и предотвращением насилия, а в этом решении содержится критика неэффективности принимаемых мер.

Некоторые активисты полагают, что турецкое правительство не представляло, какие обязательства берет на себя, ратифицируя Стамбульскую конвенцию. По словам одной из юристок Ассоциации женщин-инвалидов:

> Турция подписала Стамбульскую конвенцию безо всяких оговорок. Они, вероятно, сделали это, не понимая, что это повлечет за собой (*смеется*). Когда они ее подписывали, думаю, они не до конца осознавали, о чем идет речь в Конвенции; позже они попытались высказать некоторые оговорки в отношении Конвенции, хотя и знали, что это невозможно [респондент № 1].

С момента заключения Стамбульской конвенции ЕСПЧ ссылался на ее конкретные требования в своих последующих постановлениях по делам о насилии в семье, как описано ранее. Это подчеркивает значительный потенциал, которым обладает Конвенция для закрепления решений Суда в делах о насилии в отношении женщин применительно ко всем государствам — членам Совета Европы, ратифицировавшим Стамбульскую конвенцию. Турция ратифицировала Конвенцию, но Россия, к сожалению, ее не подписала и не ратифицировала, что ограничивает возможности Суда опираться на этот документ в своих решениях по российским делам. Тем не менее, как мы отметили в главе 5, некоторые российские юристы с оптимизмом оценивают потенциальную возможность распространения логики, используемой в некоторых решениях ЕСПЧ по вопросам гендерного насилия со ссылкой на Стамбульскую конвенцию, в делах государств, ратифицировавших конвенцию, на решения ЕСПЧ, которые выносятся по делам, связанным с аналогичными преступлениями в государствах, не ратифицировавших конвенцию.

Однако Турция и Россия схожи в том, что касается важности Конвенции о ликвидации всех форм дискриминации в отношении женщин и процесса рассмотрения жалоб по делам о дискриминации по признаку пола. В своих решениях о дискриминации по признаку пола по заявлениям из России и из Турции Суд активно ссылался на Конвенцию; это было сделано и во всех трех турецких делах о домашнем насилии, и в деле о сохранении фамилии Юнал Текели.

Как и в России, турецкие НПО и юристы в некоторых отношениях отдают предпочтение механизму КЛДЖ перед механизмом ЕСПЧ или, по крайней мере, рассматривают его как запасной вариант на случай, если ЕСПЧ признает заявление неприемлемым. Активистка из Фонда женской солидарности сообщает, что НКО не могут подавать заявления в ЕСПЧ от имени жертв дискриминации, а процесс КЛДЖ такие заявления от НКО допускает:

В том, что касается индивидуальных заявлений, подаваемых в КЛДЖ, НКО могут также подавать индивидуальные заявления по запросу, который они получают, например, от семьи убитой женщины или жертвы, которая все еще жива. <В двух заявлениях из Австрии> женщины умерли, но НКО, которые предоставляли им консультации до их смерти, обратились от их имени.

В действительности она считает, что КЛДЖ в конечном итоге может оказать на продвижение гендерного равенства большее влияние, чем ЕСПЧ:

Я действительно думаю, что со временем КЛДЖ может стать более эффективным, чем ЕСПЧ, потому что у него больше средств и он может выносить более масштабные решения. Он может принимать решения, которые могут быть для нас более привлекательными. И использование <КЛДЖ> в судебных процессах на местах, использование этого документа, как мне кажется, также может положительно влиять на решения, принимаемые в нашей стране [респондент № 6].

Юрист из того же Фонда соглашается с этой точкой зрения, но по другой причине: КЛДЖ обеспечивает механизм для мобилизации женских организаций против дискриминирующей практики Турецкого государства. Она поясняет:

Одна из самых важных вещей, которые делают женские ассоциации в Турции, — написание теневого доклада для КЛДЖ. Вы знаете, правительства регулярно представляют отчеты. Женские ассоциации, со своей стороны, готовят альтернативный теневой отчет. В его составлении принимают участие все известные местные организации, в том числе и мы. Эти отчеты также очень эффективны. КЛДЖ формирует собственное мнение и рекомендации, принимая во внимание эти доклады. Женские ассоциации, возможно, и не эффективны в передаче дел в суды, но они очень эффективны с точки зрения отчетности и, возможно, документирования нынешней ситуации. Они уже много лет работают с этих позиций [респондент № 5].

Один из юристов из приюта для женщин «Мор чаты» также подчеркивает важность КЛДЖ для способности женских организаций мобилизовываться и делать свои оценки достоянием международной общественности:

Представляя свои доклады, правительство Турции просит неправительственные женские организации участвовать в подготовке этих докладов. Правительство ходит на заседания КЛДЖ, по сути, ради показухи. Его заявления пронизаны ложью. Женские же организации, со своей стороны... описывают реальную ситуацию в Турции [респондент № 12].

Как и их российские коллеги, турецкие активисты и юристы, по-видимому, рассматривают КЛДЖ как один из механизмов официального документирования практик дискриминирующего обращения со стороны государства, что со временем может быть использовано в качестве доказательной базы для судебных исков как в национальных судах, так и в ЕСПЧ.

Вывод

В плане контекста и типов нарушений, связанных с дискриминацией по признаку пола, между Турцией и Россией много общего. В обеих странах женщины подвергаются насилию в семье и сексуальным посягательствам, которые часто носят тяжелый или хронический характер, и, к сожалению, сталкиваются с дискриминационным обращением со стороны полиции и судов, не способных должным образом их защитить. Женщины также сталкиваются с дискриминацией на рабочем месте, и, аналогично тому, что мы наблюдаем в России, в периоды экономических трудностей их, как правило, увольняют первыми; еще одной причиной увольнений становится то, что они обходятся дороже и менее «удобны», нежели сотрудники-мужчины, их нужды сложнее учитывать. В Турции также возникают уникальные ситуации дискриминации, проистекающие из столкновения в стране светских и исламистских сил, когда женщинам приходится бороться за право носить на рабочем месте головной платок или за возможность сохранить девичью фамилию после замужества.

Что касается нарушений в отношении представителей ЛГБТИ, большинство случаев, судя по всему, аналогично тому, что происходит в России, правда, в Турции нет гомофобных законов, наподобие тех, что приняло в последние годы российское правительство. В этом смысле подать в ЕСПЧ иск о дискриминации ЛГБТИ из России, вероятно, проще, чем из Турции. Дискриминирующая политика в турецком контексте распространяется в основном на трансперсон, которые обязаны делать операции по смене пола до того, как получат разрешение изменить пол в официальных документах, удостоверяющих личность, и (до второго решения Конституционного суда Турции в 2017 году) должны были подвергаться сложной процедуре по подтверждению того, что они бесплодны, — чтобы получить разрешение на хирургическое вмешательство. В России закон об изменении гендерной идентичности при официальной идентификации сформулирован более расплывчато, и это означает, что в разных городах и регионах страны действуют разные правила: где-то для официальной смены пола обязательно предварительно провести хирургическую операцию, а где-то — нет [Parogni 2016].

Турецкое официальное законодательство о гендерно мотивированном насилии можно считать более прогрессивным, чем российское: в Турции были последовательно приняты два закона о защите жертв насилия в семье. Как обсуждалось в главе 3, новая редакция Уголовного кодекса с целью облегчить процесс подачи заявлений и судебном преследовании в ситуациях насилия по половому признаку была принята в России лишь в 2016 году, а затем, менее чем через год, часть изменений отменили, из-за чего некоторые виды домашнего насилия перешли в разряд административных нарушений и перестали считаться уголовно наказуемыми деяниями [Государственная Дума Российской Федерации 2017; Muravyeva 2017]. Законодательство Турции требует, чтобы правительство финансировало определенное количество приютов для жертв насилия в зависимости от плотности населения; российское законодательство этого не делает. Однако основные проблемы в обеих странах заключаются в неспособности государства обеспечивать выполнение существующего законодательства о равенстве и защите[13]. Именно в этой сфере жертвы нарушений, как правило, предъявляют претензии турецкому и российскому правительствам. Однако политические репрессии, последовавшие за попыткой государственного переворота против правительства президента Турции Реджепа Эрдогана в 2016 году, еще больше осложнили работу активистов по рассмотрению дел о дискриминации в турецких судах.

Важное различие между турецкими и российскими сообществами юристов-активистов, которое во многом объясняет, почему в ЕСПЧ и КЛДЖ появляется больше турецких заявлений, связано с тем, что так распространенное в России разделение на традиционных правозащитников и на защитников прав женщин для Турции в такой мере не характерно. Похоже, юристы в турецких организациях по защите прав женщин чаще имеют представление о том, как использовать международные правовые механизмы, чем их российские коллеги. Турецкие активисты овладели «секретами ремесла» — знают, как создавать доказательную базу для подачи исков о гендерной дискриминации, понимают, как важно писать регулярные подробные отчеты о нарушениях такого рода в международные организации типа КЛДЖ, чтобы адвокаты от имени заявителей и сам ЕСПЧ могли впоследствии использовать эти доказательства для обоснования наличия практики дискриминации. Различия в степени подготовки и фиксации данных в двух контекстах позволяют нам предложить ряд рекомендаций политического свойства, которые мы представляем в заключительной главе книги.

---

[13] Гюнеш-Аята и Догангюн (Güneş-Ayata and Doğangün 2017) связывают неспособность Турции реализовать политику и законодательство в области гендерного равенства с усилением консервативно-религиозного «гендерного климата» при власти правительства Партии справедливости и развития президента Эрдогана (ПСР).

7. Заключение

Думаю, ключевая причина, по которой так мало людей пытаются обратиться в суд, заключается в том, что такого рода дискриминацию трудно доказать. Трудно выстроить дело. Слишком мало компетентных юристов по правам человека, способных работать с такими делами, выстраивать их, плотно ими заниматься.

Таня Локшина, Human Rights Watch, Москва

Загадка, с попытки разрешить которую мы начали этот проект, заключалась в вопросе: почему, при таком обилии фактов дискриминации по признаку пола в России и десятках тысяч дел из России в Европейском суде по правам человека, в Суде так мало дел о дискриминации по признаку пола из России? В скором времени мы обнаружили, что Россия — не единственная среди стран Совета Европы, где, с одной стороны, присутствует дискриминация по признаку пола, а с другой — нет практики заявлений в ЕСПЧ на этом основании. В конце концов, причин, почему дел о дискриминации по половому признаку так мало, оказалось больше чем достаточно. Бо́льшая часть книги посвящена внутренним и международным барьерам, которые не позволяют активистам, юристам и обычным гражданам в полной мере осознать наличие дискриминации по признаку пола как таковой, воспринять ее всерьез, взять на себя психологические и материальные издержки, связанные с обнародованием дел о дискриминации по признаку пола (особенно, пусть и не всегда, это касается случаев, где речь шла о физическом или сексуальном насилии). Такие барьеры возникают и в реальности, когда эти люди сталкиваются с дискриминирующей правовой системой и правоохранительными органами и ищут выход из запутанного и длительного процесса международного судебного разбирательства.

Изучив несколько успешных дел, по которым ЕСПЧ вынес решения в пользу заявителей, и опыт юристов и активистов в области прав человека, феминисток и ЛГБТ-правозащитников в рамках национальных и международных судебных систем в наших странах, мы поняли, в чем заключается «истинная» загадка: как объяснить появление дел, в рамках которых женщины, несмотря ни на что, преодолевают барьеры на пути передачи дел о дискриминации по признаку пола как в сложные и часто патриархальные правоохранительные и судебные системы в своих странах, так и в сложные и часто столь же малообещающие судебные институты, заполняющие собой международное правовое пространство? Какова волшебная формула для передачи дел о дискриминации по признаку пола в национальные суды, а затем, при необходимости, для стратегического рассмотрения их на международной арене? Что необходимо сделать, чтобы убедить ЕСПЧ начать выносить решения по делам о дискриминации по признаку пола в конкретной стране, создав прецеденты, которые затем помогут женщинам в этой стране и в других государствах получить возмещение за дискриминацию, которой они подверглись?

Волшебная формула для случаев гендерной дискриминации

Чтобы выиграть дело о дискриминации по признаку пола в стране и за рубежом, как мы выяснили, существует ряд ключевых факторов. Успех возможен, если женщина сумеет осознать и обозначить свою проблему как факт дискриминации по признаку пола — будь то потеря работы из-за принадлежности к определенному полу или выявление недостаточно серьезного отношения полиции к случаям бытового или гендерного насилия. Местные суды и/или ЕСПЧ также должны признать конкретный факт проявлением гендерной дискриминации — а это указанным институтам не всегда очевидно, даже когда обычным феминисткам кажется именно так. Ключевым фактором становится и наличие адвоката, который также способен взглянуть на этот вопрос как на проблему дискриминации по признаку пола и обладает знаниями и навыками для рассмотрения его в суде — как внутри страны, так и за рубежом. В России таких юристов немного. Более того, связи между российскими правозащитными организациями и феминистскими организациями весьма слабы. Хотя правозащитные группы обычно проходят подготовку по стратегическим судебным спорам, они, как правило, не занимаются феминистскими вопросами, такими как насилие в семье, и не приглашают активисток-феминисток на тренинги по использованию судов; лишь немногие женские организации проходят подготовку по стратегическим судебным спорам самостоятельно. Точно так же правозащитные организации, как правило, больше интересуются проблемами ЛГБТ, чем проблемами женщин, хотя, как мы выяснили, в России все уже не так однозначно и по крайней мере одна правозащитная группа, работающая на Северном Кавказе, не так давно сделала гендерное насилие одной из своих основных тем. В Турции, напротив, мы обнаружили, что правозащитные и феминистские организации были более тесно связаны, а правозащитные группы не ставили вопросы ЛГБТ выше феминистских проблем и не обладали монополией на стратегические тренинги по судебным спорам. В Турции подготовку по подаче заявлений в ЕСПЧ и другие международные инстанции прошло больше юристов и специалистов по феминистским вопросам, чем в России.

Еще одним важным на международном уровне фактором стало взаимообогащающее сотрудничество между правозащитными учреждениями, такими как ЕСПЧ, и явно феминистскими учреждениями, такими как Комитет ООН, который действует на основе Конвенции Организации Объединенных Наций о ликвидации всех форм дискриминации в отношении женщин. В редких случаях, когда судьи ЕСПЧ выносили решения о дискриминации по признаку пола, Суд, как правило, ссылался на эту Конвенцию или более новую Стамбульскую конвенцию Совета Европы, направленную на борьбу с сексуальным и бытовым насилием в отношении женщин и его предотвращение, или ссылался на поступающие из разных стран доклады правозащитных групп и феминистских организаций, направленные на продвижение феминистской программы признания прав женщин в качестве прав человека.

В этой связи также крайне важным, особенно на международном уровне, представляется сбор данных на уровне стран о дискриминации по признаку пола, на эти данные адвокаты могут ссылаться в суде, чтобы доказать, что отдельные обстоятельства на самом деле отражают систематическую дискриминацию в поведении государства — будь то дискриминационное обращение с женщинами или неспособность защитить женщин от нарушений их прав и, таким образом, косвенная дискриминация в отношении них. Турецкие феминистки доказали, что у них достаточно опыта в этом отношении, собирая систематические данные о насилии в отношении женщин, представляя их КЛДЖ в форме «теневого» (т. е. неправительственного) доклада, а затем приводя эти данные — с санкции КЛДЖ — для представления дел в ЕСПЧ. В России усилия по сбору данных, также проявляющиеся в теневых докладах КЛДЖ, как правило, не носили столь систематического характера, и поэтому информация была бы менее полезной в качестве доказательства в суде[1].

При изучении дел ЕСПЧ о дискриминации по признаку пола мы также обнаружили, что международные неправительственные организации (МНПО) сыграли определенную роль в рассмотрении конкретных дел в международных судах. Например, Фонд равных прав, базирующаяся в Лондоне группа, борющаяся с дискриминацией и за содействие равенству в самых разных государствах [Equal Rights Trust 2015a], представляла заявителей из Молдовы в двух делах о насилии в семье, рассмотренных ЕСПЧ (как описано в главе 5). В обоих этих делах — *Eremia v. Moldova* и *Mudric v. Moldova* — организация представила краткое сообщение *amicus curiae* [Equal Rights Trust 2011] в поддержку идеи о том,

---

[1] Борцы за права ЛГБТ, действующие на постсоветском пространстве, также обнаружили, что отсутствие системных исследований и данных о гомофобной дискриминации ограничивает возможности ведения стратегических судебных процессов по вопросам ЛГБТ [Djalilov, Grigoryeva 2018].

что насилие в семье должно быть признано «формой дискриминации», требующей государственного реагирования [*Mudric v. Moldova*; *Eremia v. Moldova*; Cichowski 2016b: 912]. Эти дела в ЕСПЧ завершились выводом о наличии дискриминации по признаку пола (статья 14) в сочетании с нарушением статьи 3 (о бесчеловечном или унижающем достоинство обращении), поскольку государство не смогло предотвратить повторное насилие в семье и не предприняло никаких действий, когда насильник нарушил судебный приказ о защите [Equal Rights Trust 2011]. В рамках проектов в ряде посткоммунистических стран Фонд равных прав выбирает конкретную проблему неравенства и дискриминации, на которой следует сосредоточиться в каждой из стран. В Молдове одним из таких направлений было насилие в семье; в России это была дискриминация ЛГБТ [Equal Rights Trust 2015b]. Учитывая скудость доступных в этих странах женским организациям ресурсов, «интерес» международной правозащитной организации к нарушениям, происходящим в конкретных странах, потенциально может определять виды дел, которые возникают и успешно решаются на международном уровне. И если такая группа, как Фонд равных прав, не проявляет интереса к конкретному государству или проблеме, она вряд ли будет представлять сводки *amicus curiae*.

Поскольку число юристов и активистов, готовых работать с делами о дискриминации по признаку пола в России, настолько невелико, а сбор данных настолько сложен, влияние даже одного МНПО на конкретное дело ЕСПЧ или на класс дел, возникающих в конкретной стране, может быть значительным.

Как важны институты... и отдельные люди

Насколько нам известно, случаи дискриминации по признаку пола составляют незначительное меньшинство жалоб, направленных в ЕСПЧ. Как мы объяснили в главе 1, Суд не публикует списки заявлений, признанных неприемлемыми на ранних стадиях, или сами заявления по делу, поэтому невозможно точно знать, существует ли более десятка или около того заявлений о дискриминации по признаку пола из России и Турции, описанных нашими респондентами (некоторые успешные, а другие неприемлемые). Тот факт, что в нескольких решениях ЕСПЧ о дискриминации по признаку пола в России были заявители-мужчины, может свидетельствовать о том, что мужчины лучше женщин распознают дискриминацию в том, как с ними обращаются[2]. Характерно, что из семи дел о дискриминации по признаку пола, не связанных с работой, в нашей выборке российских внутренних судебных дел (см. главу 1) пять были инициированы мужчинами, пытающимися оспорить призыв на военную службу для мужчин как дискриминирующий по признаку пола. Члены доминирующей группы в некотором смысле, благодаря своей привилегии, готовы замечать несправедливое обращение с собой. Таким образом, в некоторых контекстах по иронии судьбы при признании дискриминации по признаку пола женщины могут оказаться в невыгодном положении.

Международные движения, такие как феномен *#MeToo* в Соединенных Штатах, у которого были свои аналоги в России (*#яНеБоюсьСказать*) и в Турции (*#sendeanlat* («ты тоже должна рассказать»)), могут сигнализировать об изменении отношения к дискриминации по признаку пола. Однако, в отличие от Соединенных Штатов, где движение, по-видимому, повлияло на судебные решения, вроде решения в ходе второго судебного разбирательства по делу Билла Косби [Williams 2018], движения в России и Турции такого значительного влияния не оказали — по крайней мере до сих пор. Несмотря на распространение этих кампаний в социальных сетях, факт остается фактом: даже когда дискриминация проявляется и ощущается, она редко рассматривается в открытом публичном пространстве, а культурные препятствия для признания дискриминации в России и Турции куда серьезнее,

---

2 Как описано в главе 5, к 2019 г. таких решений было три: по делу *Konstantin Markin v. Russia* — о праве на отпуск по уходу за ребенком; *Khamtokhu and Aksenchik v. Russia* — о несправедливости пожизненного заключения как наказания, потенциально возможного для мужчин, но не для женщин; и *Leonov v. Russia* — о праве на опеку над несовершеннолетними детьми.

чем в Северной Америке и Западной Европе. Действительно, как мы неоднократно слышали в наших полевых исследованиях, активизм требует активистов: людей, которые готовы потратить время, деньги и энергию, чтобы выдвинуть дело, а затем продолжать добиваться его завершения — нередко годами. Однако мы также обнаружили, что вопиющая дискриминация может привести к появлению активистов, особенно если для получения жалоб на дискриминацию и принятия по ним мер не существует официальных каналов. Именно это произошло в России — применительно и к явной дискриминации на рынке труда, и к насилию в отношении женщин.

Одна из таких активисток, российская студентка юридического факультета Анна Клевец, попыталась передать собственное дело о дискриминации в сфере занятости в российский суд, а оттуда в ЕСПЧ, где оно было отклонено как неприемлемое. Как описано в главе 2, в 2008 году Клевец попыталась наняться на работу в качестве машиниста поезда метро, но столкнулась с тем, что эта должность включена в список из более чем 400 профессий, запрещенных для женщин. В окружном суде положительного решения добиться не удалось. Верховный суд России отказался исключить профессию машиниста поезда метро из списка запрещенных для женщин, а Конституционный суд три года спустя счел разумным оградить женщин от угрозы потенциальному материнству и не допускать их в кабину в качестве машиниста поезда. Между тем на другие позиции в объявлениях о вакансиях искали только женщин, иногда подчеркивая «декоративность» их роли на рабочем месте. Еще в 2015 году женщины, претендующие на должности секретаря или помощника отдела в России через такие сервисы, как *HeadHunter* и *Superjob*, иногда сталкивались с требованием представить свои фотографии обнаженными или в купальнике. Согласно рассказу одной женщины, примерно в трети объявлений о таких должностях указывались рост и вес заявителя, а также предупреждение о том, что человек должен быть «презентабельным», готовым работать допоздна и по выходным, и что любое резюме без фотографии не будет принято [zzzzuka 2015].

Для того чтобы этот вид вопиющей дискриминации был успешно оспорен — в судебном порядке или в результате изменения государственной политики — необходимо собрать доказательства, чтобы установить ее систематический характер. Плодотворные усилия в этой связи были предприняты московским Центром социально-трудовых прав под руководством адвоката по трудовым спорам и ученого Елены Герасимовой; целью было устранение сегрегации по признаку пола в российских объявлениях о вакансиях. В 2007 году Центр начал исследовательский проект о рекламе в средствах массовой информации, в ходе которого было установлено, что около 70 % объявлений о вакансиях «содержали дискриминирующие требования» того или иного рода — в основном по полу и возрасту [интервью с Герасимовой]. Несколько лет спустя один из региональных парламентов России (которые имеют право вносить предложения по законодательству национального уровня), основываясь на исследованиях Центра, предложил изменить закон по этому вопросу. В 2013 году в Кодекс Российской Федерации об административных правонарушениях и в закон о занятости населения были внесены изменения, запрещающие указывать возраст, расу, вероисповедание, семейное положение, пол или требования к внешности заявителей [The Moscow Times 2013]. В течение года после изменения количество таких объявлений сократилось (менее чем на 10 %), но не исчезло [интервью с Герасимовой]. Кроме того, это правило, естественно, не распространяется на все еще действующий перечень сотен профессий, которыми женщинам запрещено заниматься в соответствии с Постановлением Правительства РФ № 162 от 25 февраля 2000 года на основании статьи 253 Трудового кодекса Российской Федерации[3].

Поскольку дискриминация по признаку пола затрагивает отдельных лиц, но на самом деле является системной, широко распространенной проблемой, успешное ее преодоление — как

---

[3] В 2019 году был принят новый перечень, сокративший список недоступных женщинам работ до 100. В силу соответствующий приказ Министерства труда и социальной защиты вступил 1 января 2021 года.

это помог сделать институт Герасимовой — требует усилий, выходящих за рамки уровня отдельного человека. Например, в Соединенных Штатах наличие государственного учреждения, такого как Комиссия по равным возможностям в области занятости (EEOC), и влиятельной группы по защите прав женщин типа Национальной организации по делам женщин (NOW) позволило принять масштабные меры по борьбе с дискриминацией в области занятости. В 1972 году EEOC подала в суд на корпорацию AT&T за дискриминацию по признаку пола при наборе сотрудников, а год спустя дело NOW против издания *Pittsburgh Press* за то, что последнее классифицировало свои объявления о вакансиях по половому признаку, было передано в Верховный суд, который постановил, что объявления о вакансиях таким образом разделяться не должны [Henig 2015].

Важность наличия инфраструктуры национального уровня для борьбы с дискриминацией по признаку пола нельзя недооценивать. Государственные учреждения, такие как EEOC, где люди могут регистрировать нарушения, связанные с гендерной дискриминацией, могут публиковать информацию и предоставлять систематические данные для проведения крупномасштабных расследований. Совсем другая ситуация складывается в России, где отсутствуют учреждения национального уровня, где бы такие нарушения регистрировались, и в Турции, где эти учреждения существуют, но не предоставляют доступ к собираемым ими данным. Без поддерживающих государственных институтов трудно собрать данные, которые можно было бы использовать в суде в качестве доказательства наличия дискриминации (т. е. в качестве поддержки в ходе стратегических судебных разбирательств по вопросам дискриминации по признаку пола). В то время как женские организации или правозащитные группы Турции и России могут вмешиваться и прилагать усилия для сбора таких данных самостоятельно, задача эта непроста и больше подходит для государственных бюрократических органов с их немалыми ресурсами, чем для крошечных, недостаточно финансируемых, а иногда преследуемых неправительственных организаций и правозащитных групп.

Само наличие внутренней инфраструктуры может способствовать подаче жалоб на дискриминацию по признаку пола, даже если не устраняет их причину. Например, в Соединенных Штатах дела о дискриминации по признаку пола составляют чуть менее трети всех дел о дискриминации в сфере труда, что составляет примерно 26 000 случаев в год в период с 1997 по 2016 год [U.S. Equal Employment Opportunity Commission 2016a]. EEOC не публикует статистику относительно процентов дел о дискриминации по признаку пола, инициированных женщинами, но их данные свидетельствуют о том, что большинство этих жалоб подают именно женщины. Женщины инициировали от 53 до 58 % общего количества жалоб на дискриминацию в сфере труда, поступающих в EEOC каждый год в период с 1997 по 2014 год [U.S. Equal Employment Opportunity Commission 2015][4]. Кроме того, в период с 2010 по 2016 год в EEOC ежегодно поступало около 3500 дел о дискриминации в связи с беременностью и 7000 обвинений в сексуальных домогательствах, и только 17,5 % из них были поданы мужчинами [U.S. Equal Employment Opportunity Commission 2016b, 2016c]. Поддерживаемое государством национальное учреждение, куда можно сообщать о случаях дискриминации, судя по всему, позволяет резко увеличить количество жалоб.

И в России, и в Турции есть внутренние институты, которые могли бы служить этой цели. При Национальном собрании Турции действует созданная в рамках закона № 5840 в 2009 году Комиссия по равным возможностям между женщинами и мужчинами, которая занимается анализом занятости населения, исполнением законов, направленных на сокращение и предотвращение насилия в отношении женщин, и другими аспектами гендерного неравенства; проверяет законодательство с целью содействия гендерному равенству; и также может рассматривать жалобы/петиции о дискриминации по признаку пола от граждан или направлять их в другие учреждения [Grand National Assembly of Turkey 2017]. Комиссия также должна ежегодно представлять

---

[4] Приведенная статистика описывает огромное количество дел, в которых известен пол заявителя.

Национальному собранию доклад о мониторинге изменений в области гендерного равенства. Кроме того, существует Главное управление по положению женщин, Комиссия по мониторингу насилия в отношении женщин, центры по предупреждению и мониторингу насилия, органы общественной безопасности по борьбе с насилием в семье, Национальная комиссия по мониторингу и координации занятости женщин и Управление по правам человека и равенству [General Directorate for the Status of Women 2017; Republic of Turkey Prime Minister's Office 2006, 2010, 2016a, 2016c; General Directorate of Security of the Republic of Turkey 2017]. Хотя эти учреждения действительно собирают данные, они их не публикуют, что оставляет юристов и активистов без источников, на которые можно было бы ссылаться при подаче дел о дискриминации [респонденты № 7, 10, 13, 20].

Россия, в свою очередь, гордится наличием уполномоченного по правам человека, но по состоянию на 2015 год его офис не регистрировал жалоб на дискриминацию по признаку пола [интервью с Давтян; UN CEDAW Committee 2010: § 16; UN CEDAW Committee 2015: § 11]. В марте 2015 года, накануне Международного женского дня, Сергей Марков, член Общественной палаты России и соратник Путина, обратился, как сообщается, к Президенту России с просьбой создать офис «омбудсмена по делам женщин» при исполнительной власти. По словам Маркова, такой офис занимался бы борьбой с насилием в семье (которым, по сути, никто не занимается, ведь «до 90 % жертв в полицию не идут»), изнасилованиями («большинство жертв насильников не сообщает в полицию, в то время как сами полицейские весьма неохотно возбуждают уголовные дела»), дискриминацией на рынке труда (результатом «предвзятого отношения» к соискательницам) и сексуальными домогательствами на работе («никто этим не занимается, при том что случаи исчисляются тысячами») [Alexandrova 2015]. Три года спустя омбудсмен по делам женщин так и не появился.

Комитет Государственной Думы Российской Федерации по вопросам семьи, женщин и детей существует в том числе и якобы для защиты прав женщин, но не предназначен для приема индивидуальных жалоб, и КЛДЖ ООН пожаловался на отсутствие институциональной независимости этого Комитета от правительства [UN CEDAW Committee 2015: § 13]. Более того, бывший председатель Комитета, депутат Госдумы Елена Мизулина, за последние несколько лет стала инициатором многочисленных законопроектов, направленных против прав женщин, в частности, частичной декриминализации насилия в семье, которая была принята в виде закона в феврале 2017 года [Коммерсантъ 2016].

Чтобы бороться с гендерной дискриминацией на том уровне, который хотя бы приближался к масштабу проблемы, судя по всему, нужна внутренняя структура, способная принимать сообщения о фактах дискриминации. И до тех пор, пока эта внутренняя инфраструктура не будет как следует институциализирована и не будет пользоваться доверием населения, необходимо обеспечить гражданам доступ к международному учреждению, где те случаи, которые не воспринимаются всерьез на национальном уровне, могут быть дополнительно рассмотрены и затем доведены до сведения государства. Эффективность ЕСПЧ как международного суда основывается на идее о том, что наднациональное судебное учреждение может обладать большей властью в отношении государства, чем отдельный заявитель. Но без национального учреждения, которое помогло бы узаконить и направить дела, мы вряд ли получим поток таких дел.

Государственные учреждения, которые подтверждают существование насилия в отношении женщин как системной формы дискриминации по признаку пола, также могли бы стимулировать женщин, подкрепляя их стремление сообщать о случаях домашнего насилия, изнасилований, сексуальных домогательств и других форм насилия, которые в первую очередь направлены против женщин. Государства могут делать это различными способами. В Бразилии в период с 2004 по 2009 год было создано около 500 специальных полицейских участков, предназначенных для приема жалоб от женщин, ставших жертвами насилия, что привело к некоторому снижению уровня убийств женщин в городах, особенно молодых женщин. Получается, большее число женщин решились обратиться в эти участки, получить охранные ордера и помощь в поиске убежища и, возможно, таким образом не стали жертвами убийства со стороны интимного партнера [Perova, Reynolds 2015]. В Великобритании в рамках программы, разработанной в 2004 году, были созданы специальные суды по делам о насилии в семье, объединившие полицию, прокуроров и группы поддержки жертв, что привело к структурным изменениям в борьбе с насилием в отношении женщин. Специальная судебная программа по борьбе с насилием в семье, судя по всему, повысила уверенность женщин в готовности судебной системы серьезно относиться к этой форме насилия, о чем свидетельствует увеличение «количества случаев бытового насилия, о которых было сообщено в полицию и которые привели к судебному разбирательству», и сокращении числа дел, прекращенных до начала судебного разбирательства. Число обвинительных приговоров возросло, и, что важно с точки зрения гендерной дискриминации, система «помогла улучшить сбор доказательств, так что судебное преследование все еще может быть продолжено даже после того, как фактическая жертва решит отказаться от дела» [BBC News 2005; McFarlane 2008]. Благодаря этой программе снизилась вероятность того, что людям, которые нападают на своих домашних партнеров, это может сойти с рук, — и это показывает, что для государства нападения на женщин (а именно они составляют подавляющее большинство жертв насилия в семье) приравниваются к насильственным преступлениям против незнакомых мужчин. В России, напротив, в 2017 году был подписан закон о декриминализации домашнего насилия за первое преступление за любой данный год [TASS 2017], а проект закона о насилии в семье, который должны были принять в 2014 году — в нем среди прочего вводились охранные ордера, — похоже, застрял.

Наличие государственных органов, ответственных за сбор и отслеживание данных о насилии в отношении женщин и других видах дискриминации, узаконивает идею о том, что правительство должно выступать против такой дискриминации и противодействовать ей. Когда государства отказываются признать, что неспособность полиции надлежащим образом решать и предотвращать сексуальное или бытовое насилие равносильна дискриминирующему обращению с женщинами, международный трибунал, типа ЕСПЧ или КЛДЖ, может помочь гражданам, применив в этом вопросе свои полномочия. Однако, как отмечалось ранее, для установления факта дискриминации по признаку пола заявителям необходимо собрать данные, демонстрирующие систематическую закономерность. Выводы ЕСПЧ о дискриминации по признаку пола (статья 14) в важном решении по вопросу о насилии в семье из Молдовы являются показательным примером, когда сторона заявителя представила отчет, содержащий статистические данные и закономерности, касающиеся насилия в семье в государстве [*T. M. and C. M. v. The Republic of Moldova*]. Сам отчет был написан Национальным статистическим бюро Молдовы «при содействии» нескольких учреждений ООН, включая Фонд развития ООН, Организацию ООН по вопросам гендерного равенства и расширения прав и возможностей женщин и Фонд ООН в области народонаселения, и Суд опирался на этот отчет, а также на доклад Специального докладчика ООН о насилии в отношении женщин, который использовался в предыдущем деле ЕСПЧ [*Eremia v. Moldova*], — чтобы, как выразился Суд, «поддержать впечатление о том, что власти не в полной мере осознают серьезность и масштабы проблемы насилия в семье в Молдове и его дискриминирующего воздействия на женщин» [*T. M. and C. M. v. The Republic of Moldova*: § 62].

Для граждан России, Турции и других государств Совета Европы, где не хватает национальных институций, которые бы серьезно относились к таким вопросам, как насилие в отношении женщин и дискриминация в сфере труда, доступ к внешним судам очень важен. Более того, сам факт, что в этих государствах так мало юристов, обученных вести дела о гендерной дискриминации в своих странах и за рубежом, означает, что отдельные юристы играют в этом процессе особую роль. Небольшое количество юристов — иногда это вообще один человек — может «запустить тренд», начать подавать дела определенного типа в суды на национальном и международном уровнях. В Великобритании, например, группа дел, в которых заявители-мужчины добивались права на пособие «вдовца» (эквивалент «вдовьей пенсии» для жены умершего мужа), были представлены в ЕСПЧ одним лондонским адвокатом, г-жой П. Глинн. Один юрист, Дойна Страйстяну, представляла заявителей в двух делах о насилии в семье из Молдовы (дела *Eremia v. The Republic of Moldova* и *Mudric v. The Republic of Moldova*), выступала в качестве стороннего посредника для организации *Interights* в деле Опуз и, по-видимому, неслучайно была до этого юридическим директором организации *Stichting Justice Initiative,* проект которой «Правосудие в Чечне» был одной из немногих признанных российских правозащитных организаций, которая с тех пор обратилась к делам о дискриминации по признаку пола [SJI 2006: 24]. А в России петербургский юрист Дмитрий Бартенев представлял интересы заявителей в дюжине с лишним дел о дискриминации ЛГБТ и инвалидов в ЕСПЧ, а также в решении КЛДЖ против России: в 2016 году КЛДЖ вынес решение в пользу Светланы Медведевой, которой было запрещено работать капитаном речного судна, и в более широком смысле — против излишне ограничительного характера вышеупомянутого Постановления № 162 РФ [CEDAW Committee 2016; HUDOC database].

Упомянутые конкретные юристы оказывают огромное влияние на решения ЕСПЧ, что, в свою очередь, может заставить государства изменить свои взгляды и политику и признать наконец наличие дискриминации. Кэтрин Маккиннон утверждает, что, по крайней мере в Соединенных Штатах, суды порой играли важную роль в борьбе за гендерное равенство [MacKinnon 2017]. Для ряда государств — членов Совета Европы, включая Россию и Турцию, национальные суды в этом отношении не играли ведущую роль, но переход от международных судов к внутренним несет в себе такой потенциал. Действительно, в деле Медведевой решение международного трибунала (в данном случае КЛДЖ, а не ЕСПЧ) привело к тому, что Верховный суд России вернул дело в Российский окружной суд в Самаре, который отменил свое первоначальное решение и вынес решение в пользу Медведевой о дискриминации в сфере занятости. Но сам факт, что все зависит от горстки юристов, специализирующихся в области прав человека, лишь подчеркивает, насколько сложно заставить государства признать наличие в стране гендерной дискриминации и преследовать ее в судебном порядке. Без государственных учреждений, которые собирали бы данные и изучали структурное неравенство, потенциальной заявительнице остается надеяться на то, что отдельные активисты и юристы будут «действовать в одиночку». Такая система крайне хрупка и зависит от очень небольшой группы людей.

Тем не менее эти немногие люди четко понимают, как важно включать стратегическое судебное разбирательстве в качестве элемента защиты прав женщин. В конце 1990-х в постсоветской России правозащитники Московской Хельсинкской группы использовали «польскую модель» защиты прав: «упор на конвенции ООН, на мониторинг нарушений со стороны государственных учреждений и на защиту прав личности через суды» [McAuley 2015: 119]. Как мы показали в главе 4, иногда задачи правозащитников и активистов за права женщин различаются довольно кардинально: первые защищают права, а вторые защищают отдельных *жертв*, находящихся в кризисной ситуации. Таня Локшина, правозащитница, начавшая карьеру в Московской Хельсинкской группе, а затем ставшая программным директором *Human Rights Watch* в России, объясняет этот контраст в интервью 2011 года:

> Правозащитник — это не защитник жертв. Существует принципиальная разница между защитником жертвы и защитником права. Правозащитник не только и не в первую очередь защищает конкретное лицо, которое, например, подверглось пыткам в следственном изоляторе или которому не был предоставлен доступ к адвокату. Он [sic] защищает ценности и механизмы. Должен быть гарантирован сам принцип прав. Следовательно, каждый конкретный случай — это лишь один маленький шаг в продвижении принципа, принципа права [McAuley 2015: 168].

Анализируя различные правозащитные группы граждан в постсоветской России, Мэри Маколи сравнила юридическую деятельность правозащитников с тем, чем занимались активистки женских групп (и некоторые другие) в 1990-е. Как она пишет

> Деятельность комитетов солдатских матерей, Центра содей-
> ствия реформе уголовного правосудия Абрамкина, Фонда
> «Право матери» Вероники Марченко, *центров по борьбе
> с насилием в семье* или кампаний «Мемориала» по выплате
> компенсаций жертвам сталинских репрессий *были в незна-
> чительной степени обусловлены заботой о верховенстве
> закона... главной заботой для многих было помочь тем, кто
> страдает от жестокого обращения или пренебрежения, будь
> то со стороны государства или других граждан*, и надеять-
> ся, что постепенно их действия окажут влияние на поведе-
> ние тех, кто злоупотреблял властью, которой обладал
> [McAuley 2015: 169] (выделено авторами).

Действительно, как мы слышали от некоторых наших российских респондентов, проводивших кампанию против изнасилований и насилия в семье (см. главу 4), вопрос *прав* в таких делах
вычленить сложнее; в этих делах государство не смогло защитить
группу людей (в первую очередь женщин) от причинения им
вреда частными лицами, поэтому открытое нарушение закона
государством не находится в центре анализа. Однако правозащитные группы, как правило, сосредотачиваются на ситуациях,
где государство наносит прямой вред гражданам [интервью
с Писклаковой-Паркер]. Как отмечает Маколи, правозащитники
«все чаще обращались к правовым средствам, чтобы бороться за
свое дело» [McAuley 2015: 169].

Практика привлечения государства к ответственности в связи
с невыполнением им его же собственных законов — или международных конвенций, которые оно подписало, — требует этих
правовых средств. Например, если в 1970-е во многих частях
Соединенных Штатов с насилием в отношении женщин боролись
путем создания приютов для женщин — жертв побоев и кризисных центров по вопросам сексуального насилия, то есть путем
оказания помощи жертвам, впоследствии проблему начали решать с помощью законодательства, которое криминализировало
насилие в семье и изнасилование в браке, установило обязатель-
ное аресты за домашнее насилие в ряде городов и штатов и позволило жертвам насилия получать ордера о защите от насильников. Помимо оказания индивидуальной помощи жертвам через

приюты и горячие линии и сопровождения их в больницах и залах судебных заседаний, использование закона — как внутри государств, так и на международной судебной арене — стало рассматриваться во многих странах как необходимая стратегия для защиты прав женщин, а также более традиционного набора прав человека. Наши интервью ясно показали, что женские группы в России и Турции все чаще принимают стратегию использования международных конвенций, таких как Конвенция о ликвидации всех форм дискриминации в отношении женщин или Европейская конвенция о правах человека, получения данных для отслеживания моделей нарушений (или их попыток) и использования ключевых судебных разбирательств для продвижения своих целей в стране и за рубежом. Для успешного выполнения этой задачи в России потребуется подготовить гораздо больше юристов в области законодательства о дискриминации и использования международных судов, таких как ЕСПЧ.

Что же нужно сделать?

Проведенное исследование позволило нам вывести для тех, кто заинтересован в поддержке действий в защиту прав женщин и прав человека в России, две рекомендации в сфере политики. Во-первых, необходимо систематически собирать данные о дискриминации по признаку пола на рынке труда, в сфере занятости, в образовании и о насилии в отношении женщин. То же самое относится и к данным о дискриминации в отношении представителей ЛГБТ-сообщества. Как мы уже видели, успешные дела о дискриминации строятся на доказательстве регулярной практики предвзятых и дискриминирующих действий; без таких доказательств суды, скорее всего, придут к выводу, что в конкретном случае имело место индивидуальное нарушение, а не дискриминация. Когда у государств не получается собрать такого рода данные, организациям требуются ресурсы, чтобы получить возможность это сделать. В идеале, как неоднократно призывал КЛДЖ, российское правительство должно создать механизмы и системы отслеживания данных для документирования жалоб на дискриминацию по признаку пола и преступлений, связанных с насилием в отношении женщин [UN CEDAW Committee 2010, 2015]. Тем не менее до тех пор, пока правительство не проявит подлинного интереса, исследователи и активисты должны быть уполномочены выполнять эту работу в меру своих возможностей. Во-вторых, обучение использованию международно-правовых механизмов должно быть направлено на более широкий круг юристов и активистов, в том числе и на тех, кто занимается правами женщин.

Несмотря на все препятствия, с которыми сталкиваются российские граждане, пытающиеся добиться рассмотрения своих дел в ЕСПЧ, многие не оставляют попыток действовать в этом направлении. Если в национальной судебной системе правосудие зыбко и в ситуации, когда большое число российских граждан не доверяют национальным судам (28 % выражают доверие к национальной судебной системе и судам, а 54 % — нет), ЕСПЧ будет продолжать служить важной ареной для возмещения ущерба, нанесенного вследствие нарушения прав человека [Rochelle, Loschky 2014]. С ростом количества решений ЕСПЧ, в которых справедливо признавалась неспособность государства защитить права женщин в делах о насилии в отношении женщин, судьи Суда часто ссылались на Конвенцию о ликвидации всех форм дискриминации в отношении женщин, чтобы обосновать свои выводы о систематической дискриминации по признаку пола. В этих случаях права женщин были признаны правами человека и правосудие было восстановлено.

Как мы видели, давняя граница между сообществами и сетями, занимающимися правами женщин, и теми, кто занимается правами человека, стирается медленно. Но постепенно правозащитные НКО, такие как *Stichting Justice Initiative*, и отдельные адвокаты по правам человека, такие как Дмитрий Бартенев и Сергей Голубок, начинают использовать процесс КЛДЖ для рассмотрения жалоб на дискриминацию по признаку пола, в то время как адвокаты-феминистки, такие как Мари Давтян и Валентина Фролова, обращаются в трибунал по правам человека ЕСПЧ. По мере того как правозащитные и феминистские группы добиваются успеха в КЛДЖ и ЕСПЧ соответственно, барьер, отделяющий права женщин от «основных» прав человека, как на международном уровне ЕСПЧ, так и на внутреннем уровне, в российском активистском сообществе, вероятно, будет снижаться. Предоставление ресурсов для содействия документированию системного характера дискриминации по признаку пола и обучению большего числа женских групп правовым навыкам, необходимым для использования ЕСПЧ, ускорит этот процесс.

Однако, при том что Конвенция о ликвидации всех форм дискриминации в отношении женщин и Стамбульская конвенция помогают достигать гендерной справедливости в ЕСПЧ, международные договорные органы, такие как КЛДЖ, предоставляют альтернативные площадки для правосудия, и это может привести к разделению труда, что, в свою очередь, в долгосрочной перспективе не будет способствовать делу выявления дискриминации по признаку пола и наказания государств за подобные практики. При всех своих недостатках и несмотря на слабые механизмы правоприменения, ЕСПЧ является более мощным учреждением, чем КЛДЖ, в том смысле, что он издает обязательные постановления и распоряжения о денежной компенсации, в то время как КЛДЖ, пусть и обладает большей широтой охвата и настроен в своих решениях однозначно феминистски, не имеет в своем распоряжении инструментов правоприменения. Если адвокаты по правам человека и феминистки в конечном итоге будут обращаться по делам о дискриминации по признаку пола в КЛДЖ, а не в ЕСПЧ, такое разделение труда может привести к двухуровневой системе, где дела о дискриминации по признаку пола будут восприниматься менее серьезно, чем нарушения «основных» прав человека. По этой причине важно, чтобы ЕСПЧ продолжил свой поворот в сторону признания дискриминации по признаку пола, устанавливая нарушения статьи 14, когда заявления о дискриминации по признаку пола хорошо обоснованы. Со временем такие решения Суда помогут узаконить права женщин как «основные» права человека, каковыми они и являются, и, таким образом, подтолкнут еще больше граждан и активистов к тому, чтобы продолжать борьбу за их защиту.

Интервью

Интервью в России проводили Лиза Сандстром и Валери Сперлинг, в Турции — Мелике Сайоглу.

Россия

МОСКВА

Антонова Юлия. Американская ассоциация юристов. Москва. Ответы на вопросы интервью предоставлены авторам в письменном виде 23 июля 2014 г.

Аветисян Григор. Stichting Justice Initiative. Москва, 17 июня, 2014 г.

Баст Мария. Ассоциация адвокатов России за права человека. Москва, 10 июня 2014 г.

Биттен Наталья. Инициативная группа «За феминизм». Москва, 14 июня 2014 г. Дала интервью вместе с Алисой Тагиной и Анастасией Усачевой.

Воскобитова Мария. Американская ассоциация юристов. Москва, 16 июня 2014 г.

Вронская Марианна. Служба помощи несовершеннолетним женщинам «Голуба». Москва. Ответы на вопросы интервью предоставлены авторам в письменном виде 20 июня 2014 г.

Давтян Мари. Адвокат. Московский юридический центр. Москва, 18 июня 2014 г.

Герасимова Елена. Центр социально-трудовых прав. Москва, 18 июня 2014 г.

Глушенков Александр. Адвокат. Москва, 29 октября 2009 г. (интервьюер: Сандстром).

Кальницкая Полина. Консультант по бизнес-этике и социальной ответственности. Москва, 19 июня 2014 г.

Касаткина Татьяна. «Мемориал». Москва, 18 июня 2014 г.

Коган Ванесса. Исполнительный директор НПО «Правовая инициатива» (*Stichting Justice Initiative*). Интервью по скайпу, 27 июля 2016 г.

Коротеев Кирилл. «Мемориал». Страсбург, 19 июля 2010 г. (интервьюер: Сандстром). Москва, 18 июня 2014 г. (интервьюер: Сперлинг).

Локшина Таня. Программный директор по России *Human Rights Watch*. Москва, 19 июня 2014 г.

Мишина Екатерина. Адвокат и приглашенный профессор Школы права при Мичиганском университете, США. Москва, 13 июня 2014 г.

Мохова Мария. Независимый благотворительный центр помощи пережившим сексуальное насилие «Сестры». Москва, 16 июня 2014 г.

Паршин Алексей. Адвокат. Москва, 20 июня 2014 г.

Писклакова-Паркер Марина. «АННА», Национальный центр для женщин, пострадавших от домашнего насилия. Москва, 19 июня 2014 г.

Пономарев Алексей. НПО «Правовая инициатива» (Stichting Justice Initiative). Москва, 17 июня 2014 г.

Пономарев Лев. Движение «За права человека». Москва, 9 июня 2014 г.

Саттеруэйт Маргрет. Активистка. Москва, 13 июня 2014 г.

Тагина Алиса. WomenNation.org. Москва, 14 июня 2014 г. Дала интервью вместе с Натальей Биттен и Анастасией Усачевой.

Тишаев Фуркат. НПО «Правовая инициатива» (Stichting Justice Initiative). Москва, 17 июня 2014 г.

Усачева Анастасия. WomenNation.org. Москва, 14 июня 2014 г. Дала интервью вместе с Натальей Биттен и Алисой Тагиной.

Фейгин Марк. Адвокат. Москва, 15 июня 2014 г.

Юлдашев Рустем. МГИМО. Москва, 19 июня 2014 г.

САНКТ-ПЕТЕРБУРГ

Андрианова Полина. Активистка, инициативная группа ЛГБТ «Выход». Санкт-Петербург, 26 июня 2014 г.

Анонимная активистка, выступающая против гендерного насилия (имя не разглашается). Санкт-Петербург, 26 июня 2014 г.

Бартенев Дмитрий. Адвокат, Психиатрический правозащитный центр. Санкт-Петербург, 23 июня, 2014 г.

Голубок Сергей. Адвокатское бюро «Семеняко, Голубок и партнеры». Санкт-Петербург, 23 июня 2014 г.

Козловская Маша. Российская ЛГБТ-сеть. Санкт-Петербург, 24 июня 2014 г.

Панеях Элла. Институт проблем правоприменения ЕУСПб. Санкт-Петербург, 25 июня 2014 г.

Румянцева Ирина. Санкт-Петербургская общественная организация «Общество содействия социальной защите граждан "Петербургская Эгида"». Санкт-Петербург, 26 июня 2014 г.

Фролова Валенитна. Адвокат. Кризисный центр для женщин. Санкт-Петербург, 27 июня 2014 г.

Шарифуллина Рима. Санкт-Петербургская общественная организация «Общество содействия социальной защите граждан "Петербургская Эгида"». Санкт-Петербург, 24 июня 2014 г.

Турция

АНКАРА

Респондент № 1. Адвокат. Ассоциация женщин-инвалидов. 6 августа 2015 г.

Респондент № 2. Адвокат. Ассоциация женщин-инвалидов. 6 августа 2015 г.

Респондент № 3. Социальный работник. Фонд солидарности женщин. 3 августа 2015.

Респондент № 4. Адвокат частной юридической фирмы в Анкаре. 6 августа 2015 г. Ответы на вопросы интервью предоставлены авторам в письменном виде 17 июля 2017 г.

Респондент № 5. Адвокат. Фонд солидарности женщин. 3 августа 2015 г. Ответы на вопросы интервью предоставлены авторам в письменном виде 15 июня 2017 г.

Респондент № 6. Научный сотрудник. Университет Анкары. Активистка. Фонд солидарности женщин. 3 августа 2015 г.

Респондент № 7. Профессор. Университет Анкары. 7 августа 2015 г.

Респондент № 8. Старший инспектор. Верховная коллегия судей и прокуроров. 4 августа 2015 г.

Респондент № 9. Старший инспектор. Верховная коллегия судей и прокуроров. 4 августа 2015 г.

СТАМБУЛ

Респондент № 10. Сотрудник полиции в отделении в Стамбуле. 14 августа 2015 г.

Респондент № 11. Адвокат. Социальный приют для женщин «Мор чаты». 15 августа 2015 г.

Респондент № 12. Адвокат. Социальный приют для женщин «Мор чаты». 15 августа 2015 г. Ответы на вопросы интервью предоставлены авторам в письменном виде, 21 июня 2017 г.

Респондент № 13. Представитель платформы «Мы остановим фемицид». 15 августа 2015 г.

Респондент № 14. Адвокат. Центр юридической поддержки в случаях сексуального насилия в следственных изоляторах. 12 августа 2015 г.

Респондент № 15. Адвокат. Социальный приют для женщин «Мор чаты». 15 августа 2015 г.

Респондент № 16. Активистка. Социальный приют для женщин «Мор чаты». Ответы на вопросы интервью предоставлены авторам в письменном виде 7 ноября 2013 г.

Респондент № 17. Адвокат. Ответы на вопросы интервью предоставлены авторам в письменном виде 18 апреля 2014 г.

Респондент № 18. Координатор проектов и юридический консультант. Ассоциация по изучению социальной политики, гендерной идентичности и сексуальной ориентации SPoD. 11 августа 2015 г.

Респондент № 19. Адвокат. Ассоциация по изучению социальной политики, гендерной идентичности и сексуальной ориентации SPoD. 11 августа, 2015 г.

Респондент № 20. Адвокат. Центр юридической поддержки женщин KAHDEM. 10 августа 2015 г.

Респондент № 21. Прокурор в суде в Стамбуле. 13 августа 2015 г.

МЕРСИН

Респондент № 22. Адвокат. Ответы на вопросы интервью предоставлены авторам в письменном виде 5 сентября 2015 г.

Источники

ADC Memorial 2017a — Women's Rights // ADC Memorial. 2017, February 16. URL: https://adcmemorial.org/en/news/un-cedaw-meeting-ukraine-recognizes-that-list-of-professions-prohibited-to-women-violates-their-rights (дата обращения 05.11.2021).

ADC Memorial 2017b — Samara Court Finds Refusal to Hire Based on «Professions Banned for Women» Discrimination // ADC Memorial. 2017, September 16. URL: https://adcmemorial.org/en/news/samara-court-finds-refusal-to-hire-based-on-professions-banned-for-women-discrimination (дата обращения 05.11.2021).

ADC Memorial 2018 — «Discrimination by law»: Medvedeva's legal appeal confirmed that women in Russia were discriminated by the government // ADC Memorial. 2018, January 29. URL: https://adcmemorial.org/en/news/discrimination-by-law-medvedeva-s-legal-appeal-confirmed-that-women-in-russia-were-discriminated-by-the-government (дата обращения 05.11.2021).

Agence France-Presse in Ankara 2016 — Agence France-Presse in Ankara. 2016. Missing Gay Syrian Refugee Found Beheaded in Istanbul // The Guardian. August, 4. URL: https://www.theguardian.com/world/2016/aug/04/body-missing-gay-syrian-refugee-muhammed-wisam-sankari-found-beheaded-istanbul (дата обращения 05.11.2021).

Aljazeera Turk 2013 — Türkiye'de Başörtüsü Yasağı: Nasıl Başladı, Nasıl Çözüldü? (Headscarf Ban in Turkey: How Did It Begin, How Has It Been Resolved?) // Aljazeera Turk. December 30, 2013. URL: http://www. aljazeera.com.tr/dosya/turkiyede-basortusu-yasagi-nasil-basladi-nasil-cozuldu (дата обращения 05.11.2021).

Amnesty International 2003 — Amnesty International. Turkey: End Sexual Violence against Women in Custody! // Refworld. February 26, 2003. URL: http://www.refworld.org/docid/3f14411a4.html (дата обращения 05.11.2021).

Amnesty International 2005 — Russian Federation: Nowhere to Turn to: Violence against Women in the Family // Amnesty International. 2005.

URL: https://www.amnesty.org/en/documents/document/?indexNumber=E UR46%252F056%252F2005&language=en (дата обращения 05.11.2021).

Amnesty International Turkey 2016 — Uluslararası Af Örgütü Türkiye Şubesi (Turkish Branch of Amnesty International) // Amnesty International Turkey. 2016. URL: http://www.amnesty.org.tr (дата обращения 05.11.2021).

Amnesty International — Amnesty International. n.d. «Turkey 2016/2017». URL: https://www.amnesty.org/en/countries/europe-and-central-asia/turkey/report-turkey (в настоящий момент ресурс недоступен).

ANNA 2010 — ANNA National Center for the Prevention of Violence. Violence against Women in the Russian Federation: Alternative Report to the United Nations Committee on the Elimination of Discrimination against Women, 46th Session, Examination of the 6th and 7th Reports Submitted by the Russian Federation. 2010. URL: http://www2.ohchr.org/english/bodies/cedaw/docs/ngos/ANNANCPV_RussianFederation46.pdf (дата обращения 05.11.2021).

Anti-Discrimination Centre Memorial 2015 — Anti-Discrimination Centre Memorial. Alternative Report: Different Forms of Gender Discrimination in Russia — from the Professions Forbidden for Women by the State to Harmful Traditional Practices. 2015. URL: https://adcmemorial.org/en/publications/different-forms-of-gender-disrimination-in-russia-from-the-professions-forbidd-en-for-women-by-the-state-to-harmful-traditional-practices (дата обращения 05.11.2021).

BBC News 2005 — Domestic Violence Courts Extended // BBC News. October 18, 2005. URL: http://news.bbc.co.uk/2/hi/uk_news/4353028.stm (дата обращения 05.11.2021).

BBC News 2015 — What Happened When Two Men Walked through Moscow... Holding Hands? // BBC News. July 15, 2015. URL: https://www.bbc.com/news/blogs-trending-33523354 (дата обращения 07.11.2021).

BBC Türkçe 2018 — Türkiye'de Kadınlar #SenDeAnlat (#MeToo) Diyebiliyor Mu? (Can Women in Turkey Say #YouSpeakUp,Too (#MeToo)?) // BBC Türkçe. January 15, 2018. URL: http://www.bbc.com/turkce/haberler-turkiye-42666440 (дата обращения 05.11.2021).

Bulgarian Gender Research Foundation 2015 — Women's Human Rights Training Institute Participants // Bulgarian Gender Research Foundation. 2015. URL: http://institute.bgrf.org/pages/participants-550 (в настоящий момент ресурс недоступен).

CEDAW Committee 2016 — Svetlana Medvedeva v. Russia. CEDAW Committee Communication № 60. February 25, 2013.

Chechnya Justice Project 2006 — Chechnya Justice Project. Annual Report. 2006. URL: https://www.srji.org/about/annual/otchet-o-rabote-pravovoy-initsiativy-za-2006-god (дата обращения 05.11.2021).

Center for Independent Sociological Research 2008 — Gendernoye neravenstvo v trudovoi sfere. St. Petersburg, Russia: Center for Independent Sociological Research. 2008.

Center for Social and Labor Rights 2013 — Center for Social and Labor Rights, Heinrich Böll Stiftung, and Zhenskii Most: Women's Bridge. The Solutions Are in Our Hands: Successful Women's Initiatives and Campaigns. Moscow: Center for Social and Labor Rights. 2013.

Constitutional Court Rules Russian Law above European HR Court Decisions 2015 — Constitutional Court Rules Russian Law above European HR Court Decisions // RT.com. 2015. URL: http://rt.com/politics/273523-russia-court-rights-constitution (дата обращения 05.11.2021).

Council of Europe — Council of Europe. n.d. «The ECHR in Practice».

Council of Europe Committee of Ministers 2006 — Council of Europe Committee of Ministers. Interim Resolution ResDH(2006)1 concerning the Violations of the Principle of Legal Certainty through the Supervisory Review Procedure («nadzor») in Civil Proceedings in the Russian Federation — General Measures Adopted and Outstanding Issues. 2006. URL: http://sutyajnik.ru/rus/echr/res_com_of_min/ResDH(2006)1_eng.htm (дата обращения 05.11.2021).

Council of Europe DG Human Rights and Rule of Law 2013 — Council of Europe DG Human Rights and Rule of Law. Guide to Good Practice in Respect of Domestic Remedies. Strasbourg: Council of Europe. 2013. URL: https://rm.coe.int/guide-to-good-practice-in-respect-of-domestic-remedies/1680695a9f (дата обращения 06.11.2021).

Council of Europe Treaty Office. Complete List... — Council of Europe Treaty Office. Complete List of the Council of Europe's Treaties. n. d. URL: https://www.coe.int/en/web/conventions/full-list (дата обращения 06.11.2021).

Council of Europe Treaty Office. «Details of Treaty № 177», б. д. — Council of Europe Treaty Office. Details of Treaty № 177: Protocol № 12 to the Convention for the Protection of Human Rights and Fundamental Freedoms n. d. URL: https://www.coe.int/en/web/conventions/full-list?module=treaty-detail&treatynum=177 (дата обращения 06.11.2021).

Council of Europe Treaty Office. «Details of Treaty № 210», б. д. — Council of Europe Treaty Office. Details of Treaty № 210: Council of Europe Convention on Preventing and Combating Violence against Women and

Domestic Violence. n.d. URL: https://www.coe.int/en/web/conventions/full-list?module=treaty-detail&treatynum=210 (дата обращения 06.11.2021).

Department of Justice of the Republic of Turkey 2015 — Türkiye Cumhuriyeti Adalet Bakanlığı (Department of Justice of the Republic of Turkey). 6284 Sayılı Kanunlara G.re Koruma Kararı A.ılan Ve Karara Bağlanan Dava Türü Sayıları, Mahkeme (2015) (The Number and Types of Lawsuits Filed and Decided in Relation to Law № 6284, the Court (2015)). T. C. Adalet Bakanlığı. 2015. URL: http://www.adlisicil.adalet.gov.tr/istatistik_2015/DE%C4%9E%C4%B0%C5%9E%C4%B0K%20%C4%B0%C5%9ELER/4.pdf (в настоящий момент ресурс недоступен).

EHRAC 2016a — European Human Rights Advocacy Centre (EHRAC). Combatting Violence against Women through Litigation. 2016. URL: https://ehrac.org.uk/en_gb/combatting-violence-against-women-through-litigation (дата обращения 06.11.2021).

EHRAC 2016b — European Human Rights Advocacy Centre (EHRAC). European Court Questions Russian State Responsibility in Case of Rape of 15 Year Old in Dagestan. 2016. URL: https://ehrac.org.uk/en_gb/news/european-courtquestions-russian-state-responsibility-in-case-of-rape-of-15-year-old-in-dagestan (в настоящий момент ресурс недоступен).

Equal Rights Trust 2011 — Equal Rights Trust. ERT Brief: Lilia Eremia & Others and The Republic of Moldova. October 25, 2011. URL: https://www.equalrightstrust.org/files/ertdocs//ERT%20brief%20Eremia%20v%20The%20Republic%20of%20Moldova.pdf (дата обращения 06.11.2021).

Equal Rights Trust 2015a — Equal Rights Trust. Equal Rights Trust: Our Purpose. Equal Rights Trust. June 9, 2015. URL: https://www.equalrightstrust.org/content/our-purpose (дата обращения 06.11.2021).

Equal Rights Trust 2015b — Equal Rights Trust. Equal Rights Trust: Russia. Equal Rights Trust. June 30, 2015. URL: https://www.equalrightstrust.org/country/russia (дата обращения 06.11.2021).

European Commission, б. д. — Gender-based violence // European Commission. n.d. URL: https://ec.europa.eu/info/policies/justice-and-fundamental-rights/gender-equality/gender-based-violence_en (дата обращения 06.11.2021).

European Convention on Human Rights 2010 — European Convention on Human Rights. Strasbourg: European Court of Human Rights. 2010.

European Court of Human Rights 2009 — European Court of Human Rights. The Court's Priority Policy. 2009. URL: https://www.echr.coe.int/documents/priority_policy_eng.pdf (дата обращения 06.11.2021).

European Court of Human Rights 2011a — European Court of Human Rights. Rule 61 of the Rules of Court: Pilot Judgment Procedures. Strasbourg:

European Court of Human Rights. 2011. URL: https://www.echr.coe.int/Documents/Rule_61_ENG.pdf (дата обращения 06.11.2021).

European Court of Human Rights 2011b — European Court of Human Rights. New Rule Introduced concerning Handling of Systemic and Structural Human Rights Violations in Europe. Press Release № 256. March 24, 2011. URL: http://hudoc.echr.coe.int/eng-press?i=003-3481961-3922418 (дата обращения 06.11.2021).

European Court of Human Rights 2014a — European Court of Human Rights. Factsheet: Domestic Violence. Press Unit. Strasbourg: European Court of Human Rights. 2014. URL: https://echr.coe.int/Documents/FS_Violence_Woman_ENG.pdf (дата обращения 06.11.2021).

European Court of Human Rights 2014b — European Court of Human Rights. Practical Guide on Admissibility Criteria. 2014. URL: https://www.echr.coe.int/documents/admissibility_guide_eng.pdf (дата обращения 06.11.2021).

European Court of Human Rights 2015 — European Court of Human Rights. Understanding the Court's Statistics. 2015. URL: https://www.echr.coe.int/Documents/Stats_understanding_ENG.pdf (дата обращения 06.11.2021).

European Court of Human Rights 2016a — European Court of Human Rights. Violations by Article and by State, 1959–2015. Strasbourg: European Court of Human Rights. 2016. URL: https://www.echr.coe.int/Documents/Stats_violation_1959_2015_ENG.pdf (дата обращения 06.11.2021).

European Court of Human Rights 2016b — European Court of Human Rights. Factsheet: Gender Equality. Strasbourg: European Court of Human Rights. 2016. URL: https://www.echr.coe.int/Documents/FS_Gender_Equality_ENG.pdf (дата обращения 06.11.2021).

European Court of Human Rights 2016c — European Court of Human Rights. Pending Applications Allocated to a Judicial Formation. Statistics of the ECHR. November 30, 2016. URL: https://www.echr.coe.int/pages/home.aspx?p=reports&c (дата обращения 06.11.2021).

European Court of Human Rights 2017a — European Court of Human Rights. Composition of the ECHR — Judges, Sections, Grand Chamber. 2017. URL: https://www.echr.coe.int/Pages/home.aspx?p=court/judges&c=#n1368718271710_pointer (дата обращения 06.11.2021).

European Court of Human Rights 2017b — European Court of Human Rights. Analysis of Statistics 2016. Strasbourg: Council of Europe. 2017. URL: https://www.echr.coe.int/Documents/Stats_analysis_2016_ENG.pdf (дата обращения 06.11.2021).

European Court of Human Rights 2017c — European Court of Human Rights. The Court in Brief. 2017. URL: https://www.echr.coe.int/Documents/Court_in_brief_ENG.pdf (дата обращения 06.11.2021).

European Roma Rights Centre 2010 — European Roma Rights Centre. European Court of Human Rights Finds Violations in Bulgarian Police Brutality Case Involving Romani Victims. January 11, 2010. URL: http://www.errc.org/press-releases/european-court-of-human-rights-finds-violations-in-bulgarian-police-brutality-case-involving-romani-victims (дата обращения 06.11.2011).

Foundation for Women's Solidarity 2018 — Foundation for Women's Solidarity. Kadın Danışma Merkezi 2017 Yılı Faaliyet Raporu (Foundation for Women's Solidarity 2017 Annual Report). 2018.

Front Line Defenders 2016 — IHHRS Memorial Classified as «Foreign Agent» // Front Line Defenders. December 16, 2016. URL: https://www.frontlinedefenders.org/en/search?keywords=IHHRS+Memorial+Classified+as+Foreign+Agent (дата обращения 06.11.2021).

General Directorate for the Status of Women 2007 — T. C. Başbakanlık Kadının Statüsü Genel Müdürlüğü (Prime-Minister General Directorate for the Status of Women). Kadına Y.nelik Aile İ.i Şiddetle Mücadele Ulusal Eylem Planı 2007–2010 (2007–2010 National Action Plan to Combat Domestic Violence against Women). 2007. URL: http://kadininstatusu.aile.gov.tr/data/54295027369dc32358ee2bb4/kadinayonelikaileicisiddetlemucadeleulusaleylemplani.pdf (в настоящий момент ресурс недоступен).

General Directorate for the Status of Women 2009 — T. C. Başbakanlık Kadının Statüsü Genel Müdürlüğü (Prime-Minister General Directorate for the Status of Women). Türkiye'de Kadına Y.nelik Aile İ.i Şiddet (Violence against Women in Turkey). 2009. URL: http://www.hips.hacettepe.edu.tr/TKAA2008-AnaRapor.pdf (в настоящий момент ресурс недоступен).

General Directorate for the Status of Women 2012 — T. C. Başbakanlık Kadının Statüsü Genel Müdürlüğü (Prime-Minister General Directorate for the Status of Women). Kadına Y.nelik Şiddetle Mücadelede Ulusal Eylem Planı 2012–2015 (2012–2015 National Action Plan to Combat Violence against Women). 2012.

General Directorate for the Status of Women 2017 — T. C. Başbakanlık Kadının Statüsü Genel Müdürlüğü (Prime-Minister General Directorate for the Status of Women). Kadının Statüsü Genel Müdürlüğü (General Directorate for the Status of Women). 2017. URL: http://kadininstatusu.aile.gov.tr (в настоящий момент ресурс недоступен).

General Directorate of Legislation Development and Publication 2005 — Mevzuatı Geliştirme ve Yayın Genel Müdürlüğü (General Directorate of

Legislation Development and Publication). Belediye Kanunu (Municipal Law) № 5393. 2005. URL: http://www.mevzuat.gov.tr/ MevzuatMetin/1.5.5393.doc (в настоящий момент ресурс недоступен).

General Directorate of Security of the Republic of Turkey 2017 — T. C. Emniyet Genel Müdürlüğü (General Directorate of Security of the Republic of Turkey). Aile İ.i Şiddetle Mücadele Şube Müdürlüğü (Public Security Office to Combat Domestic Violence). 2017. URL: http://www.asayis.pol.tr/Sayfalar/AileIciSiddetMucadele.aspx (в настоящий момент ресурс недоступен).

Grand National Assembly of Turkey 1982 — Grand National Assembly of Turkey. Constitution of the Republic of Turkey. 1982. URL: https://global.tbmm.gov.tr/docs/constitution_en.pdf (дата обращения 06.11.2021).

Grand National Assembly of Turkey 2003 — Grand National Assembly of Turkey. Turkish Labor Law № 4857. 2003. URL: https://www.ilo.org/dyn/natlex/docs/ELECTRONIC/64083/77276/%20F75317864/TUR64083%20English.pdf (дата обращения 06.11.2021).

Grand National Assembly of Turkey 2004 — Grand National Assembly of Turkey. Criminal Code Law № 5237. 2004. URL: https://www.legislationline.org/documents/action/popup/id/6872/preview (дата обращения 06.11.2021).

Grand National Assembly of Turkey 2005 — Grand National Assembly of Turkey. Kabahatler Kanunu (Misdemeanors Law). № 5326. 2005. URL: https://www.tbmm.gov.tr/kanunlar/k5326.html (в настоящий момент ресурс недоступен).

Grand National Assembly of Turkey 2017 — Grand National Assembly of Turkey. Committee on Equality of Opportunity for Women and Men (Committee) of the Grand National Assembly of Turkey. 2017. URL: https://www.tbmm.gov.tr/hata2.htm (дата обращения 06.11.2021).

Helsinki Citizens' Assembly 2016 — Helsinki Yurttaşlık Derneği (Helsinki Citizens' Assembly). Anasayfa-Helsinki Yurttaşlar Derneği. 2016. URL: https://hyd.org.tr/tr (дата обращения 06.11.2021).

HUDOC database — European Court of Human Rights. URL: http://hudoc.echr.coe.int (дата обращения 06.11.2021).

Human Rights Research Association 2016 — Human Rights Research Association. Hakkımızda — İnsan Hakları Araştırma Derneği (About: Human Rights Research Association). 2016. URL: http://www.ihad.org.tr/1-hakkimizda (в настоящий момент ресурс недоступен).

Human Rights Watch 2011 — «He Loves You, He Beats You»: Family Violence in Turkey and Access to Protection // Human Rights Watch. May 4, 2011. URL: https://www.hrw.org/report/2011/05/04/he-loves-you-he-beats-you/family-violence-turkey-and-access-protection (дата обращения 06.11.2021).

Human Rights Watch 2016 — Russia: Constitutional Court Backs Selective Justice // Human Rights Watch. April 19, 2016. URL: https://www.hrw.org/news/2016/04/19/russia-constitutional-court-backs-selective-justice# (дата обращения 06.11.2021).

Human Rights Watch 2017 — Russia: Government vs. Rights Groups // Human Rights Watch. June 18, 201. URL: https://www.hrw.org/russia-government-against-rights-groups-battle-chronicle (дата обращения 06.11.2021).

İHD 2016 — İnsan Hakları Derneği (İHD). Human Rights Association. 2016. URL: http://en.ihd.org.tr/ (в настоящий момент ресурс недоступен).

ILGA-Europe 2013 — ILGA-Europe. Annual Review of the Human Rights Situation of LGBTI People in Europe 2013. 2013. URL: https://www.ilga-europe.org/sites/default/files/Attachments/small_2013.pdf (дата обращения 06.11.2021).

IMC TV 2015 — İş015.2015 alCodeie 26 2018. l Policy Change (Sacked Homosexual Referee Wins the Case) // IMC TV. December 29, 2015. URL: http://www.imctv.com.tr/isten-cikarilan-escinsel-hakem-davayi-kazandi/ (в настоящий момент ресурс недоступен).

International Organization for Migration 2013 — International Organization for Migration. Handbook on European Non-discrimination Law and Its Update Including the Manual on the Anti-discrimination Legal Framework and Referral Mechanism in Azerbaijan. Baku. 2013. URL: https://www.echr.coe.int/Documents/Handbook_non_discri_law_ENG_for_AZE.pdf (дата обращения 06.11.2021).

KAMER 2011 — KAMER. 2010 Yılı Aile I.i Şiddet Başvurularına Ait İstatistikler (2010 Annual Statistics Relating to Domestic Violence Applications). 2011. URL: http://web.archive.org/web/20120828140638/ (в настоящий момент ресурс недоступен). URL: http://www.kamer.org.tr/7.php (в настоящий момент ресурс недоступен).

KAMER 2012 — KAMER. 2011 Yılında Kamerlere Yapılan Aile İ.i Şiddet Başvurulara Ait İstatistikler (2011 Annual Statistics Relating to Domestic Violence Applications Filed at Kamer). 2012. URL: http://web.archive.org/web/20120828140638/ (в настоящий момент ресурс недоступен). URL: http://www.kamer.org.tr/7.php (в настоящий момент ресурс недоступен).

KAOS GL 2012 — KAOS GL. Polis Memuru Cinsiyet Kimliğindentürü Meslekten Men Edildi (Police Officer Fired Because of Their Sexual Identity). July 10, 2012. URL: http://www.kaosgl.com/sayfa.php?id=11803 (в настоящий момент ресурс недоступен).

KAOS GL et al. 2014 — KAOS GL, LGBTI News Turkey, and IGLHRC. Human Rights Violations of LGBT Individuals in Turkey: Republic of Turkey,

Submission to the United Nations Universal Period Review (Shadow Report). 2014. URL: http://ilga.org/wp-content/uploads/2016/02/Shadowreport-16. pdf (в настоящий момент ресурс недоступен).

KAOS GL et al. 2015 — KAOS GL, LGBTI News Turkey, and IGLHRC. Human Rights Violations of LGBT Individuals in Turkey: Republic of Turkey, Submission to the United Nations Universal Period Review (Shadow Report). 2015. URL: http://www.kaosgldernegi.org/resim/yayin/dl/upr_submission_ on_lgbt_ppl_in_turkey.pdf (в настоящий момент ресурс недоступен).

Levada-Center 2016 — March 8 and Gender Equality // Levada-Center. April 5, 2016. URL: https://www.levada.ru/en/2016/04/05/march-8-and-gender-equality/ (дата обращения 06.11.2021).

Levada-Center 2017 — International Women's Day // Levada-Center. March 20, 2017. URL: https://www.levada.ru/en/2017/03/20/international-women-s-day/ (дата обращения 06.11.2021).

LGBTI News Turkey 2013 — The Case of Ahmet Yıldız: Violation of the Right to Life // LGBTI News Turkey. September 17, 2013. URL: https://lg-btinewsturkey.com/2013/09/17/ahmet-yildiz-murder/ (в настоящий момент ресурс недоступен).

Meduza 2018 — «Slavs Only» Discrimination Exists in Russia, but It's Nearly Impossible to Prove in Court // Meduza.com. June 12, 2018. URL: https://meduza.io/en/feature/2018/06/12/slavs-only?utm_source=email &utm_medium=briefly&utm_campaign=2018–06–13 (дата обращения 06.11.2021).

Ministry of Foreign Affairs of the Republic of Turkey 2016 — T. C. Dışişleri Bakanlığı (Ministry of Foreign Affairs of the Republic of Turkey). Türkiye'de Kadın Hakları Alanında Kaydedilen Gelişmeler (Improvements in Women's Rights in Turkey). 2016. URL: http://www.mfa.gov.tr/turkiye_de-kadin-haklarialaninda-kaydedilen-gelismeler.tr.mfa (в настоящий момент ресурс недоступен).

Mor Çatı 2018 — Mor Çatı Veri Toplama Modeli ve Başvuru Takip Sistemi Kullanım Klavuzu yayınlandı (Mor Çatı Data Collection Model and Application Monitoring System Guidelines Have Been Published) // Mor-cati.org. May 18, 2018. URL: https://morcati.org.tr/haberler/mor-cati-veri-toplama-modeli-ve-basvuru-takip-sistemi-2/ (дата обращения 06.11.2021).

Moscow Helsinki Group 2002 — Moscow Helsinki Group. English Language Page: Domestic Violence. 2002. URL: https://mhg.ru/search/node/domestic%20violence (дата обращения 06.11.2021).

Ördek 2015 — Ördek, Kemal. Raped and Assaulted, LGBTI Activist Kemal Ördek Says: "I'm Not Well..." // LGBTI News Turkey. July 9, 2015. URL: https://

lgbtinewsturkey.com/2015/07/09/raped-andassaulted-lgbti-activist-kemal-ordek-says-im-not-well/ (в настоящий момент ресурс недоступен).

Open Society Foundations 2013 — European Court of Human Rights: Efficiency at What Cost? // Open Society Foundations. April 22, 2013. URL: https://www.justiceinitiative.org/voices/european-court-human-rights-efficiency-what-cost (дата обращения 06.11.2021).

Open Society Foundations 2015 — Timishev v. Russia // Open Society Foundations. January 13, 2015. URL: https://www.justiceinitiative.org/litigation/timishev-v-russia (дата обращения 06.11.2021).

Pew Research Center 2013 — The Global Divide on Homosexuality // Pew Research Center's Global Attitudes Project. June 4, 2013. URL: https://www.pewresearch.org/global/2013/06/04/the-global-divide-on-homosexuality/ (дата обращения 06.11.2021).

Radikal 2014 — Eşcinsel Polis Atıldı, Dava Açtı, İçişleri «Bunlar Ayıklanır» Dedi (Homosexual Police Officer Sacked, Ministry of the Interior Said «Such People Shall Be Eliminated») // Radikal. June 16, 2014. URL: http://www.radikal.com.tr/turkiye/escinsel-polis-atildi-dava-acti-icisleri-bunlar-ay-iklanir-dedi-1197282/ (дата обращения 07.11.2021).

Republic of Turkey Prime Minister's Office 2006 — Republic of Turkey Prime Minister's Office. Resmi Gazete Sayı: 26218, Genelge, Çocuk ve Kadınlara Yönelik Şiddet Hareketleriyle Töre ve Namus Cinayetlerinin Önlenmesi İçin Alınacak Tedbirler (Official Gazette Issue № 26218). Circular Regarding Measures to Prevent Violence against Children and Women and Honor Killings. 2006. URL: https://www.resmigazete.gov.tr/eskiler/2006/07/20060704-12.htm (дата обращения 07.11.2021).

Republic of Turkey Prime Minister's Office 2010 — Republic of Turkey Prime Minister's Office. Resmi Gazete Sayı: 27591, Genelge, Kadın İstihdamının Artırılması ve Fırsat Eşitliğinin Sağlanması (Official Gazette Issue № 27591) Circular Regarding Increasing Women's Employment and Providing Equal Opportunities. 2010. URL: https://www.resmigazete.gov.tr/eskiler/2010/05/20100525-12.htm (дата обращения 07.11.2021).

Republic of Turkey Prime Minister's Office 2013 — Republic of Turkey Prime Minister's Office. Resmi Gazete Sayı: 28789, Yönetmelik (Official Gazette Issue № 28789, Regulation). 2013. URL: https://www.resmigazete.gov.tr/eskiler/2013/10/20131008-10.htm (дата обращения 07.11.2021).

Republic of Turkey Prime Minister's Office 2016a — Republic of Turkey Prime Minister's Office. Resmi Gazete Sayı: 29656, Şiddet Önleme Ve Izleme Merkezleri Hakkinda Yönetmelik (Official Gazette Issue № 29656: Regulation Regarding the Violence Prevention and Monitoring Centers). 2016. URL:

http://www.resmigazete.gov.tr/eskiler/2016/ 03/ 20160317–8.htm (в настоящий момент ресурс недоступен).

Republic of Turkey Prime Minister's Office 2016b — Republic of Turkey Prime Minister's Office. Resmi Gazete Sayı: 29814, Yönetmelik (Official Gazette Issue № 29814, Regulation). 2016. URL: https://www.resmigazete.gov.tr/eskiler/2016/08/20160827–1.htm (дата обращения 07.11.2021).

Republic of Turkey Prime Minister's Office 2016c — Republic of Turkey Prime Minister's Office. Türkiye İnsan Hakları ve Eşitlik Kurumu Kanunu (The Law <establishing> the Human Rights and Equality Institution of Turkey)/ 2016c. URL: https://www.mevzuat.gov.tr/MevzuatMetin/1.5.6701.pdf (дата обращения 07.11.2021).

Reuters 2009 — Mothers of Slain Russians Go to European Court // Reuters. September 27, 2009. URL: https://www.rferl.org/a/Mothers_Of_Slain_Russians_Go_To_European_Court/1837527.html (дата обращения 07.11.2021).

RFE / RL 2013 — Russian Officials Say Volgograd Killing Was Homophobic Attack // Radio Free Europe / Radio Liberty. May 12, 2013. URL: https://www.rferl.org/a/24983812.html (дата обращения 07.11.2021).

RFE / RL 2018 — «He Tried to Touch Me»: Powerful Russian Deputy Faces Fresh Sexual Harassment Charges // Radio Free Europe / Radio Liberty, February 28, 2018. URL: https://www.rferl.org/a/russia-duma-deputy-slutsky-sexual-harassment-charges/29068250.html

Russia Beyond the Headlines 2015 — Russia Beyond the Headlines. «NGO Law». 2015. URL: https://www.rbth.com/ngo-law (дата обращения 07.11.2021).

Russian Federation 2014 — Russian Federation. Committee on the Elimination of Discrimination against Women: Eighth Periodic Report of States Parties Due in 2014. 2014. URL: http://tbinternet.ohchr.org/layouts/treatybodyexternal/Download.aspx?symbolno=CEDAW/C/RUS/ 8&Lang=en (в настоящий момент ресурс недоступен).

Russian Law 2009 — Supreme Court Disallows Women from Being Subway Motormen // Russian Law blog. March 2, 2009. URL: https://russian-law.livejournal.com/23684.html (дата обращения 11.07.2021).

Russian LGBT-Network and LGBT Initiative Group «Coming Out» 2014 — Russian LGBT-Network and LGBT Initiative Group «Coming Out». Hate Crimes Motivated by Victim's Gender Identity or Sexual Orientation Committed in Russian Federation in 2014. St. Petersburg, Russia. 2014. URL: http://www.lgbtnet.org/en/content/hate-crimesmotivated-victims-gender-identity-or-sexual-orientation-committed-russian (в настоящий момент ресурс недоступен).

Sib.fm 2016 — Лесбиянке выплатят компенсацию морального вреда за отказ в приеме на работу // Sib.fm. 10.08.2016. URL: https://sib.fm/news/2016/08/10/lesbijanke-vyplatjat-kompensaciju-za-otkaz-v-prieme-na-rabotu (дата обращения 07.11.2021).

SJI 2014 — UN Women's Rights Committee Will Consider the First Case on Domestic Violence from Chechnya Previously Rejected by the European Court // Stichting Justice Initiative (SJI). February 21, 2014. URL: http://web.archive.org/web/20140623232539/ (в настоящий момент ресурс недоступен); URL: http://www.srji.org/en/news/2014/02/un-women-s-rights-the-first-case-on-domestic-violence-from-chechnya/ (в настоящий момент ресурс недоступен).

SJI 2015a — Submission from Russian Justice Initiative (RJI) and Chechnya Advocacy Network Concerning the Russian Federation's Compliance with the CEDAW Convention in the North Caucasus Region (CEDAW 62nd Session) // Stichting Justice Initiative (SJI). Moscow. 2015.

SJI 2015b — «Russia Confirms before the European Court a Discriminatory Approach towards Mothers in the North Caucasus». December 21, 2015. URL: https://www.srji.org/en/news/2015/12/russia-confirms-before-the-european-court-a-discriminatory-approach-towards-mothers-in-the-north-cau/ (дата обращения 07.11.2021).

SJI 2016 — Stichting Justice Initiative (SJI). «Moscow's Perovo District Court Returns Custody Rights to the Mother of Five Children». November 11, 2016. URL: https://www.srji.org/en/news/2016/11/moscow-s-perovo-district-court-returns-custody-rights-to-the-mother-of-five-children/ (дата обращения 07.11.2021).

SJI 2016a — Stichting Justice Initiative (SJI). «"Pravovaia Initsiativa" okazyvaet Iuridicheskuiu Pomoshch' Postradavshim Ot Nasiliia Zhenshchinam». May 12, 2016. URL: http://www.srji.org/ news/2016/05/pravovaya-initsiativa-okazyvaet-yuridicheskuyu-pomoshch-postradavshim-otnasiliya-zhenshchinam/ (в настоящий момент ресурс недоступен).

SJI 2016b — Stichting Justice Initiative (SJI). «Partner Organizations of Russian Justice Initiative Inspected under Foreign Agents Legislation». January 26, 2016. URL: https://www.srji.org/en/news/2016/01/partner-organizations-of-russian-justice-initiative-inspected-under-foreign-agents-legislation-/ (дата обращения 07.11.2021).

TASS 2017 — TASS. «Putin Signs Law Decriminalizing Domestic Violence». February 7, 2017. URL: https://tass.com/politics/929533 (дата обращения 07.11.2021).

The Association of Human Rights and Solidarity for Oppressed People 2016 — İnsan Hakları ve Mazlumlar icin Dayanışma Derneği (Mazlumder)

(The Association of Human Rights and Solidarity for Oppressed People). «Mazlumder Genel Merkez». URL: http://www.mazlumder.org/tr/ (дата обращения 07.11.2021).

The Associated Press 2013 — The Associated Press. «One-Third of Women Assaulted by a Partner, Global Report Says». The New York Times. June 21, 2013. URL: https://www.nytimes.com/2013/06/21/world/one-third-ofwomen-assaulted-by-a-partner-global-report-says.html (в настоящий момент ресурс недоступен).

The Daily Beast 2013 — The Daily Beast. «Hillary Clinton: Helping Women Isn't Just a "Nice" Thing to Do». April 5, 2013. URL: http://www.thedailybeast.com/witw/articles/2013/04/05/hillary-clinton-helpingwomen-isn-t-just-a-nice-thing-to-do.html (в настоящий момент ресурс недоступен).

The Guardian 2015 — The Guardian. «Three Men Get Life Sentence for Murder and Attempted Rape of Student in Turkey». December 4, 2015. URL: https://www.theguardian.com/world/2015/dec/04/three-men-life-sentence-murder-student-turkey-ozgecan-aslan (дата обращения 07.11.2021).

The Moscow Times 2013 — The Moscow Times. «Ban on Discrimination in Job Ads Comes into Force». July 14, 2013. URL: https://www.themoscowtimes.com/2013/07/14/ban-on-discrimination-in-job-ads-comes-into-force-a25804 (дата обращения 07.11.2021).

The Moscow Times 2014a — The Moscow Times. «Moscow Authorities Block Gay Pride March in Honor of Eurovision's Conchita Wurst». May 15, 2014. URL: https://www.themoscowtimes.com/2014/05/15/moscow-authorities-block-gay-pride-march-in-honor-of-eurovisions-conchita-wurst-a35481 (дата обращения 07.11.2021).

The Moscow Times 2014b — The Moscow Times. «First Peaceful Gay Pride Parade Held in St. Petersburg». July 27, 2014. URL: https://www.themoscowtimes.com/2014/07/27/first-peaceful-gay-pride-parade-held-in-st-petersburg-a37714 (дата обращения 07.11.2021).

The Moscow Times 2016 — The Moscow Times. «Russia's Justice Ministry Defines "Political Activity" of "Foreign Agents"». January 22, 2016. URL: https://www.themoscowtimes.com/2016/01/22/russias-justice-ministry-defines-political-activity-of-foreign-agents-a51553 (дата обращения 07.11.2021).

The Moscow Times 2018 — The Moscow Times. «Four out of Five Russians Find Gay Sex "Reprehensible" — Poll». January 11, 2018. URL: https://www.themoscowtimes.com/2018/01/11/four-out-of-five-russians-against-gay-sex-poll-a60159 (дата обращения 07.11.2021).

The Moscow Times 2018a — The Moscow Times. «Russian Deputy Vows to Criminalize Sexual Harassment after Duma Scandal». February 27, 2018.

URL: https://www.themoscowtimes.com/2018/02/27/russian-deputy-vows-criminalize-sexual-harassment-after-duma-scandal-a60640 (дата обращения 07.11.2021).

Transgender Europe 2015 — Transgender Europe. «ECtHR Ends Absurd Sterilisation Requirement in Turkish Law». March 10, 2015. URL: https://tgeu.org/ecthr-ends-absurd-sterilisation-requirement-in-turkish-law/ (дата обращения 07.11.2021).

UN CEDAW 2009 — UN CEDAW. «CEDAW: List of Issues and Questions with Regard to the Consideration of Periodic Reports». 2009. URL: https://undocs.org/CEDAW/C/USR/Q/7 (в настоящий момент ресурс недоступен).

UN CEDAW 2010 — UN CEDAW. «CEDAW: Concluding Observations of the Committee on the Elimination of Discrimination against Women / Russian Federation». 2010. URL: https://undocs.org/CEDAW/C/USR/CO/7 (в настоящий момент ресурс недоступен).

UN CEDAW 2014 — UN CEDAW. «CEDAW:Eighth Periodic Report of States Parties Due in 2014». 2014. URL: http://tbinternet.ohchr.org/layouts/treatybodyexternal/Download.aspx?symbolno=CEDAW/C/RUS/ 8&Lang=en (в настоящий момент ресурс недоступен).

UN CEDAW 2015 — UN CEDAW. «Concluding Observations on the Eighth Periodic Report of the Russian Federation». 2015. URL: https://undocs.org/en/CEDAW/C/RUS/CO/8 (в настоящий момент ресурс недоступен).

United Nations Office on Drugs and Crime 2012 — United Nations Office on Drugs and Crime. «2011 Global Study on Homicide». Vienna, Austria: UNODC. 2012.

United Nations Office on Drugs and Crime 2014 — United Nations Office on Drugs and Crime. «2013 Global Study on Homicide». 2014. URL: https://www.unodc.org/1documents/ gsh/pdfs/2014_GLOBAL_HOMICIDE_BOOK_web.pdf (в настоящий момент ресурс недоступен).

United States Department of State 2011 — United States Department of State. «2010 Country Reports on Human Rights Practices — Turkey». Refworld. April 8, 2011. URL: https://www.refworld.org/docid/4da56d7cc.html%C2%A0 (дата обращения 07.11.2021).

United States Department of State 2012 — United States Department of State. «2011 Country Reports on Human Rights Practices — Turkey». Refworld. May 24, 2012. URL: https://www.refworld.org/docid/4fc75a5356.html%C2%A0 (дата обращения 07.11.2021).

United States Department of State 2016 — United States Department of State. «2015 Country Reports on Human Rights Practices — Turkey». Refworld. April 13, 2016. URL: https://www.refworld.org/docid/571611f315.html (дата обращения 07.11.2021).

U.S. Equal Employment Opportunity Commission 2016a — U.S. Equal Employment Opportunity Commission. «EEOC Charge Statistics: FY 1997 through FY 2016». 2016. URL: https://www.eeoc.gov/statistics/charge-statistics-charges-filed-eeoc-fy-1997-through-fy-2020 (дата обращения 07.11.2021).

U.S. Equal Employment Opportunity Commission 2016b — U.S. Equal Employment Opportunity Commission. «EEOC Charges Alleging Sex-Based Harassment: FY 2010–2016». 2016. URL: https://www.eeoc.gov/statistics/charges-alleging-sex-based-harassment-charges-filed-eeoc-fy-2010-fy-2020 (дата обращения 07.11.2021).

U.S. Equal Employment Opportunity Commission 2016c — U.S. Equal Employment Opportunity Commission. «EEOC Pregnancy Discrimination Charges: FY 2010 – FY 2016». 2016. URL: https://www.eeoc.gov/statistics/pregnancy-discrimination-charges-fy-2010-fy-2020 (дата обращения 07.11.2021).

U.S. Equal Employment Opportunity Commission 2015 — U.S. Equal Opportunity Employment Commission, Office of Legal Counsel. «EEOC Charge Statistics: FY 1997 – FY 2014, Breakdown by Charging Party Sex». FOIA No. 820–2015–000006. U.S. Equal Employment Opportunity Commission. 2015.

We Will Stop Femicide Platform 2013 — Kadın Cinayetlerini Durduracağız Platformu (We Will Stop Femicide Platform). «Gülay Yaşar (1983–2011)». February 7, 2013. URL: http://kadincinayetlerinidurduracagiz.net/davalarimiz/26/gulay-yasar-1983-2011 (дата обращения 07.11.2021).

We Will Stop Femicide Platform 2018 — Kadın Cinayetlerini Durduracağız Platformu (We Will Stop Femicide Platform). «Kadın Cinayetlerini Durduracağız Platformu 2017 Veri Raporu (We Will Stop Femicide Platform, 2017 Informational Report)». January 1, 2018. URL: http://kadincinayetlerinidurduracagiz.net/veriler/2845/kadin-cinayetlerini-durduracagizplatformu-2017-veri-raporu (в настоящий момент ресурс недоступен).

«What Happened When Two Men Walked through Moscow... Holding Hands?» 2015 — «What Happened When Two Men Walked through Moscow... Holding Hands?» BBC News. July 15, 2015. URL: https://www.bbc.com/news/blogs-trending-33523354 (дата обращения 07.11.2021).

WHO 2016 — World Health Organization. «Violence against Women: Intimate Partner and Sexual Violence against Women». November 2016. URL: http://www.who.int/mediacentre/factsheets/fs239/en/ (дата обращения 07.11.2021).

Всероссийский Центр изучения общественного мнения 2012 — Гомосексуалистами не рождаются // ВЦИОМ, 17.05.2012. URL: https://

wciom.ru/analytical-reviews/analiticheskii-obzor/gomoseksualistami-ne-rozhdayutsya (дата обращения 07.11.2021).

Государственная Дума РФ 2014 — Стенограмма Государственной Думы Федерального Собрания РФ, шестой созыв. Заседание 17.09.2014 «О Проекте федерального закона № 467782–6 "О внесении изменений в Кодекс Российской Федерации об административных правонарушениях в части установления защиты прав женщин от сексуальных домогательств"». Москва, 2014. URL: http://www.cir.ru/docs/du ma/302/2688933?QueryID=5460438&HighlightQuery=5460438 (в настоящий момент ресурс недоступен).

Государственная Дума РФ 2017 — Законопроект № 26265–7 «О внесении изменения в статью 116 Уголовного кодекса Российской Федерации (в части установления уголовной ответственности за побои)». Москва, 2017. URL: https://sozd.duma.gov.ru/bill/26265–7 (дата обращения 07.11.2021).

Интерфакс 2018 — Комиссия Госдумы по этике не нашла «нарушения поведенческих норм» депутатом Слуцким // Медуза, 21.03.2018. URL: https://meduza.io/news/2018/03/21/komissiya-gosdumy-po-etike-ne-nashla-narusheniya-povedencheskih-norm-deputatom-slutskim (дата обращения 07.11.2021).

Интерфакс 2018a — Госдума не поддержала законопроект о гендерном равенстве // Интерфакс, 11.07.2021. URL: http://www.interfax.ru/russia/620559 (дата обращения 07.11.2021).

Коммерсант 2016 — Елена Мизулина хочет смягчить наказание за избиение близких // Коммерсант, 27.07.2016. URL: https://www.kommersant.ru/doc/3048704 (дата обращения 07.11.2021).

Конституционный суд Российской Федерации 2012 — Определение Конституционного суда Российской Федерации об отказе в принятии к рассмотрению жалобы гражданки Клевец Анны Юревны на нарушение ее конституционных прав частями первой и третьей статьи 253 Трудового кодекса Российской Федерации и пунктом 374 раздела XXX Перечня тяжелых работ и работ с вредными или опасными условиями труда, при выполнении которых запрещается применение труда женщин. Конституционный суд Российской Федерации, Санкт-Петербург, 2012.

Левада-Центр 2017 — Дискриминация женщин и харассмент // Левада-Центр, 07.12.2017. URL: https://www.levada.ru/2017/12/07/diskriminatsiya-zhenshhin-i-harrasment/ (дата обращения 07.11.2021).

Левада-Центр 2018 — Табу в сфере секса и репродукции // Левада-Центр, 11.01.2018. URL: https://www.levada.ru/2018/01/11/17389/ (дата обращения 07.11.2021).

Медуза 2018 — Заседание думской комиссии по этике по поводу дела Леонида Слуцкого. Расшифровка // Медуза, 21.03.2018. URL: https://meduza.io/feature/2018/03/21/zasedanie-dumskoy-komissii-po-etike-po-povodu-dela-leonida-slutskogo-rasshifrovka (дата обращения 07.11.2021)

Новая адвокатская газета 2016 — Правовая беззащитность: принятие закона о домашнем насилии приведет к снижению бытовой преступности на 30–40% // Новая адвокатская газета, 19.07.2016. URL: http://www.advgazeta.ru/newsd/1485 (дата обращения 07.11.2021).

Новые Известия 2018 — Исход из Думы: российские СМИ показали первый пример солидарности за долгие годы // Новые Известия, 22.03.2018. URL: https://newizv.ru/news/society/22–03–2018/ishod-iz-dumy-rossiyskie-smi-pokazali-pervyy-primer-solidarnosti-za-dolgie-gody (дата обращения 07.11.2021).

«Оккупай-Педофиляй!» — Vkontakte. URL: http://vk.com/okkupai_pedofilay_v_spb/ (в настоящий момент ресурс недоступен).

«Оккупай-педофиляй!» в Санкт-Петербурге 2016 — LGBTQ Nation. «Occupy Pedophilia News». 2016. URL: http://www.lgbtqnation.com/tag/occupy-pedophilia/ (в настоящий момент ресурс недоступен).

Правительство Российской Федерации 1993 — Конституция РФ, глава 2. Права и свободы человека и гражданина. URL: http://www.constitution.ru/en/10003000–03.htm (дата обращения 07.11.2021).

Правительство Российской Федерации 2012 — Уголовный кодекс РФ (1996 с поправками до 2012). URL: https://www.legislationline.org/documents/section/criminal-codes/country/7 (дата обращения 07.11.2021).

Правительство Российской Федерации 2015 — Трудовой кодекс РФ. URL: http://www.trudkodeks.ru (дата обращения 07.11.2021).

Правозащитный центр «Мемориал» 2015 — Защита прав человека с использованием международных механизмов // Правозащитный центр «Мемориал». URL: https://memohrc.org/ru/content/zashchita-prav-cheloveka-s-ispolzovaniem-mezhdunarodnyh-mehanizmov (дата обращения 07.11.2021).

Программа «Я вправе» 2011 — Программа «Я вправе». Граждане России и их права: приоритеты, отношение и опыт; отчет социологического исследования 2011 г. URL: http://sutyajnik.ru/documents/4145.pdf (дата обращения 07.11.2021).

Российская газета 2012 — Федеральный закон от 28.07.2012 №141-ФЗ «О внесении изменений в Уголовный кодекс РФ статьи о клевете» // RG.ru. 01.08.2012. URL: https://rg.ru/2012/08/01/klevetadok.html (в настоящий момент ресурс недоступен).

Русская служба Би-би-си 2018 — Журналистка Русской службы Би-би-си рассказала о домогательствах депутата Слуцкого. Их разговор записан на диктофон // Медуза. 06.03.2018. URL: https://meduza.io/news/2018/03/06/zhurnalistka-russkoy-sluzhby-bi-bi-si-rasskazala-o-domogatelstvah-deputata-slutskogo-ih-razgovor-zapisan-na-diktofon (дата обращения 07.11.2021).

РИА Новости 2018 — Комитет Госдумы рекомендовал отклонить законопроект о гендерном равенстве // РИА Новости. 13.06.2018. URL: https://ria.ru/20180613/1522650035.html (дата обращения 07.11.2021).

Судебный департамент при Верховном Суде Российской Федерации 2016 — Статистические сведения о деятельности федеральных судов общей юрисдикции и мировых судей за 1-е полугодие 2016 г. URL: http://www.cdep.ru/index.php?id=79&item=3577 (дата обращения 07.11.2021).

ФОМ 2011 — Мы же не в Америке // Фонд «Общественное мнение». 09.06.2011. URL: http://fom.ru/obshchestvo/123 (дата обращения 07.11.2021).

ФОМ 2012 — «Женщина» — тоже человек»: представления россиян о феминизме // Фонд «Общественное мнение». 02.09.2012. URL: http://fom.ru/obshchestvo/10611 (дата обращения 07.11.2021).

Центр социально-трудовых прав 2011 — Молодые мамы Москвы борются за пособия // Центр социально-трудовых прав. Все о правах. Новости: права женщин. 04.10.2011. URL: http://trudprava.ru/news/gendernews/813 (дата обращения 07.11.2021).

Центр социально-трудовых прав 2012 — В Москве состоялся пикет с требованиями прямых и простых выплат материнских пособий // Центр социально-трудовых прав. Все о правах. Новости: права женщин. 26.02.2012. URL: http://trudprava.ru/news/gendernews/813 (дата обращения 07.11.2021).

Центр социально-трудовых прав, Фонд Генриха Бёлля и Женский мост 2013 — Решения — в наших руках: успешные женские практики, инициативы и проекты. Москва: Центр социально-трудовых прав, 2013.

Судебные дела

Abdulaziz, Cabales and Balkandali v. UK — Abdulaziz, Cabales and Balkandali v. UK, nos. 9214/80, 9473/81 & 9474/81, ECtHR 1985.

Aydın v. Turkey — Aydın v. Turkey, № 23178/94, ECtHR 1997.

Bevacqua v. Bulgaria — Bevacqua v. Bulgaria, № 71127/01, ECtHR 2008.

Emel Boyraz v. Turkey — Emel Boyraz v. Turkey, № 61960/08 ECtHR, 2014.

Eremia v. The Republic of Moldova — Eremia v. The Republic of Moldova, № 3564/11, ECtHR 2013.

Halime Kılıç v. Turkey — Halime Kılıç v. Turkey, № 63034/11, ECtHR 2016.

Karaduman v. Turkey — Karaduman v. Turkey, № 16278/90, ECtHR 1993.

Leyla Şahin v. Turkey — Leyla Şahin v. Turkey, № 44774/98, ECtHR 2005.

Leventoğlu Abdülkadiroğlu v. Turkey — Leventoğlu Abdülkadiroğlu v. Turkey, № 7971/07, ECtHR 2013.

M. G. v. Turkey — M. G. v. Turkey, № 646/10, ECtHR 2016.

Mudric v. The Republic of Moldova — Mudric v. The Republic of Moldova, № 74839/10, ECtHR 2013.

Oliari and Others v. Italy — Oliari and Others v. Italy, № 18766/11 & 36030/11, ECtHR 2015.

Opuz v. Turkey — Opuz v. Turkey, № 33401/02, ECtHR 2009.

Özpınar v. Turkey — Özpınar v. Turkey, № 20999/04, ECtHR 2010.

Sashov et autres c. Bulgarie — Sashov et autres c. Bulgarie, № 14383/03, ECtHR 2010.

Schuler-Zgraggen v. Switzerland — Schuler-Zgraggen v. Switzerland, № 14518/89, ECtHR 1993.

T. M. and C. M. v. The Republic of Moldova — T. M. and C. M. v. The Republic of Moldova, № 26608/11, ECtHR 2014.

Tanbay Tüten v. Turkey — Tanbay Tüten v. Turkey, № 38249/09, ECtHR 2013.

Tuncer Güneş v. Turkey — Tuncer Güneş v. Turkey, № 26268/08, ECtHR 2013.

Turkish Constitutional Court, Case of Sevim Akat Eşki, Application Number: 2013/2187, 2013.

Turkish Constitutional Court, Case of Cemal Duğan, Application Number: 2014/19308, 2017.

Uzun v. Turkey — Uzun v. Turkey, № 10755/13, ECtHR 2013.

Ünal Tekeli v. Turkey — Ünal Tekeli v. Turkey, № 29865/96, ECtHR 2004.

X. v. Turkey — X. v. Turkey, № 24626/09, ECtHR 2013.

Y. Y. v. Turkey — Y. Y. v. Turkey, № 14793/08, ECtHR 2015.

Алексеев против России — Alekseyev v. Russia, № 4916/07, 25924/08 & 14599/09, ECtHR 2010.

Алексеев и «Движение за брачное равноправие» против России — Alekseyev and Movement for Marriage Equality v. Russia, № 35949/11 & 58282/12, ECtHR 2016.

Алексеев и другие против России — Alekseyev and Others v. Russia, № 31782/15, ECtHR 2016.

Анчугов и Гладков против России — Anchugov and Gladkov v. Russia, № 11157/04 и № 15162/05, ECtHR 2013.

Баев и другие против России — Bayev and Others v. Russia, № 67667/09, 44092/12 & 5671/12, ECtHR 2017.

Дело № 2–171/2013 ~ М-95/2013 — решение по делу № 2–171/2013 ~ М-95/2013, Сухобузимский районный суд Красноярского края 2013. URL: https://rospravosudie.com/court-suxobuzimskij-rajonnyj-sud-krasnoyarskij-kraj-s/act-419231898 (в настоящий момент ресурс недоступен).

Дело № 2–6431/16 — решение по делу № 2–6431/16, Петрозаводский городской суд, 2010.

Дело № 2–862/2011 — решение по делу № 2–862/2011, Торжокский городской суд, Тверская область 2011. URL: https://rospravosudie.com/court-torzhokskij-gorodskoj-sud-tverskaya-oblast-s/act-103050956/ (в настоящий момент ресурс недоступен).

Дело № 2–949/2012 — решение по делу № 2–949/2012, Железнодорожный районный суд, г. Пенза 2012. URL: https://rospravosudie.com/court-zheleznodorozhnyj-rajonnyj-sud-g-penzy-penzenskayaoblast-s/act-105390237/ (в настоящий момент ресурс недоступен).

Дело № 5–91/2015 — решение по делу № 5–91/2015, судебный участок № 36 Самарской области 2015. URL: https://rospravosudie.com/court-sudebnyj-uchastok-36-samarskoj-oblasti-s/act-221636985/ (в настоящий момент ресурс недоступен).

Дело № 5–138/2016 — решение по делу № 5–138/2016, судебный участок № 47 Самарской области 2016. URL: https://rospravosudie.com/court-sudebnyj-uchastok-47-samarskoj-oblasti-s/act-229320693/ (в настоящий момент ресурс недоступен).

Дело № 5–386/2014 — решение по административному делу № 5–386/2014, судебный участок № 87, г. Королев, Московская область 2014. URL: https://rospravosudie.com/court-sudebnyj-uchastok-87-mirovo-go-sudi-korolevskogo-sudebnogorajona-moskovskoj-oblasti-s/act-219023601/ (в настоящий момент ресурс недоступен).

Дело № 10–7/2011 — постановление в отношении <решения по делу> Теслюка В. Ф., № 10–7/2011, Ессентукский городской суд Ставропольского края 2011. URL: https://rospravosudie.com/court-essentukskij-gorodskoj-sud-stavropolskij-kraj-s/act-100227513/ (в настоящий момент ресурс недоступен).

Дело № 33–4528/2011 — кассационное определение по делу № 33–4528/2011, Тюменский областной суд 2011. URL: https://rospravosudie.com/ court-tyumenskij-oblastnoj-sud-tyumenskaya-oblast-s/ act-103568145/ (в настоящий момент ресурс недоступен).

Дело № 2013/1948 — дело № 2013/1948. Sadıka Şeker. Constitutional Court 2014.

Дело № 2013/2187 — дело № 2013/2187. Sevim Akat Ekşi. Constitutional Court 2013.

Дело № 2014/19308 — решение Конституционного суда по делу Кемаля Дугана от 2017 г. № 2014/19308.

Дело без номера — решение о взыскании пособий без номера дела, Автозаводский районный суд, г. Тольятти, Самарская область 2011. URL: https://rospravosudie.com/courtavtozavodskij-rajonnyj-sud-g-tolyatti-samar-skaya-oblast-s/act-105870677/ (в настоящий момент ресурс недоступен).

Жданов и «Радужный дом» против России — Zhdanov and Rainbow House v. Russia, № 12200/08, ECtHR 2011.

Константин Маркин против России — Konstantin Markin v. Russia, № 30078/06, ECtHR 2012.

Лашманкин против России — Lashmankin v. Russia, № 57818/09, ECtHR 2013.

Леонов против России — Leonov v. Russia, № 77180/11, ECtHR 2018.

Рябых против России — Ryabykh v. Russia, № 52854/99, ECtHR 2003.

Сутяжник-Пресс 2014 — Судебное дело: Девушка И. против РЖД о ненадлежащем оказании услуг перевозки пассажира, о харасменте и дискриминации пассажира по признаку пола // Сутяжник-Пресс. 2014. URL: http://sutyajnik.ru/cases/519.html (дата обращения 07.11.2021).

Тимишев против России — Timishev v. Russia, № 55762/00 & 55974/00, ECtHR 2005.

Федотова и Шипитько против России — Fedotova and Shipitko v. Russia, № 40792/10, ECtHR 2016.

Хамтоху и Аксенчик против России — Khamtokhu and Aksenchik v. Russia, № 60367/08 & 961/11, ECtHR 2017.

Улитина 2013 — Улитина Т. Ю. Гражданское дело № 2–122/2013 по иску Иванченко Ольги Викторовны к ОАО «РЖД», ОАО «ФПК» о взыскании неустойки, компенсации морального вреда. Судебный участок № 188 района Тропарево-Никулино, Москва.

Библиография

Acıkaraoğlu 2014 — Acıkaraoğlu, Emre. Bağır! Herkes Duysun: Kadına Karşı Şiddetle Mücadele Günü (Speak Up! Let Everyone Hear: The Day to Combat Violence against Women) // Gelecekdaha.net. December 25, 2014. URL: http://www.gelecekdaha.net/blog-yazi/26/bagir-herkes-duysun-kadi-nakarsi-siddetle-mucadele-gunu.html (в настоящий момент ресурс недоступен).

Ajani 1995 — Ajani, Gianmaria. By Chance and Prestige: Legal Transplants in Russia and Eastern Europe // American Journal of Comparative Law. 1995, № 43 (1). P. 93–117.

Alexandrova 2015 — Alexandrova, Lyudmila. Career or Hearth and Home — Russian Women's Dilemma // TASS. March 6, 2015. URL: http://tass.ru/en/opinions/781534 (дата обращения 05.11.2021).

Alfred 2015 — Alfred, Charlotte. Women in Turkey Share Devastating Stories of Sexual Harassment in #Sendeanlat Twitter Campaign // Huffington Post, February 17, 2015. URL: https://www. huffingtonpost.com/2015/02/17/turkey-sendeanlat-twitter-campaign_n_6699702.html (дата обращения 05.11.2021).

Alter, Vargas 2000 — Alter K. J. and J. Vargas. Explaining Variation in the Use of European Litigation Strategies: European Community Law and British Gender Equality Policy // Comparative Political Studies. 2000, № 33 (4). P. 452–482.

Andersen 2006 — Andersen, Ellen Ann. Out of the Closets and into the Courts: Legal Opportunity Structure and Gay Rights Litigation. Ann Arbor: University of Michigan Press, 2006.

Anderson et al. 2009 — Anderson, Kristin J., Melinda Kanner, and Nisreen Eslayegh. Are Feminists Man Haters? Feminists' and Nonfeminists' Attitudes toward Men // Psychology of Women Quarterly. 2009, № 33. P. 216–224.

Arat 2009 — Arat, Yesim. Contestation and Collaboration: Women's Struggles for Empowerment in Turkey // The Cambridge History of Turkey: Turkey in the Modern World / ed. by Resat Kasaba. Cambridge: Cambridge University Press. 2009, № 4. P. 388–418.

Arat 2010 — Arat, Yesim. Women's Rights and Islam in Turkish Politics: The Civil Code Amendment // Middle East Journal. 2010, № 64 (2). P. 235.

Arman 2015 — Arman, Ayşe. Ayşe Arman: «Gey hakem» Davayı Kazandı Federasyon Kaybetti. (Ayse Arman: «Gay Referee» Won the Case, the Federation Lost). Interview by Ayşe Arman. 2015. URL: http:// www.cnnturk.com/yasam/ayse-arman-gey-hakem-davayi-kazandi-federasyon-kaybetti (дата обращения 05.11.2021).

Baker McKenzie 2009 — Baker and McKenzie. Worldwide Guide to Termination, Employment Discrimination, and Workplace Harassment Laws. 2009. URL: https://ecommons.cornell.edu/handle/1813/73936 (дата обращения 05.11.2021).

Barry 2013 — Barry, Ellen. Officials Say Homophobia Motivated Murder in Russia // New York Times. May 12, 2013. URL: https://www.nytimes.com/2013/05/13/world/europe/homophobia-linked-to-murder-in-russia.html (дата обращения 05.11.2021).

Bartenev 2017 — Bartenev, Dmitri. LGBT Rights in Russia and European Human Rights Standards // Russia and the European Court of Human Rights: The Strasbourg Effect / ed. by L. Mälksoo and W. Benedek. Cambridge: Cambridge University Press, 2017. P. 326–351.

Bausin 2013 — Bausin, Alexei. Moscow Unveils Designated «Hyde Park» Protest Sites // Russia beyond the Headlines. April 24, 2013. URL: https://www.rbth.com/society/2013/04/24/moscow_unveils_designated_hyde_park_protest_sites_25373.html (дата обращения 05.11.2021).

Benedek 2017 — Benedek, W. Russia and the European Court of Human Rights: Some General Conclusions // Russia and the European Court of Human Rights: The Strasbourg Effect / ed. by L. Mälksoo and W. Benedek. Cambridge: Cambridge University Press, 2017. P. 385–399.

Benford, Snow 2000 — Benford, Robert D., and David A. Snow. Framing Processes and Social Movements: An Overview and Assessment // Annual Review of Sociology. 2000, № 26. P. 611–639.

Bennetts 2012 — Bennetts, Marc. Vitaly Milonov: Laying Down God's Law in Russia // RIA Novosti. August 30, 2012. URL: http://en.rian.ru/analysis/20120830/175525037.html (дата обращения 05.11.2021).

Besson 2008 — Besson, Samantha. Gender Discrimination under EU and ECHR Law: Never Shall the Twain Meet? // Human Rights Law Review. 2008, № 8(4). P. 647–482.

Bigg, Munasipova 2016 — Bigg, Claire, and Diana Munasipova. Gay Couple in Moscow Face Prosecution over «Love» Tribute to Orlando Victims // Radio Free Europe / Radio Liberty. June 15, 2016. URL: https://www.

rferl.org/a/russia-moscow-orlando-tribute-gay-couple-arrest-moscow/27800800.html (дата обращения 05.11.2021).

Blomfield 2008 — Blomfield, Adrian. Sexual Harrassment Okay as It Ensures Humans Breed, Russian Judge Rules // Telegraph, July 29, 2008. URL: https://www.telegraph.co.uk/news/worldnews/europe/russia/2470310/Sexual-harrassment-okay-as-it-ensures-humans-breed-Russian-judge-rules.html (дата обращения 05.11.2021).

Bob 2012 — Bob, Clifford. The Global Right Wing and the Clash of World Politics. New York: Cambridge University Press, 2012.

Boyle 2012 — Boyle, Elizabeth Heger. The Evolution of Debates over Female Genital Cutting // The Globalization Reader / ed. by Frank J. Lechner and John Boli. Oxford: Wiley-Blackwell. 2012. P. 300–305.

Brandt 2011 — Brandt, Mark J. Sexism and Gender Inequality across 57 Societies // Psychological Science. 2011, № 22 (II). P. 1413–1418.

Brydum 2014 — Brydum, Sunnivie. WATCH: Gay Russians Brutally Attacked on Camera // The Advocate. February 4, 2014. URL: https://www.advocate.com/news/world-news/2014/02/04/watch-gay-russians-brutally-attacked-camera (дата обращения 05.11.2021).

Bunch 1990 — Bunch, Charlotte. Women's Rights as Human Rights: Toward a Re-vision of Human Rights // Human Rights Quarterly. 1990, № 12. P. 486–498.

Bumiller 1987 — Bumiller, Kristin. Victims in the Shadow of the Law: A Critique of the Model of Legal Protection // Signs: Journal of Women in Culture and Society. 1987, № 12 (3). P. 421–439.

Burkov 2007 — Burkov, Anton. The Impact of the European Convention on Human Rights on Russian Law: Legislation and Application in 1996–2006. Stuttgart, Germany: ibidem-Verlag, 2007.

Buyse 2009 — Buyse, Antoine. The Pilot Judgment Procedure at the European Court of Human Rights: Possibilities and Challenges // Greek Law Journal. 2009, № 57 (November). P. 1890–1902.

Carney 2001 — Carney, Kathryn. Rape: The Paradigmatic Hate Crime // St. John's Law Review. 2001, № 75. P. 315–355.

Catalano et al. 2009 — Catalano, Shannan, Erica Smith, Howard Snyder, and Michael Rand. Female Victims of Violence // Office of Justice Programs, US Department of Justice. 2009. October. URL: https://bjs.ojp.gov/content/pub/pdf/fvv.pdf (дата обращения 05.11.2021).

Chaeva 2016 — Chaeva, Natalia. The Russian Constitutional Court and Its Actual Control over the ECtHR Judgement in Anchugov and Gladkov // EJIL: Talk! Blog. April 26, 2016. URL: http://www.ejiltalk. anchugov-and-gladko (дата обращения 05.11.2021).

Chan 2017 — Chan, Sewell. U.N. Experts Condemn Killing and Torture of Gay Men in Chechnya // New York Times. April 13, 2017. URL: https://www.nytimes.com/search?query=U.N.+Experts+Condemn+Killing+and+Torture+of+Gay+Men+in+Chechnya (дата обращения 05.11.2021).

Charlesworth 1995 — Charlesworth, Hilary. Human Rights as Men's Rights // Women's Rights, Human Rights: International Feminist Perspectives / ed. by Julie Peters and Andrea Wolper. New York: Routledge, 1995. P. 103–125.

Chatterjee 2002 — Chatterjee, Choi. Celebrating Women: Gender, Festival Culture, and Bolshevik Ideology, 1910–1939. Pitt Series in Russian and East European Studies. Pittsburgh: University of Pittsburgh Press, 2002.

Chaykovskaya 2013 — Chaykovskaya, Evgeniya. UN Report Puts Russia among Leaders in Homicide Rates // Moscow News. July 15, 2013. URL: http://themoscownews.com/russia/20111024/189146825.html (в настоящий момент ресурс недоступен).

Chhibber 2014 — Chhibber, Ashley. Turkey: Highest Court Makes First Acknowledgment of Homophobic Speech as Hate Crime // PinkNews. July 18, 2014. URL: https://www.pinknews.co.uk/2014/07/18/turkey-highest-court-makes-first-acknowledgment-of-homophobic-speech-as-hate-crime (дата обращения 05.11.2021).

Cichowski 2006 — Cichowski, Rachel A. Courts, Rights, and Democratic Participation // Comparative Political Studies. 2006, № 39(1). P. 50–75.

Cichowski 2007 — Cichowski, Rachel A. The European Court and Civil Society: Litigation, Mobilization and Governance. New York: Cambridge University Press, 2007.

Cichowski 2011 — Cichowski, Rachel A. Civil Society and the European Court of Human Rights // The European Court of Human Rights between Law and Politics / ed. by Christoffersen Jonas and Mikael Rask Madsen. New York: Oxford University Press, 2011. P. 77–97.

Cichowski 2016a — Cichowski, Rachel A. Legal Mobilization and International Litigation: The Neglected Role of Organizations before International Courts // Paper presented at the Law & Society Association Annual Meeting, New Orleans, June 2016.

Cichowski 2016b — Cichowski, Rachel A. The European Court of Human Rights, Amicus Curiae, and Violence against Women // Law & Society Review. 2016, № 50 (4). P. 890–919.

Cichowski, Chrun 2017 — Cichowski, Rachel A., and Elizabeth Chrun. European Court of Human Rights Database. 2017. URL: http://depts.washington.edu/echrdb (дата обращения 05.11.2021).

Clark et al. 1998 — Clark, Ann Marie, Elisabeth J. Friedman, and Kathryn Hochstetler. The Sovereign Limits of Global Civil Society: A Comparison of NGO Participation in UN World Conferences on the Environment, Human Rights, and Women // World Politics. 1998, № 51(1). P. 1–35.

Clemons 2012 — Clemons, Steve. Not The Onion: Moscow Bans Gay Pride for Next 100 Years // The Atlantic. June 8, 2012. URL: https://www.theatlantic.com/international/archive/2012/06/not-the-onion-moscow-bans-gay-pride-for-next-100-years/258296 (дата обращения 05/11/2021).

Clover 2013 — Clover, Charles. Russia: Putin's Hopes for a Rising Birth Rate Are Not Shared by Experts // FT.com. March 1, 2013. URL: https://www.ft.com/content/1dcce460–4ab6–11e2–9650–00144feab49a (дата обращения 05.11.2021).

Cormier 2007 — Cormier, Kelley E. Grievance Practices in Post-Soviet Kyrgyz Agriculture // Law and Social Inquiry. 2007, № 32(2). P. 435–466. URL: https://unece.org/fileadmin/DAM/hlm/prgm/cph/experts/kyrgyzstan/documents/grievance.practices.kyrgyz.agri.pdf (дата обращения 05.11.2021).

Cunningham 2016 — Cunningham, Erin. In Turkey, It's Not a Crime to Be Gay. But LGBT Activists See a Rising Threat // The Washington Post, June 24, 2016. URL: https://www.washingtonpost.com/world/middle_east/in-turkey-its-not-a-crime-to-be-gay-but-lgbt-activists-see-a-rising-threat/2016/06/24/18fe91a6–37d2–11e6-af02–1df55f0c77ff_story.html (дата обращения 06.11.2021).

Cusack and Timmer 2011 — Cusack, Simone, and Alexandra S. H. Timmer. Gender Stereotyping in Rape Cases: The CEDAW Committee's Decision in Vertido v the Philippines // Human Rights Law Review. 2011, № 11(2). P. 329–342.

Dal 2017 — Dal, Aylin Sırıklı. Anadolu: Turkish Court Annuls Infertility Requirement for Gender Change / Translated by LGBTI News Turkey // LGBTI News Turkey. November 30, 2017. URL: https://lgbtinewsturkey.com/2017/12/03/anadolu-turkish-court-annuls-infertility-requirement-forgender-change (в настоящий момент ресурс недоступен).

Danilenko 1999 — Danilenko, Gennady M. Implementation of International Theory and Practice // European Journal of International Law. 1999, № 10(1). P. 51–69.

Davtian 2016 — Davtian, Mari. Facebook Post on Russia's New Domestic Violence Law. July 5, 2016. URL: https://www.facebook.com/ mari.davtyan.54/ posts/ 641167662715572 (в настоящий момент ресурс недоступен).

Dawson et al. 2009 — Dawson, Myrna, Valerie Pottie Bunge, and Thierno Balde. Partner Homicides Explaining Declines in Canada, 1976 to 2001 // Violence against Women. 2009, № 15(3). P. 276–306.

Dembour 2009 — Dembour, Marie-Benedicte. Postcolonial Denial: Why the European Court of Human Rights Finds It So Difficult to Acknowledge Racism // Mirrors of Justice: Law and Power in the Post-Cold War Era, edited by Kamari Maxine Clarke and Mark Goodale. Cambridge: Cambridge University Press, 2009. P. 45–66.

De Vido 2017 — De Vido, Sara. States' Positive Obligations to Eradicate Domestic Violence: The Politics of Relevance in the Interpretation of the European Convention on Human Rights // ESIL Reflections, № 6(6). July 6, 2017. URL: https://esil-sedi.eu/post_name-119 (дата обращения 06.11.2021).

Djalilov, Grigoryeva 2018 — Djalilov, Ismail and Tamara Grigoryeva. A New Era of Crimes against Humanity in Eurasia // ODR. February 27, 2018. URL: https://www.opendemocracy.net/en/odr/new-era-of-crimes-against-humanity-in-eurasia (дата обращения 06.11.2021).

Eglash et al. 2018 — Eglash, Ruth, Karla Adam, Yuki Oda, Erin Cunningham, and Vidhi Doshi. «The Backlash Is Coming». The Global Wave of #MeToo // The Washington Post. March 5, 2018. URL: https://www.washingtonpost.com/news/world/wp/2018/03/05/feature/the-backlash-is-coming-the-global-wave-of-metoo (дата обращения 06.11.2021).

Feeley 1979 — Feeley, Malcolm M. The Process Is the Punishment. New York: Russell Sage Foundation, 1979.

Feldman 2014 — Feldman, Evgeny. In Photos: Moscow Gay-Pride Rallies Have Been Reduced to This // Mashable.com. May 31, 2014. URL: https://mashable.com/archive/moscow-gay-pride-photos#rDOdIj4Admqs (дата обращения 06.11.2021).

Felstiner et al. 1980 — Felstiner, William L. F., Richard L. Abel, and Austin Sarat. The Emergence and Transformation of Disputes: Naming, Blaming, Claiming... // Law & Society Review 1980, № 15(3/4). P. 631–654.

Ferris-Rotman 2009 — Ferris-Rotman, Amie. Woman Appeals Ban on Female Metro Drivers // Reuters. May 22, 2009. URL: https://www.reuters.com/article/us-metro-women-idUSTRE54L4HU20090522 (дата обращения 06.11.2021).

Ferris-Rotman 2010 — Ferris-Rotman, Amie. Chechnya's Leader Hails Paintball Attacks on Women // UK.Reuters.com. July 8, 2010. URL: https://www.reuters.com/article/uk-russia-chechnya-hijabs/chechnyas-leader-hailspaintball-attacks-on-women-idUKTRE6675BQ20100708?edition-redirect=uk (дата обращения 06.11.2021).

Furedi 2016 — Furedi, Jacob. Young Nurse «Attacked on Turkish Bus for Wearing Shorts» // The Independent. September 17, 2016. URL: https://www.independent.co.uk/news/world/europe/young-nurse-attacked-turkish-bus-wearing-shorts-istanbul-aysegul-terzi-a7313601.html (дата обращения 06.11.2021).

Galanter 1974 — Galanter, Marc. Why the «Haves» Come Out Ahead: Speculations on the Limits of Legal Change / ed. by Richard L Abel // Law Society Review. 1974, № 9(1). P. 95–160.

Garcia 2013 — Garcia, Adrian. Gay Russian Teenager Beaten and Tortured by Neo-Nazi Group In Broad Daylight (Video) // The Gaily Grind. August 21, 2013. URL: https://thegailygrind.com/2013/08/21/gay-russian-teenager-beaten-and-tortured-by-neo-nazi-group-in-broad-daylight-video/ (дата обращения 06.11.2021).

Gerber, Mendelson 2008 — Gerber, Theodore P., and Sarah E. Mendelson. Public Experiences of Police Violence and Corruption in Contemporary Russia: A Case of Predatory Policing? // Law and Society Review. 2008, № 42(1). P. 1–44.

Gessen 1994 — Gessen, Masha. The Rights of Lesbians and Gay Men in the Russian Federation. San Francisco: International Gay and Lesbian Human Rights Commission, 1994.

Gotev 2014 — Gotev, Georgi. Court of Justice Rejects Draft Agreement of EU Accession to ECHR // EurActiv.com. December 19, 2014. URL: https://www.euractiv.com/section/justice-home-affairs/news/court-of-justice-rejects-draft-agreement-of-eu-accession-to-echr/ (дата обращения 06.11.2021).

Grekov 2015 — Grekov, Innokenty (Kes). Leading Regional LGBT Group Slapped With a «Foreign Agent» Fine in Russia // Huffington Post. February 13, 2015. URL: https://www.huffpost.com/entry/leading-regional-lgbt-gro_b_6678796 (дата обращения 06.11.2021).

Güneş-Ayata and Doğangün 2017 — Güneş-Ayata, Ayşe, and Gökten Doğangün. Gender Politics of the AKP: Restoration of a Religio-conservative Gender Climate // Journal of Balkan and Near Eastern Studies. 2017. URL: https://www.tandfonline.com/doi/abs/10.1080/19448953.2017.1328887?journalCode=cjsb20 (дата обращения 06.11.2021).

Hashimi 2016 — Hashimi, Fatima. Turkey LGBTI Resources // International Refugee Rights Initiative. 2016. URL: https://www.refugeelegalaidinformation.org/turkey-lgbti-resources (дата обращения 06.11.2021).

Healey 2017 — Healey, Dan. Russian Homophobia from Stalin to Sochi. London: Bloomsbury Academic, 2017.

Hendley 2006 — Hendley, Kathryn. Assessing the Rule of Law in Russia // Cardozo Journal of International and Comparative Law. 2006, № 14. P. 347–392.

Hendley 2010 — Hendley, Kathryn. Mobilizing Law in Contemporary Russia: The Evolution of Disputes over Home Repair Projects // American Journal of Comparative Law. 2010, № 58(3). P. 631–678.

Hendley 2012 — Hendley, Kathryn. The Puzzling Non-consequences of Societal Distrust of Courts: Explaining the Use of Russian Courts // Cornell International Law Journal. 2012, № 45(3). P. 517–567.

Hendley 2015 — Hendley, Kathryn. Justice in Moscow? // Post-Soviet Affairs. 2015, № 32(6). P. 491–511.

Hendley 2018 — Hendley, Kathryn. To Go or Not Go to Court: The Evolution of Disputes in Russia // A Sociology of Justice in Russia / ed. by M Kurkchiyan and A Kubal. Cambridge: Cambridge University Press, 2018. P. 40–67.

Hendley et al. 2003 — Hendley, Kathryn, Peter Murrell, and Randi Ryterman. Do Repeat Players Behave Differently in Russia? // In Litigation / ed. by Herbert M. Kritzer and Susan S. Silbey. Stanford, CA: Stanford University Press, 2003. P. 236–270.

Henig 2015 — Henig, Robin Marantz. The Last Day of Her Life // The New York Times Magazine. May 14, 2015. URL: https://www.nytimes.com/2015/05/17/magazine/the-last-day-of-her-life.html (дата обращения 06.11.2021).

Hobson 2015 — Hobson, Peter. Most Russians Want Homosexuals «Liquidated» or Ostracized // The Moscow Times. October 11, 2015. URL: https://themoscowtimes.com/news/most-russians-wanthomosexuals-liquidated-or-ostracized-poll-50193 (дата обращения 06.11.2021).

Hodson 2011 — Hodson, Loveday. NGOs and the Struggle for Human Rights in Europe. Oxford: Hart, 2011.

Holt 1985 — Holt, Alix. The First Soviet Feminists // Soviet Sisterhood / ed. by Barbara Holland. Bloomington: Indiana University Press, 1985. P. 237–265.

Htun, Weldon 2012 — Htun, Mala, and S. Laurel Weldon. The Civic Origins of Progressive Policy Change: Combating Violence against Women in Global Perspective, 1975–2005 // American Political Science Review. 2012, № 106(03). P. 548–569.

Huffpost Queer Voices 2012 — Russian Gay Protesters Pelted with Eggs during Kiss-In Protest // Huffpost Queer Voices. December 19, 2012. URL:

https://www.huffpost.com/entry/russia-gay-rights-kiss-in-protest-moscow_n_2330990 (дата обращения 06.11.2021).

Hughes 2012 — Hughes, Rob. An Ugly Reminder in Russia That Bigotry Lingers // The New York Times. December 18, 2012. URL: https://www.ny-times.com/2012/12/19/sports/soccer/19iht-soccer19.html (дата обращения 06.11.2021).

Ilkkaracan 2007 — Ilkkaracan, Pinar. Reforming the Penal Code in Turkey: The Campaign for the Reform of the Turkish Penal Code from a Gender Perspective // Citizen Engagement and National Policy Change. 2007. P. 3–28. URL: http://www.kadininsanhaklari.org/static/yayin/wwhr/reformingPenalCode.pdf (в настоящий момент ресурс недоступен).

Johnson 2009 — Johnson, Janet Elise. Gender Violence in Russia: The Politics of Feminist Intervention. Bloomington: Indiana University Press, 2009.

Johnson 2016 — Johnson, Paul. Going to Strasbourg: An Oral History of Sexual Orientation Discrimination and the European Convention on Human Rights. Oxford: Oxford University Press, 2016.

Johnson 2017 — Johnson, Janet Elise. Gender Equality Policy: Criminalizing and Decriminalizing Domestic Violence // Russian Analytical Digest. March 28, 2017. URL: https://css.ethz.ch/en/publications/rad.html (дата обращения 06.11.2021).

Johnson 2018 — Johnson, Janet Elise. The Gender of Informal Politics: Russia, Iceland and Twenty-First Century Male Dominance. Cham, Switzerland: Palgrave Macmillan, 2018.

Jordan 2003 — Jordan, Pamela. Russia's Accession to the Council of Europe and Compliance with European Human Rights Norms // Demokratizatsiya. 2003, № 11(2). P. 281–296.

Kaplan 1985 — Kaplan, Temma. On the Socialist Origins of International Women's Day // Feminist Studies. 1985, № 11(1). P. 163–171.

Karakaş 2014 — Karakaş, Burcu. Killing a Trans Is Reason for Reduced Sentences // LGBTI News Turkey. June 5, 2014. URL: https://lgbtinewsturkey.com/2014/06/05/killing-a-trans-is-reason-for-reducedsentences/ (в настоящий момент ресурс недоступен).

Karınca 2008 — Karınca, Eray. Kadına Yönelik Aile İçi Şiddete İlişkin Hukuksal Durum ve Uygulama Örnekleri. (Legal Case and Practical Examples Related to Domestic Violence against Women) // T. C. Başbakanlık Kadının Statüsü Genel Müdürlüğü. December 2008. URL: http://kadininstatusu.aile.gov.tr/data/542a8e0b369dc31550b3ac30/02_kyais_hukuksal_durum_kitabi.pdf (в настоящий момент ресурс недоступен).

Keck, Sikkink 1998 — Keck, Margaret E., and Kathryn Sikkink. Activists beyond Borders: Advocacy Networks in International Politics. Ithaca, NY: Cornell University Press, 1998.

Khazov-Cassia 2017 — Khazov-Cassia, Sergei. Gay Chechens Give Accounts of Roundups, Beatings, Extortion // Radio Free Europe / Radio Liberty. April 11, 2017. URL: https://www.rferl.org/a/russia-chechnya-gay-men-accounts-roundups-beatings-extortion/28423976.html?ltflags=mailer (дата обращения 06.11.2021).

Kolotilov 2015 — Kolotilov, Vasily. Russia's Sole Sexual Assault Center Struggles to Make Ends Meet // The Moscow Times, October 20, 2015. URL: https://www.themoscowtimes.com/2015/10/20/russias-sole-sexual-assault-center-struggles-to-make-ends-meet-a50380 (дата обращения 06.11.2021).

Kondakov 2018b — Kondakov, Alexander. Homophobia in Russia, Central Asia, and the Baltic Countries. Public lecture on a panel // Davis Center for Russian and Eurasian Studies, Harvard University. April 2, 2018.

Kosterina 2015 — Kosterina, Irina. Life and the Status of Women in the North Caucasus. Report Summary on Survey by Irina Kosterina // Heinrich Böll Stiftung Russia. August 20, 2015. URL: https://ru.boell.org/en/2015/08/20/life-and-status-women-north-caucasus-report-summary-survey-irina-kosterina (дата обращения 06.11.2021).

Kozina, Zhidkova 2006 — Kozina, Irina, and Elena Zhidkova. Sex Segregation and Discrimination in the New Russian Labour Market // Adapting to Russia's New Labor Market Gender and Employment Strategy, edited by Sarah Ashwin. London: RoutledgeCurzon, 2006. P. 57–86.

Kozlovskaia 2012 — Kozlovskaia, Maria. The Violation of Human Rights and Discrimination on the Basis of Sexual Orientation and Gender Identity in Russia // The Situation of Lesbian Gay, Bisexual and Transgender People in the Russian Federation, edited by Russian LGBT Network. 2012. P. 18–31. URL: https://crd.org/wp-content/uploads/2018/07/Russian-Federation-LG-BT-situation.pdf (дата обращения 06.11.2021).

Kramer 2013 — Kramer, Andrew. Russia Passes Bill Targeting Some Discussions of Homosexuality // The New York Times. June 11, 2013. URL: https://www.nytimes.com/2013/06/12/world/europe/russia-passes-bill-targeting-some-discussions-of-homosexuality.html

Kulaeva 2014 — Kulaeva, Stefania. Opinion: We Fought the Law but the Law Won — Labelled "Foreign Agents" in Our Own Country // TheJournal. ie. May 2, 2014. URL: https://www.thejournal.ie/readme/foreign-agent-law-russia-ngos-1442726-May2014/ (дата обращения 06.11.2021).

Kulacoğlu 2014 — Kulacoğlu Hukuk Bürosu. Kadının Soyadı Meselesi (The Issue of the Woman's Last Name). 2014. URL: https://kulacoglu.av.tr/kadininsoyadi-meselesi/ (в настоящий момент ресурс недоступен).

Kurban 2016 — Kurban, Dilek. Forsaking Individual Justice: The Implications of the European Court of Human Rights' Pilot Judgment Procedure for Victims of Gross and Systematic Violations // Human Rights Law Review. 2016, № 16(4). P. 731–769.

Kurban, Gülalp 2014 — Kurban, Dilek, and Haldun Gülalp. A Complicated Affair: Turkey's Kurds and the European Court of Human Rights // The European Court of Human Rights: Implementing Strasbourg's Judgements on Domestic Policy / ed. by Dia Anagnostou. Edinburgh: Edinburgh University Press, 2014. P. 166–187.

Lavers 2013 — Lavers, Michael. Gay Russian Man's Death Sparks Outrage // Washington Blade. May 14, 2013. URL: https://www.washingtonblade.com/2013/05/14/gay-russian-mans-death-sparks-outrage/ (дата обращения 06.11.2021).

Leach 2011 — Leach, Philip. Taking a Case to the European Court of Human Rights. Oxford: Oxford University Press, 2011.

Leach, Donald 2015 — Leach, Philip, and Alice Donald. Russia Defies Strasbourg: Is Contagion Spreading? // EJIL: Talk! Blog. December 19, 2015. URL: http:// www.ejiltalk.org/russia-defies-strasbourg-is-contagionspreading/ (дата обращения 06.11.2021).

Leach et al. 2010 — Leach, Philip, Helen Hardman, and Svetlana Stephenson. Can the European Court's Pilot Judgment Procedure Help Resolve Systemic Human Rights Violations? Burdov and the Failure to Implement Domestic Court Decisions in Russia // Human Rights Law Review. 2010, № 10(2). P. 346–359.

Levesque 2014 — Levesque, Brody. Prison Sentence Reduced for Leader of Russian Anti-gay Vigilante Group // LGBTQ Nation. November 12, 2014. URL: http://www.lgbtqnation.com/2014/11/prisonsentence-reduced-for-leader-of-russian-anti-gay-vigilante-group/ (в настоящий момент ресурс недоступен).

Lipman 2015 — Lipman, Maria. Ramzan Kadyrov: A Challenge to the Kremlin // European Council on Foreign Relations website. April 28, 2015. URL: https://ecfr.eu/article/commentary_ramzan_kadyrov_a_challenge_to_the_kremlin3013/ (дата обращения 06.11.2021).

Lokshina 2012 — Lokshina, Tanya. Virtue Campaign on Women in Chechnya under Ramzan Kadyrov. Presentation at the Conference «Tchétchénie — Logiques de Violence et Expérience de Guerre» (Paris, October

22–23, 2012). Human Rights Watch website. October 29, 2012. URL: https://www.hrw.org/news/2012/10/29/virtue-campaign-women-chechnya-under-ramzan-kadyrov (дата обращения 06.11.2021).

Londono 2009 — Londono, Patricia. Developing Human Rights Principles in Cases of Gender-Based Violence: Opuz v Turkey in the European Court of Human Rights // Human Rights Law Review. 2009, № 9(4). P. 657–667.

Luhn 2013 — Luhn, Alec. Gay Pride versus «Gay Propaganda» // The Nation. June 28, 2013. URL: http://www.thenation.com/article/gay-pride-versus-gay-propaganda/ (дата обращения 06.11.2021).

Lyon 2007 — Lyon, Tania Rands. Housewife Fantasies, Family Realities in the New Russia // Living Gender after Communism / ed. by Janet Elise Johnson and Jean C. Robinson. Bloomington: Indiana University Press, 2007. P. 25–39.

MacKinnon 2017 — MacKinnon, Catharine A. Butterfly Politics. Cambridge, MA: Harvard University Press, 2017.

Maher et al. 2015 — Maher, Janemaree, Jude McCulloch, and Gail Mason. Punishing Gendered Violence as Hate Crime: Aggravated Sentences as a Means of Recognising Hate as Motivation for Violent Crimes against Women // Australian Feminist Law Journal. 2015, № 41(1). P. 177–193.

Malkova 2014 — Malkova, Olga. Can Russian Maternity Benefits Have Long-Term Effects on Childbearing? Evidence from Soviet Russia. Unpublished manuscript. 2014. URL: http://www.uky.edu/~oma227/Malkova_JMP.pdf (в настоящий момент ресурс недоступен).

Mälksoo, Benedek 2017 — Mälksoo, L., and W. Benedek. Russia and the European Court of Human Rights: The Strasbourg Effect. European Inter-University Centre for Human Rights and Democratisation. Cambridge: Cambridge University Press, 2017.

McAteer 2015 — McAteer, Ollie. Turkish Referee Halil Ibrahim Dincdag Sacked for Being Gay Wins 5k Damages // Metro. December 29, 2015. URL: https://metro.co.uk/2015/12/29/turkey-orders-fa-to-pay-5000-to-ref-sacked-for-being-gay-5590339/ (дата обращения 06.11.2021).

McAuley 2015 — McAuley, Mary. Human Rights in Russia: Citizens and the State from Perestroika to Putin. London and New York: I. B. Tauris. 2015.

McCarthy 2010 — McCarthy, Lauren A. Beyond Corruption // Demokratizatsiya. 2010, № 18(1) P. 5–27.

McCarthy 2013 — McCarthy, Lauren A. Local-Level Law Enforcement: Muscovites and Their Uchastkovyy // Post-Soviet Affairs. 2013, № 30(2–3). P. 195–225.

McCarthy 2015 — McCarthy, Lauren A. Trafficking Justice: How Russian Police Enforce New Laws, from Crime to Courtroom. Ithaca, NY: Cornell University Press, 2015.

McFarlane 2008 — McFarlane, Andy. Special Courts Target Domestic Violence // BBC News. November 7, 2008. URL: https://www.bbc.co.uk/search?q=Special+Courts+Target+Domestic+Violence (дата обращения 06.11.2021).

Merry 2003 — Merry, Sally Engle. Rights Talk and the Experience of Law: Implementing Women's Human Rights to Protection from Violence // Human Rights Quarterly. 2003, № 25(2). P. 343–381.

Mishina 2013 — Mishina, Ekaterina. A Rubik's Cube from the Russian Constitutional Court (Markin Case) // Institute of Modern Russia website. December 30, 2013. URL: http://www.imrussia.org/en/ruleof-law/633-a-rubiks-cube-from-russias-constitutional-court (в настоящий момент ресурс недоступен).

Muravyeva 2017 — Muravyeva, Marianna. Is Russia «Decriminalizing Domestic Violence?» // Oxford Human Rights Hub blog. February 23, 2017. URL: https://ohrh.law.ox.ac.uk/is-russia-decriminalising-domestic-violence/ (дата обращения 06.11.2021).

Nechepurenko 2015 — Nechepurenko, Ivan. 7 New Laws That Will Change the Face of Russia // The Moscow Times. July 7, 2015. URL: https://www.themoscowtimes.com/2015/07/07/7-new-laws-that-will-change-the-face-of-russia-a47954 (дата обращения 06.11.2021).

North 2016 — North, Andrew. Kyrgyzstan's Violent Wave // Coda Story. May 3, 2016. URL: https://www.codastory.com/lgbt-crisis/kyrgyzstan-homophobia/ (дата обращения 06.11.2021).

Örer 2007 — Örer, Ayça. Feministler 20 Yıl Sonra Yine Sokaklarda (Feminists Are Again in the Streets after 20 Years) // Bianet — Bağımsız İletişim Ağı. May 17, 2007. URL: https://bianet.org/bianet/kadin/96139-feministler-20-yil-sonra-yine-sokaklarda (дата обращения 06.11.2021).

Padskocimaité 2016 — Padskocimaité, Ausra. LGBT-Rights in Post-Conditionality Lithuania // Baltic Worlds. Balticworlds.com. October 25, 2016. URL: https://balticworlds.com/lgbt-rights-in-post-conditionality-litauen/ (дата обращения 06.11.2021).

Palaz 2002 — Palaz, Serap. Discrimination against Women in Turkey: A Review of the Theoretical and Empirical Literature // Ege Akademik Bakis. 2002, № 2(1). P. 103–114.

Palermo et al. 2014 — Palermo, Tia, Jennifer Bleck, and Amber Peterman. Tip of the Iceberg: Reporting and Gender-Based Violence in Developing Countries // American Journal of Epidemiology. 2014, № 179(5). P. 602–612.

Paneyakh 2013 — Paneyakh, Ella. Faking Performance Together: Systems of Performance Evaluation in Russian Enforcement Agencies and Production of Bias and Privilege // Post-Soviet Affairs. 2013, № 30(2–3). P. 115–136.

Parogni 2016 — Parogni, Ilaria. Transgender Russians Struggle to Take Their Movement Out of the Shadows // The Nation, February 3, 2016. URL: https://www.thenation.com/article/archive/transgender-russians-struggle-to-take-their-movement-out-of-the-shadows/ (дата обращения 06.11.2021).

Perova, Reynolds 2015 — Perova, Elizaveta, and Sarah Reynolds. Women's Police Stations and Domestic Violence: Evidence from Brazil // WPS7497. World Bank Group. 2015. URL: http://documents.worldbank.org/curated/en/441331467987820782/pdf/WPS7497.pdf (в настоящий момент ресурс недоступен).

Peters, Wolper 1995 — Peters, Julie, and Andrea Wolper. Women's Rights, Human Rights: International Feminist Perspectives. New York: Routledge, 1995.

Poltavtsev 2013 — Poltavtsev, Larry. Putin's Crackdown on LGBT Teens in Russia. YouTube video. July 24, 2013. URL: https://youtu.be/ifFzOtV--ws (дата обращения 06.11.2021).

Popova 2012 — Popova, Maria. Politicized Justice in Emerging Democracies. Cambridge: Cambridge University Press, 2012.

Radacic 2008 — Radacic, Ivana. Gender Equality Jurisprudence of the European Court of Human Rights // European Journal of International Law. 2008, № 19(4). P. 841–857.

Rivkin-Fish 2010 — Rivkin-Fish, Michele. Pronatalism, Gender Politics, and the Renewal of Family Support in Russia: Toward a Feminist Anthropology of «Maternity Capital» // Slavic Review. 2010, № 69(3). P. 701–724.

Rochelle, Loschky 2014 — Rochelle, Shawnette, and Jay Loschky. Confidence in Judicial Systems Varies Worldwide // Gallup.com. October 22, 2014. URL: https://news.gallup.com/poll/178757/confidence-judicial-systemsvaries-worldwide.aspx (дата обращения 07.11.2021).

Ruthchild 2010 — Ruthchild, Rochelle Goldberg. Equality and Revolution: Women's Rights in the Russian Empire, 1905–1917. Pittsburgh, PA: University of Pittsburgh Press, 2010.

Santiago, Criss 2017 — Santiago, Cassandra and Doug Criss. An Activist, A Little Girl and the Heartbreaking Origin of «Me Too» // CNN.com. October 17, 2017. URL: https://edition.cnn.com/2017/10/17/us/me-too-tarana-burke-origin-trnd/index.html (дата обращения 07.11.2021).

Scheeck 2011 — Scheeck, Laurent. Diplomatic Intrusions, Dialogues, and Fragile Equilibria: The European Court as a Constitutional Actor of the European Union // The European Court of Human Rights between Law and Politics, edited by Jonas Christoffersen and Mikael Rask Madsen. Oxford: Oxford University Press, 2011. P. 164–180.

Shagrit 2013 — Shagrit. Митинг — отсутствие статистики о насилии над женщинами в России // Livejournal.com. 28.11.2013. URL: http://shagirt.livejournal.com/82504.html (дата обращения 07.11.2021).

Snow, Benford 1988 — Snow, David A., and Robert D. Benford. Ideology, Frame Resonance, and Participant Mobilization // International Social Movement Research. 1988, № 1(1). P. 197–217.

Solnit 2014 — Solnit, Rebecca. Men Explain Things to Me. Chicago: Haymarket Books, 2014.

Solomon 1987 — Solomon, Peter. The Case of the Vanishing Acquittal: Informal Norms and the Practice of Soviet Criminal Justice // Soviet Studies. 1987, № 39(4). P. 531–555.

Soraya 2016 — Soraya, Chemaly. In Orlando, as Usual, Domestic Violence Was Ignored Red Flag // Rolling Stone. June 13, 2016. URL: https://www.rollingstone.com/politics/politics-news/in-orlando-as-usual-domestic-violence-was-ignored-red-flag-90139/ (дата обращения 07.11.2021).

Sperling 1999 — Sperling, Valerie. Organizing Women in Contemporary Russia: Engendering Transition. Cambridge: Cambridge University Press, 1999.

Sperling 2006 — Sperling, Valerie. Women's Organizations: Institutionalized Interest Groups or Vulnerable Dissidents? // Russian Civil Society: A Critical Assessment / ed. by Alfred B. Evans, Jr., Laura A. Henry, and Lisa McIntosh Sundstrom. Armonk, NY: M.E. Sharpe, 2006. P. 161–177.

Sperling 2015 — Sperling, Valerie. Sex, Politics, and Putin: Political Legitimacy in Russia. New York, NY: Oxford University Press, 2015.

Stone Sweet 2004 — Stone Sweet, Alec. The Judicial Construction of Europe. Oxford and New York: Oxford University Press, 2004.

Stone Sweet 2010 — Stone Sweet, Alec. The European Court of Justice and the Judicialization of EU Governance // Living Reviews in EU Governance. 2010, № 5(2). P. 1–54. URL: http://europeangovernance.livingreviews.org/Articles/lreg-2010-2/ (в настоящий момент ресурс недоступен).

Sundstrom 2006 — Sundstrom, Lisa McIntosh. Funding Civil Society: Foreign Assistance and NGO Development in Russia. Stanford, CA: Stanford University Press, 2006.

Sundstrom 2010 — Sundstrom, Lisa McIntosh. Russian Women's Activism: Two Steps Forward, One Step Back // Women's Movements in a Global Era:

The Power of Local Feminisms, edited by Amrita Basu. Boulder, CO: Westview Press, 2010. P. 219–244.

Sundstrom 2012 — Sundstrom, Lisa McIntosh. Advocacy beyond Litigation: Examining Russian NGO Efforts on Implementation of European Court of Human Rights Judgments // Communist and Post-Communist Studies. 2012, № 45(3–4). P. 255–268.

Sundstrom 2014 — Sundstrom, Lisa McIntosh. Russian NGOs and the European Court of Human Rights: A Spectrum of Approaches to Litigation // Human Rights Quarterly. 2014, № 36(4). P. 844–868.

Sundstrom, Sperling 2016 — Sundstrom, Lisa McIntosh, and Valerie Sperling. LGBT Discrimination Cases in Russia and at the European Court of Human Rights. Paper presented at the Annual Convention of the Association for Slavic, East European and Eurasian Studies, Washington, DC, November 2016.

Tahaoğlu 2013 — Tahaoğlu, Çiçek. Meslekten Kovulan Eşcinsel Polis Anlattı (Sacked Homosexual Police Officer Has Spoken) // Bianet-Bağımsız İletişim Ağı, December 30, 2013. URL: https://bianet.org/bianet/toplum/152458-meslekten-kovulan-escinsel-polis-anlatti (дата обращения 07.11.2021).

Tahaoğlu 2016 — Tahaoğlu, Çiçek. Kemal Ördek Davası 28 Haziran'da Devam Edecek // Bianet-Bağımsız İletişim Ağı. April 20, 2016. URL: https://bianet.org/bianet/%20lgbti/174062-kemal-ordekdavasi-28-haziran-da-devam-edecek (дата обращения 07.11.2021).

Tekeli 2010 — Tekeli, Sirin. The Turkish Women's Movement: A Brief History of Success // Quaderns de La Mediterrània = Cuadernos Del Mediterráneo. 2010, № 14. P. 276–279.

Tharrett 2014 — Tharrett, Matthew. 10 Horrific Videos of Russian Violence against LGBTs // Queerty.com. March 29, 2014. URL: https://www.queerty.com/10-horrific-videos-of-russian-violence-against-lgbts-20140329 (дата обращения 07.11.2021).

Titova 2015 — Titova, Irina. Anti-gay sentiment rises sharply in Russia after law // The Global and Mail. April 2, 2015. URL: https://www.theglobeandmail.com/news/world/anti-gay-sentiment-rises-sharply-in-russia-after-law/article23760259/ (дата обращения 07.11.2021).

Trochev 2009 — Trochev, Alexei. Unpacking the Impact of the European Court of Human Rights on Russia // Demokratizatsiya. 2009, № 17(2). P. 145–178.

Truman, Morgan 2012 — Truman, Jennifer L., and Rachel E. Morgan. Nonfatal Domestic Violence, 2003–2012 // Bureau of Justice Statistics, Office of Justice Programs, U.S. Department of Justice. April 16, 2014. URL: https://bjs.ojp.gov/library/publications/nonfatal-domestic-violence-2003–2012 (дата обращения 07.11.2021).

Tucker 2015 — Tucker, Joshua. Why We Should Be Confident That Putin Is Genuinely Popular in Russia // The Washington Post. November 24, 2015. URL: https://www.washingtonpost.com/news/monkey-cage/wp/2015/11/24/why-we-should-be-confident-that-putin-is-genuinely-popular-in-russia/?utm_%20term=.506a1ee0c855 (дата обращения 07.11.2021).

Turbine 2012 — Turbine, Vikki. Women's Use of Legal Advice and Claims in Contemporary Russia: The Impact of Gender and Class // Rethinking Class in Russia / ed. by Suvi Salmenniemi. Farnham, Surrey (England): Ashgate, 2012. P. 167–184.

Tuysuz, Grinberg 2017 — Tuysuz, Gul, and Emanuella Grinberg. Turkish Police Break Up Istanbul Pride Rallies // CNN. June 25, 2017. URL: https://edition.cnn.com/2017/06/25/europe/istanbul-pride-violence/index.html (дата обращения 07.11.2021).

Van Den Eynde 2013 — Van Den Eynde, Laura. An Empirical Look at the Amicus Curiae Practice of Human Rights NGOs Before the European Court of Human Rights // Netherlands Quarterly of Human Rights. 2013, № 31(3). P. 271–313.

Van der Vet 2018 — Van der Vet, Freek. First Legal Aid: International Litigation after Conflict. Unpublished paper. Presented at the Annual Meeting of the International Studies Association. San Francisco. April 6, 2018.

Vanhala 2012 — Vanhala, Lisa. Legal Opportunity Structures and the Paradox of Legal Mobilization by the Environmental Movement in the UK // Law & Society Review. 2012, № 46(3). P. 523–556.

Vonberg et al. 2017 — Vonberg, Judith, Lauren Said-Moorhouse, and Kara Fox. 47,155 Arrests: Turkey's Post-coup Crackdown by the Numbers // CNN. April 14, 2017. URL: https://edition.cnn.com/2017/04/14/europe/turkey-failed-coup-arrests-detained/index.html (дата обращения 07.11.2021).

Walker 2016 — Walker, Shaun. Russian and Ukrainian Women's Sexual Abuse Stories Go Viral // The Guardian. July 8, 2016. URL: https://www.theguardian.com/world/2016/jul/08/russian-ukrainian-women-sexual-abuse-stories-go-viral (дата обращения 07.11.2021).

Weise, Banks 2016 — Weise, Zia, and Martin Banks. Gay Syrian Refugee Found Beheaded in Istanbul amid Concerns Turkey Does Not Protect EU Asylum Seekers // Telegraph. August 4, 2016. URL: https://www.telegraph.co.uk/news/2016/08/04/gay-syrian-refugee-found-beheaded-in-istanbul-amid-concerns-turk/ (дата обращения 07.11.2021).

Weston et al. 1992 — Weston, Burns H., Robin Ann Lukes, and Kelly M. Hnatt. Regional Human Rights Regimes: A Comparison and Appraisal // Human Rights in the World Community / ed. by Richard Pierre Claude and Burns H. Weston, 2nd ed. Philadelphia: University of Pennsylvania Press, 1992. P. 244–255.

Wildhaber 2002 — Wildhaber, Luzius. Protection against Discrimination under the European Convention on Human Rights — a Second-Class Guarantee? // Baltic Yearbook of International Law, 2002.

Williams 2018 — Williams, Timothy. Did the #MeToo Movement Sway the Cosby Jury? // The New York Times. April 26, 2018. URL: https://www.nytimes.com/2018/04/26/us/cosby-jury-metoo-nassar.html (дата обращения 07.11.2021).

Wilson 2011 — Wilson, Sophia. Human Rights and Law Enforcement in the Post-Soviet World; or How and Why Judges and Police Bend the Law. PhD diss., University of Washington, 2011.

Wilson 2017 — Wilson, Sophia. Majoritarian Values and Women's Rights: Police and Judicial Behavior in Tajikistan and Azerbaijan // Post-Soviet Affairs, 2017, № 33(4). P. 298–312.

Yılmaz et al. 2014 — Yılmaz, Volkan, Ipek Göçmen, and Cansu Altay. Research on the Social and Economic Problems of LGBTI Individuals in Turkey. Turkey, 2014. Translated by Melike Sayoglu. On file with authors.

Yur 2014 — Yur, Damla. 2 Günde 1 Kadın Şiddet Kurbanı! (1 Woman Becomes a Victim of Violence Every 2 Days!) // Milliyet Haber. April 4, 2014. URL: https://www.milliyet.com.tr/gundem/1-gunde-2-kadin-daha-katledildi-1870759 (дата обращения 07.11.2021).

zzzzuka 2015 — zzzzuka. Сексизм/дискриминация/разврат на рынке труда // Feministki blog. April 26, 2015. URL: https://feministki.livejournal.com/3972257.html (дата обращения 07.11.2021).

Айвазова 2000 — Айвазова С. Женщина и власть: Любовь без взаимности // Женщина Плюс. 2000. № 1.

Антонов 2012 — Антонов К. Девочек не допустили к IT // Коммерсантъ. 2012. 4 сентября. URL: http://www.kommersant.ru/doc/2014858 (дата обращения 07.11.2021).

Антонова 2014 — Антонова Ю. Комментарии к законопроекту № 467782-6 «О внесении изменений в Кодекс Российской Федерации об административных правонарушениях в части установления защиты прав женщин от сексуальных домогательства». 2014. Документ у авторов.

Бакланов 2018 — Бакланов А. «Ты чего молчала?» Песков о домогательствах Слуцкого к журналисткам // Сноб. 29.03.2018. URL: https://snob.ru/selected/entry/135796?utm_source=push&utm_medium=push_notification&utm_campaign=breaking& utm_content=news (дата обращения 07.11.2021).

Брауэр, Бурков 2017 — Брауэр Т., Бурков А. Как положить чиновника на лопатки, или Стратегические судебные тяжбы: Опыт работы американских и российских сутяжников по общественно значимым делам / под ред. Тодда Брауэра и Антона Буркова. Екатеринбург, Россия: Уральская международная школа прав человека, 2017. URL: http://sutyajnik.ru/articles/519.html (дата обращения 07.11.2021).

Бурков 2010 — Бурков А. Конвенция о защите прав человека в судах России. Moscow: Wolters Kluwer, 2010.

Гвоздицких, Крылова 2013 — Гвоздицких А. В., Крылова О. С. Трудовые права беременных женщин и работающих родителей. М.: Центр социально-трудовых прав, 2013.

Герасимова 2010 — Герасимова Е. Женщины в трудовых отношениях в России // Женское движение в России: вчера, сегодня, завтра: Материалы конференции / под ред. Галины Михалевой. М.: РОДП «Яблоко» и КМК, 2010. С. 15–18.

Диков 2009 — Диков Г. Российские жалобы в Европейском суде: Практика по неприемлемым делам // Polit.ru. 18.11.2009. URL: http://www.polit.ru/article/2009/11/18/dikov/ (дата обращения 07.11.2021).

Елин 2006 — Елин А. Храпкин — от слова «участие» // БГ.ru. 14.04.2006. URL: http://bg.ru/society/hrapkin_nbsp_151_ot_nbsp_slova_uchastie-5688/

Иванова 2012 — Иванова Е. В казанский ИТ-лицей при КФУ зачислят девочек // Коммерсантъ. 27.11.2012. URL: http://www.kommersant.ru/doc/2077044 (дата обращения 07.11.2021).

Иванова, Захаркин 2017 — Иванова М., Захаркин С. Кто и зачем в России блокирует закон о защите от секс-домогательств // URA.ru, 02.11.2017. URL: https://ura.news/ articles/1036272817 (дата обращения 07.11.2021).

Коган 2018 — Коган Ванесса. Личное общение (со Сперлинг и Сандстром) по электронной почте 29.06.2018 и 12.07.2018. Документ у автора.

Козырева 2013 — Вестник Российского мониторинга экономического положения и здоровья населения. Выпуск 3 / под ред. П. М. Козыревой. М.: НИУ ВШЭ, 2013.

Кондаков 2017 — Кондаков А. Преступления на почве ненависти против ЛГБТ в России. СПб.: Центр независимых социологических исследований, 2017.

Кондаков 2018 — Кондаков А. Личная переписка (со Сперлинг) по электронной почте 10.04.2018. Документ у автора.

Коротеев 2018 — Коротеев К. Личная переписка (с Сандстром) по электронной почте 01.07.2018. Документ у автора.

Куликов 2012 — Куликов В. Не все дома // Российская газета. 03.07.2012. URL: https://rg.ru/2012/07/03/nasilie.html (дата обращения 07.11.2021).

Магомедов 2012 — Магомедов З. Нет девушки — нет проблемы // PublicPost. 24.10.2012. URL: http://publicpost.ru/theme/id/2402/net_devushki_-net_problemy/ (в настоящий момент ресурс недоступен).

Милашина 2017 — Милашина Е. Убийство чести // Новая газета. 01.04.2017. URL: https://www.novayagazeta.ru/articles/2017/04/01/71983-ubiystvo-chesti (дата обращения 07.11.2021).

Милашина, Гордиенко 2017 — Милашина Е., Гордиенко И. Расправы над чеченскими геями // Новая газета. 04.04.2017. URL: https://www.novayagazeta.ru/articles/2017/04/04/72027-raspravy-nad-chechenskimi-geyami-publikuem-svidetelstva (дата обращения 07.11.2021).

Михайлова, Макутина 2016 — Михайлова А., Маутина М. Госдума поправила самые «популярные» статьи Уголовного кодекса // РБК. 07.06.2016. URL: https://www.rbc.ru/politics/07/06/2016/5756d6309a7947e65e24153e (дата обращения 07.11.2021).

Назарова 2015 — Женщина-машинист про мат, рычаги и общие раздевалки // Афиша-Город. 08.04.2015. URL: https://daily.afisha.ru/archive/gorod/people/mat-obshchie-razdevalki-i-strogie-babushki-monolog-zhenshchinymashinista/ (дата обращения 07.11.2021).

Назарова 2018 — Я руки не распускаю, если только чуть-чуть: журналистка Би-би-си стала объектом домогательств депутата Слуцкого // BBC.com. 06.03.2018. URL: https://www.bbc.com/russian/features-43256768 (дата обращения 07.11.2021).

Новоселова 2008 — Новоселова Е. Российским женщинам в основном предлагают низкооплачиваемую и низкоквалифицированную работу // Российская газета. 24.10.2008. URL: https://rg.ru/2008/10/24/diskriminaciya.html (дата обращения 07.11.2021).

Ощепков 2006 — Ощепков А. Ю. Гендерные различия в оплате труда в России // Экономический журнал ВШЭ. 2006. № 4. С. 590–619.

Попова 2017 — Попова А. Глава комитета Госдумы... // Facebook.com. 03.11.2017. URL: https://www.facebook.com/popova.alyona/posts/165806 5244214009 (дата обращения 07.11.2021).

Сажнева 2009 — Сажнева Е. Родину-мать будут судить за смерть дочери // Московский комсомолец. 20.10.2009. URL: https://www.mk.ru/social/article/2009/10/20/370855-rodinumat-budut-sudit-za-smert-docherey.html (дата обращения 07.11.2021).

Терехов, Власова 2003 — Терехов А., Власова И. Хотеть по-русски // Новые известия. 07.10.2003. URL: https://newizv.ru/news/society/07–10–2003/1867-hotet-po-russki (дата обращения 07.11.2021).

Шторн 2018 — Шторн Е. Убийства негетеросексуалов на почве ненависти (анализ материалов судебных решений) // Социология власти. 2018. № 30(1). С. 60–78.

Юлдашев 2014 — Юлдашев Р. Т. Развитие системы собственных связей. М.: ANKIL, 2014.

Предметно-именной указатель

Содержание

Научное издание

Лиза Макинтош Сандстром, Валери Сперлинг, Мелике Сайоглу
ДЕЛА О ГЕНДЕРНОЙ ДИСКРИМИНАЦИИ
Россия и Турция в ЕСПЧ

Директор издательства *И. В. Немировский*
Ответственный редактор *И. Белецкий*

Заведующая редакцией *О. Петрова*
Дизайн *И. Граве*
Редактор *А. Тюрин*
Корректор *А. Филимонова*
Верстка *Е. Падалки*

Подписано в печать 22.05.2022.
Формат издания 60 × 90 $^1/_{16}$. Усл. печ. л. 26,0.

Academic Studies Press
1577 Beacon Street, Brookline, MA 02446 USA
https://www.academicstudiespress.com

ООО «Библиороссика».
190005, Санкт-Петербург, 7-я Красноармейская ул., д. 25а

Эксклюзивные дистрибьюторы:
ООО «Караван»
ООО «КНИЖНЫЙ КЛУБ 36.6»
http://www.club366.ru
Тел./факс: 8(495)9264544
e-mail: club366@club366.ru

Книги издательства можно купить
в интернет-магазине: www.bibliorossicapress.com
e-mail: sales@bibliorossicapress.ru

12+

www.ingramcontent.com/pod-product-compliance
Lightning Source LLC
Chambersburg PA
CBHW070813300326
41914CB00054B/852